Hajo Seppelt

Wigbert Löer

Feinde des Sports

Hajo Seppelt

Wigbert Löer

Feinde des Sports

Undercover in der Unterwelt des Spitzensports

Econ

Econ ist ein Verlag
der Ullstein Buchverlage GmbH

ISBN 978-3-430-21011-9

© der deutschsprachigen Ausgabe
Ullstein Buchverlage GmbH, Berlin 2019
© Fotos: Hajo Seppelt
Alle Rechte vorbehalten
Gesetzt aus der Quadraat Pro
Satz: LVD GmbH, Berlin
Druck und Bindearbeiten: GGP Media GmbH, Pößneck

Inhalt

Vorab

Der Mann, den ich im Sommer 2018 an einem sonnigen Tag in Berlin traf, war bester Laune. Gerade lief die Fußballweltmeisterschaft in Russland, Deutschland hatte mit 0:1 gegen Mexiko verloren. Der Mann ist Mexikaner. Er heißt Angel Heredia.

Heredia war für ein Interview nach Deutschland gereist. Eigentlich hätte ich für das Treffen gar keine Zeit gehabt – ich hatte selbst nach Russland fahren wollen. Doch der WM-Gastgeber hatte mich zur unerwünschten Person erklärt, nachdem die ARD-Dopingredaktion in mehreren Filmen das russische Staatsdoping enthüllt hatte.

Kennengelernt hatte ich Angel Heredia schon 2009. Damals war er erst vierunddreißig Jahre alt, hatte sich aber bereits den Ruf eines Global Players erworben. Seine Branche: Doping.

Als Läufer hatte Heredia sich einst selbst gedopt, danach Chemie studiert und angefangen, andere Athleten mit verbotenen Substanzen zu versorgen. Er hielt Kontakt zu Sportlern und ihren Managern, verschickte Medikationspläne, reiste auch selbst durch die Welt. Im Gepäck: Steroide, Wachstumshormon und EPO, Insulin, Testosteron und andere Dopingmittel. Manche Substanzen hatte er selbst hergestellt. Im Frühjahr 2009 gab er der ARD sein erstes großes Fernsehinterview.

Leistungssport ohne Doping sei aus seiner Sicht völlig unrealistisch und Ehrlichkeit nicht allzu weit verbreitet, erzählte Heredia uns. »Neun von zehn Athleten nehmen wahrscheinlich Wachstumshormon.« Er habe seinen Sportlern immer beigebracht, wie die Mittel anzuwenden seien, damit man nicht auffalle. Das sei ihm wichtig gewesen.

In den zehn Jahren zuvor hatte er fünfundvierzig Athleten betreut, unter anderem die amerikanischen Sprinter Dennis Mitchell und Marion Jones. Zweiunddreißig seiner Kunden, sagte Heredia, hätten zur Weltspitze gezählt. Der Mann, der die Schnellsten der Welt noch schneller gemacht hatte, war dann in vielen Passagen unserer Fernsehdokumentation im August 2009 zu sehen. Es war der Auftakt der ARD-Sendereihe »Geheimsache Doping«. Damals sagte Heredia, er habe sich aus dem Geschäft mit den verbotenen Substanzen zurückgezogen. 2018 in Berlin erzählte er mir, er sei jetzt als wissenschaftlicher Berater im Profiboxen tätig.

Ein Sport, der auch nicht gerade frei von Doping ist.

In meinen Jahren als Reporter mit dem Schwerpunkt Doping war ich stets in zwei Welten unterwegs. Ich besuchte schillernde Events, Weltmeisterschaften und Olympische Spiele, habe aber auch jenseits der großen Bühnen recherchiert, dort, wo Betrug und Korruption stattfinden und kein Scheinwerfer hinleuchtet. Dort habe ich Leute wie Angel Heredia kennengelernt, Trainer und Funktionäre, Ärzte, Manager und etliche Sportler. Sie haben betrogen, den Betrug ermöglicht oder ihn gefördert. Man kann sie deshalb als Feinde des Sports bezeichnen. Von ihnen erzähle ich in diesem Buch.

Ich erzähle auch von mutigen Menschen, die gegen kriminelle Machenschaften im Weltsport ankämpfen. Einige dieser Whistleblower waren Protagonisten unserer Filme. Andere trauten sich nur im Schutz der Anonymität, ihre Erlebnisse zu schildern. Und manche unserer Gesprächspartner mussten wir schützen und ihren Beitrag außen vor lassen. Eine Berichterstattung im Fernsehen hätte sie in Gefahr gebracht.

Ich habe immer versucht, bei meinen Recherchen auch mit denen zu reden, die dem Sport schaden. Die sich an ihm bereichern, bewusst betrügen und den Fair-Play-Gedanken mit Füßen treten. Mit manchen dieser Leute stehe ich bis heute in Verbindung. Andere habe ich niemals wiedergesehen. Auf einige treffe ich hin und wieder, doch zu einem Gespräch kommt es nicht. Es stört sie, wenn Journalisten ans Licht bringen, was verborgen bleiben soll. Sie empfinden das als unangemessen. Den Sport banalisieren sie, stellen ihn als schönste Nebensache der Welt dar.

In Wahrheit ist der Spitzensport ein Milliardengeschäft, das wirtschaftlichen und auch politischen Einflüssen ausgeliefert ist. Er zieht weltweit Menschen in seinen Bann. Konzerne und Staatslenker wollen ihn für ihre eigenen Interessen nutzen. Nebensache? Nicht für Visa, Samsung und Coca-Cola. Nicht für Putin. Und genauso wenig für die Spitzenathleten, die so viel hineingeben in den Sport und für die längst nicht immer so viel dabei herauskommt.

Allein schon ihretwegen hat der Sport es verdient, dass man sich seiner Feinde bewusst wird und versucht, ihr Treiben aufzudecken.

Russland I

Volles Risiko

Am 31. Oktober 2018 hielt im Weißen Haus in Washington eine russische Läuferin eine Rede. Die Drogenkontrollbehörde der USA, die direkt dem Büro des Präsidenten unterstellt ist, hatte sie eingeladen. Der Rahmen war prachtvoll: Flaggen, Wandgemälde, viel Marmor und Stuck, hohe Decken.

Die Sportlerin kam gleich zur Sache. Als Athletin sei sie Teil des russischen Dopingsystems gewesen. Sie habe betrogen. Und jetzt spreche sie darüber. Als Whistleblowerin versuche sie seit sechs Jahren zu zeigen, dass sie sich geändert habe und dabei helfen wolle, dass der Sport sauber werde.

»Ich begann mit siebzehn, auf Wettkampfniveau zu laufen«, erzählte die Sportlerin. »Mit zwanzig begann mein Trainer, mir Testosteron zu geben. Da hat es angefangen. Bald bekam ich Epo-Spritzen, nahm Steroide und mehr. Nachdem ich all die Dopingsubstanzen genommen habe, habe ich heute gesundheitliche Probleme. Mein Ferritin-Wert ist zwanzigmal höher, als er sein sollte. Ärzte sagen mir, durch mein Training werde das Extra-Ferritin in meinem Körper verbraucht. Wenn ich aber aufhöre zu trainieren, muss ich eine andere Lösung finden – oder ich sterbe an einer Eisenvergiftung.«

Die Sportlerin, damals zweiunddreißig Jahre alt, heißt Julia Stepanowa. Ihre Rede war nicht die einzige bei der Tagung, aber aus meiner Sicht die eindringlichste. Ihre Worte hallten bedeutungsschwer durch den Raum. Die Teilnehmer wirkten gebannt.

Mein Respekt konnte durch den eindrucksvollen Auftritt von

Julia Stepanowa tatsächlich nicht mehr wachsen. Ohne die Entschlossenheit und den Mut dieser früheren Spitzenläuferin und ihres Mannes Witali hätte die ARD das systematische Doping in der Sportnation Russland nicht aufdecken können. Es hätte keine unabhängige Kommission ermittelt. Der russische Leichtathletikverband wäre nicht aus dem Internationalen Leichtathletikverband IAAF verbannt worden. Die Welt hätte nicht erfahren, in welchem Ausmaß russische Sportler gedopt wurden. Und wie auch hohe Funktionäre außerhalb Russlands davon profitierten. Ohne Julia und Witali Stepanow wäre auch nicht ein anderer Russe in die USA geflüchtet und dort zum Kronzeugen des russischen Staatsdopings geworden. Niemand hätte erfahren, wie viele Sportarten in Russland von dem staatlich unterstützten Dopingsystem betroffen waren.

Auch für mich wäre manches anders gelaufen, wenn die Stepanows sich nicht entschieden hätten, mit dem russischen Dopingsystem zu brechen und es mit ihrem Insiderwissen von außen zu bekämpfen. Mit ihrer Bereitschaft auszupacken, begann für mich eine Russlandrecherche, die so schnell nicht enden sollte. Journalistisch habe ich viel aufdecken können, unsere Arbeit hat hohe Anerkennung erfahren. Persönlich brachte mir die Beschäftigung mit der Sportmacht Russland manches Mal auch Unannehmlichkeiten.

Was hat mein Interesse an Russland geweckt? Zunächst ein Kongress von Sportmedizinern in Wien 2010, an dem ich selbst gar nicht teilgenommen habe. Dort trat ein Forscher aus Russland auf, ein renommierter Mann, Mitglied der Akademie der Wissenschaften in Moskau. Ein Teilnehmer des Symposiums wandte sich später an mich. Was der Russe vorgetragen hatte, empörte ihn. Der Forscher habe von einem neuen Mittel geschwärmt, das Muskeln wie aus dem Nichts wachsen lasse. Es sei für medizinische Zwecke entwickelt worden, habe aber bei gesunden Menschen Nebeneffekte, die man doch mal ausprobieren solle, bei sich selbst etwa. Oder man könne es gern auch mal der Gattin mitbringen. So hatte sich der Russe dem Kongressteilnehmer zufolge geäußert.

Wir hatten damals überlegt, dieser Spur nachzugehen, und der Mann trat dann auch in Hannover bei einem weiteren Fachkongress auf. Wirklich verfolgt haben wir die Sache aber nicht. Bis mir der Wissenschaftler Ende des Jahres 2013 wieder einfiel. Er war ja aus Russland. Und im Februar empfing sein Heimatland die Sportwelt zu den Olympischen Winterspielen in Sotschi.

Ich schickte dem Forscher eine Mail und fragte, ob er mir etwas zu seiner Arbeit erzählen könne. Dabei gab ich mich als Manager von Olympiateilnehmern aus. Der Fisch biss an, sofort. Wir verabredeten uns für Januar 2014 in Moskau.

Völlig unbekannt war ich als Journalist zu dem Zeitpunkt nicht mehr. Doch in Russland dürfte mich damals kaum jemand gekannt haben. Trotzdem tarnte ich mich. Ich habe das danach nie wieder getan, würde es wohl auch nicht wieder machen, aber damals, in diesem Fall, schien es mir hilfreich. Vor meinem Abflug besorgte ich mir bei einem Maskenbildner vom Theater einen künstlichen Vollbart. Zudem wechselte ich meine Brille, trug nun ein Modell mit dicken dunkelbraunen Rändern und breiten Bügeln.

An einem weißen Wintertag im Januar 2014, einem Samstag, saß ich dem Wissenschaftler in einer Gaststätte in Moskau gegenüber. Wir waren fast die einzigen Gäste. Ich hatte eigentlich mit einer längeren Gesprächsanbahnung gerechnet. Doch er vermittelte mir den Eindruck, dass er schnell zur Sache kommen wolle. Der Mann, zwischen fünfzig und sechzig Jahre alt, berichtete von seiner Forschung und dem Wundermittel, das er »Fullsize MGF« nannte. »Es wirkt im Muskel doppelt so stark wie ein herkömmlicher Wachstumsfaktor«, erklärte er mir. Bisher werde es nur in geringen Mengen hergestellt und sei sehr teuer, aber eben nicht nachzuweisen. Zwei bis drei Tage vor dem Wettkampf sei der beste Zeitpunkt für eine Injektion.

Ich ahnte, dass hieraus eine interessante Geschichte werden könnte, und wollte keine Zeit verlieren. Also fragte ich ihn ohne Umschweife, ob ich eine Probe des Mittels nach Deutschland mitnehmen könne. Ich würde es dort in einem geheimen Labor auf

Echtheit untersuchen lassen, danach könnten meine Sportler es testen. Das war für ihn in Ordnung, nur: Er hatte keine Probe dabei.

Nun musste ich überlegen. Ich wollte an diesem Samstag noch weiter nach Sotschi fliegen, um dort Sonntag früh zum Hintergrundgespräch Grigori Rodtschenkow zu treffen, den Chef des Dopingkontrolllabors der bevorstehenden Olympischen Winterspiele. Am Sonntagabend sollte mein Flieger von Moskau zurück nach Berlin gehen.

Ich fragte den Wissenschaftler in der Gaststätte, ob er mir die Probe vielleicht schon morgen am späten Nachmittag übergeben könne. Dann wäre ich wieder in Moskau.

Kein Problem, antwortete er.

Ein anderes Problem konnte der unkomplizierte Forscher hingegen nicht lösen. Als wir uns verabschiedeten, war mir das noch nicht klar. Aber bald danach: Im Laufe des Nachmittags löste sich nämlich langsam mein falscher Bart. Den hatte ich mir vor dem Treffen morgens im Hotel sorgfältig angeklebt. Einen Ersatzbart hatte ich aber nicht mitgenommen, ausreichend Theaterkleber, um ihn erneut zu befestigen, ebenfalls nicht. Dass ich den Forscher gleich zweimal kurz hintereinander treffen würde, hatte ich nicht in Betracht gezogen.

Ich flog ans Schwarze Meer und traf am Sonntagmorgen auf dem Olympiagelände Grigori Rodtschenkow. Der Leiter des Moskauer Dopinglabors dachte wahrscheinlich, ich hätte einen Tick: Während unseres Gesprächs umschloss eine meiner Handflächen unentwegt meine Kinnpartie.

Allzu lang sprachen Rodtschenkow und ich nicht miteinander. Ich fragte mich später, ob sein Staat ihm schon damals misstraute und ihn von Agenten beobachten ließ. Ich selbst erfuhr jedenfalls zwei Jahre danach, dass mein Trip ans Schwarze Meer wahrgenommen worden war. Russische Medien berichteten, 2014 sei Seppelt in einem Flugzeug auf dem Weg von oder nach Sotschi gesehen worden, ein Passagier habe ihn trotz falschen Bartes erkannt.

Für den Moment war ich froh, wieder im Flugzeug zurück nach Moskau zu sitzen, eine Hand am falschen Bart. Als Treffpunkt hatte der Wissenschaftler nur »belarus station« angegeben, den Weißrussischen Bahnhof im Nordosten Moskaus. Es dämmerte bereits, als ich auf dem verschneiten Vorplatz ankam. Als würde hier gleich eine Szene für einen Agentenkrimi gedreht, standen Grüppchen von Soldaten herum, vielleicht waren es auch Polizisten. Auf mich wartete ein Mann in hoch geschlossenem Mantel, der eine landestypische Fellmütze trug. Ich selbst hatte mich ebenfalls eingemummelt. Aus gegebenem Anlass verbarg ein dicker roter Schal das untere Drittel meines Gesichts.

Der Mann deutete auf ein Auto. Ich stieg ein und erkannte dort den Wissenschaftler. Mit meinem Smartphone nahm ich das Treffen unauffällig auf.

Zum Glück war dem Russen auch diesmal nicht an ausufernder Kommunikation gelegen. »Sie bekommen ein Milligramm erst mal so, damit Sie prüfen können, dass es rein ist«, teilte er mir mit. »Ich kann Ihnen dann später mehr anbieten. Sie erhalten hier die optimalen Dosierungstipps, können das noch vor Sotschi nehmen. Wem Sie es dann geben, interessiert mich nicht.« Für eine Hundert-Gramm-Lieferung seien hunderttausend Dollar zu zahlen, sagte er.

Ich verabschiedete mich. Dann schritt ich zügig in ein Restaurant im Bahnhofsgebäude und dort auf die Toilette. Der Bart ließ sich leicht lösen. Weg damit, dachte ich nur. Erleichtert flog ich noch am Abend zurück nach Berlin.

Zu Beginn der folgenden Woche lag die Probe schon auf dem Tisch des Dopingkontrolllabors der Kölner Sporthochschule. Dorthin hatte ich sie sofort nach meiner Rückkehr per Kurier geschickt. Die Biochemiker vor Ort hatten ein solches Mittel vorher noch nie auf dem Tisch gehabt und analysierten die Substanz sofort. »Wir haben festgestellt, dass es authentisches MGF ist«, sagte uns Professor Mario Thevis. Diese bei Dopingtests nicht nachweisbare neuartige Substanz sei als »hochwirksam« in puncto Muskelwachstum einzustufen. In Kanada zeigte sich der WADA-Generaldirektor David Howman schockiert darüber, dass Menschen zu »Versuchstieren« würden bei der Einnahme solcher Mittel.

Unser Bericht lief in der »Sportschau« und in längerer Fassung in der WDR-Sendung »Sport inside«. Er erregte Aufmerksamkeit. Die ARD-Dopingredaktion hatte kurz vor Beginn der Winterspiele in Sotschi gezeigt, dass sie sich auch mit Russland beschäftigte. Erfolgreiche Recherchen sind die beste Visitenkarte für weitere potenzielle Hinweisgeber. Wir legten zum Ende der Olympischen Spiele noch eine nach.

Die britische Zeitschrift »Economist« hatte berichtet, dass ein Edelgas mit dem Namen Xenon in Russland eingesetzt worden sei. Ich bat meine Kölner Kollegin Olga Sviridenko zu recherchieren, was die Grundlage des Artikels war. Und tatsächlich: Russischen Publikationen entnahmen wir, dass im zurückliegenden Jahrzehnt die Verabreichung von Xenon zur Leistungssteigerung zumindest untersucht worden war.

Eine Studie des Verteidigungsministeriums bezeichnete Xenon auch als Sauerstoffcocktail und empfahl einen breitflächigen Einsatz, denn: »Xenon steht nicht auf der Verbotsliste und wird nicht von der WADA beobachtet.«

In deutschen Krankenhäusern setzten Anästhesisten das Gas manchmal zur Narkose ein. Das Einatmen von Xenon löst einen Vorgang im Körper aus, bei dem die Neubildung verschiedener Proteine wie zum Beispiel EPO angeregt wird, sodass deren Konzentration im Körper steigt, erklärte uns der Wissenschaftler Andreas Götzenich. Er hatte an der Uniklinik Aachen dazu geforscht. EPO ist das am häufigsten missbrauchte Mittel im Ausdauersport. Durch Inhalation von Xenon-Gas wird es vom Körper verstärkt ausgeschüttet. Und mehr EPO bedeutet mehr Sauerstoff im Blut, bedeutet mehr Ausdauer. Gut für Sportbetrüger war außerdem: Die Dopinganalytiker konnten Xenon noch nicht bei ihren Labortests aufspüren. Obwohl inzwischen ein Nachweisverfahren existiert, erteilen Sport- oder Antidopingorganisationen den Dopingkontrolllaboren auch heute nur selten den Auftrag, nach Xenon-Spuren im Körper zu suchen.

An Tieren war das Gas schon getestet worden, mit erstaunlichem Ergebnis: »Innerhalb von vierundzwanzig Stunden war die EPO-Produktion um den Faktor 1,6, also um 160 Prozent, gesteigert worden«, erklärte uns Mario Thevis von der Kölner Sporthochschule. Es sei »sehr wahrscheinlich«, so der Biochemiker, »dass es auch im Menschen dieselbe Wirkung erzielen wird«.

In Russland hat sich ebenfalls eine Forschungseinrichtung mit der Wirkung von Xenon beschäftigt, mit der Wirkung am Menschen allerdings. Das Institut am Rande Moskaus hieß Atom-Med-Zentrum und arbeitete mit Skilangläufern, Biathleten und Eisschnellläufern zusammen – aber keineswegs allein mit Ausdauersportlern. Nach Atom-Med-Angaben half das Edelgas auch Basketballern, Volleyballern. Es half auch Eishockey- und Fußballspielern. Das Zentrum bot außerdem passende Inhalationsgeräte für Xenon an, als tragbare Apparate für unterwegs und damit ideal für Reisen zu Wettkämpfen. Fünf bis sechs Stunden vor extremen körperlichen Anstrengungen und dreißig Minuten danach sei Xenon einzuatmen, hieß es in der Anwendungsempfehlung. Nur von EPO war in den Veröffentlichungen des Atom-Med-Zentrums nichts zu lesen.

Mehr als siebzig Prozent aller Russen, die bei den Olympischen Spielen 2004 in Athen (Sommer) und 2006 in Turin (Winter) an den Start gingen, hatten nach Angaben des Forschungsinstituts Xenon eingeatmet. Das war in meinen Augen nichts anderes als eine massenhafte Manipulation. Der Chef des Atom-Med-Zentrums allerdings sah das anders. »Sie wissen doch, was Doping ist«, sagte er meiner Kollegin Olga Sviridenko. »Das ist doch dann, wenn Spuren von biochemischen Reaktionen bleiben. Wenn es nicht so ist, wie kann es ein Dopingmittel sein?« Russlands Nationales Olympisches Komitee äußerte sich gar nicht.

Zwei besondere Whistleblower

Mit den Beiträgen über Xenon und »Fullsize MGF« stiegen wir also in die russische Dopingproblematik ein. Schon bald darauf schien es, als hätte in diesem autokratisch regierten Staat manch einer nur auf Journalisten gewartet, die hinter die Kulissen des Sportsystems schauen wollten. Bereits damals spürten wir, dass unsere Berichte in Russland wahrgenommen wurden. Und die Rezeption nahm zu. Im Verborgenen spannen sich erste Verbindungsfäden von Bürgern des größten Landes der Welt zur Dopingredaktion der ARD.

Dabei half ein Amerikaner, Jack Robertson, der damalige Chefermittler der WADA. Im März 2014 schrieb Robertson eine E-Mail, die er zugleich an Witali Stepanow und an mich schickte. Vorher hatte ich mit Robertson am Telefon gesprochen. Wir kannten uns schon länger, und ich vertraute ihm. Nun also schrieb uns der WADA-Mann:

>»Witali und Julia,
>ich möchte Euch Hajo Seppelt vorstellen, einen respektierten Anti-Doping-Journalisten, der Erfahrung hat mit Dopingvorwürfen in Russland. Ich kenne ihn, habe ihn getroffen und höchsten Respekt für seine Arbeit. Er sucht die Wahrheit und, wenn nötig, enthüllt er sie auch. Wenn Ihr anonym bleiben wollt, wird er das berücksichtigen. Das könnt Ihr ja alles selbst besprechen. Zu einem Treffen kann ich gern hinzustoßen.
>Hajo, ich habe die beiden kürzlich in den USA und in der Türkei getroffen und bewundere ihren Mut, aus dem Schatten zu treten.
>Witali, Julia und Hajo, passt auf Euch auf
>Jack«

Robertsons Mail war mit einer Prise Pathos verfasst, zumindest wirkt das auf uns Deutsche so, die wir im Zweifel ja eher nüchtern formulieren. Die Stepanows mailten umgehend zurück:

»Herr Seppelt,
schön, Sie zu treffen. Wir haben Teile Ihrer Reportagen aus der Vergangenheit wahrgenommen, uns aber niemals gemeldet, um mit Ihnen in Kontakt
zu kommen.
Beste Grüße
Witali und Julia«

Das war der Anfang. Gesehen habe ich Witali dann einige Tage später in einem Café in Moskau. Wir hatten uns verabredet, er kam
nachmittags um vier Uhr, und wir – zum allergrößten Teil er – sprachen bis weit in den Abend hinein. Witali Stepanow war damals
einunddreißig Jahre alt.

Er hatte sich einige Jahre zuvor auf eine Zeitungsanzeige hin bei
der RUSADA beworben, der Anti-Doping-Agentur Russlands, den
Job bekommen und dann in der Zentrale in Moskau schnell Karriere
gemacht. Stepanow kümmerte sich um das Ausbildungsprogramm,
beriet aber auch den Generaldirektor der RUSADA und gab selbst
Fortbildungen.

Englisch sprach er sehr gut, weil er einst in einer Gastfamilie in
den USA gelebt hatte. Die terroristische Attacke auf das World
Trade Center in New York hatte er aus der Nähe erlebt. Stepanow
wohnte damals direkt neben den Twin Towers und konnte seine
Wohnung zwei Wochen lang nicht betreten. Er sagte, er habe erlebt,
wie schnell Leben enden könne. Daraus habe er für sich die Konsequenz gezogen, dass er in so einem Fall in Erinnerung behalten
werden wolle als Mensch, der ehrlich gewesen sei.

Ohne Zweifel am System vergingen Stepanows Jahre als Mitarbeiter der RUSADA nicht. Wenn er als Kontrolleur ein Trainingslager besuchte, erzählte er uns, sei schon mal ein Funktionär vor-
beigekommen und habe ihm erklärt, welche Athleten auf jeden Fall
sauber und deshalb nicht zu testen seien. Stepanow wurde misstrauisch. Doch wenn er seine Skepsis ausdrückte, zögerte wiederum der
Funktionär mitunter nicht, sich bei der RUSADA über den Tester
Stepanow zu beschweren. Auch Bargeld nahm Stepanow von den

Funktionären nicht an, wenn er Athleten aufsuchte, um eine Dopingprobe zu nehmen. Anfangs habe man ihm etwas angeboten, sagte er, mal umgerechnet dreißig Dollar, manchmal auch hundert.

Bei einer Fortbildung lernte Stepanow 2009 seine spätere Frau kennen. Julia stammt aus Kursk, einer mittelgroßen Stadt fünfhundert Kilometer südlich von Moskau. Ihr Vater war Trinker, hatte ihre Mutter und auch sie selbst immer wieder geschlagen. Mit Talent und starkem Willen schaffte Julia es in den Leistungssport. Auf der Mittelstrecke zählte sie zu den besten Läuferinnen ihres Landes.

Als Witali mit Julia zusammenkam, konnte sie manches von ihm lernen, dem studierten und weltgewandten Mitarbeiter der Anti-Doping-Agentur. Aber er, der sich in seinem Job für das Wohl der Sportler einsetzen wollte, lernte auch von der Athletin: dass in der Spitze der russischen Leichtathletik ohne Doping gar nichts gehe.

Das hatten ihr die Trainer gesagt, hemmungslos und direkt ins Gesicht. Wenn sie ganz nach vorn wolle, müsse sie sich helfen lassen. Die anderen täten das auch.

Julia nahm Testosteron und EPO. Und holte im März 2011 Bronze bei der Hallen-Europameisterschaft in Paris.

Ihr Mann – Julia und Witali hatten inzwischen geheiratet – begriff mit der Zeit noch eine zweite Sache, die sein künftiges Handeln prägen sollte und die er auch schon geahnt hatte: Sein Arbeitgeber, die RUSADA, diente weniger dem Schutz des sauberen Sports. Russlands Anti-Doping-Agentur verstand ihre Aufgabe vor allem darin, Doping zu vertuschen.

Witali Stepanow nahm den Kampf gegen das System auf. Zu Hause, in der Fünfzig-Quadratmeter-Wohnung, wo seine Frau verbotene und gesundheitsgefährdende Mittel einnahm, um in ihrem Sport eine Chance zu haben, führte er diesen Kampf im Kleinen. Im Job wurde aus dem ursprünglich loyalen RUSADA-Mitarbeiter Stepanow ein Kollege, der vor allem versuchte, möglichst tiefe Einblicke zu erhalten und Interna zu erfahren. Lange ging das nicht gut.

Später im Jahr 2011 trennte sich die RUSADA von Witali Stepanow. Erklärt wurde die Kündigung mit der Einführung neuer Strukturen. Der wahre Grund dürfte gewesen sein, dass Stepanows Vorgesetzte ihm nicht mehr trauten. Um weiter zu funktionieren als wichtiges Rädchen der Betrugsmaschine, brauchte die RUSADA verlässliche Fachleute, die ihr Wissen zielgerichtet einsetzten. Der Plan war nun mal nicht, saubere Athleten zu haben.

Zu Unrecht misstrauten die RUSADA-Chefs ihrem Mitarbeiter nicht. Schon im November 2010 hatte Witali Stepanow erste Erkenntnisse an die WADA weitergegeben – in E-Mails, die er mir im Frühjahr 2014 vertraulich übergab.

»Ich habe beschlossen, dass ich auf Ihrer, auf der Seite des WADA-Codes bleibe und Ihnen sagen werde, was ich weiß. Und ich hoffe, dass es Ihnen bei Ihren Entscheidungen helfen wird. Ich werde keine Namen oder Informationen vor Ihnen verbergen, obwohl mir klar ist, dass sich meine Meinung von den anderen Meinungen, die Sie aus Russland bekommen, unterscheidet.«

So begann seine E-Mail an einen WADA-Mitarbeiter. Stepanow beschrieb darin den Fall von Julia, die damals noch seine Freundin war und ihren Mädchennamen trug.

»Meine Frau RUSANOWA Julia ist nicht im registrierten Testpool der IAAF. Es gibt derzeit keinen nationalen registrierten Testpool. Daher wird sie wie die meisten anderen russischen Athleten nur nach großen nationalen Wettkämpfen oder während des Trainingslagers mit der russischen Nationalmannschaft getestet. Wie jeder andere Athlet hat sie den Traum, an den Olympischen Spielen teilzunehmen, und genau wie jede andere Sportlerin, die an Leichtathletik-Wettkämpfen in Russland teilnimmt, erkennt sie, dass es nur durch Doping möglich ist, zu den Olympischen Spielen zu gelangen.

Um es in Zeiten auszudrücken – ohne Doping läuft sie 2:05, mit Doping 1:59. Um sich für die Olympischen Spiele zu qualifizieren, müsste sie in zwei Tagen wahrscheinlich zweimal 1:57 laufen. Ich versuche nicht, Ent-

schuldigungen für die Art und Weise zu finden, wie sie denkt und handelt, aber ich hoffe, dass nicht ich derjenige bin, der ihre Träume zerstört.«

Der RUSADA-Mitarbeiter Stepanow nannte in diesem Zusammenhang noch einen weiteren Namen. Er belastete Grigori Rodtschenkow, den Leiter des Moskauer Anti-Doping-Zentrums, den ich ja auch kannte. Rodtschenkow war bereits Jahre zuvor in einem Film der ARD-Dopingredaktion zu Wort gekommen. Er hatte damals geschildert, wie große Nationen, denen der Erfolg ihrer Sportler lieb und teuer ist, über Doping denken. »Wenn die Dopingkontrollen zu hundert Prozent funktionieren«, hatte Rodtschenkow gesagt, »dann funktionieren sie natürlich auch bei einigen der Weltklasseathleten. Und einen Weltklasseathleten aufzubauen, kostet über fünf bis sechs Jahre etwa eine Million Dollar. Und wenn der dann kurz vor den Olympischen Spielen positiv getestet wird, dann ist das ein großes, großes Desaster.«

Zuletzt hatte ich Rodtschenkow im Januar 2014 mit falschem Bart in Sotschi getroffen, das war Anfang des Jahres gewesen und gar nicht lange her. Dieser Grigori Rodtschenkow, zweifellos ein Fachmann in Dopingangelegenheiten, spielte also offenbar in seinem Metier eine größere und keineswegs erfreuliche Rolle, wie Witali Stepanow in seinem Brief an die WADA mit Blick auf seine Freundin weiter ausführte.

»Lassen Sie mich Ihnen sagen, wie ihre Sommersaison verlief und wie sie diese Ergebnisse erzielte. Ihr Trainer kauft Dopingmittel von einer Person, die Grigori Rodtschenkow sehr gut kennt. Ein Teil des Geldes, das für Doping bezahlt wird, geht also an Grigori. Daher planen alle Trainer die Vorbereitung der Athleten auf die Ereignisse anhand von Informationen, die von Grigori bereitgestellt werden. Die Informationen enthalten die Dosierungen, die verwendet werden können, und wie lange der Abbau der Substanzen im Körper dauert (damit sie nicht in Urinproben angezeigt werden). Die meisten Trainer erzählen den Athleten nicht, was sie ihnen geben.

Es gibt auch einen anderen Weg, wie Grigori sein Geld verdient. Einige

Trainer (nicht alle), die ihn persönlich kennen, können ihn direkt nach Abgabe der Probe anrufen und ihm die Nummer der unsauberen Probe mitteilen. Für dreihundert US-Dollar würde er sicherstellen, dass die positive Probe nicht rauskommt. Wäre die Probe bereits analysiert, die offiziellen Ergebnisse jedoch noch nicht abgeschickt, kann er die Probe trotzdem verbergen. Der Preis nur dafür liegt bei tausend US-Dollar.

Meiner Frau ging es nicht so gut, wie sie im Winter gehofft hatte. Ihr Trainer musste also während der Vorbereitung auf die Sommersaison einiges ändern. Ein paar Monate vor den Hauptwettbewerben wird die Kur mit Steroiden durchgeführt, danach EPO, Testosteron und menschliches Wachstumshormon. Grigori sagt den Trainern, dass die letzte EPO-Dosis acht bis zehn Tage vor dem Start gegeben werden muss.«

Es waren zahlreiche Mails, in denen Witali Stepanow sich der WADA anvertraut hatte, erzählte er mir nun in dem Café in Moskau. Der WADA-Mitarbeiter, den er ins Vertrauen gezogen hatte, habe aber offenbar nicht die Kraft gehabt oder vielleicht auch keine Möglichkeit gesehen, gegen die aufgezeigten Zustände vorzugehen. Witali sagte mir auch, dass man ihm mitgeteilt habe, es gebe auch keine ausreichende rechtliche Handhabe, in Russland einzuschreiten. Jedenfalls sei in der Sache weiter nichts passiert.

Die Situation erschien schon etwas absurd. Da bot sich ein Kronzeuge der WADA an, einer Organisation, die 1999 mit dem Anspruch angetreten war, sich dem weltweiten Medikamentenmissbrauch im Sport entgegenzustellen. Und die WADA nutzte diese Chance nicht. Dabei erhielt sie sogar noch eine weitere Gelegenheit: Ein Brief von Julia Stepanowa an die »Liebe WADA« stieß die Dopingbekämpfer Anfang 2013 geradezu mit der Nase in den Russland-Sumpf. Die Läuferin schrieb:

»Ich liebe das Laufen, ich liebe den Wettkampf, und ich hoffe, dass meine Einlassung zum Doping (ich weiß nicht, ob Geständnis in meinem Fall das richtige Wort ist) beim Kampf gegen Doping helfen und die Leichtathletik zu einem besseren Sport machen kann. Nach drei Jahren des Trainings und der Niederlagen bat ich meinen Trainer um diese Tabletten. Er sagte, es sei zu früh für mich. (...) In meinem dritten Jahr begann ich, Ergänzungsmittel zu nehmen.«

Die Leichtathletin nahm Eisen und Vitamine, Kalbsblutextrakt und Glukose, all das war nicht verboten. Sie nahm außerdem das Sexualhormon Testosteron, die Steroide Oxanabol, Parabolan und Oral-Turinabol und außerdem EPO. All das war verboten.

»Je mehr ich trainierte, desto mehr Pharmazeutika brauchte mein Körper zur Leistungssteigerung. Manchmal bekam ich Muskelkrämpfe und konnte einfach nicht laufen. Manchmal wurde mein Blut sehr dick. Ich musste selbst mit diesen Problemen durchtrainieren und dachte, alle Athleten bekämen die Mittel.«

Julia Stepanowa erhielt 2013 eine Dopingsperre. Schon 2010, schrieb sie in ihrem Brief, sei sie beinahe bestraft worden.

»Nach der russischen Meisterschaft sagte einer der Trainer, als er betrunken war, dass ich positiv getestet worden sei und sanktioniert werden würde. Natürlich begann mein Trainer, die Leute anzurufen, von denen er die verbotenen Mittel kaufte, die Rodtschenkow kannten, den Direktor des Labors, um herauszufinden, ob die Information stimmte. Diese Leute und Rodtschenkow entschieden, Kasse zu machen. Ich erinnere mich nicht mehr genau, wie es geschah, (...) aber ich habe persönlich rund tausend Dollar zu einem Freund von Rodtschenkow gebracht, und er garantierte, dass ich mir keine Sorgen machen müsse. Am selben Tag rief Rodtschenkow meinen Trainer an und erklärte, was passiert sei, aber da wir Geld gezahlt hätten, würde nichts herauskommen.«

Die Sportlerin nannte der WADA gegenüber auch den Namen des Nationaltrainers Walentin Maslakow. Und sie belastete den Cheftrainer der russischen Leichtathleten, Alexei Melnikow.

»Nun erzähle ich Ihnen ein wenig über die Vorbereitung der Sportler in Russland. Normalerweise entscheiden Herr Maslakow und Herr Melnikow vor jeder Saison, wer für die großen Meisterschaften vorbereitet wird, und diese Sportler dürfen gedopt bei den Landesmeisterschaften starten. Normalerweise sind das fünf oder sechs Sportler. (…) Einige russische Sportler sagen, in Dopingfällen von Olympiasiegern und Weltmeistern würde Geld direkt an den IAAF-Präsidenten gezahlt. So wie ich es verstehe, ist es ein großes Geschäft mit politischen Bezügen.«

Von alldem erzählte mir an diesem Nachmittag in Moskau Witali Stepanow bereits in Ansätzen. Es schien ihm ein Bedürfnis zu sein, all das loszuwerden. Als ich später las, was die Stepanows aufgeschrieben hatten, war ich trotzdem noch überrascht: So eindrücklich hatte noch kein Sportler oder ein Vertrauter eines Sportlers über seine Erfahrungen mit Doping und Vertuschung berichtet. Vorsichtig musste ich dennoch sein. Witali Stepanows Worte, seine E-Mails, der Brief von Julia Stepanowa, all das waren Behauptungen, die ich nicht so schnell überprüfen konnte.

Klar war mir, dass Witali mit dem Kontakt zu mir eine Hoffnung verband. Er glaubte, dass nur über die Öffentlichkeit das nötige Bewusstsein geschaffen werden könne. Er baute darauf, dass die ARD dafür das richtige Medium sein würde. Witali fasste Vertrauen und leitete an mich dann auch seine gesamte Korrespondenz mit der WADA weiter.

Wer bei der WADA wann welche Aussagen von Witali und Julia Stepanow zu lesen bekommen hatte, weiß ich nicht. Sicher ist, dass die WADA als Ganzes versagt hat, wenn solchen Hinweisen keine Taten folgten. Ihr Chefermittler Jack Robertson jedoch war immerhin so umtriebig gewesen, dass er die Whistleblower aus Russland getroffen hatte.

Witali Stepanow wiederum hatte sich nicht unbedarft in das Café in Moskau aufgemacht. Soweit das möglich war, ahnte er, was auf ihn zukäme, wenn seine und die Erlebnisse seiner Frau publik würden. Und er wusste, dass allein Behauptungen im Journalismus nicht weiterhelfen. Einige Beweise, in Gestalt von Ton- und Bild-dateien, hatte er deshalb bereits gesammelt.

Der frühere Mitarbeiter der Anti-Doping-Agentur ging davon aus, dass die Verantwortlichen in seiner Heimat alles oder zumindest viele Vorwürfe abstreiten würden. Und noch einer Sache war Witali Stepanow sich bewusst: Seine Frau und er würden Russland verlassen müssen, selbst wenn sie nicht mit offenem Visier vor der Kamera agieren würden. Das Risiko war zu groß, dass Insider ihren Beitrag an der Recherche erkennen würden. Wir sprachen bei unserem ersten Treffen nicht darüber, aber das mussten wir auch überhaupt nicht. Mir war klar, dass es für russische Staatsbürger schlichtweg gefährlich werden konnte, eine zentrale Rolle bei der Enthüllung des Staatsdopings durch ein westliches Medium zu spielen.

Staatsdoping? Ja. Der Begriff brachte auf den Punkt, was Stepanow mir erzählt hatte. Als wir uns verabschiedeten, dachte ich, dass aus diesem Nachmittag etwas Großes werden könnte.

Ein Präsident, der von nichts wissen will

Nach einem längeren Mailwechsel mit Stepanow flog ich gemeinsam mit meinem langjährigen Kameramann Manfred Pelz wieder nach Moskau. Erste Dateien hatte Witali mir geschickt, darunter Ton- und Video-Aufnahmen sowie andere Belege. Nun lud er mich zu sich nach Hause ein. Ich sollte seine Frau kennenlernen. Sein Bruder, der die Wohnung in dem Plattenbau mitten in Moskau ebenfalls bewohnte, hielt sich gerade nicht zu Hause auf. Witali wollte niemanden einweihen, nicht mal die eigene Familie. Nur einer war noch zugegen: Robert Stepanow, kein halbes Jahr alt.

Inzwischen hatte sich auch Jack Robertson noch einmal gemeldet. Der WADA-Ermittler nannte weitere Insider des russischen Leistungssports, die vielleicht bereit wären, über ihre Erfahrungen zu sprechen. Ich reiste in den kommenden Wochen kreuz und quer durch das große Land. Traf Sportler und Trainer, allesamt aus der Leichtathletik. Was sie erzählten, schockierte mich.

»Die meisten aus dem Nationalteam dopen«, sagte in Krasnodar, nicht weit vom Schwarzen Meer, die Diskuswerferin Jewgenija Pecherina in unsere Kamera. »99 Prozent. Je schwerer etwas nachzuweisen ist, desto teurer das Präparat.« Pecherina, damals gerade fünfundzwanzig Jahre alt, sprach offen und mit vollem Namen. Leute, die sagten, sie meinten es gut mit ihr, rieten ihr später, kein zweites Mal mit ausländischen Journalisten in Kontakt zu treten.

Auch Oleg Popow, Trainer russischer Diskus- und Speerwerfer, äußerte sich offen. »Entweder bereitest du dich im Nationalteam mit verbotenen Substanzen vor, oder du machst nicht mit, und dann kann es ganz schnell gehen, und du bist wieder draußen«, sagte er. Als Sportler habe man »keine Wahl«.

Ein Kollege Popows verbarg seine Identität, weil es »sehr gefährlich« werden könne, über Doping zu sprechen. »Es kann ein Unglück geschehen. Es kann alles passieren. Manche Leute haben versucht, sich umzubringen. Bei einem hat man es nicht geschafft, ihn zu retten.«

Was auffiel bei unserer Reise durchs Unterholz der russischen Leichtathletik: Fast überall wurde der Name Grigori Rodtschenkow ins Spiel gebracht. Die Diskuswerferin Jewgenija Pecherina etwa hielt den Leiter des Moskauer Dopinglabors für »über alles informiert«. Er wisse, »wie lange welches Präparat braucht, um aus dem Körper zu verschwinden. Er weiß darüber Bescheid, und er gibt Anweisungen. Er ist der wichtigste Spezialist.«

Ich hätte Rodtschenkow ohnehin noch einmal besucht. Aber nach all den Informationen über seine Rolle, offenbar eine Hauptrolle, konnte und musste ich ihn nun mit einigen Erkenntnissen konfrontieren. Er empfing mich in seinem Labor. Dass wir ein Interview vor der Kamera wollten, störte ihn nicht. Das war schon mal gut. Mit seinen Antworten ließ er sich Zeit.

»Haben Sie jemals Geld angenommen, um Doping zu vertuschen?«, fragte ich ihn.

Rodtschenkow stand an einem Tisch. Kurz straffte er seinen Oberkörper. Er überlegte.

»Habe ich jemals Geld genommen, um Doping zu vertuschen?« Er zögerte noch einmal, schaute dabei irritiert. Dann sagte er: »Die Antwort ist Nein, bis heute.«

Das »bis heute« verstand keiner von uns. Aber ungeachtet dessen: So wie Rodtschenkow geantwortet hatte, war es das vielleicht am wenigsten überzeugende Dementi, das ich jemals gehört habe. Er wirkte, als meinte er das Gegenteil.

Ich reiste in diesen Monaten stets mit kleinem Team herum, meistens mit Manfred Pelz als Kameramann und einem Übersetzer. Dass wir in Russland Athleten und Trainer trafen, bekam anscheinend niemand mit. Die Olympischen Spiele in Sotschi waren vorbei, Russland hatte die Krim besetzt – da interessierte das Thema Sport wenig. Unsere Reisegruppe war offenbar in jenen Monaten nicht auf dem Radar der Behörden. Wir konnten daher in Russland ungestört unserer Arbeit nachgehen. Das sollte sich ändern, als aus unserer Recherche ein Film entstanden und dieser gesendet worden war.

So weit war es noch nicht, als die Stepanows im Sommer 2014 nach Berlin kamen. Ich hatte sie eingeladen. Die junge Familie wollte schauen, ob sie in Deutschland Zuflucht finden könnte. Denn in ihrer Heimat würden sie nicht bleiben können, wenn der gigantische Betrug erst einmal aufgedeckt wäre.

Um Möglichkeiten zu sondieren, brauchte es stille Helfer. Ich hatte einige im Hinterkopf, bei denen ich sicher war, dass sie die beiden russischen Whistleblower unterstützen würden. Aber es war noch zu früh, diese Leute aus der Sportszene und Politik anzusprechen oder gar handfeste Abmachungen zu treffen.

Julia Stepanowa hatte sich mir gegenüber bisher zurückgehalten, sicher auch aufgrund der Sprachbarriere: Sie sprach kein Englisch, ich kein Russisch. Stets bedurfte es eines Dolmetschers und zudem Geduld, um Vertrauen und eine persönliche Gesprächsebene zu schaffen. Mit der Zeit aber gelang das. Sie erzählte mir, was ihr widerfahren war, schilderte ihren Alltag in einem betrügerischen System, und das auch vor der Kamera. Es sprudelte geradezu aus ihr heraus.

»In einem Trainingslager in Portugal haben unsere Athleten einfach unter falschem Namen gewohnt«, berichtete sie. »Sie haben verbotene Substanzen eingenommen. Damit die ausländischen Kontrolleure nicht kommen, haben sie falsche Namen angegeben. Als wir in Kirgisistan im Trainingslager waren, sollte ich am 15. Dezember eine Kur mit Tabletten anfangen. Da hat mein Trainer mich gefragt: ›Hast du sauberen Urin? Füll hier schon mal was ab, damit du welchen hast, wenn die Kontrolleure kommen.‹ Ich habe das so gemacht, wie er gesagt hat, und im Gefrierfach hatte ich ein Döschen mit sauberem Urin.«

Julia Stepanowa, die einst Doping für normal gehalten, die es akzeptiert hatte, weil es doch alle machten: Sie hatte nun endgültig durchschaut, dass Sportlerinnen wie sie im Zweifel von den Trainern und Funktionären verfeuert werden. »Sie nehmen ein beliebiges Mädchen und füttern es mit verbotenen Substanzen. Und wenn eines erwischt wird, dann schmeißen sie es weg und nehmen ein anderes und füttern es ebenfalls.«

Wer steuert so ein System, das dem einzelnen Athleten statt Respekt Missachtung entgegenbringt? Diese Frage bewegte uns. Klar war, dass der einzelne Trainer nicht autonom agierte, nicht ohne Rückendeckung, nicht ohne die Ansage von Menschen, die in der Hierarchie über ihm standen.

Fürs Erste versuchten wir es beim Präsidenten des russischen Leichtathletikverbandes. Er hieß Walentin Balachnitschew.

Balachnitschew, ein großer, hagerer, damals vierundsechzigjähriger Mann, hatte sich über die Jahre gut vernetzt. In der IAAF, dem Weltverband der Leichtathletik, wachte er als Schatzmeister über die Kasse. Er konnte sich zu Recht als ein Großer in der Funktionärsriege seiner Sportart fühlen. Einem deutschen Reporter Fragen zu beantworten, sah er allerdings offenbar nicht als Teil seiner Aufgabe an. Ein Interview mit der ARD ließ er ablehnen.

Weil sich aber langsam herausstellte, dass Balachnitschew als Präsident nicht passiv über dem Dopingthema schwebte, sondern eifrig an der Vertuschung mitarbeitete, entschlossen Manfred und ich uns, ihn abzupassen. Im August 2014 würde er zur Europameisterschaft nach Zürich reisen, dort konnten wir ihn vielleicht erwischen. Englisch sprach der Spitzenfunktionär, aber für alle Fälle nahmen wir auch noch einen russischsprachigen Kameraassistenten mit.

Im Stadion Letzigrund gelang uns dann allerdings nichts. Wir waren als Journalisten akkreditiert, der Präsident saß im VIP-Bereich der Tribüne. Wir sahen ihn – von Weitem.

Im Hotel, in dem die russische Delegation untergebracht war, versprachen wir uns später eine zweite Chance. Es hieß, Balachnitschew halte sich auf seinem Zimmer auf. Die Nummer kannten wir nicht. Wir lungerten in der Lobby herum. Dort tauchte er am Abend tatsächlich auf. Als der Präsident unsere Kamera sah, wirkte er überrascht.

»Ich bin nicht involviert«, beantwortete er unsere Fragen zum Doping in Russland. »Das ist Ihr Job, lassen Sie mich da raus. Ich will nicht darüber reden. Ich bin nicht involviert. Sie haben Ihre Ansicht, ich meine. Und die ist: Ich bin nicht involviert. Ich bin der Präsident und nie in irgendwas involviert. Ich weise Ihre Fragen darüber zurück. Ich bin nicht involviert. Ihre Fragen sind seltsam.« Das waren, durch kurze Nachfragen von mir unterbrochen, Walentin Balachnitschews Aussagen gegenüber der ARD. Sie bezeugten seine Verweigerung, sich auf das Thema einzulassen. Ein bisschen empfand der Präsident die Tatsache, dass wir ihm Fragen zum Doping stellten, wohl auch als unbotmäßig oder gar als Zumutung.

Die IAAF sperrte Balachnitschew später lebenslang. Als er davon erfuhr, war er noch so frech zu fragen, was er denn hätte tun sollen. »Ich konnte die Athleten ja nicht an der Hand halten.« In Wirklichkeit steht sein Name nicht nur für die Vertuschung. Der Präsident war mutmaßlich auch an Erpressungen und der Forderung von Schmiergeldzahlungen beteiligt. Aber das wusste ich an diesem Tag in dem Hotel in der Schweiz noch nicht. Die Recherche dieser Angelegenheit sollte sich erst noch entwickeln.

Den eigenen Trainer überführt

Dass man im Moskauer Dopinglabor gegen Geld positive Dopingproben verschwinden lassen konnte, hatte schon Julia Stepanowa erlebt. Tausend Dollar hatte man dort von ihr verlangt. Von der Marathonläuferin Lilija Schobuchowa erfuhr ich, dass eine kleine vierstellige Summe fast schon ein Schnäppchen war. Schobuchowas Fall konnte ich in diesen Monaten zu einem guten Teil recherchieren. Er ließ sich erzählen, allerdings noch nicht bis zum Ende. Das gelang erst zwei Jahre später in der Dokumentation »Geheimsache Doping: Die Schutzgelderpresser«.

Beim Westdeutschen Rundfunk in Köln habe ich im Jahr 2014 eine enorme Unterstützung für die Russlandrecherchen erfahren. Das begann damit, dass ich nicht argwöhnisch gefragt wurde, warum ich so lange an einem Film arbeitete. Zu der Zeit erschien ich für gewöhnlich etwa alle zwei oder drei Wochen in der Redaktion. Jetzt ließ ich mich kaum mehr blicken.

Wenige Kollegen im Sender wussten, woran ich recherchierte. Als ich erzählt hatte, dass Witali und Julia Stepanow vor der Kamera aussagen würden, reagierten sie begeistert. Im Haus entstand die Idee, einen Beitrag für »Monitor« zu machen, das politisch-investigative Magazin des WDR. Die renommierte Sendung läuft in der ARD, donnerstags, 21.45 Uhr, also auf einem äußerst attraktiven Sendeplatz.

Doch zu dem Zeitpunkt reichte meine Recherche schon zu weit. Sie franste zuweilen aus, manchmal ergaben sich aus einem Gespräch zwei neue Pfade, die zu verfolgen mir lohnend erschien. Die Stepanows allerdings, das war früh abzusehen, waren zentral für die Story. Einbauen in einen »Monitor«-Beitrag konnte ich sie aber nicht, weil sie so schnell nicht das Land verlassen konnten. Und ohne die beiden Whistleblower hätte ein Film kaum die Kraft entfalten können, die er wenige Monate später bekommen sollte. Der WDR sah das letztlich auch so.

Viele Filme habe ich gemeinsam mit Co-Autoren gemacht, mit Jo Goll, Robert Kempe und manch anderem. Russland ging ich zunächst allein und nur mit meinem Kameramann Manfred Pelz an. Wobei das Wort allein hier nicht wirklich passt. Ein Film braucht immer auch Unterstützer, ortsansässige Helfer etwa, sogenannte Stringer, dazu Cutter, Grafiker, Ton-Assistenten und natürlich Redakteure und Juristen. Bei mir kam in der letzten Phase der Recherchen noch Olga Sviridenko hinzu. Olga kannte ich von den Filmarbeiten über das Gas Xenon im russischen Sport. Sie ist in Russland geboren, lebt aber schon viele Jahre in Deutschland, eine neugierige und leidenschaftliche Journalistin und dabei auch noch eine akribische Rechercheurin. Das passte also.

Im September 2014 vernahm ich dann aus Köln doch erste vorsichtige Fragen, woran ich denn nun eigentlich so lange schrauben würde. Ich bat um weitere Zeit und versprach gleichzeitig, dass der Film ein besonderer werde.

Im Oktober saßen wir zum ersten Mal im Schneideraum, mit einer Rohfassung. Der zuständige WDR-Redakteur Jochen Leufgens kam dazu, schaute und sagte, so etwas habe er noch nie gesehen. Danach sagte er allerdings auch: »Und jetzt müssen wir da einen Film draus machen.« Ich fand, wir hatten schon viele gute Elemente. Aber die Episoden klug und dramaturgisch geschickt zu verbinden – dafür mussten wir noch einiges tun.

Genug Stoff hatten wir. Da waren Dokumente, die mir zugespielt worden waren. Da gab es die Mitschnitte, die für sich sprachen, heimlich von den Stepanows aufgezeichnet. Marija Sawinowa, Weltmeisterin und Olympiasiegerin über achthundert Meter, äußerte sich in einem Handyvideo, das Julia Stepanowa während eines Gesprächs mit der Teamkollegin unbemerkt aufgenommen hatte. »Na ja, was sollen wir machen?«, fragte die damals neunundzwanzigjährige Sawinowa. »Das ist das System. In Russland funktioniert das nur mit Pharma. Mein Trainer arbeitet zum Glück mit Melnikow, und der hilft, die Tests zu vertuschen.« Alexei Melnikow, das war der Cheftrainer der russischen Leichtathleten. »Sie lassen ihn die Termine für die Kontrollen tauschen. Und Oxandrolon ist sehr schnell aus meinem Körper wieder raus. Dauert weniger als zwanzig Tage. Wir haben das testen lassen. Mein Mann hat nämlich sehr gute Verbindungen zum Dopingkontrolllabor.«

Julia Stepanowa und ihr Mann Witali schlugen noch im November vor, undercover im Trainingslager in Kirgisistan tätig zu werden. Kirgisistan ist eine frühere Sowjetrepublik, die südlich von Kasachstan, nahe China und damit in wärmeren Gefilden als Moskau liegt. Sie würde dort mit demselben Trainer arbeiten, der auch ihrer Läuferkollegin Marija Sawinowa zu Dopingmitteln verhelfe, berichtete Julia: mit Wladimir Kasarin, dem damals erfolgreichsten Achthundert-Meter-Trainer der Welt. Bei ihm wollte sie als Lockvogel agieren.

Das Ergebnis einer verdeckten Recherche zu erhalten, ist eine feine Sache. Nun allerdings musste ich einen solchen Undercover-Einsatz vorab gutheißen. Als Journalist würde ich Mitverantwortung für ein nicht ungefährliches Unterfangen übernehmen. Ich überlegte, ging gemeinsam mit den Stepanows die Risiken durch und nahm Julia schließlich das Versprechen ab, mit dem versteckten Aufnahmegerät sehr vorsichtig zu sein. Nicht zu weit gehen und im Zweifel abbrechen, darauf einigten wir uns.

Im kirgisischen Trainingslager lief es, wie Julia Stepanowa erwartet hatte. Nach der ersten Einheit rief der Trainer sie zu einem Gespräch in die Unterkunft. Die Sportlerin erschien, ausgerüstet mit einer sehr unauffälligen kleinen Kamera, die bereits lief, als sie das Zimmer betrat.

»Wir könnten auch mit Oxandrolon und mit Primobolan arbeiten und natürlich zu Anfang mit EPO. Aber wir müssen aufpassen, dass du im Rahmen bleibst, falls eine Kontrolle kommt«, sagte der Nationaltrainer. Er ging an eine Kommode, öffnete eine Schublade, holte Tabletten heraus. »So, hier hast du die Pillen.«

»Was ist das?«, fragte die Läuferin.

»Oxandrolon.«

Als der Trainer für einen Moment den Raum verließ, filmte sie die viereckigen, leicht abgerundeten weißen Tabletten. Sie enthielten, wie mir die Kölner Sporthochschule später nach Analyse bestätigte, ein anaboles Steroid. Das Medikament wurde eigentlich für Alkoholiker entwickelt, die an Hepatitis leiden, Ärzte verschreiben es auch HIV-Infizierten mit starkem Gewichtsverlust.

Der verdeckte Einsatz war geglückt. Die Aufnahmen aus dem Trainingslager dokumentierten auf geradezu intime Art, wie ein Trainer seine Sportlerin anleitet, Medikamente für Schwerkranke zu missbrauchen und die eigene Gesundheit zu gefährden.

Für Julia Stepanowa wurde es jetzt Zeit. Gemeinsam mit ihrem Mann Witali, ihrem Baby Robert und drei großen Koffern reiste sie nach ihrem Eintreffen in Moskau weiter nach Berlin. Ich konnte damals für einige Zeit woanders unterkommen und überließ ihnen fürs Erste meine Wohnung. Die drei haben ihr Heimatland seitdem nicht wieder betreten.

Wir hatten derweil, ebenfalls in Berlin, noch einige intensive Tage vor uns. Die Reihenfolge der Szenen musste endgültig festgelegt werden, ihre jeweilige Länge, das Erzähltempo, die Musik und auch die Art, wie wir die Zuschauer durch die Dokumentation führen würden. Der WDR-Redakteur Jochen Leufgens hatte angeregt, den Film aus der Ich-Perspektive zu erzählen: Ich solle die Leute mit zu den Recherchen nehmen, sie auch an meinen Gedanken teilhaben lassen. Die Zuschauer sollten mich quasi begleiten, wenigstens bei einem Teil der Reisen, die hinter mir lagen. Sie sollten nachvollziehen können, wie sich das Puzzle zusammensetzte. Manche Szenen mussten wir dafür neu drehen. Wir hatten ja während der Recherche nicht andauernd auch den Autor aufgenommen.

Witali Stepanow interessierte sich sehr für den allerletzten Teil der Filmproduktion, die ohne sein Engagement nie begonnen hätte. Es ist sehr ungewöhnlich, dass Whistleblower, Informanten oder auch Protagonisten den finalen Schnitt eines Dokumentarfilms miterleben und dabei auch noch ihre Einschätzung abgeben. Diesmal war es angemessen.

»Geheimsache Doping: Wie Russland seine Sieger macht« lief am 3. Dezember 2014 von neunzehn bis zwanzig Uhr in der ARD. Nach diesem Film und weiteren Beiträgen der ARD-Dopingredaktion begannen Ermittlungen von Behörden und Sportorganisationen. Etliche hohe Funktionäre mussten in der Folge zurücktreten. Zahlreiche russische Athleten erhielten Sperren. Den russischen Leichtathletikverband traf es besonders hart: Infolge der Suspendierung durch die IAAF durfte nahezu seine gesamte Mannschaft nicht an den Olympischen Spielen in Rio de Janeiro 2016 teilnehmen. Die Suspendierung war auch 2019 noch in Kraft. Russische Leichtathleten durften bei internationalen Wettkämpfen weiterhin nur in neutralen Trikots, ohne Landesflagge und ohne Hymne antreten, und das auch nur, wenn der einzelne Sportler den Regeln entsprechend in das Dopingkontrollsystem eingebunden war und wenn bei ihm, so hieß es, nach sorgfältiger Prüfung keine Verdachtsmomente bestanden.

Bald nach der Sendung im Dezember 2014 meldete sich aus Kanada die WADA-Zentrale mit der Frage, ob es das Skript des Films auch in Englisch gebe. Professionelle Übersetzer arbeiteten bereits an einer sorgfältigen Übertragung ins Englische, weil ausländische Journalisten den juristisch wasserdichten Wortlaut der Dokumentation für ihre Berichterstattung benötigten. Und zwei Tage nach der Ausstrahlung waren unsere Russlandrecherchen auch in Moskau angekommen – in den Hauptnachrichten. Die Botschaft dort lautete, die ARD wolle mit dem Film über Doping in Russland offenbar vom vergleichsweise schlechten Abschneiden deutscher Sportler bei den Winterspielen in Sotschi ablenken. Der Propagandaapparat des Kreml tat, was seine Aufgabe war: Er steuerte dagegen. Aus etlichen Ländern meldeten sich Fernsehsender beim WDR, um den Film einzukaufen. Er wurde in mehrere Sprachen übersetzt und tatsächlich in etliche Länder lizenziert. In Russland allerdings wollte ihn kein TV-Sender ausstrahlen.

Die WADA schuf derweil eine Sonderkommission mit ihrem ehemaligen Präsidenten Richard Pound an der Spitze. Doch würde die WADA, die ja auch von der Olympischen Bewegung finanziert wird, wirklich unabhängig ermitteln? Viele waren skeptisch, auch weil immer mehr Monate ins Land gingen, ohne dass etwas passierte. Der Verdacht wuchs, dass die Dopingbekämpfer das Problem am Ende nur verschleppten und aussitzen wollten.

In Wirklichkeit dauerte es einfach sehr lange, bis die WADA-Sonderkommission das gesamte Beweismaterial ausgewertet hatte. Wir hatten bei den Aufnahmen der verdeckten Recherchen im Film nicht den Originalton mitgesendet, sondern Sprecherstimmen darübergelegt, die die russischen O-Töne exakt wiedergaben. Das hatte rechtliche Gründe. Russische Medien behaupteten hingegen lange Zeit, wir hätten uns die Zitate der Sportler, Ärzte und Trainer allesamt ausgedacht. Man höre ja schließlich niemanden im Original reden.

Die Stepanows legten der Kommission dann aber alle Originalaufnahmen vor, die sie erstellt hatten, und zwar in voller Länge und mit den Stimmen der Menschen, die gefilmt worden waren. Damit hatte die WADA die Nachweise, die sie benötigte, um tätig werden zu können.

Am 9. November 2015 lud die WADA in das Hotel Mandarin Oriental in Genf. Ein Sprecher führte in die Thematik ein. »Meine Damen und Herren, Vertreter der Medien, willkommen in Genf! Vor fast einem Jahr wurden auf dem deutschen Fernsehsender ARD erstmals sehr ernsthafte Dopingvorwürfe erhoben. Der WADA-Präsident Sir Craig Reedie kündigte eine umfassende Untersuchung an. Der Gründungspräsident der Welt-Anti-Doping-Agentur, Herr Dick Pound, wurde zum Leiter dieser Untersuchung erklärt.«

Pounds Kommission hatte ihre Erkenntnisse in einem 350 Seiten starken Bericht festgehalten. Nun sagte der Kanadier: »Die unabhängige Kommission konnte die überwältigende Mehrheit der in der ARD-Doku erhobenen Vorwürfe bestätigen. (...) Es ist schlimmer als gedacht. Fakten wurden verschleiert, Proben wurden in den

Laboren zerstört, Gelder wurden gezahlt, um Dopingtests zu verheimlichen. Unter anderem. Wir kamen zu dem Ergebnis, dass all dies nicht passieren konnte und weiterhin passieren kann ohne das Wissen und die tatsächliche oder konkludente Zustimmung staatlicher Behörden.«

In dem Bericht war von »Korruption und Schmiergeld-Praktiken auf höchster Ebene in der Welt-Leichtathletik« die Rede, von »staatlich gestütztem Doping« und von »direkter Einschüchterung und Beeinflussung der Moskauer Laborprozesse durch den russischen Staates«. Auch eine Konsequenz schlugen die unabhängigen Ermittler vor: »Wir empfehlen der WADA, dass der russische Verband für 2016 suspendiert wird. Wir empfehlen der WADA zudem, dem Moskauer Labor die Akkreditierung zu entziehen.«

Das war im Herbst 2015. Im Dezember 2014, als der Film lief, wohnte bei mir erst einmal eine junge Familie. Die Stepanows blieben sechs Wochen.

Als sie auszogen, sah meine Wohnung exakt so aus wie vorher. Korrekt, akkurat und bescheiden, so hatte ich Witali Stepanow in den zurückliegenden Monaten kennengelernt. So hatte ich ihn auch in der Zusammenarbeit erlebt. Ich schätze ihn und seine Frau bis heute als gutwillige und herzliche Menschen.

Im Stadtteil Marzahn fanden Unterstützer Anfang 2015 eine Wohnung für sie und statteten die Räume mit gebrauchten Möbeln aus. Es sollte nicht für immer sein. Aber in der nächsten Zeit konnte man nun weit draußen im Berliner Osten zuweilen eine Spitzensportlerin beim Lauftraining sehen. Wer dort seine Runden zog, sprach sich dann schnell herum.

Im Frühherbst 2015 siedelten die Stepanows über in die USA. Dort hatte Julia ihren Sohn während eines Aufenthalts zur Welt gebracht, Robert war deshalb US-Bürger. Aber auch seine Eltern durften erst mal bleiben.

Mehrfach wechselten sie in den USA den Wohnort, doch in dem Appartement, in dem sie zuletzt unterkamen, leben sie nun schon

Whistleblower im Exil. Witali und Julia Stepanow habe ich auch immer wieder besucht, nachdem sie Russland verlassen hatten.

einige Zeit. Das Verhältnis zu ihren Nachbarn ist freundlich-distanziert. Sie achten aus alter Vorsicht weiter darauf, keine allzu engen Beziehungen zu Menschen in der Umgebung einzugehen.

Ich habe sie bereits mehrfach besucht. Die beiden haben sich der amerikanischen Esskultur angepasst, essen Burger, trinken Cola, bleiben aber schlank. Sport zu treiben, bedeutet ihnen weiterhin sehr viel. Witali läuft locker seine Runden, Julia trainiert ambitioniert. Sie würde sich gern noch einmal international beweisen. Für Russland wird sie nicht mehr antreten dürfen. Dort gelten Julia und Witali Stepanow weiterhin als Staatsfeinde.

Die Stepanows sind Menschen, vor denen ich großen Respekt habe. Sie getroffen zu haben, betrachte ich persönlich als großen Gewinn.

Berlin

Anfänge

Anfang der Achtzigerjahre war Schluss. Die Stimme im Bruch und viel zu tief – so könne ich keine Beiträge mehr sprechen, wurde mir in der Redaktion gesagt. Ich hatte gut zwei Jahre mitgemacht beim Jugendradio des West-Berliner »Rundfunk im amerikanischen Sektor«, den die US-Armee 1948 aufgebaut hatte und jeder Berliner nur als RIAS kannte. Die Sendung hieß »Flick-Flack«, es ging um Sport. So etwas hatte es bis dahin noch nicht gegeben.

»Schülerreporter gesucht«. Die Anzeige hatte in der Fernsehzeitschrift »HörZu« gestanden. Schnell hatte ich eine Probereportage eingeschickt, auf Band, aufgenommen mit meinem Kassettenrecorder, auf dem sonst Leonard Cohen und Cat Stevens liefen. Ich setzte mich dafür in mein Zimmer zu Hause, simulierte eine Hörfunk-Reportage eines Hertha-Spiels im Berliner Olympiastadion und versuchte dabei, wie ein echter Sportreporter rüberzukommen. Irgendwie musste das gut genug gewesen sein. Die jungen Redakteure im RIAS nahmen mich jedenfalls, genau wie Steffen Simon übrigens. Steffen sollte alsbald herausragen im Team der jungen Reporter, Stimme und Sprache hörten sich bei ihm schon wie die eines routinierten Sportreporters an. Heute kommentiert Steffen Fußballspiele für die ARD und gehört zum Führungsteam der WDR-Sportredaktion. Ende der Siebzigerjahre arbeiteten wir manchmal zusammen. Mit dem RIAS-Übertragungswagen, einem dunkelblauen Ford Transit, fuhren wir zu Hertha Zehlendorf, wo damals ein Jugendspieler namens Pierre Littbarski kickte, später ein Weltmeister. Auch viele andere Sportarten kamen in der Sendung »Flick-Flack« vor.

Spaß hatte es mir gemacht. Doch ich war oft unsicher, nicht sehr souverän am Mikrofon. Und das bemerkte nicht nur ich.

Die Wahrheit vertraute mir viele Jahre später der Hörfunkredakteur Hanns Ostermann an. »Hajo, mit der Stimme hatte das damals nichts zu tun. Du warst einfach nicht gut genug.«

Immerhin hatte ich den Großen eine ganze Weile nachgeeifert, den Jochen Sprentzels und Wolfgang Mönchs, Berliner Stimmen, die samstags bei der Bundesliga-Konferenz im Radio zu hören waren.

Sprentzel wohnte sogar in der Nähe meines Zuhauses. Im grünen Lankwitz im West-Berliner Süden lebten meine Eltern, mein jüngerer Bruder Alexander und ich in einem Einfamilienhaus mit großem Garten. Manchmal, wenn wir Fußball spielten, mit Freunden auf dem Aschenplatz an der Maximilian-Kaller-Straße, kam Sprentzel des Weges und kickte ein paar Spielzüge mit. Ich sehe ihn noch vor mir, in einem lilafarbenen Trainingsanzug von Tennis Borussia Berlin.

Ein paar andere Interessen hatte ich auch noch, war in der katholischen Pfarrjugend aktiv, Messdiener und Lektor in der Lankwitzer Gemeinde Mater Dolorosa. In der Theatergruppe der Kirchenjugend spielten wir den Eingebildeten Kranken von Molière und Stücke von Agatha Christie. Vor allem aber begeisterte mich das Schwimmen im Verein. Im Alter von fünfzehn bis neunzehn Jahren hat mich dieser Sport in der SG Lichterfelde/Südwest geprägt. Hier trainierten Jungs mit Mädchen gemeinsam. Wir reisten zu Wettkämpfen oder in Trainingslager. Hier kam ich das erste Mal mit dem anderen Geschlecht näher in Kontakt, war ich zum ersten Mal ziemlich betrunken und habe zum ersten Mal geraucht. Im Schwimmen aktiv zu sein, erst als Sportler, dann auch als Trainer und Jugendwart, bereitete mir große Freude. Meine Zeit im Schwimmverein empfand ich nicht zuletzt auch als Freiheit und Abenteuer. Es entstanden viele Freundschaften, manche sind bis heute erhalten geblieben. Für mich, der aus eher konservativen Verhältnissen kam, bleibt diese Zeit meines Lebens unvergessen.

Das liegt auch an unserem damaligen Trainer Kurt, genannt Kutti. Ein Typ Freigeist, der gut in das West-Berlin der späten Siebzigerjahre passte. Kuttis lockere Art gefiel uns, er feierte wilde Partys und war zugleich Respektperson am Beckenrand. Er hatte immer einen lockeren Spruch auf den Lippen und ließ auch mal fünfe gerade sein. Beim Training und im Wettkampf war er fordernd und für uns Heranwachsende der beste Coach, den wir uns vorstellen konnten. Ich verbinde mit Kutti außerdem, dass ich mich erstmals mit Fairness im Sport auseinandersetzte.

Kutti trainierte damals auch die Wasserballmannschaft, und irgendwann wollte ich diese Sportart auch mal ausprobieren. Beim ersten oder zweiten Training scharte uns Kutti auf einem Podest aus gewärmten Kacheln zur Besprechung um sich. Er erklärte Kniffe und Tricks. Unter Wasser, riet er, könnten wir dem Gegner ruhig auch mal einen Tritt in die Weichteile verpassen, wenn es nicht anders gehe. Der Sport sei eben etwas härter.

Auch damals trug man beim Wasserball schon einen Genitalschutz in der Badehose. Aber dennoch, diese Ansage gefiel mir nicht. Vielleicht hatte Kutti uns locken wollen, reizen, uns Jugendliche, die natürlich gern zu den Harten zählen wollen. Für mich aber war in diesem Moment Schluss mit Wasserball. Eine Sportart, bei der der Trainer Fouls gutheißt und sogar dazu animiert, lehnte ich ab.

Meine Schwimmfreunde von damals mussten schmunzeln, als ich diese Erinnerung an die Zeit mit Kutti Anfang 2019 erzählte. Im Nachhinein passt es ja zu meinem weiteren Weg. Wir saßen in einem Restaurant in Berlin und gedachten unseres Trainers. Kutti war nur ein paar Jahre älter als wir und in den Achtzigerjahren auf die Philippinen ausgewandert. Dort ist er mit Anfang sechzig gestorben.

Ich hatte nach meiner Zeit als Jugendreporter beim RIAS vorerst keine Lust mehr auf Sportjournalismus. Die letzten Jahre am Gymnasium schleppten sich dahin, den Unterricht fand ich zäh und langweilig. Gewiss gehörte ich auch nicht zu den fleißigsten Schülern. Das Abitur schaffte ich 1981 aber ohne große Mühen, hatte immerhin eine Zwei vor dem Komma und wollte dann Lehrer werden. Sport stand als Studienfach fest, zuerst kombinierte ich es mit Französisch, dann mit Sozialkunde. Doch der Fachwechsel war im Grunde egal, weil ich eher orientierungslos durch die Vorlesungen und Seminare mäanderte und nicht gerade fleißig war. Manchmal schlief ich bis in die Puppen. Meine Mutter weckte mich dann in der Hoffnung, dass ich nicht alle Seminare an dem Tag verpasste.

Einen Studienabschluss habe ich nie gemacht, aber Praktika, eines an der St. Marienschule Neukölln. Dort verwechselten mich die Nonnen wegen meines damals noch sehr jungenhaften Aussehens glatt mit den Schülern. Auch an der Grundschule Am Karpfenteich im Stadtteil Lichterfelde probierte ich mich als Pädagoge aus. Es herrschte Lehrermangel damals. Ich musste unterrichten, gemeinsam mit meinem Freund und Kommilitonen Bertram, den ich noch vom Gymnasium kannte und mit dem ich dieses Lehrerpraktikum gemeinsam absolvierte. Eine vierte Klasse übergab uns der Rektor. Der Versuch endete im Chaos. Die Kinder nahmen uns nicht ernst, veranstalteten Speerwerfwettbewerbe mit Mikado-Stäbchen, sprangen über Tische und Bänke. Ich kam nach Hause und erklärte meinen Eltern, ich wolle doch nicht Lehrer werden. Mein Vater hielt das für die richtige Entscheidung. Er meinte, Journalist sei doch das Richtige für mich.

Mein Vater war sehr aktiv in der Schachszene, zuerst als erfolgreicher Spieler in Berlin, später viele Jahre als Präsident des städtischen Schachverbands und Organisator bedeutender Turniere. Außerdem berichtete er für verschiedene Medien regelmäßig über Schachwettkämpfe im In- und Ausland. Mein Vater fand es nun offenbar gut, wenn ich irgendwie in seine Fußstapfen träte. Und ich überlegte. Warum sollte ich es nicht doch noch mal mit Journalismus probieren, wenn die Uni und das Unterrichten mir so wenig Spaß machten?

Mein Vater machte mir dann einen Kontakt zur Sportredaktion der Deutschen Presse-Agentur in Berlin. Und einige Wochen später erschien der erste dpa-Bericht des freien Mitarbeiters Seppelt junior. Es war ein Zehnzeiler zum Ausgang der Berliner Kanu-Meisterschaften. Ich schrieb drei Stunden daran.

Fortan durfte ich los, im Auftrag der Deutschen Presse-Agentur auf die Plätze und in die Hallen. Von zu Hause aus telefonierte ich mir bei Kontaktleuten die Ergebnisse lokaler Leichtathletik-Wettbewerbe herein. Daraus machte ich dann handschriftlich kleine Meldungen und gab sie durch ins dpa-Büro am Savignyplatz. Oft berichtete ich auch vor Ort von Sportveranstaltungen, las meine kurzen Texte danach der sogenannten Frau von der Aufnahme im dpa-Büro zum Abtippen am Telefon vor. Manchmal berichtete ich nun sogar von Schachturnieren, die mein Vater organisiert hatte, sehr zu seiner Freude. Ich verdiente bei der dpa für einen Bericht nicht viel mehr als ein Taschengeld, lernte aber so den Journalismus einer Nachrichtenagentur und zugleich die Sprache der Sportreporter. Man muss das Klischee beherrschen, um darüber hinauszukommen, sagte später Andreas Witte, der beim Sender Freies Berlin (SFB) mein Kollege wurde.

Bald durfte ich auch kleine Texte für den »Tagesspiegel« schreiben. Und ich bekam wieder Lust aufs Radiomachen. Dem SFB wollte ich mich über ein Praktikum empfehlen – im Jahr 1985 genau wie auch noch heute ein gewöhnlicher und sicher sinnvoller Einstieg. Dazu ging ich ins Olympiastadion, um eine Probereportage aufzunehmen – diesmal direkt am Ort des Geschehens. Die Hörfunkkabinen lagen zu der Zeit recht weit oben im Stadion. Als ich die Treppen hochstieg, fragte mich Andreas Witte, wie ich denn gerufen würde. Gute Frage. Man nannte mich damals Hansi oder Seppi. In dem Moment sagte mir das aber alles nicht zu. Und Hans-Joachim, wie es im Ausweis steht, fand ich zu altbacken. »Hajo«, fiel mir in dem Moment ein, ohne lange überlegt zu haben. Es klang für mich irgendwie erwachsener. Dabei blieb es.

Eine Sportredaktion in diesen Jahren kannte noch Gemütlichkeit. Es wurde hektisch, immer mal wieder, aber die Männer – Journalistinnen gingen in der Regel anderen Themen als Sport nach –

fanden auch mal Zeit für Skatrunden. An Gründen, miteinander anzustoßen, mangelte es ebenfalls nicht. Auf einer meiner ersten Redaktionskonferenzen beim SFB, wo ich mich respektvoll in einer Ecke platziert hatte, fiel mir versehentlich ein halb volles Rotweinglas um. Es ergoss sich auf einen Teppich. Mit hochrotem Kopf saß ich da.

Als Reporter und Beitragsmacher im Radio austoben durfte ich mich aber fast von Beginn an, nach zwei Monaten hatte ich meinen ersten Live-Take. Der bekannte Reporter Stanley Schmidt moderierte mich in der Sendung »Sport und Musik« mit einem Bericht von einem Squash-Turnier in Marienfelde an. Ich war aufgeregt und machte meine Sache sicher nicht perfekt. »Da redete der junge Kollege aber ganz schön schnell«, merkte Schmidt am Mikrofon lässig an, bevor das nächste Lied gespielt wurde.

Als freier Mitarbeiter durfte ich trotzdem weitermachen. Das freute mich sehr, nicht nur, aber auch wegen der feinen Bezahlung: Hundertfünfzig Mark gab es für einen Beitrag im Radio. Das Studium ließ sich damit noch leichter vernachlässigen. Ich kam fast täglich in die SFB-Sportredaktion, die im Haus des Rundfunks am Theodor-Heuss-Platz in Charlottenburg angesiedelt war. Aus dem Gebäude aus den späten Zwanzigerjahren hatte vor dem Krieg auch der Reichsrundfunk gesendet. Josef Goebbels verbreitete von dort seine Hetzreden.

Noch besser als Stücke im Radio bezahlte der SFB Beiträge im Fernsehen. Nach etwa einem Jahr hatte ich die Chance für meine erste »Nachricht im Film«, kurz: NIF. Ich hatte dreißig Sekunden zum Thema Badminton zu verfassen. Dass ich nicht in die bei den meisten Kollegen beliebte Fußball-Berichterstattung drängte, sondern für alles andere offen war, brachte mir bald weitere Aufträge. In meinen Stücken ging es manchmal sogar um Schulsport. So lernte ich das Handwerk und gewann auch zunehmend Sicherheit bei Liveauftritten.

Irgendwann humpelte auch ein blonder Typ in etwa meinem Alter in unsere Redaktion. Er hatte ein Gipsbein und stellte sich als

Jungreporter. Johannes B. Kerner und ich hatten beim Sender Freies Berlin Ende der Achtzigerjahre auch mal Zeit für Späße.

neuer Praktikant vor: Johannes Kerner, damals noch ohne das B. hinterm Vornamen.

Wir freundeten uns an und erwarben uns in den späten Achtzigerjahren im Sender das Image, etwas andere Filme zu machen. Johannes fiel allerdings dazu mit seinem besonderen Live-Talent auf. Es lag auf der Hand, ihn moderieren zu lassen. Er blieb bis 1992 beim SFB, übernahm dann die Moderation der neuen SAT.1-Sendung »ran«, die einige Jahre exklusiv die Fußball-Bundesliga zeigte.

Schwimmreporter in Ost und West

Ich widmete mich in den späten Achtzigerjahren als Reporter so oft wie möglich meinem früheren Lieblingssport. Einige Male fuhr ich rüber nach Ost-Berlin, um über das hochkarätig besetzte NOK-

Schwimmfest der DDR zu berichten. Im August 1987 reiste ich zum deutsch-deutschen Länderkampf nach München. »Schwimmer der DDR in München klar in Front. 72:48 nach dem ersten Tag im Ländervergleich mit der BRD«, jubelte die Parteizeitung »Neues Deutschland«. Die Meldung stand auf der Titelseite. Daneben erfuhren die Leser, dass die Bauern der DDR weiter um ein hohes Erntetempo wetteiferten und der westdeutsche Bundeskanzler Kohl zum Verzicht auf die Rakete Pershing Ia bereit sei.

In der Olympiahalle in München traf ich auf eine Sportlerin, die mich später noch ausführlicher beschäftigen sollte. Kristin Otto, einundzwanzig Jahre, galt als die herausragende Schwimmerin der DDR-Auswahl. Als ich sie interviewte, sprach sie einige Sätze im typischen Parteideutsch in die Kamera. Bei den Olympischen Spielen in Seoul 1988 holte sie dann sechs Goldmedaillen für ihr Land. Für mich war sie ein kleines Stück im großen Puzzle des DDR-Sports, das ich mir über die Jahre zusammenzusetzen versuchte. Die Atmosphäre in der selbst ernannten Sportnation interessierte mich. Vor dem Mauerfall tauchte ich als Reporter in Ost-Berlin und an anderen Wettkampforten immer wieder in diese ganz eigene Welt ein.

Meine Redaktion in West-Berlin ließ mir mein DDR-Thema, und drüben im Osten nahmen die Sportjournalisten nicht weiter Notiz vom jungen Kollegen aus dem Westen. Der Einzige, mit dem ich ab und zu ins Gespräch kam, war der Schwimmexperte und Radio-DDR-Reporter Klaus-Jürgen Alde. Er versorgte mich mit Infos zu Biografien von Ost-Schwimmern, die ich für meine Reportagen nutzen konnte. Umgekehrt half ich ihm gern mit Details zu Athleten aus dem Westen. In einer Welt ohne Internet nützte uns das beiden.

Angesichts der überragenden Leistungen mancher DDR-Schwimmerinnen fragte ich mich zwar manchmal schon, ob das alles immer mit rechten Dingen zugehen konnte. Aber vor allem war ich damals darauf bedacht, ein möglichst guter Livereporter von Schwimmwettkämpfen zu sein. Klaus Jürgen Alde und ich wechselten in jener Zeit auch manches private Wort. Über den Staat, in dem er lebte, sprachen wir aber kaum. Ich wusste im Grunde wenig über das Leben in der DDR. Die Reisen in den Osten Deutschlands hatten geradezu etwas Abenteuerliches, es waren für mich Trips in eine andere Welt. Neugierig war ich immer schon gewesen.

Als ich im Sommer 1989 im Interhotel gegenüber dem Magdeburger Hauptbahnhof eincheckte, lernte ich eine Hotelangestellte kennen. Wir freundeten uns an, ich reiste nun auch privat in die DDR. Im September sagte sie mir, ein Mann von der Stasi habe ihr bedeutet, den Kontakt zu einem gewissen West-Berliner abzubrechen. Der Sicherheitsapparat der DDR hatte sie oder mich überwacht. Ich erlebte nun auch diese Seite der DDR und konnte es kaum fassen, dass sich ein Staat herausnahm, so dreist in der Privatsphäre von Menschen herumzuschnüffeln. Und dass dieser Staat sogar bestimmen wollte, wer sich mit wem anfreunden darf.

Dass der Staatssicherheitsdienst sich noch ein bisschen mehr für mich interessiert hatte, erfuhr ich etliche Jahre später, als ich eine Stasiakte einsehen konnte, in der ich als Zielobjekt erfasst war. Viel hatten die Spione allerdings nicht zusammengetragen. Und im politisch heißen Sommer und Herbst 1989 hatte die Stasi wohl längst Wichtigeres zu tun, als einem jungen Sportreporter aus dem Westen auf den Fersen zu sein. Immerhin waren alle Ein- und Ausreisen notiert. In Magdeburg hatte man mich nicht nur mit meiner Begleitung observiert. Einen Besuch von mir abends in einer Gaststätte hatten die Spitzel auch vermerkt. Ich hätte dort meine Jacke liegen gelassen, sie tags darauf abgeholt. Die Akte war ansonsten ziemlich dünn. Aber dieses Detail stimmte.

Ich war freier Mitarbeiter, jung und reiselustig. Anfang November 1989 flog ich nach New York, um über den legendären Marathon zu berichten. Ich kehrte in der Nacht vom 7. auf den 8. November zurück und produzierte das Radiostück auch gleich im Sender. Dann ging ich schlafen, zufrieden mit meiner Arbeit.

Am Abend des 9. November kündigte auf einer Pressekonferenz in Ost-Berlin Günter Schabowski einen Beschluss an, demzufolge

DDR-Bürger Privatreisen ins Ausland künftig auch »ohne Vorliegen von Voraussetzungen« beantragten könnten. Visa würden unverzüglich erteilt, erklärte Schabowski, der zu dieser Zeit Erster Sekretär der SED-Bezirksleitung Ost-Berlins war. Auf die Frage eines »Bild«-Reporters, wann dies in Kraft trete, antwortete Schabowski um 18.58 Uhr: »Das tritt nach meiner Kenntnis … ist das sofort, unverzüglich.«

Mir war klar, dass diese Regelung eine Reform mit gewaltigen Folgen darstellte. Doch ich ahnte nicht, wie schnell diese Folgen eintreten sollten. Zunächst gingen wir nämlich davon aus, dass jeder, der den Westen besuchen wollte, sich am nächsten Tag eine Genehmigung bei der Volkspolizei holen musste.

Damals arbeitete ich nicht nur für die Sportredaktion, sondern ab und an auch für den Zeitfunk, der die Sendungen mit den Nachrichten vom Tage produzierte. Ich rief beim Sender an und vereinbarte, dass ich ganz früh am nächsten Morgen Umfragen unter West-Berlinern machen würde. Sie sollten mal erzählen, was sie von der bevorstehenden Grenzöffnung hielten. Das war's dann aber auch für mich an diesem Donnerstagabend. Später saß ich mit zwei Freunden, Robert und Jens, in der »Quinte«, einer Kneipe in Lankwitz. Ich spürte noch den Jetlag nach dem New-York-Trip und war hundemüde. Aber im Fernsehen liefen nun Berichte darüber, dass erste Ost-Berliner bereits die Grenze überschritten. Meine beiden Freunde machten sofort Alarm, los jetzt, sofort, ein historischer Abend sei das. Sie wollten zum Checkpoint Charlie, ich eigentlich ins Bett.

Doch Robert und Jens überredeten mich mitzukommen. Mit meinem kleinen Mazda 323 fuhren wir erst zu mir, um für alle Fälle das Radio-Aufnahmegerät zu holen. Auf den Straßen war einiges los. Irgendwann erreichten wir Kreuzberg. An einer Tankstelle, wo Robert Sekt kaufen wollte und der Tankwart sagte, da sei er heute nicht der Erste, wurde mir klar, dass in dieser Nacht noch einiges passieren konnte. Meine Müdigkeit war weg, mein Reporterblut kochte. Ich bat den Mann hinter der Kasse, den Satz noch einmal in mein

Mikrofon zu sprechen. Das war ein ganz starker O-Ton für meine Reportage, dachte ich.

Auf den Straßen staute sich inzwischen der Verkehr. Ich ließ das Auto stehen, und wir schlugen uns zu Fuß in Richtung Checkpoint Charlie durch. In den Menschenmassen verloren wir uns bald aus den Augen. An der Mauer hatte sich gesammelt, was West-Berlin zu bieten hatte, Spießer und Popper, Punks, Alte und Junge, alle dicht gedrängt an der Westseite. Von drüben hörten wir Sprechchöre:»Wir wollen raus! Wir wollen raus!« Die West-Berliner riefen zurück:»Wir wollen rein! Wir wollen rein!«

Ich kämpfte mich im Gedränge mit meinem Aufnahmegerät an die Mauer heran. Obendrauf standen junge West-Berliner und hielten sich fest wie bei einer Polonaise. Sie feierten ausgelassen – auf einem Bauwerk, das noch Stunden zuvor weltweit ein Sinnbild für Angst und Schrecken gewesen war. Auf dem Weg sah ich fröhliche Kids, die sich Mützen von DDR-Grenzern hin und her schmissen, als wären es Frisbee-Scheiben. Ich fragte mich, wie sie an die Mützen herangekommen waren. Surreale Szenen jedenfalls. Und was dann kam, konnte ich kaum glauben: eine Tür. In der Mauer. Und diese Tür ging auf – gerade als ich sie erreicht hatte. Drei Männer kamen hindurch, die – anders kann ich es nicht sagen – genau dem Klischee entsprachen, das ein Wessi damals vom Ossi im Kopf hatte: Blousonjacken aus Polyester, Hornbrillen, Stoffbeutel in der Hand. Sächsischer Dialekt. Alle drei weinten. Ich streckte ihnen mein Mikro entgegen und weiß noch genau, dass sie nur drei Worte sagten:»einwandfrei«,»super«,»Wahnsinn«.

Wahnsinn, fand auch ich. Das war Weltgeschichte, direkt auf meinem Aufnahmegerät. Es war noch vor Mitternacht. Zu diesem Zeitpunkt hatte ich am Checkpoint Charlie keinen anderen Reporter gesehen. Ich war ein wenig stolz auf meine Aufnahmen. Und beobachtete weiter das irre Treiben. Der Druck im Kessel stieg, dann war er wohl zu hoch: Immer mehr Menschen und später auch Autos wurden von den Grenzern durchgelassen. Fünf Jahre später sah ich ein Video von der Nacht am Grenzübergang, ein Japaner hatte aus seinem Wagen heraus gefilmt. Man sieht mich, wie ich Passanten auffordere, von der Fahrbahn zu treten und die Autos durchzulassen. Ein Kameraassistent hatte mich auf dem Bildmaterial erkannt, das nun dem Sender RTL vorlag. Und die Kollegen wollten wissen, wie es mir damals ergangen sei. Was sollte ich sagen: Offenbar hatte ich mich in diesen historischen Stunden auch als Verkehrspolizist betätigt.

Später in der Nacht machte ich mich dann noch auf zum Grenzübergang Invalidenstraße, wo die Menschen inzwischen schon in Scharen von Ost nach West und auch von West nach Ost strömten. Ich konnte dort einen Grenzer interviewen. Der Mann sagte mir ins Mikrofon, dass es nun vor allem seine Aufgabe sei, für einen reibungslosen Ablauf, Ordnung und Sicherheit an der Staatsgrenze zu sorgen. Immerhin freute er sich über die Maueröffnung, wenn auch in nüchternem Ton. »Das kann man eigentlich nicht beschreiben. Was soll ich dazu sagen? Wir sind auch überrascht, dass es so passiert, und froh darüber, dass es gewaltfrei verläuft bis jetzt.« Zurzeit laufe alles ohne Kontrollen, sagte der Grenzpolizist. In den Westen schaffe er es so schnell wohl nicht. »Wir haben jetzt erst mal hier zu tun.«

Auch wenn der Mann etwas hölzern formuliert hatte – zu dem Zeitpunkt war es eine Sensation, dass überhaupt ein DDR-Grenzer mit einem Westreporter sprach. Mit meinen Aufnahmen machte ich mich stolz auf den Weg zum Sender. Dort stellte ich fest, dass alle O-Töne vom Checkpoint Charlie komplett übersteuert waren. Nichts davon war zu gebrauchen, weil ich in dem Trubel nicht daran gedacht hatte, den richtigen Pegel einzustellen. Ich ärgerte mich über mich selbst. Immerhin aber lief das Interview mit dem Grenzpolizisten von der Invalidenstraße im Laufe dieser historischen Nacht in den Radiosendern der ARD.

Den nächsten Tag arbeitete ich ohne Pause weiter, war wieder als Reporter an der Grenze und in der völlig überfüllten City unterwegs. Als die SFB-Abendschau um 19.25 Uhr begann, ging dann nichts mehr: Ich schlief auf dem Redaktionssofa ein.

Kritische Fragen

Die Zeit großer Politik und großer Umbrüche hatte begonnen in Berlin, im Sport bekam ich davon aber eher am Rande etwas mit. Drängte allerdings ein sportpolitisches Thema auf die Agenda, schnappte ich es mir. Wie 1991, als Berlin sich für die Olympischen Sommerspiele 2000 bewarb. Die Kandidatur begleitete ich intensiv im Radio und Fernsehen, es wurde mein erstes wirklich großes sportpolitisches Schwerpunktthema. Mit Johannes Kerner zusammen entstand auch meine erste TV-Doku. »Die Jahrtausendspiele. Berlins Hürden nach Olympia« hieß der Film, den Johannes und ich drehten, er lief um 20.15 Uhr in der ARD.

Wir stiegen ein mit Bildern aus dem Berliner Olympiastadion. Die kombinierten wir mit Sequenzen jubelnder Zuschauer aus dem Archiv und extra gedrehten Aufnahmen eines Reporters, der so tat, als berichtete er gerade live von der Eröffnungsfeier der Spiele im Jahr 2000 in Berlin. Das sollte Atmosphäre schaffen.

Spiele in der vereinigten deutschen Hauptstadt. Wir erinnerten an den amerikanischen Präsidenten Ronald Reagan, der 1987 am Brandenburger Tor den inzwischen legendären Satz gesagt hatte: »Mr Gorbatschow, tear down this wall!« – »Reißen Sie diese Mauer nieder!« Und wir zeigten, wie Adolf Hitler die Olympischen Spiele 1936 eröffnet hatte. Der Regierende Bürgermeister Eberhard Diepgen durfte vor unsanierten Altbauten im Prenzlauer Berg ankündigen, mit der Olympiaausrichtung auch gleich das Wohnungs- und Verkehrsproblem zu lösen. Und Willi Daume, Präsident des Nationalen Olympischen Komitees, sagte voller Überzeugung, der eigentliche Gewinner seien ja immer die Ausrichterstädte. Damals dachten das tatsächlich viele.

Wir erinnerten aber auch an Geschenke, die IOC-Mitglieder von früheren Bewerbern erhalten hatten, goldene Armbänder, silberne Broschen, CD-Player und Videorekorder, Schweizer Uhren und noble Lederkoffer. In Berlin wurde das Exekutivkomitee des IOC anlässlich eines Bewerberbesuchs bei einem Galadiner im Pergamon-

Museum bewirtet, so wie 1936. NOK-Chef Willi Daume äußerte sich unerwartet offen über »Luxussuiten« und »Erste-Klasse-Flüge« für die hohen IOC-Herren: »Da kann man sagen, gut, man muss sich an unsere Bestimmungen halten, aber dann kriegen wir die Spiele nicht.« Die Olympia-Gegner reimten: »IOC, nee, nee, nee, Willi Daume in die Spree.«

In dem Film zoomten wir auch an den Berliner »Olympia-Macher« Lutz Grüttke heran, gegen den die Staatsanwaltschaft ermittelte. Diepgens Mann im Rennen um die Bewerbung, so lautete der Verdacht, sollte einem früheren Geschäftspartner aus Düsseldorf lukrative Aufträge zugeschanzt und selbst daran verdient haben. Das Verfahren gegen Grüttke wegen des Verdachts der Untreue wurde später eingestellt. Die Stadt aber suchte bald einen neuen Bewerbungsboss.

Und ich suchte zunehmend solche Geschichten: denen es um die Wahrheit hinter dem schönen Schein ging. Beim IOC-Kongress in Birmingham 1991 fragte ich ein chinesisches Mitglied vor laufender Kamera, wie sich Peking für Olympia bewerben könne, wenn in den Stadien des Landes Hinrichtungen stattfänden. Der Funktionär bedeutete mir, ich solle mich nicht in innere Angelegenheiten eines anderen Landes einmischen. Er beschwerte sich später auch beim deutschen NOK über mich. Kritische Fragen konnten Probleme bringen, merkte ich erstmals. Und auch, dass ich sie weiterhin stellen wollte.

Berlin legte eine wenig überzeugende Bewerbung vor. Die Stadt hatte aber kurz nach ihrer Vereinigung ohnehin andere Probleme, als es den Damen und Herren des IOC recht zu machen. Die Kollegen des ARD-Politikmagazins »Monitor« deckten dann noch auf, dass die Berliner Olympia-GmbH Dossiers über IOC-Mitglieder erstellt und darin allerlei Verführbarkeiten aufgelistet hatte, Trinkgewohnheiten und sexuelle Neigungen. So wollte man ein perfektes »Personal Lobbying« betreiben.

Die Chancen standen schlecht für Berlin. 1993, eine Woche vor der Entscheidung in Monte Carlo, erklärte uns aber der Sprecher des Regierenden Bürgermeisters, Berlin habe eine tolle Bewerbung und werde ganz weit vorne landen. Im ersten Wahlgang würde Istanbul ausscheiden, danach Manchester, weil Berlin ja die Stimmen der Türken bekomme.

So ein Blödsinn, dachte ich mir. Was hatte die türkische Gemeinde in Berlin mit dem Abstimmungsverhalten von IOC-Mitgliedern zu tun? Aber bizarre PR, schräge Argumente oder Wunschdenken gab es nicht nur im Roten Rathaus. Brigitte Schmitz, die in der Berliner Olympia-GmbH die Internationale Abteilung leitete, sagte mir kurz vor der Entscheidung, sie habe mit IOC-Mitgliedern gesprochen und Berlin bekomme fünfundvierzig Stimmen. Das würde reichen. Zur Krönungsshow in Monte Carlo bot Deutschland dann auch noch als Gesicht der Bewerbung die Schwimmerin Franziska van Almsick auf.

Mit fünfundvierzig Stimmen gewann schließlich Sydney, knapp vor Peking. Berlin holte im ersten Wahlgang neun und im zweiten Wahlgang ebenfalls nur neun Stimmen. Exakt dieses Votum hatte ich bei unserem Tippspiel in der Redaktion genannt. Deutschlands Hauptstadt brachte es auf den vierten von fünf Rängen. Istanbul wurde Letzter. Immerhin damit hatte der Sprecher des Bürgermeisters richtiggelegen. Zwei Jahre später arbeitete ein Untersuchungsausschuss des Abgeordnetenhauses die Hintergründe der teuren und in mancher Hinsicht peinlichen und sehr teuren Bewerbung auf.

Im Jahr der gescheiterten Olympiabewerbung konnte Berlin aber auch einen Erfolg vorweisen, der mir persönlich weitaus mehr bedeutete: Mein Sender bekam ein eigenes Fernsehprogramm. Bisher hatte der SFB gemeinsam mit Radio Bremen zu »N3« beigetragen, dem dritten Programm für Norddeutschland. Ich hatte inzwischen mit Ende zwanzig eine Festanstellung erhalten. Wir lieferten dem Programm drei Sportsendungen pro Woche. Ich durfte jetzt auch im Fernsehen moderieren. Und war darin einer der Schlechtesten.

Meine kurze Karriere als Moderator begann mit einer nicht ganz leichten Aufgabe. Wir hatten Ben Johnson zu Gast im Studio – den

Sprinter aus Kanada, der 1988 für zwei Tage Olympiasieger über hundert Meter gewesen war. Dann hatte man ihm die Verwendung des Anabolikums Stanozolol nachgewiesen. Johnson war nach seiner Dopingsperre wieder gestartet, bei den Olympischen Spielen in Barcelona etwa, wo er im Halbfinale ausschied. Für das Interview mit ihm hatte die Redaktion einen Simultandolmetscher engagiert – und fünfundzwanzig Minuten eingeplant.

Fünfundzwanzig Minuten dauern verdammt lange, erst recht, wenn man zuvor nie als Moderator vor der Kamera gestanden hat. Ich erinnere mich, dass ich ziemlich verkrampft und angespannt war, zugleich aber auch motiviert. Aus einem Gast mit einem derart großen Namen und solch einer Geschichte wollte ich jetzt auch einiges herausholen. Was mich interessierte, offenbar nahezu ausschließlich, denn ich kam fast ein wenig manisch immer wieder auf dieses Thema zurück: Doping. Und Johnson hatte auch gar kein Problem, darüber zu sprechen. Er sagte:

»Jeder in der Leichtathletik nimmt ja Anabolika, und das ist auch jetzt noch so. Ich bin einfach erwischt worden und musste leiden für alle. Ich kam aus Jamaica, ich hatte als Kind nie mit Drogen, mit Anabolika zu tun. Wenn man im Sport etwas werden will, dann muss man bestimmte Dinge tun. Ich wollte in der LA nach oben kommen, und das war eben der Weg.«

Das war eine starke Aussage. Ich fragte für alle Fälle noch mal nach.

»Sie wollen damit sagen, dass heutzutage in der internationalen Leichtathletik nach wie vor in extrem hohem Maße gedopt wird?«

»Ja«, antwortete Johnson.

»Glauben Sie denn, dass Sie ohne Doping heute überhaupt noch Weltspitzenformat erreichen können?«

»Ja«, antwortete Johnson wieder. »Natürlich kann man in die Spitze gelangen, aber das dauert natürlich sehr, sehr lange. Ich will mich hier nicht über Anabolika auslassen, das ist nicht meine Sorge. Ich will jetzt versuchen, ein Comeback zu schaffen.« Er müsse seine Muskeln wieder auf Vordermann bringen, sei in sehr guter Form und glaube schon, dass es eine sehr gute Saison für ihn werde. Doping habe er heute nicht mehr nötig.

Johnson wies mich noch darauf hin, dass Anabolika nur zwanzig Prozent der Leistung ausmachen würden. Zwanzig Prozent. Ich fand, das war nicht gerade wenig. Zu dem berühmten Hundert-Meter-Finale bei den Spielen 1988 in Seoul, als Johnson erwischt worden war, sagte er: »Es war was in meinem Urin, das ist richtig. Aber jeder hatte Anabolika genommen bei den hundert Metern.« Damit müsse man einfach leben. Und er könne damit gut leben. »Ich weiß, dass ich ein sehr ehrlicher und guter junger Mann bin.«

Ben Johnson hatte seinen Manager mitgebracht, den Österreicher Robert Wagner. Der saß oben in der Regie und konnte kaum fassen, was seinem Sportler dort unten geschah. Wenn der Seppelt jetzt nicht aufhöre mit den Dopingfragen, drohte er, gehe er runter und ziehe seinen Mann da live raus. Zum Glück konnten die Kollegen ihn beschwichtigen.

Wagner tauchte später immer mal wieder im Dunstkreis von gedopten Sportlern auf. 2017 schaffte er es in die Schlagzeilen, weil er Reportern des »Telegraph« auf den Leim ging, die ihn undercover auf einen Läufer ansprachen. Dieser Sprinter müsse dringend und schnell in Form kommen. Wagner bot an, den Sportler mit Dopingmitteln zu versorgen, für ein Honorar von 250.000 Dollar. Er sprach von Ärzten in Österreich, die entsprechende Medikamente beschaffen würden. Später behauptete Wagner, er habe prahlen wollen und sich nur deshalb so geäußert.

Mit seiner Kritik an meinem Interview-Stil in der Livesendung des SFB hatte der zwielichtige Sportmanager aber nicht ganz unrecht. Das sehe ich heute so, und das sah der SFB-Sportchef Jochen Sprentzel schon damals so. Am Tag nach der Sendung rief er mich in sein Büro. Jochen hatten nicht meine Dopingfragen gestört, auch nicht das Nachhaken. Insgesamt aber kritisierte er mich massiv für die aus seiner Sicht einseitige Gesprächsführung.

Ich verließ das Büro und fühlte mich einigermaßen düpiert. Klar war ich nicht sonderlich locker gewesen, hatte nicht gerade wie ein

Entertainer gewirkt. Aber mein Interview hatte starke Zitate Johnsons erbracht. Wenige Wochen später zeigte sich, dass es nicht so falsch gewesen war, auf dem Doping-Thema zu beharren. Der Sprinter Ben Johnson wurde erneut positiv getestet. Er hatte munter weitergedopt.

Mein Chef ließ mich weiter moderieren. Doch wenn ich etwa als Presenter im Studio locker mit den Fußballern von Union Berlin ins Gespräch kommen sollte, zeigte mir die Aufgabe meine Grenzen auf. Es dauerte einige Jahre, bis ich mir wirklich eingestand, dass diese Rolle andere besser ausfüllten als ich. Dafür war ich ein passabler Reporter. Und ich recherchierte gern.

Und so bewegte ich mich weiter durch die Neunzigerjahre, mal als Filmemacher, regelmäßig als Reporter, beim Schwimmen, beim Wasserball, oft auch bei den Spielen der Basketballer von Alba Berlin. Dann kam das Jahr 1997, und in meinem Leben als Journalist änderte sich einiges.

Doping-Reportagen
Mein Thema

Meistens läuft etwas falsch, wenn Journalisten zum Gegenstand der Berichterstattung werden. Mir ist das 2006 passiert. Ich arbeitete mich am Sportjournalismus ab damals, an der Art, wie ihn die ARD zu jener Zeit betrieb. Mir gefiel da einiges nicht.

Im Radsport war das Erste Deutsche Fernsehen von 1998 bis 2004 offizieller Sponsor des Teams Telekom gewesen. Auch danach pflegte die ARD eine aus meiner Sicht ungesunde Nähe zu den Sportlern und dem Unternehmen. Beim Fußball, der das Land aufgrund der Weltmeisterschaft noch mehr als sonst beschäftigte, fehlten mir kritische Stücke im Programm. Befasste sich in all den ARD-Sendern mal jemand mit dem Fußballweltverband FIFA? Wurde da auch recherchiert? Oder verstand man sich bloß als glücklich-zufriedener Partner der WM-Macher, setzte den »Kaiser« Franz Beckenbauer ins Bild und veröffentlichte, was Wolfgang Niersbach, der Pressechef des Organisationskomitees, herausgab? In der ARD durfte der FIFA-Präsident Sepp Blatter feierlich einen Bambi entgegennehmen. Das WM-Motto hieß zwar: »Die Welt zu Gast bei Freunden«, aber daran musste ja, fand ich, nicht die ARD ihr journalistisches Handeln ausrichten.

Journalisten schauen gern kritisch auf die eigenen Kollegen, ich bin da keine Ausnahme. Die Distanzlosigkeit missfiel mir, und im NDR-Medienmagazin »Zapp« sagte ich zum Thema Kooperationen von Fernsehsendern mit Unternehmen: »Meine journalistische Unabhängigkeit wäre davon berührt. Das geht nicht.«

Besonders mutig kam ich mir dabei nicht vor. Selbst der bayerische Ministerpräsident Edmund Stoiber warf ARD und ZDF ja damals vor, sie hätten bei der Tour de France »letztlich Sportbetrug im großen Stil übertragen«. Der »Spiegel« stellte 2006 fest, der klassische Sportjournalismus spiele eine zunehmend untergeordnete Rolle, und kritisierte die Protagonisten im Fernsehen. Im Spiel ohne Ball, wenn es um Hintergründe oder gar um Sportpolitik gehe, »fehlt ihnen jede Distanz«.

Distanz. Um ein Zeichen zu setzen, für uns selbst, aber auch in die Branche hinein, trat ich Anfang 2006 gemeinsam mit einigen Kollegen aus dem VDS aus, dem Verband Deutscher Sportjournalisten. Jens Weinreich war dabei, der sich als Journalist mit dem Schwerpunkt Sportpolitik einen Namen gemacht hatte und ein Jahrzehnt später zu den »Sommermärchen«-Enthüllungen im »Spiegel« beitragen sollte, und auch Thomas Kistner von der »Süddeutschen Zeitung«, später Autor des Buches »FIFA Mafia«. Zudem Herbert Fischer-Solms, der die sportpolitische Berichterstattung des Deutschlandfunks über Jahrzehnte geprägt hatte, schloss sich an. Zusammen gründeten wir das »Sportnetzwerk«. Unser Newsletter, den Jens Weinreich betreute, erreichte bald dreihundert Abonnenten.

Kritisch statt kumpelhaft, so wollten wir sein und arbeiten. Unsere Botschaft kam nicht überall gut an, am wenigsten beim damaligen SAT.1-Reporter Erich Laaser, dem Vorsitzenden des VDS. Laaser verspottete uns zuerst als »aufrechte Kämpfer gegen Korruption und Doping« und als »Elite des deutschen Sportjournalismus«. Wir seien, schrieb Laaser seinen Kollegen im VDS-Vorstand, »mies, arrogant, unkollegial, anmaßend und unverschämt«. Laasers Schelte bestärkte uns, auch wenn unsere Aktivitäten im »Sportnetzwerk« nach einigen Monaten wieder einschliefen.

Ich dümpelte damals dem Ereignis des Jahres entgegen, der Fußball-WM in Deutschland, mittelmäßig motiviert, meine Tätigkeit als Sportjournalist hinterfragend und unsicher, ob ich ewig so weitermachen wollte. Weil aber auch Sinnsucher Geld verdienen müssen, berichtete ich bei der Weltmeisterschaft für die »Tagesschau« von der Fanmeile am Brandenburger Tor und aus dem Berliner

Nobel-Stadtteil Grunewald. Dort hatte die deutsche Nationalmannschaft ihr Quartier aufgeschlagen. Der Bundestrainer Jürgen Klinsmann und sein Assistent Joachim Löw, die jungen Sternchen Bastian Schweinsteiger und Lukas Podolski, im Tor Jens Lehmann statt Oliver Kahn und drumherum ganz viele Fans – für mich war das zumindest mal etwas anderes.

Zeuge wider Willen

Den WM-Sommer 2006 verbinde ich heute allerdings weniger mit dem recht starken Auftritt der Nationalelf. Kurz bevor sich Deutschland als gelassen-guter Gastgeber präsentierte, hatte ich nämlich meinen Job als Schwimmreporter der ARD verloren. Im Schatten der sonnigen Weltmeisterschaft entspann sich daraufhin eine kleine Debatte, öffentlich geführt bis in den Herbst hinein. Am Ende hatte sich für mich einiges geklärt.

Hagen Boßdorf koordinierte in jenen Jahren den Sport der ARD. Die Position verlieh ihm Einfluss, und Boßdorf nahm sich meiner Meinung nach auch einiges heraus. Der Journalist handelte zum Beispiel einen Vertrag mit dem Radrennfahrer Jan Ullrich und zudem noch mit dessen Manager aus, einem Mann, den spanische Ermittler »Ullrichs Dopingmanager« nannten. So zahlte die ARD mehrfach, für die Übertragungsrechte, als Sponsor des Ullrich-Teams, an Ullrich direkt und auch noch an seinen Manager. Boßdorf hatte es sich auch nicht nehmen lassen, mit Ullrich dessen Memoiren »Ganz oder gar nicht« zu schreiben. Kurz vor der WM hatte ich plötzlich Post von ihm im Briefkasten. Einen Brief vom ARD-Sportkoordinator an meine Privatadresse hatte ich noch nie bekommen. Er schrieb, dass er mich über eine Neubesetzung bei den Schwimmreportern informieren möchte, die die Sportchefs der ARD-Anstalten »mit großer Mehrheit« getroffen hätten. »Gerne« teile er mir mit, dass fortan ein anderer Livereporter die Schwimmereignisse für die ARD begleite. Ich solle mich verstärkt um »Hintergrundberichterstattung« kümmern, etwa in der Sportpolitik oder beim Doping. »Damit reagieren sie« – Boßdorf meinte die ARD-Sportchefs – »auch auf die interne Kritik, die Du gerade auf diesem Gebiet an der ARD geäußert hast.« Und er ergänzte: »Es findet sicher Deine Zustimmung, dass die Runde der Sportchefs in Zukunft verstärkt auf Deine sportpolitischen Interessen Bezug nehmen will.« Ich fragte mich kurz, in welcher Kaderschmiede der DDR Boßdorf derlei Dialektik gelernt hatte. Studiert hatte er in den Achtzigerjahren an der Universität Leipzig, wo am sogenannten Roten Kloster systemtreue Journalisten geformt werden sollten. Kontakte zur Staatssicherheit hatte Boßdorf eingeräumt.

Tatsächlich traf mich Boßdorfs Brief hart. Eineinhalb Jahrzehnte hatte ich als Livereporter aus den Schwimmstadien der Welt berichtet. Als Livereporter der ARD bei Olympia und Weltmeisterschaften im Einsatz zu sein, schien mir damals eine Anerkennung meiner Leistung zu sein. Ich war stolz darauf. Damit sollte jetzt Schluss sein, sofort. Gesprochen hatte mit mir darüber keiner vor der Entscheidung.

Ich fühlte mich ungerecht behandelt und auch bei meiner Ehre gepackt, denn natürlich war mir klar, dass dieser Beschluss auch eine Abstrafung für meine Kritik an der ARD-Sportberichterstattung darstellte. Im Frühjahr hatte die ARD, ohne dass ich das gewollt hatte, von einer E-Mail erfahren, die ich intern im »Sportnetzwerk« verschickt hatte. Darin hatte ich mich empört, dass in den ARD-Sportsendungen viel zu wenig kritische Berichte gezeigt würden. Diese E-Mail hatte ein Kollege dann allerdings Lesern außerhalb unseres Kreises zugänglich gemacht, wohl ohne groß darüber nachzudenken.

In jener Zeit standen am Oberlandesgericht München die neun ARD-Anstalten sowie Hagen Boßdorf dem Heidelberger Molekularbiologen und Dopingexperten Werner Franke gegenüber. Franke hatte im »Spiegel« mehr oder weniger direkt geäußert, die ARD unterstütze mit ihrer unkritischen Berichterstattung die Dopingszene im Radsport. Eine seiner Wertungen: »Am drastischsten ist es bei der Berichterstattung übers Radrennfahren. Das ist eine nachweislich massenhaft dopingverseuchte Sportart, die durch eine kriminelle Szene von Beschaffern gelenkt wird. Aber bei den stundenlangen Übertragungen, zum Beispiel von der Tour de France, wird diese kriminelle Szene nicht deutlich angesprochen.«

Solche Aussagen wollten sich die Chefs der ARD-Anstalten und ihr Sportkoordinator nicht nachsagen lassen. Über Hagen Boßdorf sagte Franke in dem Interview: »Aufgrund seiner langjährigen Tätigkeit als Radsportexperte muss man davon ausgehen, dass er um die Machenschaften weiß. Aber er spricht sie nicht an. Da er auch noch ein persönliches kommerzielles Interesse hat als Co-Autor der Autobiografie von Jan Ullrich, ist das für mich journalistische Korruption. Ein Journalist darf nicht kommerziell mit Leuten vernetzt sein, über die er objektiv berichten soll.«

Vor Gericht in München tauschten sich beide Seiten aus und erzielten eine Einigung. Franke verpflichtete sich, nie wieder zu behaupten, Hagen Boßdorf oder andere Sportreporter der ARD hätten Sachverhalte zum Doping im Fernsehen falsch dargestellt. Weiterhin sagen durfte er hingegen, die ARD-Sportberichterstattung klammere aktiv das Thema Doping aus. Beide Seiten sahen sich nach der Einigung als Sieger. Nur: Professor Franke hatte während der Verhandlung auch Einblick in seine Belege gewährt. Anhand von neunundvierzig Vorgängen wollte er dokumentieren, dass seine Sicht der Dinge der Wahrheit entsprach oder eine zulässige Meinungsäußerung sei, gegen die nicht juristisch vorgegangen werden darf. Und einer der Punkte, auf die er sich stützte, war jene von mir im »Sportnetzwerk« verschickte E-Mail. Darin schrieb ich unter anderem: »Ein Programmchef teilte mir vor Jahren mit, eine investigative Dopingberichterstattung sei nicht erwünscht. Mit einer offenen Behandlung solcher Themen tun sich ohnehin viele bei uns schwer, manche werden ihre sehr persönlichen Gründe haben … Außerdem heißt es immer, das Thema Doping sei ein Quotenkiller.«

Mit diesem Satz wurde ich unfreiwillig zu Frankes Zeuge gegen die ARD. Und der Professor kommentierte das nun, nach meiner

Absetzung als Schwimmreporter, gegenüber der »tageszeitung« durchaus genüsslich. Er habe für die Verhandlung »49 Vorgänge dokumentiert, doch die interessierten die ARD-Leute fast gar nicht. Die Email von Seppelt hat sie einfach besonders gestört, weil es einer aus dem eigenen Haus war.«

Vielleicht habe ich damals einen Nerv getroffen. Zumindest erhielt ich Rückendeckung von etlichen Kollegen, die nicht zum ARD-Sport gehörten. Der Redakteursausschuss des Rundfunks Berlin-Brandenburg (rbb) etwa zeigte sich solidarisch: »Wir befürchten, dass er bei der Mehrzahl der ARD-Sportchefs offenbar in Ungnade gefallen ist, weil er immer wieder auf Defizite in der Sportberichterstattung, besonders bei der Dopingaufarbeitung, aufmerksam gemacht hat.« Und die Vertretung der Redakteure des NDR stellte zur Sache fest: »Kritischer Journalismus muss in der ARD auch weiterhin möglich sein.« In einer Zeitungsanzeige in der »Frankfurter Allgemeinen« stellten sich Dutzende Journalisten, Politiker, Wissenschaftler und Sportfunktionäre hinter mich und gegen Boßdorf. »Dieser Mann darf nicht Sportkoordinator bleiben«, schrieben sie über ihn.

Kurz darauf, Gerüchte hatte es schon vorher gegeben, flog Jan Ullrich als Kunde des spanischen Dopingdoktors Eufemiano Fuentes auf. Das deutsche Radsport-Idol wurde von der Tour de France ausgeschlossen. Das Erste sendete einen Brennpunkt. Und ich bekam einen Anruf aus der ARD. Ob ich nach Spanien fliegen könne. Sofort.

Gerade noch war ich als Kritiker aufgefallen. Jetzt konnte – oder besser: musste – ich es selbst besser machen.

Erfahrungen mit Dopingrecherchen hatte ich zwar bereits gesammelt. Doch ich fühlte mich keineswegs als Investigativ-Reporter mit Doping-Schwerpunkt, hatte auch keine entsprechenden Kontakte. Der Ansatz im investigativen Journalismus ist ohnehin ein anderer – die Recherchen sind meistens langfristig und breit angelegt. Dass man irgendwo einfliegt und mal eben fix Ermittlungsakten oder andere interne Papiere zugespielt bekommt, entspricht eher nicht der Realität. Ich versuchte in Madrid deshalb erst mal, mit spanischen Kollegen in Kontakt zu kommen. Auch eine ortskundige Helferin wollte mich unterstützen.

Mit vereinten Kräften und kollegialer Hilfe spanischer Reporter berichtete die ARD in den nächsten Tagen nicht weltexklusiv, aber doch von Dingen, die andere Medien in Deutschland nicht brachten. Ich erhielt auch manches Dokument. Vor allem aber hörte ich über meine neuen Kontakte, dass einer der Mittelsmänner des Doktor Fuentes ein Deutscher gewesen sein solle. Das Bundeskriminalamt verfolge die Sache bereits. Ich fragte nach beim BKA. Die Behörde gab keinen Kommentar, dies aber auf eine Weise, dass wir uns sicher waren, in der Sache nicht falschzuliegen. Auch von einer geplanten Razzia sprachen Insider, beim Fuentes-Kontaktmann in Deutschland, bald, sehr bald.

Solche Hinweise elektrisieren. Man schaut dann, ob sie sich verdichten, versucht, wie Journalisten sagen, die Sache »hart zu bekommen«. Uns ist das in diesem Fall gelungen, allerdings erst ein paar Wochen nach der Tour de France. Als am 17. August 2006 in Bad Sachsa im Südharz zeitgleich ein Wohnhaus und Klinikräume eines dreiundfünfzigjährigen Narkosearztes durchsucht wurden, wussten wir davon. Wir waren vor Ort, filmten und machten die Dopingrazzia publik.

Das BKA und die Staatsanwaltschaft Göttingen bestätigten die Durchsuchungen und gaben bekannt, gegen den Arzt werde nun ermittelt. Die Razzia habe »zum Auffinden umfangreicher Beweismittel geführt, die Auswertung dauert an. Die Staatsanwaltschaft Göttingen hat ein Ermittlungsverfahren gegen den Arzt wegen Verstoßes gegen das Arzneimittelgesetz eingeleitet und das BKA mit den Ermittlungen beauftragt.« Wir erklärten in unseren Berichten, man sei bei dem Mann fündig geworden, der vermutlich Fuentes' Dopinghelfer in Deutschland war.

Der Mann hieß Markus Choina, ein Facharzt für Kinderheilkunde und für Anästhesie, 1988 aus Polen nach Deutschland gekommen und im Süden Niedersachsens beruflich etabliert. Aus Choinas

Wohnhaus nahmen die Ermittler auch ein Notizbuch mit, in dem Namen und Telefonnummern notiert waren. Es gehörte einem vierzehnjährigen Spanier, der gerade bei den Choinas zu Gast war – dem Sohn von Eufemiano Fuentes. Der Junior des spanischen Arztes hatte den Sommer im Harz verbracht, war dort auch zur Schule gegangen. Das zeigte die engen Bande der beiden Dopingärzte.

Heute denke ich, dass mir wahrscheinlich nichts Besseres passieren konnte, als vom Schwimmsport abgezogen und in den Radsport hineingeworfen zu werden. In der ARD mehrten sich nämlich gerade Stimmen, die das Thema Doping dauerhaft beackert wissen wollten. Daraus entstand ein Projekt, das kurz darauf den Arbeitstitel »Doping-AG« bekam. Man bot mir an einzusteigen. Die Sache sei bereits in konkreter Planung, hieß es. Die Sportchefs der ARD-Anstalten unterstützten das Vorhaben.

Irgendwie war es schon kurios, dass manch einer, der wenige Monate zuvor für meine Absetzung als Schwimmreporter votiert hatte, mich nun plötzlich für ein ARD-Projekt gewinnen wollte, das beim WDR angesiedelt werden sollte, dem größten Sender unter den Landesrundfunkanstalten. Als verantwortlicher Redakteur sollte zunächst Uli Loke aus der Sportredaktion des WDR in Köln einsteigen. Wir kannten uns schon lange, verstanden uns gut und wollten beide mehr sportpolitische und hintergründige Themen im Programm platzieren. Nach ein paar Wochen des Nachdenkens sagte ich den Kollegen in Köln schließlich zu, und wir legten mit der Arbeit los. Die »Doping-AG« sollte alsbald ihren Projektstatus verlieren: Sie wurde zur Dauereinrichtung. Meine kleine journalistische Sinnsuche endete damit in der ARD-Dopingredaktion. Mit der Gründung des WDR-Magazins »Sport inside« im selben Jahr erhielten wir auch gleich eine sehr gute Abspielfläche.

Und Hagen Boßdorf? Im September 2006 hatten die ARD-Intendanten seinen Vertrag als Sport-Koordinator noch verlängert. Danach aber hieß es, Boßdorf habe erneut zu wenig Distanz gewahrt. Es ging um ein Sendekonzept, bei dem die ARD-Oberen die Grenzen zur Schleichwerbung als überschritten ansahen. Boßdorf hatte das Projekt befürwortet. Der ARD-Vorsitzende Thomas Gruber sprach von einem »klaren Verstoß« gegen die Richtlinien zur Trennung von Werbung und Programm. Vielleicht spielten auch Boßdorfs Stasikontakte eine Rolle. Mitte Februar 2007 jedenfalls gab die ARD bekannt, dass man sich auf eine Trennung geeinigt habe.

Tests ohne Tests

Ich verfolgte das Ganze aus der Distanz, hatte auch gut zu tun. Im Herbst 2006 gelang es meinem Kollegen Jo Goll und mir, bei der Nationalen Anti-Doping-Agentur (NADA) eine besondere Dreherlaubnis zu bekommen: Für die Sendereihe »ARD exclusiv« konnten wir deutsche Dopingkontrolleure bei ihrer Arbeit beobachten. Die NADA in Bonn war damals personell noch bescheiden ausgestattet. Man vertraute uns dort, dass wir die Arbeit der Kontrolleure in unserer Reportage fair und korrekt darstellen würden.

Es waren Einblicke in das Innere des Leistungssports, in das Athletenleben jenseits voller Stadien. Morgens früh um sieben Uhr klingelten zwei Kontrolleure in Potsdam einen Kanuten aus dem Bett, unangemeldet. Der Geweckte war Olympiasieger und mäßig erfreut. Aber die Kontrollen sollten unerwartet stattfinden. Leistungssportler hatten deshalb stets anzugeben, wo sie sich aufhielten. Urlaube waren der NADA zu melden, ebenso Trainingslager im Ausland. Die Athleten mussten erreichbar sein. Inzwischen haben sich die Regeln verändert. Sportler müssen heutzutage nur noch für eine Stunde am Tag die exakte Adresse angeben, an der sie sich aufhalten. Für den Rest des Tages reichen weniger präzise Angaben, etwa Zeit und Ort des Trainings. So wollte die Welt-Anti-Doping-Agentur WADA erreichen, dass Kontrolleure Athleten leichter ausfindig machen können. Auch das ist aber keine perfekte Lösung: Die Kontrolleure kommen nämlich in der Regel während der einen Stunde des gesicherten Aufenthaltsortes vorbei. Damit wissen potenzielle Doper mehr oder weniger genau, zu welchem Zeitpunkt die unerlaubten Mittel in ihrem Körper nicht nachweisbar sein dürfen. Wer sich zum Beispiel EPO in einer bestimmten Dosierung zehn Stunden vor dem möglichen Eintreffen der Kontrolleure spritzt, kann darauf vertrauen, bei der Analyse einer Urinprobe nicht aufzufliegen.

Im Berchtesgadener Land suchten wir an einem frühen Morgen gemeinsam mit zwei Dopingfahndern den Snowboarder Tobias Fischer auf, der auf Kommando und in Anwesenheit des Kontrolleurs erst einmal nicht zu urinieren vermochte. Der Dopingfahnder begleitete ihn ins Bad. »Die Hose bitte bis zum Knie«, sagte er, als die beiden die Toilettentür hinter sich schlossen.

Eine Wintersportlerin fiel in Bayern durch Abwesenheit auf. Ihren eigenen Angaben zufolge hätte man sie zu Hause antreffen sollen, was aber nicht gelang, im Trainingszentrum war sie auch nicht. Die NADA-Kontrolleurin kannte sich allerdings gut aus. Sie fuhr nach Berchtesgaden, fragte in einem Hotel nach, in dem die Athleten oft untergebracht sind. Eine Angestellte sagte, die Athletin wohne hier, sei aber gerade nicht da. Draußen schnappte die Kontrolleurin sich einen Trainer, der möglicherweise wissentlich eine falsche Spur legte: Die Sportlerin sei in der Kaserne, sagte er. Das stimmte nicht.

Es blieb schließlich kein anderer Weg, als die Gesuchte anzurufen – und damit eine unangekündigte Kontrolle abzuschreiben. Die Sportlerin nahm ab und gab sich überrascht. Sie sei bei einem Freund und davon ausgegangen, ihr Trainer habe sie bei der NADA abgemeldet. Im Ganzen vergingen fünf Stunden, bis die Kontrolleure bei ihr eine Urinprobe nehmen konnten.

Athleten haben durchaus Möglichkeiten, die Fahnder zu täuschen, wenn sie von Kontrollen wissen, das lernten wir im Dopinglabor der Kölner Sporthochschule. Einmal fanden Kontrolleure ein Kondom gefüllt mit fremdem Urin. Ein Athlet hatte es sich hinter den Hodensack geklebt und es dann im Bad anzapfen und als seine eigene Probe ausgeben wollen. Zwei Ex-Sportler berichteten uns, dass manche auch versuchten, Fremdurin in die eigene Blase einzuleiten. Bei der weiblichen Anatomie funktioniere dieser Trick besser und weniger schmerzhaft.

Besonders sensibel gingen wir vor, als wir zwei Dopingfahnder in den Norden Finnlands begleiteten. In Kittilä in Lappland, nördlich des Polarkreises, trainierten die deutschen Biathleten. Sie waren überrascht, in diesen Breiten Gesandte der NADA zu sehen – und dazu auch noch ein ARD-Team. Vierzehn von ihnen sollten kontrolliert werden. Wir fragten den Trainer, ob wir drehen dürften, er war einverstanden. So filmten wir in den Unterkünften der Biathleten. Kati Wilhelm, damals schon dreifache Olympiasiegerin, beantwortete unsere Fragen zu Dopingkontrollen. Michael Greis, ebenfalls dreifacher Olympiasieger, ließ neben dem Kontrolleur auch unseren Kameramann mit ins Bad. Der drehte diskret von hinten den Ablauf der Kontrolle.

Nicht jeder Biathlet hatte sich aber an die Meldeauflagen gehalten. Laut NADA-Datenbank hätten sich fünf Sportler zum Zeitpunkt des Besuchs in Deutschland aufhalten müssen, unter anderem Andreas Birnbacher, der im Laufe seiner Karriere in den verschiedenen Wettbewerben mehr als zwanzig Deutsche Meisterschaften einfuhr.

Der Dreh in Finnlands Norden lief aus unserer Sicht angenehm und gut. Das hatten aber offenbar nicht alle im Trainingslager so erlebt. Bald nach unserer Rückkehr rief nämlich ein NADA-Vertreter an und teilte uns mit, die Nationale Anti-Doping-Agentur werde unsere Dokumentation ab sofort nicht mehr unterstützen. Eine Erklärung gab es auch: Die Biathleten hätten sich über uns beschwert, weil wir in den Schlafräumen der Sportlerinnen gedreht und dort sogar Unterwäsche abgefilmt hätten. Wir hätten die Intimsphäre der jungen Frauen nicht respektiert.

Der Vorwurf ärgerte uns, weil er nicht den Tatsachen entsprach. Zwar hatten wir in den Zimmern der Athleten gedreht, nämlich die Interviews, allerdings mit dem Einverständnis des Trainers und natürlich schon gar nicht gegen den Willen der befragten Sportler.

Unterwäsche oder andere intime Gegenstände hatte unser Kameramann nicht aufgenommen. Das hatte sich jemand ausgedacht. Ärgerlich, doch was sollten wir jetzt machen? Wir hatten einen guten Teil der Dreharbeiten hinter uns, aber längst noch nicht alles gefilmt, was wir in der Reportage zeigen wollten. Nach Rücksprache mit Kollegen in der ARD entschieden wir uns für einen ungewöhnlichen Weg: Wir luden zwei NADA-Vertreter zu uns nach Berlin ein und boten an, ihnen das komplette Finnland-Material zu zeigen. Die NADA-Leute kamen. Es dauerte Stunden. Unterwäsche oder ähnliche Utensilien fanden sich nicht auf den Aufnahmen, die NADA nahm die Vorwürfe deshalb zurück. Wir durften weiter mit der Kamera Kontrolleure begleiten. Doch bis zum nächsten Problem dauerte es nicht lange.

Problem ist eigentlich der falsche Begriff, es ist ja kein Problem, wenn sich ein Insider oder eine Insiderin meldet. Und genau das passierte in diesem Fall. Uns war in dem Moment klar: Wenn die Person recht haben sollte mit dem, was sie behauptete, und wir dafür auch noch Beweise finden würden, könnte für die NADA ein großes Problem entstehen.

Die Person offenbarte uns bei einem Treffen, dass es ja ganz nett sei, wenn wir gefilmt hätten, wie Kontrolleure einen oder auch zwei Sportler nicht angetroffen hätten. Doch in Wirklichkeit hätten Hunderte Dopingkontrollen in Deutschland nicht stattgefunden. Der Grund: Die Athleten seien an den von ihnen im Meldesystem angegebenen Orten nicht anzutreffen gewesen. Liegt die Verantwortung für eine solche Absenz beim Sportler, spricht man von einem »Missed Test«.

Was die Person da behauptete, war kaum zu glauben. Und brachte uns gleichzeitig in eine delikate Situation. Gerade hatte die NADA noch ihre Erlaubnis bestätigt, rührige Dopingfahnder bei der Arbeit zu begleiten. Sie vertraute uns. Und nun kündigte sich plötzlich eine Enthüllung an, die der Anti-Doping-Agentur nicht gefallen konnte. Der Informant sprach von Dokumenten. Von langen Listen, die zeigten, welche Sportler als abwesend vermerkt worden waren.

Als wir die Listen mit den Sportlernamen hatten, entschlossen wir uns, die NADA in dieser Sache nicht erst in den Tagen vor dem Sendetermin zu konfrontieren – auch wenn das aus juristischer Sicht früh genug gewesen wäre. Einerseits konnten und wollten wir nicht zu viel verraten, andererseits mussten wir natürlich journalistisch korrekt vorgehen. So fragten wir die NADA in einem Schreiben, ob bei den Kontrollen insgesamt alles ordnungsgemäß ablaufe und die Sportler ihre Meldeauflagen zu Aufenthaltsorten auch stets einhielten. Die NADA hätte die missliche Situation, von der wir wussten, jetzt einfach zugeben können. Wir bauten eine Brücke, doch die NADA ging nicht drüber. Sie sagte nichts dazu.

Also drehten wir zu Ende und arbeiteten unsere Erkenntnisse in den Film ein. Im Jahr 2006 schlugen in Deutschland unseren Quellen zufolge insgesamt rund vierhundert Dopingkontrollen fehl. Zu den Athleten, die für die NADA-Kontrolleure nicht auffindbar gewesen waren, zählten zweiunddreißig Weltmeister und sieben Olympiasieger. Konsequenzen hatte das für keinen von ihnen.

Wir flogen nach Kanada und legten Richard Pound unsere Recherchen vor, dem Präsidenten der WADA. »Das überrascht mich sehr«, sagte Pound in unsere Kamera und wunderte sich. »Ich habe immer geglaubt, das Anti-Doping-Programm in Deutschland sei erstklassig.« Wenn all diese Athleten für Kontrollen nicht zur Verfügung gestanden hätten, dann müsse das Folgen haben. »Das ist eine sehr ernste Situation. Das passiert ja nicht nur in einem Sportverband, sondern gleich in Dutzenden.«

So war es tatsächlich, und in den einzelnen Sportverbänden schien man von den verfehlten Kontrollen nichts zu wissen. Alfons Hörmann, damals Chef des Deutschen Skiverbandes (DSV), beteuerte, ihm sei kein einziger Athlet gemeldet worden, der in irgendeiner Form gegen die Regeln verstoßen habe. »Wir können als Verband nur dort helfen oder dort eingreifen, wo uns Dinge vorliegen. Es gibt keinen uns bekannten Fall.« Die DSV-Vizepräsidentin Sabine Reuß, zuständig für Spitzensport, sagte sogar, dass die Sportler des Skiverbandes überhaupt keine Tests verpasst hätten. Auch Reuß

ant FIS	Biathlon	June	Athlete not pr...
pant FIS	Biathlon	January	Athlete not present
	Ski – Freestyle	January	Athlete not present
and World	Ski - Freestyle	February	Athlete not present
s and World	Ski – Freestyle	February	Athlete not present
ps and World	Ski – Freestyle	August	Athlete not present
t World Cups	Ski – Freestyle	February	Athlete not present
	Ski Jumping		Athlete not present

»Athlet nicht anwesend«. Mithilfe solcher Listen konnten wir 2007 enthüllen, dass viele deutsche Sportler nicht auffindbar waren, wenn Dopingkontrolleure vor der Tür standen.

wusste also von nichts. Tatsächlich betraf die nicht gemeldete Abwesenheit Athleten in nahezu allen deutschen Sportverbänden, die meisten in der Leichtathletik, dann im Rad- und danach auch schon im Skisport.

Die Kontrollen waren außer Kontrolle geraten, das System war voller Löcher, stellten Jo Goll und ich am Ende des Films fest.

Die ARD stellte Journalisten den Film »Mission: Sauberer Sport« vorab vor, und viele Zeitungen nahmen unsere Recherche auf. »Blankes Entsetzen«, titelte die »Berliner Zeitung«. Die »Süddeutsche Zeitung« beschrieb »Die Lücke im System« und stellte in ihrem Artikel fest: »Die deutschen Dopingkontrollen entpuppen sich als Muster ohne Wert.« Das Blatt zitierte aus einem Brief der NADA, der offenbar nach Sendung unserer Reportage an alle deutschen Sportverbände gegangen war. »Laut NADA-Regeln muss der Verband eines Athleten, der bei der Kontrolle nicht angetroffen wurde, von der Agentur benachrichtigt und zu Sanktionen aufgefordert werden. Beim ersten Missed Test ist eine öffentliche Verwarnung fällig, beim zweiten eine mindestens dreimonatige Sperre, beim

dritten die rote Karte für ein Jahr, beim vierten zwei Jahre Sperre.«
Das war die neue Politik der NADA. Sie sollte, auch das ging aus
dem Schreiben hervor, schon ab 1. Januar 2007 umgesetzt werden.
Vertreter der NADA mussten auch im Sportausschuss des Deutschen Bundestags in Berlin auftreten und Fragen beantworten. Es
handle sich nicht um ein Tribunal, stellte der Sportausschuss-Vor-
sitzende Peter Danckert (SPD) vorsorglich fest. Die NADA gab Fehler bei der Umsetzung der Trainingskontrollen zu. »Wir müssen hier
einräumen, dass wir im vergangenen Jahr zweihunderteins Fälle
von nicht angetroffenen Sportlern an die Sportverbände hätten wei-
tergeben müssen«, erklärte Armin Baumert, der neue Vorstands-
vorsitzende der NADA. Die Zahl Vierhundert, die wir in unserem
Beitrag genannt hatten, stamme nicht aus seinem Hause, sagte Baumert weiter. Michael Vesper, der Generaldirektor des Deutschen
Olympischen Sportbundes, gab sich besorgt und sagte, »zum Ab-
wiegeln« seien »die im Raum stehenden Vorwürfe viel zu ernst«.
NADA-Geschäftsführer Augustin bestätigte, dass »die NADA ihre
Regeln an einigen Stellen schärfen« müsse.

Es war das letzte Mal, dass Journalisten Kontrolleure der NADA
begleiten durften. Und es war zugleich für uns ein großer journalistischer Erfolg, exakt zu dem Zeitpunkt, als die Dopingredaktion
der ARD gegründet wurde.

Zur Wahrheit gehört aber auch, dass Deutschlands Anti-
Doping-Agentur in dieser Zeit noch mehr oder weniger im Aufbau
war. Der Geschäftsführer Roland Augustin agierte, so gut er konnte.
Ihm fehlten Geld und Personal. Wenige Monate nach Ausstrahlung
unseres Films verlor er seinen Job als Geschäftsführer. Natürlich
war er nicht erfreut. Aber mein Eindruck war auch: Wirklich übel
nahm er es uns nicht, dass wir unsere Arbeit gemacht hatten. Wir
tauschen uns noch heute gelegentlich aus. Und die NADA erhielt
im Zuge der durch unseren Film ausgelösten Debatten sogar
Rückenwind: Etliche neue Stellen wurden geschaffen. Aus dem
Imageschaden entwickelte sich ein politisch gewollter Anschub,
den die Agentur auch dringend benötigte.

Tour de France

Der überführte Champion

Dass der Radsport zwei Gesichter hat, ein strahlend schönes und eine hässliche Fratze, das hat spätestens der Dopingskandal um das Team Festina bewiesen. 1999 wiesen Dopingfahnder Fahrern des französischen Profiteams, das unter dem Namen des spanisch-schweizerischen Uhrenherstellers fuhr, Betrug nach. Der Skandal fiel in die erste Ära der spektakulären Liveübertragungen der Tour de France mit Lance Armstrong, Jan Ullrich und anderen Stars. Das öffentlich-rechtliche Fernsehen zeigte Freud und Leid und große Dramen in den Alpen, Landeskunde inklusive.

Dem Weltradsportverband, der »Union cycliste internationale«, kurz UCI, brachte die Medienpräsenz reichlich Fernsehgelder. Die Fahrer wiederum profitierten davon, dass namhafte Wirtschaftsunternehmen sich als Sponsoren engagierten und ganze Teams aufbauten. Auch ein mittelmäßiger Radprofi konnte im Sattel ziemlich gut verdienen.

Doch während der telegene Sport finanziell aufgepumpt wurde, wuchsen auch seine Probleme. Festina war kein Einzelfall. Im Laufe der Zweitausenderjahre kühlten Dutzende Betrugsfälle die Begeisterung vieler deutscher Zuschauer für die Tour de France und andere Rennen merklich ab. Auch Jan Ullrich flog als Doper auf. Der Rostocker hatte die Tour 1997 gewonnen, als erster und bisher einziger Deutscher. Lange Zeit fuhr Ullrich in der Weltspitze.

Ich hatte mich zwar weniger mit Bergetappen und Ergebnissen vom Zeitfahren, dafür aber immer mal wieder mit den Schattenseiten dieses Gewerbes befasst. Im Spätsommer 2010 meldete sich dann ein Whistleblower mit einer Nachricht, die höchst brisant klang: Ein Fahrer der diesjährigen Tour de France sei positiv getestet worden. Den Namen erwähnte er nicht, nur so viel erfuhren wir: Es habe eine A- und eine B-Probe gegeben, habe er mitbekommen, und beide seien positiv. Die zuständigen Stellen im Weltradsportverband wüssten Bescheid. Der Fahrer sei im Übrigen sehr prominent.

Sehr prominent – bei dieser Ansage dachten mein Kollege Robert Kempe und ich zunächst mal ganz groß. Nach dem Karriereende des US-Amerikaners Lance Armstrong 2005 hatte sich ein Fahrer an die Weltspitze gesetzt. Er stammte aus einem Städtchen südlich von Madrid, hieß Alberto Contador und hatte die Tour de France 2007, den Giro d'Italia 2008 und im Jahr 2009 erneut die Tour de France gewonnen. Auch 2010 überquerte er in Paris das Ziel des wichtigsten Radrennens der Welt als Erster der Gesamtwertung. Der spanische Superstar und dreifache Tour-Sieger gedopt? Bereits diese Nachricht hätte weltweit eingeschlagen. Wenn aber der Weltverband davon wusste und nichts unternahm, gehörte das unserer Ansicht nach erst recht aufgedeckt.

Und es deutete tatsächlich einiges darauf hin, dass der positive Test von Alberto Contador stammte. Der Whistleblower hatte uns gesagt, dass diese Person vermutlich bei der Tour mehrfach kontrolliert worden sei. Damit kam natürlich der Träger des Gelben Trikots infrage, der immer besonders oft getestet wird. Außerdem hatten wir gehört, dass sich in den Dopingproben angeblich auch Spuren eines Medikaments gefunden hatten, eines Mittels, von dem in der Szene bekannt war, dass es Contador verschrieben wurde zur Behandlung einer Krankheit.

Wir waren zu 98 Prozent sicher, dass wir mit Contador richtiglagen. Auch seine Vergangenheit passte dazu. Der Name des Spaniers hatte 2006 beim bis dahin größten Dopingskandal im Radsport auf der Kundenliste des Dopingdoktors Eufemiano Fuentes gestanden. Genauer gesagt hatten auf der Liste zwei Initialen gestanden, ein A. und ein C. Handschriftlich hatte jemand dahinter noch »Alberto Contador« vermerkt. Der Spanier, damals dreiundzwanzig Jahre alt, durfte in dem Jahr nicht bei der Tour de France starten. Er war damals schon einige Jahre unter dem Teammanager Manolo Saiz gefahren, der später gemeinsam mit dem Arzt Fuentes angeklagt werden sollte. Contador befand sich also in einer Umgebung, in der Doping offenbar als notwendig angesehen wurde.

Wie in diesem Milieu gedacht wurde, gibt ein Bericht des »Stern« wieder. Reporter spürten den Dopingdoktor Eufemiano Fuentes Ende 2008 auf Gran Canaria auf und führten ein längeres Gespräch mit ihm. »Der Körper eines Radprofis ist nicht für drei Wochen Dauerbelastung geschaffen«, sagte Fuentes da. Also sei es seine Aufgabe als Arzt gewesen, den Sportlern zu helfen, diese übermenschlichen Anstrengungen auszuhalten. Fuentes war es wichtig, dass keine Pfuscher diese Arbeit übernahmen. »Beim Doping werden alle in einen Topf geworfen«, sagte er. »Aber die Verordnung eines Mittels durch einen, der sich auskennt, das ist eine andere Sache.« Sein Handeln rechtfertigte er ethisch. »Leistungssport ist ein Zirkus, in dem die Gesundheit der Athleten zweitrangig ist«, erklärte Fuentes, und weiter: »Der Radfahrer ist der Sportler, der am meisten leidet. Während der Rennen ist man als Arzt wochenlang mit ihm zusammen. Man sieht, dass der Fahrer einfach ist und bescheiden. Er hat einen Charakter, der eher dominiert wird, als dass er selbst dominiert. Er ist eine Person, die man manipulieren kann.« Das, was einige Doping nennen würden, sei für ihn »therapeutische Medizin«.

Die »therapeutische Medizin« des Doktor Fuentes war 2006 im Rahmen einer groß angelegten Razzia aufgeflogen. In einer Praxis mitten in Madrid fand man Dutzende Blutbeutel. Alberto Contador musste damals als Zeuge vor Gericht aussagen – und stritt jede Verwicklung ab. Wie durch ein Wunder waren 2007 das Kürzel »A. C.« und sein handgeschriebener Name plötzlich auch nicht mehr auf der Liste zu sehen. Contador durfte bei der Tour de France starten. Und gewann.

Als wir nun den Hinweis auf einen gedopten Spitzenfahrer erhielten, hatte Alberto Contador die 2010er-Saison schon beendet.

Die meisten seiner Kollegen waren noch zur Weltmeisterschaft der Straßenfahrer nach Australien gereist, die am 29. September in Melbourne begann. Wir hingegen flogen an diesem Tag erst mal nach Osteuropa, um einen Sportfunktionär zu treffen. Der Mann gehörte einem Komitee im Weltverband an, das sich mit dem positiv getesteten Athleten beschäftigt haben musste. Er würde den Fahrer Contador also vertraulich bestätigen können, so hofften wir. Schwarz auf weiß hätten wir den Namen dann immer noch nicht gehabt, aber immerhin eine zweite Quelle. Wir wären damit sicherer gewesen, wenn auch noch nicht so sicher, dass wir den Namen veröffentlicht hätten.

Wir trafen den Mann zum Abendessen in einem Hafenrestaurant. Das Gespräch plätscherte dahin, nett, freundlich, aber es gelang uns nicht, zum Kern zu kommen. Der Funktionär hatte, man merkte es bald, eher kein Interesse, uns weiterzuhelfen. Und wir selbst hatten uns auferlegt, nicht allzu konkret zu werden. Nicht nur den Namen des Fahrers behielten wir an diesem Abend für uns, sondern auch den positiven Test. Letztlich wussten wir nicht, ob wir unserem Gegenüber trauen konnten. Er hätte ja alles Kollegen bei der UCI zutragen und damit unsere noch verdeckt geführte Recherche gefährden können. Uns war klar: Wenn die Verbandsspitze erfuhr, dass die ARD von den positiven Tests wusste, würde sie den Fall möglicherweise selbst öffentlich machen. Eine Flucht nach vorn ist in solchen Fällen nicht ungewöhnlich. Die UCI hätte dann ihre Interpretationshoheit in diesem Fall ausgespielt.

Zugleich war uns bewusst, dass wir uns beeilen mussten. Die WM in Australien begann und ließ Funktionäre, Betreuer und Journalisten aufeinandertreffen. Sie alle würden dort zwangsläufig viel miteinander reden.

Beim Frühstück am nächsten Morgen waren Robert Kempe und ich uns einig, dass etwas passieren musste. Ein Weg blieb uns noch: Wir konnten den Weltradsportverband direkt mit unseren Recherchen konfrontieren. Das wollten wir jetzt tun, so schnell wie möglich.

Mauern in Melbourne

Wir flogen weiter nach Genf, reisten mit einem Mietwagen an der Südseite des Genfer Sees entlang nach Aigle. In diesem kleinen Städtchen nahe Montreux residiert zwischen Weinbergen in einem wuchtigen Bauwerk mit viel Metall die UCI. Einen Termin mit Francesca Rossi, der Anti-Doping-Beauftragten des Weltverbandes, hatten wir schon ausgemacht. Unser konkretes Anliegen hatten wir dabei offengelassen und nur erklärt, dass wir uns für die Anti-Doping-Arbeit der UCI interessierten. Daraufhin war sie bereit, uns in der Zentrale zu empfangen. Dass wir zu zweit kommen würden, hatte den Vorteil, dass im Zweifel einer die Aussage des anderen bezeugen konnte.

Das Hauptquartier des Weltradsportverbandes zeigte sich ziemlich verwaist an diesem Tag. Viele Mitarbeiter waren zur WM nach Melbourne gereist. Francesca Rossi hielt die Stellung. Als wir ihr gegenübersaßen, sagte ich ihr direkt und ohne Vorgeplänkel: »Wir wissen, dass Contador positiv getestet wurde.«

Francesca Rossi antwortete nicht. Sie schwieg. Als Journalist lernt man, solches Schweigen auszuhalten. Wir schwiegen also mit. Einundzwanzig. Zweiundzwanzig. Dreiundzwanzig.

Dann sagte die Anti-Doping-Beauftragte der UCI: »You are the devils.« Ihr seid die Teufel.

Uns war klar, dass wir richtiglagen.

Francesca Rossi hielt ich durchaus für eine überzeugte Kämpferin gegen Doping. Zugleich war sie aber aufgrund ihrer Position ins System eingebunden. Sie wollte die Hoheit behalten über diesen großen Fall Contador. Jetzt aber, da bestand kein Zweifel, hatte sie die Kontrolle verloren.

Das Treffen endete abrupt. Als wir den UCI-Sitz verließen und wieder in unseren Mietwagen stiegen, fühlten wir uns sicher. Der kurze, emotional aufgeladene Satz der Anti-Doping-Beauftragten passte aus unserer Sicht. Allerdings hatte sie nichts bestätigt. Ihre Reaktion, die doch alles sagte, reichte nicht. Noch dazu hatte die

UCI so erfahren, dass die ARD vom Fall Contador wusste. Damit war erst recht Eile geboten.

Es war der 30. September 2010, Mittagszeit. In Melbourne, das uns zeitlich zehn Stunden voraus war, würde es bald Mitternacht sein. Wir mussten davon ausgehen, dass Francesca Rossi jetzt noch versuchen würde, die UCI-Oberen telefonisch zu erreichen – und handelten. Ich rief einen leitenden Mitarbeiter der UCI auf seinem Handy an, den ich kannte und von dem ich wusste, dass er mit nach Australien gereist war.

Der Mann nahm ab. Ich beschrieb ihm den Sachverhalt, ohne den Namen zu nennen, von einem herausragenden Athleten sprach ich, erwähnte die positiven Tests und äußerte unsere Bitte: Wir würden darüber gern sofort mit dem Präsidenten der UCI sprechen, mit Pat McQuaid.

Der Ire Pat McQuaid, Jahrgang 1949, war als Sohn eines Radrennfahrers aufgewachsen. Auch seine Brüder hatten den Sport betrieben, er selbst ebenfalls, mit einigem Erfolg. Zweimal gewann McQuaid die Irlandrundfahrt. Später arbeitete er als Trainer, bevor er Funktionär und schließlich, 2005, Präsident des Weltradsportverbandes wurde. Er erhielt auch einen Sitz im Internationalen Olympischen Komitee (IOC) und kam damit in der Beletage der Sportfunktionäre an. Einer seiner Söhne managte Profifahrer, ein anderer organisierte Rennen. Pat McQuaid musste eigentlich ein großes Interesse daran haben, dass der Sport, der ihm und seiner Familie so viel bedeutete und die Existenz sicherte, seine Dopingprobleme überwindet – einerseits.

Andererseits hatte er womöglich wenig Lust, sich näher mit dieser eher unschönen Thematik zu befassen. Doping macht keine hübschen Schlagzeilen. Schon die Frage, ob die Tour-Siege von Lance Armstrong sauber errungen worden waren, hatte Funktionäre wie McQuaid in Aufregung versetzt. Ein Fall Contador würde die traurige Dopingwirklichkeit im Spitzenradsport erneut ins Scheinwerferlicht bringen.

Der leitende UCI-Mitarbeiter reagierte auf meinen Anruf sauer und erregt. Er wollte wissen, ob wir wirklich einen Namen hätten. »Wenn ihr mir den Athleten nicht nennt, bekommt ihr keinen Kontakt zu McQuaid«, echauffierte er sich am Telefon. Er gab den Türsteher.

Der Mann nervte mich. Ich ihn aber auch.

Es wäre wichtig und sinnvoll und auch ganz sicher im Interesse des Präsidenten, sagte ich, wenn wir direkt mit McQuaid sprechen könnten. Höflichkeit brachte uns aber nicht weiter. Das Gespräch lief zunehmend ins Unangenehme. Der UCI-Mann wurde jetzt laut. Er hielt es wohl für ungeheuerlich, dass wir nur mit dem Präsidenten sprechen wollten und dann auch noch über so ein Thema. »Journalisten sind nicht dazu da, den Radsport kaputtzumachen. Journalisten sollten den Radsport promoten«, schrie er ins Telefon.

Selten bringen hohe Verbandsvertreter ihren Irrglauben so auf den Punkt. Vereine, Verbände und Manager versuchen immer wieder, Journalisten für ihre Sache zu gewinnen. Aus ihrer Sicht ist das verständlich. Doch der Job des Journalisten hat damit nichts zu tun. Promoten kommt vom englischen Verb to promote und meint auf Deutsch anpreisen, bewerben, fördern, vorantreiben, unterstützen. Nicht unsere Aufgabe.

Der UCI-Mitarbeiter merkte dann aber, dass sein herrisches Auftreten nichts brachte. Wir nannten keinen Namen, bestanden auf dem Gespräch mit McQuaid, schickten ihm auch per E-Mail unsere Bitte. Und tatsächlich – der Präsident rief zurück, weit nach Mitternacht in Australien. Diese Unterhaltung würde knifflig werden. Irgendwie mussten wir ihm eine Bestätigung entlocken.

»Wir wissen von einem positiven Dopingtest eines Hochkaräters aus dem Profiradsport. Und wir würden gern wissen, ob Sie das bestätigen können. Wir wollen darüber berichten. Wir können dieses Gespräch gern auch zunächst vertraulich halten.« So begann ich.

McQuaid sprach holprig. Er wirkte nervös und unsicher. Die Sache fasste ihn an, das merkte man. Aber er war auch Profi. Ein Funktionär des Weltsports, der zwar nicht mit allen Wassern gewaschen, aber in einem Telefonat wie diesem doch auf der Hut war. Letztlich mauerte er, sagte, er könne und wolle den Vorgang nicht bestätigen und möchte keinen Kommentar abgeben.

Für diesen Fall hatte ich ein Ass im Ärmel.

»Okay«, sagte ich, »dann muss ich jetzt aus der Vertraulichkeit dieses Gesprächs in eine offizielle Anfrage wechseln. Wenn Sie dabeibleiben und den Vorgang nicht bestätigen wollen, dann müssen wir Sie in unserem Beitrag für das deutsche Fernsehen so zitieren. Das heißt, der UCI-Präsident Pat McQuaid erklärte auf Nachfrage, er könne den Vorgang nicht bestätigen.«

Nein, erwiderte McQuaid, das sei so nicht in Ordnung für ihn. Er wolle gar nicht zitiert werden.

Wir verabschiedeten uns, legten auf. Und waren zufrieden. Ganz klar, wir hatten ins Schwarze getroffen! Der Präsident hatte konsterniert gewirkt. Das musste reichen. Und er beantwortete auch noch eine E-Mail, die wir ihm schickten. »Ich bin in Melbourne und weiß nichts über das, was Sie mir schreiben. Nennen Sie mir den Namen des Fahrers und die Einzelheiten, vorher kann ich das nicht kommentieren.«

Der große Scoop, hier war er: der aktuelle Tour-de-France-Sieger während der Rundfahrt positiv getestet. Und der Weltradsportverband weiß davon, verschleppt den Fall, vertuscht ihn womöglich sogar. Wir riefen Jochen Hütte an, unseren Redakteur beim WDR in Köln.

Der Kollege im Sender hatte nun die Aufgabe, kritisch zu hinterfragen, was wir ihm einigermaßen euphorisch berichteten. Das tat er auch – und ernüchterte uns. Er kam zu dem Ergebnis, dass wir trotz erdrückender Indizien jetzt kein Risiko eingehen sollten. Alles spreche für Contador, ja. Aber einen echten Beleg hätten auch unsere Konfrontationen mit den UCI-Leuten nicht erbracht.

In solchen Momenten fällt es schwer, sich einfach so zu fügen. Man steht draußen, irgendwo in der Welt. Ist umhergereist und in der Recherche weit gekommen. Wähnt sich unter Zeitdruck. Glaubt sich vor allem im Recht. Die Argumente aus der Zentrale, mögen sie auch nachvollziehbar und richtig sein – man würde sie am liebsten wegwischen. Man denkt, die Kollegen in der Zentrale seien Zauderer. Man kann sich, noch voller Anspannung und zugleich im Gefühl wachsender Enttäuschung, regelrecht hineinsteigern in so eine Missstimmung.

Oft aber sickert dann dennoch die Erkenntnis durch, dass der Redakteur womöglich doch nicht ganz so falschliegt. So erging es auch uns an diesem Tag in dem schönen Schweizer Städtchen Aigle. Es bestand tatsächlich ein Restrisiko. Noch immer hatte niemand ausdrücklich bestätigt, dass der positiv getestete Spitzenfahrer tatsächlich Alberto Contador war. Und was, wenn wir solch eine Nachricht melden würden – und diese sich dann als falsch herausstellte?

Unschuld in Madrid

An Contador selbst kamen wir auf die Schnelle nicht heran, nicht mal sein Anwalt rief uns zurück. Und so blieb uns nichts übrig, als halbwegs gefrustet zurück nach Berlin zu fliegen. Ich war müde und ging früh zu Bett. Als ich einschlief, begann in Melbourne der neue Tag.

Mitten in der Nacht klingelte mein Festnetztelefon. Mit einer Entschuldigung für die Uhrzeit seines Anrufs meldete sich aus Köln ein Früh-Redakteur des »ARD-Morgenmagazins«. Der Kollege stellte gerade den Sportblock zusammen, und er hatte eine Neuigkeit. Ob ich schon von Contador gehört hätte.

Hellwach war ich und sofort erbost. Contador! Klar. Wir hatten falsch entschieden. Die UCI, berichtete mir der Früh-Redakteur, habe eine Pressemitteilung herausgegeben. In der stehe, dass Contador positiv getestet worden sei. Ein Verfahren gegen den Fahrer sei eingeleitet. Er sei vorläufig gesperrt.

Es war gekommen, wie Robert und ich befürchtet hatten. Von unseren Recherchen aufgeschreckt, den direkten Konfrontationen, unserer forschen Ankündigung, dass wir berichten würden, hatte

Pat McQuaid sich für die Offensive entschieden. Die UCI kam so der drohenden Enthüllung zuvor. Wahrscheinlich hatten sich Mitarbeiter des Präsidenten gleich nach unserem Telefonat an den Rechner gesetzt und die Erklärung formuliert. Darin hieß es, der Athlet sei am 21. Juli, dem zweiten Ruhetag der Tour de France, getestet worden. Ein Dopinglabor in Köln habe in seinem Blut die verbotene Substanz Clenbuterol entdeckt. Der B-Test habe die A-Probe bestätigt.

Der Redakteur des »Morgenmagazins« fragte mich, wie er damit umgehen solle. Er wusste ja nicht, dass wir gerade von »unserem« Fall sprachen. Ich erklärte es ihm, weckte danach Robert per Telefon. Gemeinsam entschieden wir, nun ebenfalls in die Offensive zu gehen. Der Fall Contador war in der Welt. Wir aber würden die UCI zum Thema machen, ihren Vertuschungsversuch und auch unsere eigene Rolle in der Sache.

Gleich um kurz nach sechs Uhr schaltete mich das »Morgenmagazin« per Telefon in die laufende Sendung. Danach fuhr ich nach Berlin-Mitte ins Hauptstadtstudio der ARD. Dort gab es Kaffee, eine Videoschalte in die Sendung, den nächsten Kaffee, die nächste Schalte. Ich trinke viel Kaffee, aber an diesem Morgen hätte ich gar kein Koffein gebraucht. Meine Empörung über die Chuzpe der UCI reichte, um hellwach zu sein.

Zwischen den Sportblöcken des »Morgenmagazins« versuchte ich, ARD-Kollegen bei der Rad-WM in Australien zu erreichen. Dort musste jetzt unbedingt gedreht werden. McQuaid beließ es ja nicht bei der schriftlichen Mitteilung. Er lud die Journalisten vor Ort zu einer Pressekonferenz. Dort, so schwante mir, würde er versuchen, eine Version des Falls zu verbreiten, in der die Rolle der UCI außen vor blieb. Unser Anspruch war, McQuaid allein und vor einer Kamera der ARD zu befragen. Ich selbst flog nach der letzten Schalte gemeinsam mit Robert nach Köln zu unserer Redaktion.

Die ARD-Kollegen bei der WM in Melbourne halfen uns. Sie erwischten den Präsidenten, gingen mit laufender Kamera neben ihm her und baten ihn um ein Interview. McQuaid hielt es nicht für angemessen, stehen zu bleiben. In der australischen Sonne schritt er weiter voran und äußerte sich nur kurz: »Ich beantworte keine Frage, schon gar nicht dem deutschen Fernsehen.« Das immerhin sagte einiges.

Wir besprachen unterdessen beim WDR in der Kölner Innenstadt die weitere Recherche. Dass die UCI die positiven Proben zumindest nicht während der Rad-WM öffentlich hatte machen wollen, lag auf der Hand. Eine Frage war jetzt, ob der Weltverband sich dabei auch mit dem Sportler abgesprochen hatte.

Wir überlegten, was alles hineinmüsste in einen Film über die Affäre UCI/Contador. Zwischendurch ging ich weiter auf Sendung. Die »Tagesschau« um zwölf und um siebzehn Uhr, das »ARD-Mittagsmagazin«, etliche Nachrichtensendungen in den dritten Programmen, die »Tagesschau« um zwanzig Uhr, die »Tagesthemen«. Die UCI hatte mit ihrer Pressemeldung die Medien weltweit erreicht, wir aber einen guten Teil Deutschlands.

Für den nächsten Tag lud dann auch Alberto Contador die Presse ein, in das Hotel »Las Artes« in Madrid. Auf eine Stellungnahme von ihm hatten wir gehofft. Ich schaffte es gerade noch pünktlich in die spanische Hauptstadt.

Als Contador mit einem Medienberater an seiner Seite den Konferenzraum betrat und sich an den Tisch setzte, auf dem rund fünfundzwanzig Mikrofone standen, klatschten viele Journalisten. Der Grund für ihren Applaus erschloss sich mir nicht. Vielleicht hielten sie es für mutig, dass der Athlet sich zu den Ergebnissen der Dopingkontrolle äußerte. Vielleicht waren auch viele Radsportfans unter den spanischen Sportjournalisten. Eine seltsame Atmosphäre.

Contador sagte, er setze sich hier jetzt nur hin, weil ein deutsches Fernsehteam von seinem Fall erfahren habe. Damit konnte er nur die ARD Dopingredaktion meinen. Unsicher oder gar am Boden zerstört wirkte er nicht, auch nicht reuig. Hier kämpfte ein Sportler nach einem positiven Test um sein Image. Er hatte auch überhaupt

Taumelnder Held. Keine achtundvierzig Stunden nachdem wir den Weltradsportverband mit unseren Recherchen konfrontiert hatten, begab sich der Tour-de-France-Sieger Alberto Contador vor die Weltpresse.

kein Problem damit, anschließend noch vor unserer Kamera Fragen zu beantworten. »Man muss immer den Einzelfall betrachten, die Fälle differenzieren. Wie der Radsportweltverband mitteilte, handelt es sich bei mir ja nur um ein anormales Resultat«, sagte er.

Die anderen mögen schuldig sein, ich aber nicht – diese Botschaft war zu erwarten gewesen. Eine andere Aussage des Tour-Gewinners interessierte mich mehr. Auf die Frage, ob es mit der UCI abgesprochen gewesen sei, den Fall nicht publik zu machen, antwortete Alberto Contador: »Genau das bestätige ich.«

Da war sie nun, die Aussage des Fahrers, dass die positiven Dopingproben vom Weltverband in Absprache mit Contador verschwiegen worden waren. Damit stellten sich zwei weitere Fragen: Konnte man noch glauben, dass die UCI im Dopingfall Contador unabhängig agierte? Oder musste man sie als Teil des Problems ansehen?

Der Verband und sein Spitzenathlet klammerten sich in der delikaten Angelegenheit aneinander. Es liegt nahe, dass auf diese

Weise Konkurrenten, Sponsoren und die vielen Fans nichts von dem Clenbuterol-Fund erfahren sollten. Der UCI-Präsident McQuaid erklärte auf der anderen Seite des Erdballs vor Journalisten:»Sie müssen naiv sein, wenn Sie glauben, dass ich Ihnen all die Fakten erzähle.«

Mit diesem Satz hatte McQuaid trotzdem viel verraten – über sein Denken und über die Politik des Verbandes. Vielleicht war wirklich naiv, wer glaubte, der Weltradsportverband gebe freiwillig und zeitnah zu, dass sein aktuell wichtigster Fahrer Dopingmittel im Körper hatte. Der Präsident sagte Journalisten während der WM der spanischen Tageszeitung »El Pais« zufolge, es werde »keinen Fall Contador geben«. In einigen Tagen werde man »die Angelegenheit zu den Akten legen«.

Der Weltverband lieferte seinem Athleten auch gleich die Verteidigungslinie mit. Das berichtete Contador bei seinem Auftritt in Madrid:»Die UCI hat mir bestätigt, dass es sich in meinem Fall um verunreinigte Lebensmittel handelte.« Clenbuterol ist ein Asthmamittel, das Sportler immer wieder zur Leistungssteigerung einnehmen – und das Landwirte wegen seiner auch muskelaufbauenden Effekte manchmal und illegalerweise dem Futter ihrer Kälber beimischen. Doch woher wollte die UCI wissen, dass das bei Contador nachgewiesene Clenbuterol über kontaminiertes Rindfleisch in dessen Körper gelangt sei? Genau so wurde Contadors Befund nun nämlich erklärt: mit einem verunreinigten Steak. Der Tour-Sieger als Opfer seines Speiseplans – McQuaid meinte das offenbar ernst.

Uns hingegen lagen auch noch Dokumente vor, die zeigten, dass der Plasticiser-Wert in Contadors Blut während der Tour de France zehnmal so hoch wie normal war. Plasticiser, auf Deutsch Weichmacher, werden auch bei der Produktion von Blutbeuteln verwendet. Hatte der Spanier etwa auch Blutdoping betrieben? Beweisen konnte man ihm das nicht.

Es gab im Fall Contador ein paar offene Fragen zur Plausibilität der Analysen, die nie abschließend geklärt werden konnten. Contadors Fürsprecher bemängelten etwa, dass die Clenbuterol-Befunde in der Konzentration im Urin sehr gering gewesen seien, sodass man nicht zwangsläufig von Doping als Ursache ausgehen könne. Aber die Verteidiger des Tour-de-France-Gewinners hatten keine schlüssigen Argumente für andere Ursachen. Die Sache mit dem Steak glaubte ihnen schon gar keiner. Das fundamentale Prinzip des Sportrechts, die sogenannte Umkehr der Beweislast, kam somit zum Tragen. Anders als im Strafrecht – dort muss dem Beschuldigten seine Verfehlung zweifelsfrei nachgewiesen werden – gilt im Sportrecht der umgekehrte Grundsatz: Hier muss nach einem positiven Test der Sportler beweisen, dass er unschuldig ist.

Letztlich war es ganz simpel: Der Spanier hatte Dopingsubstanzen im Urin und konnte nicht belegen, weshalb er trotzdem unschuldig sein sollte. Ihm drohte damit eine zweijährige Sperre. Allerdings überließ die UCI dem spanischen Radsportverband die Entscheidung über das Strafmaß. Damit habe der Weltverband die heiße Kartoffel einfach weitergereicht, beschwerte sich später der spanische Radsportchef Carlos Castaño. Er hoffe aber, dass der Fall zugunsten des Fahrers ausgehe, da er ihn schon seit seiner Kindheit kenne und Sympathien für ihn hege.

Von der WADA hatte man in der Causa Contador bisher wenig gehört. Die internationalen Anti-Doping-Experten hatten schon einige Wochen von den positiven Proben gewusst, jedoch wie die UCI und der Fahrer selbst geschwiegen. Nun aber schickte die WADA Kontrolleure in das spanische Grenzstädtchen Irún. Auf einem Rinderhof dort, so die Erzählung des Contador-Lagers, habe ein Freund des Teamkochs Steaks erstanden und sie am Ruhetag der Tour zum Verzehr angeliefert. Die Dopingexperten nahmen daraufhin Proben, fanden in dem Fleisch aus Spanien aber keinerlei Hinweise auf Clenbuterol.

Damit war der Landwirt aus dem Schneider. Contador blieb im Zwielicht. Im Februar 2011 erfuhr die Welt dann auch noch, dass der Fahrer während der Tour de France sogar viermal positiv auf das Asthmamittel getestet worden war. Dem Sportler konnte auch nicht helfen, dass der Chef des spanischen Nationalen Olympischen Komitees verkündete, dass nun »der Moment der Wahrheit« sei, »in dem wir Alberto unterstützen müssen«, und er glaube, dass Alberto nicht gedopt habe.

Der spanische Radsportverband kündigte an, seinen Radrennfahrer nur für ein Jahr zu sperren. Contador beharrte auf seiner Unschuld und legte Einspruch gegen die mögliche Sperre ein. Damit hatte er Erfolg – der Verband sprach ihn Anfang 2011 tatsächlich und aus meiner Sicht nicht nachvollziehbar frei. Contador trainierte und fuhr Rennen, im Sommer bei der Tour de France holte er Platz fünf. Allerdings hatte jetzt die UCI Einspruch gegen die Absolution in Spanien eingelegt. Im Weltverband sah man die Sache inzwischen offenkundig etwas anders.

Alberto Contador wurde ein Fall für den CAS, den Internationalen Sportgerichtshof in Lausanne. In dem Verfahren bestritt er erneut jedes Doping. Doch die Richter sahen es als erwiesen an, dass der Radrennfahrer gedopt hatte. Sie sperrten ihn für zwei Jahre.

Der UCI-Präsident Pat McQuaid, der sich erst hinter und dann gegen Contador gestellt hatte, wurde seinen Ruf als Vertuscher und Verharmloser unterdessen nicht mehr los. 2013, als auch die jahrelange Kungelei zwischen Lance Armstrong und der UCI bekannt geworden war, musste der Ire um seinen Posten kämpfen. »Ich habe in der Geschichte des Radsports noch nie einen solchen Missbrauch von Macht gesehen«, sagte der frühere Tour-de-France-Sieger Greg Lemond – und an McQuaid gerichtet: »Wenn Sie Radsport lieben, treten Sie zurück!«

Die große Familie der Radrennfahrer verstieß Pat McQuaid. Der Chef des luxemburgischen Radsportverbandes verglich die UCI unter McQuaid sogar mit der Korruption in der FIFA unter Sepp Blatter. Als Präsident war der Ire nicht mehr tragbar. Im September 2013 kandidierte er zwar erneut, fand aber keine Mehrheit mehr.

Ob die UCI heute noch so reagieren würde, hätte sie ein solches Problem – ich weiß es nicht. Immerhin bestimmen dort jetzt andere Menschen den Kurs. Das Dopingkontrollsystem des Radsports gehört inzwischen im weltweiten Vergleich zu den besseren. Nach allem, was man weiß, arbeitet der Weltverband eng mit der Anti-Doping-Stiftung für den Radsport zusammen, der Cycling Anti-Doping Foundation (CADF). Dort werden die Dopingkontrollen organisiert und koordiniert. Wenn ich heute der einstigen UCI-Angestellten Francesca Rossi begegne, die nun der CADF vorsteht, lachen wir. Als »Teufel«, denke ich, sieht sie uns nicht mehr an.

Russland II

Verraten und verkauft

Lilija Schobuchowa lief zuerst Mittelstrecken, doch zum Star wurde sie auf der Straße. 2009 siegte sie beim Chicago-Marathon, 2010 auch in London, als erste Russin überhaupt. Im selben Jahr gewann sie das Rennen über 42,195 Kilometer noch einmal in Chicago. Diesmal stellte sie sogar einen russischen Marathonrekord auf, zwei Stunden, zwanzig Minuten, fünfundzwanzig Sekunden. Das brachte ihr auch den Sieg der World-Marathon-Majors-Serie 2009/2010 ein.

Es lief weiter gut für Lilija Schobuchowa. 2011 schaffte sie in London Platz zwei und in Chicago dann zum dritten Mal in Folge den Sieg. Erneut landete sie ganz vorn in der World-Marathon-Majors-Serie. Sie kassierte hohe Preisgelder, insgesamt Millionen, zählte zu den Allerbesten, war ein Star ihres Sports. Und eine Medaillenhoffnung ihres Landes für die Olympischen Sommerspiele 2012 in London.

Im Sommer 2014 saß mir Lilija Schobuchowa gemeinsam mit ihrem Mann Igor in einem Hotel in Berlin-Prenzlauer Berg gegenüber. Ein britischer Rechtsanwalt hatte das Gespräch vermittelt. Einige Wochen zuvor war Schobuchowa gesperrt worden, wegen Dopings. Doch die Athletin war nicht angereist, um von Pillen oder Injektionen zu erzählen.

Es war bereits Ende 2011, als Lilija Schobuchowa von den auffälligen Blutwerten erfuhr, mit denen sie unter anderem beim Chicago-Marathon 2009 aufgefallen sei. Ein Vertreter des Russischen Leichtathletikverbandes gab ihr zu verstehen, dass es problematisch werden könne für ihren Olympiastart im kommenden Sommer. Die

Spiele in London waren das Ereignis, auf das die Athletin ihre Karriere ausgerichtet hatte.

Der Funktionär allerdings, erzählte Lilija Schobuchowa mir und später auch offen vor der Kamera, habe eine Lösung präsentiert. »Ich müsse zahlen, um diese Probleme zu lösen. Dann könnte ich an den Olympischen Spielen teilnehmen.« Die Läuferin stimmte zu. In ihrer Heimatstadt Belorezk hob sie Geld ab, übergab es dann in Moskau im Haus des Nationalen Olympischen Komitees einem Vertreter des Leichtathletikverbandes. Lilija Schobuchowa zahlte für ihren Olympiastart hundertfünfzigtausend Euro.

Tags darauf fuhr sie ins Trainingslager nach Portugal, in dem Glauben, nun bloß noch sportliche Bedingungen für die Teilnahme erfüllen zu müssen. Doch es kam anders. Bei ihr meldete sich Alexei Melnikow, ein führender Trainer der russischen Leichtathleten. Er sagte, es brauche mehr Geld. »Er verlangte das Doppelte, dreihunderttausend Euro mehr«, erinnerte sich Lilija Schobuchowa an das Gespräch. Die Läuferin und ihr Mann entschieden, noch einmal zu zahlen.

Um vierhundertfünfzigtausend Euro ärmer trainierte die Sportlerin auf den großen Tag bei den Spielen in London hin. Am 5. August 2012 ging sie in der britischen Hauptstadt an den Start. Und stieg dann plötzlich aus. Im Fernsehen sah es aus, als hätte sie sich verletzt. Den wichtigsten Marathon ihrer Karriere hat Lilija Schobuchowa nicht beendet. Und dann wurde sie auch noch gesperrt, nachträglich, für zwei Jahre, trotz ihrer heimlichen Zahlungen.

Lilija Schobuchowa hatte viel verloren, als Sportlerin und finanziell. Zumindest ihr Geld wollte sie aber wieder zurück. Wofür hatte sie überhaupt Schweigegeld bezahlt, wenn ihre eindeutigen Blutwerte am Ende nicht stillschweigend geduldet wurden? Sie beschwerte sich bei den Funktionären, und vielleicht wirkte sie dabei wie eine Person, die nur noch wenig zu verlieren hat und zu vielem bereit ist. Der Verbandsboss Walentin Balachnitschew jedenfalls, sagte mir Lilija Schobuchowa, sei nervös geworden. Und dann habe ihr Mann tatsächlich eine Rückzahlung erhalten – dreihunderttausend Euro. Das waren zwei Drittel der Gesamtsumme, die sie in den Versuch investiert hatte, ihr Doping zu vertuschen.

Follow the money, heißt es im Englischen, und auch wir haben versucht, Erkenntnisse aus diesem Geldfluss zu ziehen. Kopien von Bankunterlagen halfen uns dabei. Die Überweisung an Lilija Schobuchowas Gatten Igor kam von einer Firma, die Black Tidings hieß und im Handelsregister von Singapur eingetragen war. Das klang sehr nach Briefkastenfirma. Aber wer stand hinter Black Tidings? Unsere Recherche führte in den Stadtstaat in Südostasien.

Die Adresse der Firma, deren Name ins Deutsche übersetzt »Schwarze Botschaft« lautet, lag in einer einfachen Wohngegend. Wir ließen eine versteckte Kamera laufen und klingelten. Ein Mann öffnete. »Wir würden gern über Herrn Schobuchow reden. Er hat dreihunderttausend Euro von Ihnen bekommen. Von Black Tidings. Sind Sie der Besitzer?« Der Mann war überrascht. Er räumte ein, dass er Partner dieser Firma gewesen sei. Später erfuhren wir, dass die Firma inzwischen liquidiert worden sei, kurz nach der Zahlung an Igor Schobuchow. Für den Moment konnten wir nicht nachvollziehen, von wem das Geld ursprünglich gekommen war. Wir gingen aber davon aus, dass die nicht mehr existierende »Schwarze Botschaft«, vor deren Briefkasten wir standen, nur als Adresse zur Verschleierung gedient hatte.

Diesen Teil des Falles Schobuchowa machten wir bereits in unserem Film »Geheimsache Doping: Wie Russland seine Sieger macht« im Dezember 2014 öffentlich. Von der Marathonläuferin und ihrem Mann hörten wir dann nichts mehr. Ihr wurden sämtliche Siege nachträglich aberkannt. 2016 entschied ein Londoner Gericht, dass sie ihre Preisgelder für den Sieg beim London-Marathon 2010 und Platz zwei 2011 komplett zurückzahlen müsse. Die Summe belief sich ausgerechnet auf vierhundertfünfzigtausend Euro. So viel hatten sie und ihr Mann insgesamt an Bestechungsgeld bezahlt.

Lilija Schobuchowa stand als Dopingsünderin da, und das natürlich nicht zu Unrecht. Gleichzeitig zählt sie zu den Whistleblowern im Sport, deren Aussagen drastische Folgen hatten.

Bald nach unserem Film Ende 2014 interessierten sich Ermittler auch außerhalb Russlands für die Vorgänge. Die Frage war auch, wer der Briefkastenfirma Black Tidings so viel Geld überwiesen hatte, dass diese Igor Schobuchow dreihunderttausend Euro zurückzahlen konnte. Die unabhängige WADA-Kommission mit Richard Pound an der Spitze kooperierte mit der Staatsanwaltschaft in Paris. Dass diese sich mit der Affäre beschäftigte, hatte einen einfachen Grund: Einige Hauptverdächtige hatten ihren ersten Wohnsitz in Frankreich.

Mit den Mitteln, die Strafverfolger nun einmal haben, gewann die Pariser Staatsanwaltschaft bald neue Erkenntnisse. Im November 2015 geriet der in Frankreich lebende Senegalese Lamine Diack in den Fokus der Staatsanwaltschaft – ein Funktionär, der fast zwei Jahrzehnte an der Spitze des Weltverbandes gestanden hatte. Den neuen Erkenntnissen zufolge konnte man ihn als langjährigen Paten der internationalen Leichtathletik ansehen. Zusätzlich wurde gegen Diacks Anwalt ermittelt, den Franzosen Habib Cissé.

Die ARD-Dopingredaktion hatte 2015 und 2016 weitere Filme veröffentlicht, die sich mit dem Treiben russischer Sportler und Funktionäre vor allem in der Leichtathletik befassten, mit neuen Vorwürfen auch zu Verquickungen nationaler und internationaler Organisationen. Im Herbst 2016 kooperierte ich mit Kollegen der französischen Tageszeitung »Le Monde«. Bei dieser gemeinsamen Recherche kam uns auch wieder die Firma Black Tidings unter.

Wir profitierten letztlich von den Ermittlungen, die der erste ARD-Film ausgelöst hatte. Denn Ermittlungen produzieren Akten. Und in Akten landen mehr oder weniger spannende Dokumente. In diesem Fall: sehr spannende.

Das galt zumindest für die Schriftstücke, die ich nun gemeinsam mit dem »Le Monde«-Reporter Yann Bouchez auswerten konnte. Nicht nur Lilija Schobuchowa hatte demnach vor der Wahl »Sperre oder Geld her« gestanden. Mindestens sechs hochdekorierte Sportler zahlten laut den Unterlagen Schweigegeld in jeweils sechsstelliger Höhe, insgesamt fast 3,5 Millionen Euro. Gedopt hatten sie alle.

Früh aufgefallen waren sie ebenfalls alle, der IAAF und, wie die Dokumente zeigten, auch dem russischen Leichtathletikverband. Walentin Balachnitschew, der Präsident des Verbandes, den ich ja schon für meinen ersten Russland-Film in Zürich angesprochen hatte, der sich aber unbeteiligt gegeben hatte: Da war er wieder. Auch einer, der früh Bescheid wusste. Der offenkundig in die kriminellen Machenschaften involviert war. Als aufgeschreckte IAAF-Funktionäre 2014 die Kollegen in Russland aufforderten, Athleten zu sperren, antwortete von dort schriftlich ein »Walentin«. Er riet zur Ruhe und erinnerte daran, dass die Angelegenheit ja durchaus nicht nur eine Causa Russland war. Walentin schrieb einem vorliegenden Dokument zufolge: »Es gibt nur einen Weg, um einen riesigen Skandal zu verhindern, in den übrigens fast alle IAAF-Leute verwickelt sind. Der einzige Weg: die ganze Situation weiter unterm Tisch halten, wie in all den Jahren. [...] Wenn jetzt plötzlich Strafen ausgesprochen werden, Medaillen aberkannt werden, dann zerstört das beide, den russischen wie den Weltverband.«

Was Walentin meinte, lag auf der Hand. Lamine Diack etwa, der langjährige IAAF-Präsident, war verdächtig, aus Russland 1,5 Millionen Euro in bar erhalten zu haben. Übergeben hatte die Summe offenbar Walentin Balachnitschew, der neben seinem Chefposten im russischen Verband ja in der IAAF unter Diack als Schatzmeister arbeitete. Das Geld, erfuhren wir aus den Akten, soll Ende 2011 geflossen sein, und zwar just zu dem Zeitpunkt, als Sportlern aus Balachnitschews Verband Dopingsperren drohten.

Fasziniert lasen wir die Dokumente, aus denen die kriminelle Energie nur so herausfloss. Die Russen drohten. Das Spiel habe weit außerhalb des Gesetzes begonnen, hielten sie in einem Schriftstück fest. Werde jetzt plötzlich nach den Regeln des Weltverbandes gespielt, dann werde dies dort Verluste bringen, menschliche Verluste und finanzielle. Karrieren würden beendet. SMS- und E-Mail-Kommunikation lägen vor. Man habe genug Belege, um kriminelle Handlungen der Leute im Weltverband zu beweisen.

Manchmal mussten wir aber auch schmunzeln. Der verdächtige

IAAF-Präsident Lamine Diack etwa zeigte bei den Befragungen der Ermittler eine Art Standesbewusstsein. »Haben Sie damals mit Balachnitschew über Zahlungen von betroffenen russischen Athleten gesprochen?«, fragte ein französischer Beamter Diack. »Es ging nie um Zahlungen russischer Athleten. Zu keinem Moment. Ich würde weder einen Cent von einem Sportler verlangen noch annehmen. Auch Walentin würde ich nie nach Geld fragen. Bräuchte ich Geld von den Russen, würde ich Putin fragen.« Ein Präsident der IAAF, so konnte man das verstehen, würde sich niemals auf die Ebene eines schnöden Präsidenten eines nationalen Verbandes herablassen. Er würde Geld vom Staatschef nehmen.

Wir stießen in Dokumenten auch auf zwei Söhne Lamine Diacks. Da war Papa Massata Diack, Inhaber der Firma Pamodzi-Consulting. Auch gegen ihn ermittelten die französischen Behörden. Papa Massata Diack konnte sich 2016 in sein Heimatland, den Senegal, absetzen. Interpol wurde eingeschaltet. Ein Auslieferungsantrag brachte bisher keinen Erfolg.

Papa Massata Diacks Unternehmen mit dem Namen Pamodzi stand in Verbindung mit Offshore-Firmen. Eine hieß New Mill Investments und war angesiedelt auf der Karibikinsel St. Kitts und Nevis. Als eingetragene Person war in den Registerunterlagen von New Mill Investments Walentin Balachnitschew zu finden.

Vater und Sohn Diack sollen, so der Vorwurf, an den Dopingvertuschungen kräftig mitverdient haben. Auf welche Weise das geschehen sein soll, plauderte ein naher Verwandter der beiden aus, nämlich Lamine Diacks anderer Sohn Khalil. Auf einer Audioaufnahme, die uns vorlag, war er mit diesen Sätzen zu vernehmen:

»Lamine Diack ist die Person, die das Problem lösen kann. Damit die sich offiziell für sauber erklären, müssen wir etwas auf den Tisch legen. Das sind Fälle, wo Geld ins Spiel kommen muss. Das läuft in bar, so läuft das. Da wird nicht unterschrieben. Du musst es schaffen, die Leute zu motivieren. Da kümmert sich der Anwalt drum.«

Mit dem Anwalt könnte Habib Cissé gemeint sein, der Diack senior in dessen Funktion als IAAF-Präsident beraten hatte. Gegen Cissé wurde ebenfalls ermittelt. Man durchsuchte auch seine Wohnung, stellte Akten sicher. In einem zweiten Bericht hatten die WADA-Sonderermittler um Richard Pound festgehalten, dass Diack seinen persönlichen Rechtsberater Habib Cissé beauftragt habe, die Sanktionen von Blutdoping-Fällen in der russischen Leichtathletik zu managen.

Unser Film hieß »Die Schutzgeld-Erpresser«, er lief im November 2016 und ist gemeinsam mit meinen Co-Autoren Florian Riesewieck, Felix Becker und Olga Sviridenko entstanden. In der Doku zitierten wir den Rechtsanwalt Habib Cissé. Er warf den Russen Gemeingefährlichkeit vor und stellte sich selbst als eine Art Lebensretter dar: »Es war ein Millionengeschäft. Nur dank mir ist Papa Massata Diack überhaupt noch am Leben. Die Russen hätten ihn schon längst umgebracht, und niemand hätte seine Leiche gefunden.« Markige Worte.

In den Ermittlungsunterlagen fanden sich auch interessante neue Hinweise zur gedopten Marathonläuferin Lilija Schobuchowa, genauer: zu ihrem Start bei Olympia 2012 in London. In einem vertraulichen Dokument von Funktionären stand: »Schobuchowa darf nur unter der Bedingung an den Spielen teilnehmen, dass sie nicht in den Medaillenkampf eingreift.« So hatten sich die Herren im Machtzentrum der Leichtathletik das also überlegt. Vielleicht hätte sie für die Erlaubnis, in London auch auf einen vorderen Platz zu laufen, noch ein paar Hunderttausend Euro mehr zahlen müssen. Fakt ist, dass sie beim Olympia-Marathon 2012 aufgab, vermeintlich verletzt.

Was die Ermittlungsakten aber auch zeigten: Die Briefkastenfirma Black Tidings aus Singapur, von der Schobuchowas Mann Igor dreihunderttausend Euro erhalten hatte, war wenige Tage zuvor selbst Empfängerin einer stattlichen Summe gewesen. Das Geld – nicht exakt, aber fast dreihunderttausend Euro – kam aus dem Senegal nach Singapur. Überwiesen hatte es die Firma Pamodzi Consulting. Die Firma von Papa Massata Diack, dem Sohn des IAAF-Präsidenten Lamine Diack.

Eine Sportlerin, der insgesamt vierhundertfünfzigtausend Euro abgepresst werden. Die dann doch eine Sperre erhält. Die ihr Geld zurückfordert. Die zwei Drittel des Geldes schließlich von einer Briefkastenfirma in Singapur wiederbekommt. Welche wiederum etwa die gleiche Summe von einer Firma des Sohnes des IAAF-Präsidenten erhält. Das passte alles. Jetzt fehlte nur noch ein Teil des Puzzles: die übrigen hundertfünfzigtausend Euro. Der Rest der Bestechungssumme.

Zum Verbleib dieses Geldes fanden sich zwei Hinweise. Den ersten gab Igor Schobuchow. Der Ehemann der Läuferin sagte, man habe ihm damals erklärt, dass diese Summe für den Anwalt sei, für Habib Cissé.

Der zweite Hinweis deutet in dieselbe Richtung und steckte in einem SMS-Chat von Papa Massata Diack und Habib Cissé. Hier ging es offenbar zunächst um einen Teil der Summe.

Papa Massata Diack:»Habib, sieh zu, dass du die fünfzigtausend Euro aus dem Schobuchowa-Fall ab Montag zurückzahlst. Walentin drängt auf eine vollständige Rückzahlung, um die Strafe und die Unterschrift offiziell zu machen. Danke schon mal, schick mir die genauen Modalitäten. Massata.«
Habib Cissé:»Die Hälfte kann ich heute zurückzahlen. Für den Rest gib mir fünfzehn Tage. Ich erklär noch, warum. Danke für Dein Verständnis, Habib.«
Papa Massata Diack:»Mein lieber Herr Anwalt, leider kann ich den Präsidenten nicht warten lassen. Fünfzehn Tage gehen nicht, fünf sind okay.«
Habib Cissé:»Okay, ich sehe zwar die Verbindung zur Entscheidung des Präsidenten nicht, dennoch bis bald, danke.«

Die Ermittlungen in diesem bisher größten Korruptionsskandal der Leichtathletik hat die Staatsanwaltschaft in Paris im Sommer 2019 abgeschlossen – und Anklage erhoben. Der Pate Lamine Diack hatte da ohnehin schon die Auflage erhalten, Frankreich nicht zu verlassen. Gegen seinen Sohn Papa Massata, Walentin Balachnitschew und gegen den Trainer Alexei Melnikow lagen internationale Haftbefehle vor. Ihnen allen und auch dem Diack-Anwalt Habib Cissé sowie dem früheren IAAF-Chefmediziner Gabriel Dollé steht ein Gerichtsverfahren in Paris bevor. Der Prozess soll Anfang 2020 beginnen.

Die Anklageschrift der Pariser Staatsanwaltschaft, die ich 2019 zugespielt bekam, bestätigt die Recherchen der ARD aus dem Jahr 2014 in ganzem Umfang. Und die Ermittlungen der französischen Behörden gingen auch noch weit darüber hinaus. Die Anklage lautet nun unter anderem auf aktive und passive Korruption und Geldwäsche. Zudem steht der Vorwurf der bandenmäßigen Kriminalität im Raum.

Im Zuge der Diack-Verflechtungen stellte sich heraus, dass es nicht nur um Dopingvertuschung im großen Stil ging – wie bei Lilija Schobuchowa und anderen Fällen –, sondern auch um den Verdacht der Bestechung und des Stimmenkaufs, etwa bei Olympia-Bewerbungen. So mussten IOC-Mitglieder wie der Brasilianer Carlos Nuzman, Organisationschef der Spiele in Rio de Janeiro 2016, und der Japaner Tsunekazu Takeda, der die Spiele 2020 in Tokio vorbereitete, wegen Korruptionsvorwürfen ihre Posten aufgeben.

Es ist ein düsteres Bild der internationalen Sportwelt, das die französischen Strafverfolger zeichnen. Weitere Ermittlungsergebnisse, heißt es aus Paris, sollen noch bekannt gegeben werden. Und dann sollen dem Vernehmen nach auch Fakten ans Licht kommen, die weitere Funktionäre aus der olympischen Bewegung sowie aus dem Fußball belasten. Im Juni 2019 nahm die Polizei den ehemaligen UEFA-Präsidenten Michel Platini für kurze Zeit in Gewahrsam. Platini musste als Zeuge aussagen, es ging um die Vergabe der Fußball-WM 2022 an Katar. In der Funktionärswelt des Sports dürfte noch manch anderer zittern.

In Deutschland sagte mir Clemens Prokop, der Präsident des Leichtathletikverbandes, schon nach unserem Film über die Schutzgeld-Erpresser 2016, ihm mache »sprachlos«, dass »mit so einem korrupten System in der Weltspitze gearbeitet« worden sei. Der Jurist nannte das, was er sah, »schlichtweg kriminell« und sprach von

»katastrophalen Folgen für die Glaubwürdigkeit der Organisation«. Die Organisation, Prokop meinte die IAAF, wähnte er »vor einem Scherbenhaufen«. Sie müsse »ganz von vorne anfangen«.

Clemens Prokop hatte in seinen sechzehn Amtsjahren als Präsident des Deutschen Leichtathletikverbandes immer wieder mit den Diacks zu tun. Gemeinsam bereiteten sie die WM der Leichtathleten 2009 in Berlin vor. Im Sommer 2019, als wir nun über die Anklageschrift aus Paris berichteten, sagte er: »Wenn ich eine Skala aufstelle von null bis zehn, und zehn ist der größte Skandal im Weltsport, dann würde ich diesen bei zehn einstufen.« Die »ganze Bandbreite« des Falles sei entscheidend. »Es werden Athleten erpresst, es werden Veranstaltungen verschoben, es wird Stimmenkauf betrieben – es wird alles gemacht, was mit den Idealen des Sports völlig unvereinbar ist.«

Der WADA-Chef und seine Beziehung zu Putins Sportminister

Auch mit Craig Reedie habe ich immer wieder über diesen gewaltigen Korruptionsskandal gesprochen, dabei herrschte in der Regel ein etwas anderer Ton. Reedie, Jahrgang 1941, ist Schotte, Chef der Welt-Anti-Doping-Agentur und seit vielen Jahren auch Mitglied des Internationalen Olympischen Komitees (IOC). Nach seiner Karriere als Badmintonspieler führte er den Internationalen Badminton-Verband. In den Neunzigerjahren schaffte er es an die Spitze des britischen Nationalen Olympischen Komitees und von dort aus schnell auch ins Internationale Olympische Komitee. Reedie rückte nach eineinhalb Jahrzehnten sogar ins Exekutivkomitee des IOC auf. Damit war er, gestartet als Funktionär einer Randsportart, sehr weit gekommen. 2012 mischte er auch noch im Vorstand des Organisationskomitees der Olympischen Spiele in London mit.

Man tritt Reedie wohl nicht zu nahe, wenn man ihn als Vertreter des Systems bezeichnet, das in den Achtziger- und Neunzigerjahren der Spanier Juan Samaranch als IOC-Präsident geprägt hatte. Die hohen Herren achteten darauf, dass niemand von ihnen zu kurz kam.

Craig Reedie zählte auch 2013 noch zu dem elitären Zirkel, als die Ära des deutschen IOC-Präsidenten Thomas Bach begann, die sich gar nicht allzu sehr vom System Samaranch unterscheidet. Reedie übernahm jetzt eine Aufgabe, die eigentlich Unabhängigkeit voraussetzt, wenn man sie im Sinne der Sportler erfüllen will: Er wurde Präsident der WADA. Das heißt allerdings nicht, dass man die ganze WADA so beurteilen muss wie manches Wirken ihres Präsidenten. In den Kommissionen zur Aufarbeitung des Russland-Skandals etwa wurde nach meiner Beobachtung akribisch gearbeitet. Viele Ermittlungsergebnisse schockierten.

Bei einer WADA-Tagung Ende 2016 in Schottland traf ich auf Reedie. Wir sprachen, und es ging natürlich auch um die Dopingvertuschungen in der Leichtathletik. Den Kollegen von »Le Monde« und uns lagen geheime Schriftstücke vor. Interessant war vor allem jenes, in dem stand, dass es neben dem Fall Schobuchowa fünf weitere unter den Teppich gekehrte Dopingfälle gegeben hatte, insgesamt also sechs. Das war zu dem Zeitpunkt in der Öffentlichkeit nicht bekannt.

»Craig, eine Frage. Ich habe hier ein Papier aus dem Jahr 2014. In dem steht, dass es viel mehr Dopingfälle gab, die von der IAAF vertuscht wurden. Wussten Sie das?«

»Jedes Mal, wenn ich mit Ihnen spreche, bekomme ich neue interessante Informationen«, antwortete Reedie.

»Also haben Sie das nicht gewusst?«

»Nein, das wusste ich nicht. Welche Nationalität?«

»Russen«.

Damit endete das Interview, dem es aufseiten des Interviewten an Aufrichtigkeit oder Erinnerungsvermögen fehlte. Man kann auch sagen, der WADA-Präsident sagte die Unwahrheit in unsere Kamera.

Zumindest beantwortet das Papier der WADA die Frage, ob Reedie nichts gewusst hatte, völlig anders. Es stammt aus dem Jahr 2014 und wurde für die französische Staatsanwaltschaft übersetzt. Die Absender des Schreibens: Craig Reedie und Olivier Niggli, damals Justiziar der WADA.

Reedie, der mir 2016 versicherte, er wisse nicht, dass es viel mehr Dopingfälle gegeben habe, die von der IAAF vertuscht worden seien – dieser Reedie hatte schriftlich festgehalten, dass er am 19. September 2014 in Moskau den stellvertretenden russischen Sportminister getroffen habe. Der Vizeminister habe ihm von einem Gespräch mit dem russischen Leichtathletik-Präsidenten Walentin Balachnitschew berichtet. Reedie fasste danach auf zwei Seiten zusammen, was der hohe Politiker ihm in Moskau gesagt habe. Und schon auf Seite eins seines Berichts machte er klar, dass den Russen zufolge nicht nur Lilja Schobuchowa erpresst worden war:

»Auf der Ebene der IAAF wurde ein System eingeführt, nach dem Athleten mit einem abnormalen Blutpassprofil weiterhin auf hohem Niveau gegen Barzahlungen an die IAAF antreten können. In Russland betreffe dies mindestens die folgenden sechs Athleten:

Lilija Schobuchowa
Waleri Bortschin
Olga Kaniskina
Sergei Kirdjapkin
Jewgenija Solotowa
Wladimir Kanajakin.«

Mindestens sechs Athleten durften demzufolge nach Schweigegeldzahlungen weiter starten, hatte der WADA-Chef also erfahren. Und Craig Reedie, der von seinem damaligen Generaldirektor David Howman begleitet wurde, hörte an diesem Tag in Moskau noch viel mehr. Er notierte weiter: »Laut Balachnitschew wurde das System vom Sohn des IAAF-Präsidenten und seinem Anwalt Habib Cissé mit Hilfe einiger Mitarbeiter der Anti-Doping-Abteilung der IAAF ein- und durchgeführt. Das System gab es nicht nur in Russland, sondern möglicherweise auch in anderen Ländern wie Marokko und der Türkei. Das Geld wurde offenbar von den Managern der Athleten an ARAF [damalige Bezeichnung für den russischen Leichtath-letikverband] gezahlt und dann an die IAAF weitergegeben.« Was Reedie dann schrieb, zeigt aus meiner Sicht, wie er selbst sich den Kampf der WADA gegen Doping und korrupte Strukturen vorstellte. Die WADA schlug nicht etwa öffentlich Alarm oder ging den brisanten Informationen nach. Sie wandte sich auch nicht an Staatsanwälte. Die Anschuldigungen des russischen Vizeministers gingen stattdessen nur an die Ethikkommission des Weltverbandes IAAF. Reedie gab damit Hinweise auf ein kriminelles System aus-gerechnet an den Verband weiter, dessen Präsident dieses System etabliert hatte.

Soweit das Rechtsverständnis des ranghöchsten Doping-Be-kämpfers und seine Art, mit Vorwürfen schwersten Unrechts im Weltverband der Leichtathletik umzugehen.

Natürlich könnte man jetzt einwerfen, dass jeder Fehler macht und Reedies Reaktion nur ein Ausrutscher war. Es wäre der Versuch der Ehrenrettung eines britischen Sirs. Nur: Damit würde man dem Handeln des WADA-Präsidenten nicht gerecht. Das zeigen weitere Dokumente. Sie datieren aus dem Jahr 2015 und stammen ebenfalls von Reedie persönlich.

Im Frühjahr 2015 hatte die Unabhängige Kommission der WADA ihre Arbeit bereits aufgenommen. Russland musste damit rechnen, dass die Ermittlungen unsere Recherchen für den Film vom Dezem-ber 2014 bestätigen würden. In diesen Monaten ließ es sich WADA-Chef Reedie allerdings nicht nehmen, sich mit dem russischen Sportministerium auszutauschen. Reedie nutzte dabei den Kontakt zu einer ranghohen Mitarbeiterin, die schon an seinem Treffen mit dem stellvertretenden Sportminister im September 2014 teilgenom-men hatte. Sie heißt Natalja Schelanowa. Reedie kannte die Frau nicht nur von dem Moskau-Termin. Und Schelanowa arbeitete nicht bloß für das russische Sportministerium, sie gehörte zugleich der Finanzkommission der WADA an.

In dieser für den russischen Sport extrem schwierigen Zeit schrieben sich der oberste Dopingbekämpfer und die Mitarbeiterin des Hauses von Putins Sportminister Witali Mutko vertrauensvoll Nachrichten. Eine E-Mail lässt erkennen, wie der WADA-Chef tickte. Craig Reedie schrieb Natalja Schelanowa am 30. April 2015 an ihre Ministeriumsadresse: »Ich möchte Dir und dem Minister gegenüber klarstellen, dass die WADA nicht die russischen Bemühungen in Vergangenheit und Gegenwart kritisiert, den Anti-Doping-Kampf in Russland zu verbessern. Minister Mutko hat mir all die Anstrengungen der letzten zwei Jahre beschrieben, als ich ihn im Februar in Moskau traf.«

Reedie schmeichelte sich bei der russischen Regierung ein. Die Unabhängige Kommission war da noch am Anfang ihrer Tätigkeit. Der WADA-Boss hob gegenüber der Vertreterin des Ministeriums hervor, dass man ja ein vertrauensvolles Verhältnis aufgebaut habe. Und es ging ihm auch um sich selbst. »Auf persönlicher Ebene schätze ich meine Beziehung zu Minister Mutko und wäre Dir dankbar, wenn Du ihm mitteiltest, dass es nicht die Absicht der WADA ist, irgendetwas zu tun, was diese Beziehung beeinträchtigt.« Die WADA sei darüber erfreut, schrieb er, dass diese Beziehung »die schlechte Publicity, für welche die ARD gesorgt hat (und die sich wahrscheinlich noch ein wenig fortsetzen wird), überstanden hat«.

Damit stellte Reedie seine eigene Verbindung zum Putin-Freund im Ministerium ausdrücklich über die Handlungsmöglichkeiten der Einrichtung, deren Chef er war. Mit dieser E-Mail katzbuckelte Reedie vor den Machthabern im russischen Sport, zeigte sich illoyal gegenüber seiner eigenen Organisation.

Zudem stand in seinem Schreiben etwas sehr Interessantes: Die WADA sei »von mehreren nationalen Anti-Doping-Agenturen unter Druck gesetzt worden, Ermittlungen aufzunehmen«. Man habe die unabhängige Kommission »gezielt eingesetzt, um politische Probleme zu vermeiden«.

Die WADA begann ihre Russland-Ermittlungen demnach nicht aus eigenem Antrieb, sondern aus Opportunismus. Allein mit dieser E-Mail disqualifizierte sich Craig Reedie meiner Meinung nach für seine Aufgabe als Präsident der Welt-Anti-Doping-Agentur.

»Sent from my iPad« erreichte die E-Mail das Sportministerium in Moskau. Die Aussagen des WADA-Chefs dürften dort für Erleichterung gesorgt haben, vielleicht sogar für Erheiterung: Von diesem Anti-Doping-Kämpfer an der WADA-Spitze, dem seine Beziehung zum russischen Sportminister so wichtig war, ging wohl keine Gefahr aus.

Craig Reedie, der im November 2019 turnusgemäß aus dem Amt scheiden wird, war als WADA-Präsident von Anfang an eine Fehlbesetzung. Es drängt sich der Eindruck auf, dass Reedie sich Funktionären und Politikern stärker verbunden fühlt als der Aufklärung von Dopingbetrug.

Im Verborgenen betrieb Reedie in diesem gewaltigen Skandal das Spiel der Russen. Für mich lassen sich seine ehrerbietigen Sätze ans Ministerium jedenfalls nicht anders interpretieren. Und er machte intern auch keinen Hehl daraus, wie die Politik des WADA-Präsidenten aussieht. Das zeigt eine weitere E-Mail, die Craig Reedie ebenfalls an jenem 30. April 2015 verschickte.

Mit dieser Mail leitete der WADA-Chef das Schreiben an das russische Sportministerium seinem Justiziar Olivier Niggli und dem Schweizer Rechtsanwalt François Carrard weiter. Den beiden Herren müssten eigentlich die Ohren geklingelt haben ob solcher Russlandnähe. Der Präsident gab Niggli und Carrard aber auch noch einen Hinweis, der sich als klare Leitlinie verstehen ließ. »Für Euch beide«, schrieb er. »Dies erklärt hoffentlich, was die WADA zu tun versucht, und dass wir in keiner Weise Russland attackieren.«

Russland in Ruhe lassen, die Verbindung zu Putins Sportminister nicht gefährden – der WADA-Präsident hatte gesprochen. Widerspruch seines Mitarbeiters Olivier Niggli musste er sicher nicht befürchten.

Warum aber schickte Craig Reedie seine Russland-Unterwerfungsmail auch an François Carrard? Der Schweizer Rechtsanwalt ist heute über achtzig Jahre alt und einer der am besten vernetzten Männer im Weltsport. Er diente einst dem IOC-Präsidenten Juan Antonio Samaranch als Generaldirektor. Carrard ließ sich auch von

Sepp Blatter zur FIFA holen. Vor allem aber pflegt der Anwalt seit jeher enge Kontakte in die Funktionärselite des russischen Sports. Das tut auch der IOC-Präsident Thomas Bach, der im Übrigen mit Carrard seit vielen Jahren bestens bekannt ist. Carrard sieht bei Bach herausragende Führungsqualitäten, sie haben viele Jahre eng im IOC zusammengearbeitet. Gegenüber der »Berliner Zeitung« bezeichnete er den Deutschen als »hartnäckig« und »starrsinnig im positiven Sinn«. Er verfolge eine Linie. »Er hat einen Plan. Und er ist ein Kämpfer.«

Bach und Carrard waren auch beide intensiv mit der Frage befasst, wie das IOC auf den russischen Dopingskandal reagieren sollte. Das IOC sollte später vergleichsweise defensiv mit dem russischen Staatsdoping umgehen. Dass der WADA-Präsident 2015 eine alles andere als harte Linie vertrat, erfuhr der mit dem IOC eng verbandelte Anwalt Carrard also von Reedie höchstpersönlich.

Reedie fand offenbar, dass journalistische Enthüllungen zu Missständen dem Sport eher schaden als helfen. Das zeigt eine Notiz, deren Veröffentlichung der BBC zu verdanken ist. Reedie schrieb am 1. August 2015 auf einen Zettel: »Sergej, hast Du mitbekommen, dass eine weitere ARD-Fernsehsendung über Doping in der Leichtathletik heute Nachmittag um fünf Uhr deutscher Zeit gezeigt wird? Der offizielle Titel ist ›Im Schattenreich der Leichtathletik‹.«

Mit Sergej war Sergej Bubka gemeint, ein früherer sowjetischer Stabhochspringer, der in den Achtzigerjahren in neue Höhen flog und in seiner Disziplin über zwanzig Jahre den Weltrekord hielt. In seiner ukrainischen Heimat war Bubka im Finanzsektor zu Geld gekommen. Seit 2007 zählte er als Vizepräsident zur Spitze der IAAF.

Reedie wies in seiner Notiz für Sergej Bubka auf unsere neue Folge der ARD-Reihe »Geheimsache Doping« hin. Dass der WADA-Präsident quasi einen Programmhinweis gab, kann einen als Filmautor ja erst mal freuen. Der Termin, Samstag, siebzehn Uhr, stimmte. Doch Reedie schrieb auch: »Ich hoffe, es wird kein weiterer Schaden entstehen.«

Image caption 'Hope no more damage will be done' - Craig Reedie's hand-written note to Sergey Bubka

»Hoffe, es wird kein weiterer Schaden entstehen«. Ängstlich wies der WADA-Präsident Craig Reedie das IOC-Mitglied Sergej Bubka 2015 auf einen neuen Film der ARD-Dopingredaktion hin.

Reedie schien demnach die eigentliche Gefahr darin zu sehen, was durch die Berichterstattung der ARD ans Tageslicht kommen könnte. Dem IOC-Kumpel und IAAF-Funktionär gegenüber beschwor er ein gemeinsames Feindbild. So interpretierte es die BBC in ihrem Bericht. Ich sah es genauso.

Drei Jahre später vereinbarte mein Kollege Jörg Winterfeldt ein Fernsehinterview mit dem WADA-Präsidenten. Das war im November 2018. Wir wollten mit etwas Abstand noch einmal über seine Rolle bei der Aufarbeitung des Russland-Skandals reden. Dabei sprach Jörg irgendwann auch Reedies E-Mail an Natalja Schelanowa aus dem russischen Sportministerium im Jahr 2015 an. Inzwischen war lange bekannt, dass Schelanowa eine Strippenzieherin des Staatsdopings war.

Dass wir im Interview noch mal auf die E-Mail eingingen, fand sein Pressesprecher »nicht fair«. Reedie brach das Gespräch vor laufender Kamera kurzerhand ab. Man solle andere fragen, nicht ihn, sagte er, stand auf und ging.

Grigori, sein Cocktail und der »Sotschi-Plan«

Als Craig Reedie mit der Mitarbeiterin des russischen Sportministeriums mailte, lebte Dr. Grigori Rodtschenkow, der Leiter des Anti-Doping-Labors, noch in Moskau. Er war weiter im Job, als wäre nichts gewesen. Erst später berichteten die Medien weltweit über ihn.

Die Whistleblower Witali und Julia Stepanow sahen ihn als eine Art Schnittstelle des russischen Dopingbetrugs. Ich selbst hatte 2014 bei dem Drehtermin in seinem Labor für unseren Russland-Film den Eindruck gewonnen, dass er nicht die Wahrheit sagte. Nach der Ausstrahlung im Dezember 2014 rückte Rodtschenkow dann in den Mittelpunkt. Die Unabhängige Kommission der WADA interessierte sich für seine Rolle, anschließend auch die sogenannte McLaren-Kommission, die ebenfalls im Auftrag der WADA arbeitete.

Was tat und wusste der russische Chemiker Dr. Grigori Rodtschenkow? Die kurze Antwort: viel. Sehr viel sogar. So viel, dass er keine andere Möglichkeit sah, als seine Familie in Russland zurückzulassen und heimlich in die USA zu fliehen. Dort gab Grigori Rodtschenkow sein Wissen an die Behörden weiter. Und lebt seitdem im Zeugenschutzprogramm.

Rodtschenkow, geboren 1958, war früher selbst mal gelaufen, fünfzehnhundert Meter, fünftausend Meter, er war gut, aber nie der Beste. Seine Mutter, erzählte er dem amerikanischen Filmemacher Bryan Fogel, habe ihm damals Stanozolol gespritzt, ein synthetisches anaboles Steroid. Später studierte er Analytische Chemie, promovierte, übernahm die Leitung des Moskauer Anti-Doping-Labors. Für sein Wirken dort bekam er 2014 die hohe staatliche Auszeichnung »Orden der Freundschaft«. Aus dem belobigten Wissenschaftler sollte bald schon ein Staatsfeind werden. Der seinen Computer zerstören und im November 2015 mit der Festplatte und drei Kopien in die USA fliehen würde. Der in der »New York Times« auspackte, bei den Behörden, auch beim WADA-Sonderermittler Richard McLaren und vor der Disziplinarkommission des Internationalen Olympischen Komitees. Der sagen würde, dass bei den Olympischen Sommerspielen in China 2008 von dreiundsiebzig russischen Medaillengewinnern dreißig gedopt gewesen seien und vier Jahre später in London von einundachtzig russischen Medaillengewinnern »sogar noch mehr, mindestens die Hälfte, bestimmt die Hälfte«. Der schließlich noch als Hauptfigur in »Ikarus« zu sehen sein würde, dem Dokumentarfilm Bryan Fogels, der 2018 einen Oscar und damit weltweite Aufmerksamkeit erhielt.

2016 gab Grigori Rodtschenkow eine Eidesstattliche Versicherung ab. Sollte er darin die Unwahrheit gesagt haben, droht ihm eine Strafe. Auf zweiundzwanzig Seiten schilderte er schonungslos seinen Einsatz rund um die Winterspiele in Sotschi. Als ich das Dokument zum ersten Mal las, musste ich an unser Treffen denken, damals, Anfang 2014, ebendort, auf dem Olympiagelände von Sotschi. Ich hatte mit meinem falschen Bart gekämpft. Und Grigori

Rodtschenkow hatte mir Dinge erzählt, die belanglos waren verglichen mit dem, was er tatsächlich anstellte. Damals wusste ich nur, dass er das Dopingkontrolllabor bei den Winterspielen leiten würde. Von Agenten, den Plänen für nächtliche Undercover-Einsätze und von Mitwissern bis in die russische Regierung hinein erzählte er mir nichts.

Rodtschenkows komplette Eidesstattliche Versicherung abzudrucken, würde den Rahmen dieses Buchs sprengen. Ich zitiere deshalb einzelne Passagen, die mir besonders eindrücklich und aussagekräftig erscheinen. Hie und da habe ich Erläuterungen eingefügt.

»Jewgeni Blochin [...] ist ein Offizier des Föderalen Sicherheitsdienstes ›FSB‹ [Inlandsgeheimdienst Russlands]. Er managte und kontrollierte den Zugang des FSB zum Sotschi-Labor und zum FSB-Kommandocenter, das an das Sotschi-Labor angrenzte. Er leitete ein Team von FSB-Offizieren, das damit beauftragt war, angeblich ›manipulationssichere‹ Bereg-Kit-Flaschen [Dopingkontrollflaschen] zu öffnen, in denen die Urinproben von Athleten nach der offiziellen Urinsammlung lagerten.«

»Im Herbst 2012 begann Russland mit dem Planungsprozess für die Sotschi-Spiele. Die Bemühungen wurden von [dem russischen Sportminister Witali] Mutko angeführt. Das habe ich zum ersten Mal in einem Gespräch mit [dem stellvertretenden russischen Sportminister Juri] Nagornych im Oktober 2012 erfahren, in dem er sagte, Mutko habe ihn damit beauftragt, den Erfolg des russischen Nationalteams bei den Sotschi-Spielen sicherzustellen. Nagornych sagte, dass er und Mutko darin übereinstimmten, dass ein umfassendes System benötigt werde, um Athleten vor positiven Tests auf PEDs [Performance Enhancing Drugs, leistungssteigernde Mittel] zu schützen.«

»Der Sotschi-Plan hatte drei Hauptziele.«

»Erstes Ziel: der Einsatz von PEDs mit begrenzter ›Auswaschzeit‹, was bedeutet, dass die PEDs im Urin nach sehr kurzer Zeit nicht mehr nachweisbar sind.«

»Zweites Ziel: die Fähigkeit, während der Sotschi-Spiele den Urin gedopter Athleten auszutauschen gegen Urin, der diesen Athleten entnommen

wurde, bevor die Athleten damit anfingen, PEDs zu nehmen. Dieses Ziel zu erreichen war kompliziert und erforderte neben vielen anderen zwei primäre Schritte: (a) eine umfangreiche Sammlung sauberer Proben russischer Athleten, die sich für die Sotschi-Spiele qualifizieren könnten; und (b) die Möglichkeit, angeblich manipulationssichere Flaschen zu öffnen, die von der Berlinger Special AG hergestellt wurden und Urinproben von Athleten enthielten, die von Dopingkontrolleuren gesammelt worden waren.«

»*Drittes Ziel: es zu schaffen, dass Tests russischer Olympiateilnehmer durch IOC oder WADA verhindert werden und Proben nicht ins Ausland gelangen.*«

»*Ich habe [den russischen Sportminister] Mutko dreimal während der Sotschi-Spiele direkt über den Fortschritt des Sotschi-Plans informiert.*«

Damit hatte Grigori Rodtschenkow den Plan beschrieben: Bei den Olympischen Spielen im eigenen Land sollte nichts dem Zufall überlassen werden. Und er hatte darauf hingewiesen, dass die Dopingvertuschung keineswegs bloß irgendwo auf der Arbeitsebene ersonnen worden war, sondern mit Wissen und Zustimmung höchster Kreise erfolgte.

Zum »ersten Ziel«, dem Einsatz von Dopingmitteln mit extrem kurzer Nachweisbarkeit, äußerte Rodtschenkow sich in der Eidesstattlichen Versicherung dann genauer. Der frühere Laborleiter beschrieb eine Substanz, die er in seiner auf Englisch abgefassten Eidesstattlichen Versicherung »Duchess-Cocktail« nannte, auf Deutsch: Herzogin-Cocktail.

»*Ich entwickelte den ›Drei-Steroide-Cocktail‹, den wir als Herzogin-Cocktail bezeichneten. Er war einer meiner bedeutsamsten Beiträge zum Doping-Programm.*«

»*Ende 2010 sagte ich [dem Vizesportminister] Nagornych und Rodionowa, ich würde an einer Lösung arbeiten. [Irina Rodionowa war stellvertretende Direktorin des ›Zentrums für Sportvorbereitung‹. Rodtschenkow zufolge förderte sie die Verteilung von Dopingmitteln vor und während der Sotschi-Spiele.] Ich bat Nagornych und Rodionowa, allen Athleten, Trai-*

nern und Mannschaftsärzten zu sagen, dass es nicht mehr sicher sei, [das Dopingmittel] Oral-Turinabol zu verwenden. Nach meinem Verständnis gab Rodionowa diese Nachricht an Trainer und Athleten in ganz Russland weiter.«

»[Der stellvertretende Sportminister] Nagornych stimmte zu, nicht mehr mit Oral-Turinabol weiterzumachen, drängte mich aber, eine andere Lösung zu finden, um den russischen Athleten Vorteile zu verschaffen. Mit [dem Sportminister] Witali Mutko hatte ich ein ähnliches Gespräch nach den Olympischen Spielen 2012 in London, und Minister Mutko forderte mich auf, ein ähnliches Dopingmittel zu finden, das von Russland verwendet werden könne ohne das Risiko, nachgewiesen zu werden.«

»Ich begann, Kombinationen von Steroiden zu testen, um sie als Alternative zu verwenden. Ich wollte eine Kombination entwickeln, die sicher, nützlich und einfach zuzubereiten war, wenn die Zutaten verfügbar waren. Am wichtigsten war, einen PED-Cocktail zu kreieren, der eine zuverlässige und kurze Auswaschzeit besaß. So entstand der Herzogin-Cocktail, der kombinierte Alkoholextrakte dreier Steroide mischte – Oxandrolon [Anavar], Metenolon [Primobolan] und Trenbolon [Parabolan]. Mir war klar, dass ich aus Sicherheitsgründen pillenförmige Substanzen vermeiden musste, da sie bei der Nachweisbarkeit Risiken bargen aufgrund der unterschiedlichen Stoffwechsel der Athleten. Athleten konnten den Herzogin-Cocktail schluckweise trinken oder ihn im Mund spülen.«

»Im oder rund um den Juli 2011 herum habe ich den Herzogin-Cocktail an mir selbst getestet.«

Der Selbsttest des Erfinders gelang, das Mischgetränk war effektiv und praktisch nicht nachweisbar. Die Olympischen Spiele in Russland konnten kommen. Jetzt war es an den Sportlern, ihre Hausaufgaben zu machen. Hier kam nun Rodtschenkow zufolge wieder Irina Rodionowa ins Spiel, die ja – durchaus passend – dem »Zentrum für Sportvorbereitung« vorstand.

»Etwa im März 2013 leiteten Rodionowa, Trainer und Teamärzte rund fünfundsiebzig russische Wintersportler an, mit dem Sammeln sauberen Urins

zu beginnen. Er sollte verwendet werden, um ihn bei Bedarf während der
Sotschi-Spiele gegen schmutzigen Urin auszutauschen. Der Plan für Sotschi,
die maximale Wirkung zu erzielen, würde von einigen Athleten verlangen,
den Herzogin-Cocktail kurz vor oder während der Olympischen Spiele wei-
ter zu nehmen. Aus diesem Grund waren trotz der kurzen Auswaschzeit
positive Urintests möglich. Das war ein Risiko, das wir im Auge behalten
mussten. Deshalb wurde den Athleten gesagt, sie sollten vor Gebrauch des
Herzogin-Cocktails etwa fünf bis sieben Flaschen sauberen Urin sammeln.«

»Das Sportministerium, vor allem der stellvertretende Minister Nagor-
nych, entschied, welche Athleten vor drohenden Dopingkontrollen oder Pro-
blemen damit ›geschützt‹ werden sollten. Diese Athleten wurden in einer
Excel-Tabelle festgehalten, die sogenannte ›Herzogin-Liste‹. [...] Nagornych
sagte mir, dass auch Mutko die Herzogin-Liste überprüft und genehmigt
habe.«

»Rodionowa wies Ärzte und Athleten an, Proben in Plastikflaschen oder
-dosen egal welcher Art abzuliefern. Nur luftdicht müssten die Behälter sein.
Und so sammelten Athleten nach anstrengenden Trainingseinheiten ihren
Urin etwa in Coca-Cola-, Saft- und Babynahrungsflaschen.«

»Die Sportler wurden dann angewiesen, ihren Urin eingefroren aufzube-
wahren, bevor sie ihn zu Rodionowa nach Moskau schickten.«

»In der Zeit von März 2013 bis zu den Sotschi-Spielen brachten Rodio-
nowa und [Alexei] Welikodny [der Assistent des stellvertretenden Sportmi-
nisters] diese Urinflaschen zu mir ins Moskauer Labor.«

Dort seien die Fläschchen dann erfasst worden. Insgesamt rund
fünfhundert Proben brachte man laut Rodtschenkow in das Büro
des Geheimdienstes FSB in Sotschi in unmittelbarer Nähe des Dopingkontrolllabors. Dieses Büro habe man Kommandozentrum genannt, berichtete Grigori Rodtschenkow weiter. Er selbst schob
dann während der Winterspiele Nachtschichten.

»Ich habe während der gesamten Sotschi-Spiele den nächtlichen Urinwech-
sel durchgeführt.«
»Als Ergebnis des Sotschi-Plans erzielte Russland bei den Sotschi-Spielen

historische Ergebnisse: insgesamt dreiunddreißig Medaillen, davon dreizehn Goldmedaillen, elf Silbermedaillen und neun Bronzemedaillen. Während der Sotschi-Spiele hat unser Labor nicht einen einzigen ›schmutzigen‹ Russen überführt. Das war ja der offensichtliche Zweck des Sotschi-Plans.«

Die letzte der hier zitierten Angaben aus seiner Eidesstattlichen Versicherung hat Rodtschenkow unter die Zwischenüberschrift »Effektivität des staatlich unterstützten Systems« gestellt. Seine Angaben beruhen, wie er schrieb, auch auf einem Tagebuch, das er in Sotschi geführt habe.

Der langjährige Laborleiter wurde später von Bryan Fogel für den Film »Ikarus« gefragt, ob der russische Staatschef Wladimir Putin von der Existenz des Programms gewusst habe. »Ja«, antwortete Rodtschenkow und fügte hinzu: »Er wusste vor allem auch, wer ich war. Er hat mich für diese spezielle Angelegenheit aus dem Gefängnis geholt.« Damit spielte Rodtschenkow auf einen Suizidversuch an, den er unternommen und der ihn in eine geschlossene Psychiatrie geführt hatte. Wenige Jahre vorher war das gewesen, Rodtschenkow war dann aber plötzlich wieder auf seinen Posten als Laborchef zurückgekehrt. Er wurde dort gebraucht.

Interview ohne Interviewten

Als die »New York Times« im Mai 2016 Teile von Rodtschenkows Geschichte veröffentlichte, bestätigte das die Basisrecherchen unseres ersten Russland-Films. Es war nur alles tatsächlich noch viel größer. Die Rodtschenkow-Enthüllungen rückten den Wintersport in den Mittelpunkt. Nach zwei bereits abgeschlossenen Untersuchungen der Unabhängigen Kommission unter Richard Pound ließ die WADA nun zwei weitere Ermittlungsberichte anfertigen. Diesmal verantwortete der kanadische Jurist Richard McLaren die Untersuchungen. Er war auch schon Mitglied in Pounds Kommission gewesen.

Rodtschenkow lebte da bereits anonym irgendwo in den USA. Gelegentlich hatten wir auf vertraulichen Kanälen über das Internet Kontakt. Im Gegensatz zu unseren früheren Begegnungen in Russland war die Gesprächsatmosphäre nun viel offener. Er gab mir den einen oder anderen nützlichen Recherchetipp. Die Informationen erwiesen sich als korrekt, und wir konnten sie für die ARD-Berichterstattung nutzen. Aber es war auch zunehmend gefährlich für ihn in den USA. Die Behörden nahmen ihn bald ins Zeugenschutzprogramm auf. Ich habe ihn danach zweimal interviewt – unter ungewöhnlichen Umständen.

Wir mussten Rodtschenkows Rechtsanwalt Jim Walden all unsere Fragen vorab zukommen lassen. Waldens Team prüfte sie dann und strich einige. Ein solches Vorgehen akzeptiere ich normalerweise nicht, doch hier hatte ich keine andere Wahl. Das wichtige Interview hätte sonst nicht stattgefunden. Zudem ging ich davon aus, dass manche Themen aus Sicherheitsgründen ausgespart werden mussten.

Als ich kurz vor Weihnachten 2017 zum ersten Interview in die USA aufbrechen wollte, meldete sich Jim Walden überraschend noch einmal. Jetzt teilte er mir mit, dass doch kein normales Fernsehinterview möglich sei. Wir könnten nur am Telefon mit Grigori sprechen. Der Grund: Er dürfe derzeit seine geheime Wohnung nicht verlassen. Ihn dort aufzusuchen, sei ebenfalls unmöglich.

Abgesprochen hatten wir das anders. Einen Interviewpartner nicht filmen zu dürfen und damit keine Bewegtbilder von dem Gespräch zu haben, ist ja für Fernsehbeiträge nicht gerade ideal. Wir brauchten andererseits aber O-Töne von Rodtschenkow für eine Doku, die im Januar 2018 laufen sollte. Für alle Fälle packten wir unsere Kameras ein. Meine langjährige Kollegin Andrea Schültke, die auch für den Deutschlandfunk arbeitet, kam mit in die USA. Eine Langversion des exklusiven Interviews konnte damit im Radio laufen.

Wir flogen nach New York und fuhren am nächsten Morgen in die Kanzlei des Anwalts. Sie liegt in einem noblen Hochhaus am

Battery Park an der Südspitze Manhattans. Der Konferenzraum, in den uns Jim Walden führte, bot eine spektakuläre Sicht in alle Himmelsrichtungen. Nur die Hauptperson fehlte. Aus Sicherheitsgründen, erklärte uns Rodtschenkows Anwalt noch mal. Die Russen würden »alles in ihrer Macht Stehende tun, um ihn zurück nach Russland zu bringen«. Hier in den Vereinigten Staaten würden »Leute aktiv nach Grigori suchen, um ihn zu ermorden«.

Wir setzten uns an einen großen Konferenztisch mit Telefonanlage, eine Mitarbeiterin des Anwalts wählte eine Nummer, es piepte in der Leitung. Dann war Grigori Rodtschenkow dran. »Hello« auf beiden Seiten. Schade, dass man sich nicht sehen könne, sagte ich. Aber wenigstens hatten wir nun ausreichend Zeit. Die Mikros waren an, die Kameras liefen, filmten nach draußen, in und über den Hochhausdschungel Manhattans, mit Schwenk auf die Freiheitsstatue, über die Upper Bay und rüber nach New Jersey. Wunderschöne Aufnahmen bei Sonne und blauem Himmel, die sehr im Gegensatz standen zum Dunkel des russischen Sportsystems, von dem Grigori Rodtschenkow uns in flüssigem Englisch berichtete. Ich gebe hier Auszüge des Gesprächs wieder.

Können Sie erklären, wie sich das organisierte Doping in Russland im Laufe der Zeit entwickelt hat?
»Das System des Dopings ist seit Generationen noch aus der Sowjetzeit tief verwurzelt. Und auch danach wurde die Dopingverschwörung in Russland natürlich permanent weiterentwickelt. Und sagen wir mal, in den letzten zehn Jahren, in denen ich Direktor des Anti-Doping-Labors in Moskau war, ging es hauptsächlich um die schnelle Reaktion auf neu auftretende Bedrohungen, also darum, neue Doping-Nachweismethoden zu entwickeln und wie man diese umgeht. Wir mussten immer reagieren, zum Beispiel auf neue Anforderungen der Welt-Anti-Doping-Agentur WADA, was den internationalen Standard von Laboratorien angeht. Und dann, ganz wichtig: Das war nicht meine Initiative. Das war Teamwork. Es war das Sportministerium, das alles bezahlt hat. Sie kauften für uns die

neuesten Instrumente, die neuesten Modelle und neue Computer. Sie finanzierten wissenschaftliche und andere Forschungsarbeiten. Wir hatten gute Informationen, waren immer einen Schritt voraus.«

Wissen Sie, wann das Staatsdoping angefangen hat?
»1980. Zeitgleich mit der Anerkennung des Anti-Doping-Labors in der UdSSR, vor den 22. Olympischen Spielen in Moskau. Das kann man als Beginn bezeichnen. Sie können kein Dopingprogramm beginnen, ohne Zugang zu einem Dopingkontrolllabor zu haben. Das ist die goldene Regel. Als ich 1985 angefangen habe, im Moskauer Labor zu arbeiten, war das ganze Dopingsystem schon an Bord. Seitdem wurden natürlich jede Menge Verbesserungen vorgenommen. Wissen Sie, man kann 1985 und 2015 nicht vergleichen.«

Wir sprachen dann über Sotschi, über den heimlichen Austausch von Urinproben, auch über die Rolle des Agenten Jewgeni Blochin vom russischen Inlandsgeheimdienst FSB.

War es möglich, dass diese Vertuschungsaktion passierte, ohne dass die beteiligten Athleten davon etwas mitbekommen haben?
»Nein, das war absolut nicht möglich. Kein Topsportler aus der Nationalmannschaft ist so naiv. Es wurde ihnen ja auch 2012 beigebracht, wie sie ihren sauberen Urin sammeln. Die Athleten gaben nach dem Training oder nach dem Saunagang Urin ab oder nach dem Essen. Und auch später war unser Herzogin-Team diszipliniert und war sich voll bewusst, was da vor sich ging. Und warum leugnen sie das? Weil sie nicht einfach nur Sportler sind. Sie sind Armee- und Polizeioffiziere. Und sie geben niemals einen Trick oder eine Verschwörung zu.«

Können Sie beschreiben, wie genau die Vertuschung der positiven Dopingproben in Sotschi funktioniert hat? Haben Sie die A-Probe ausgetauscht, und wenn ja warum, und was geschah mit der B-Probe?

»Die Antwort ist einfach. Wir haben die A- und die B-Probe nachts ausgetauscht. Zuerst die A-Probe, damit wir schon mal eine saubere Probe zum Empfang des Labors bringen konnten. Das alles musste vor der Analyse, vor den ersten Testverfahren um sieben Uhr morgens fertig sein. Das war das Wichtigste im Vergleich zu den Vorjahren. Es wurde nicht nach der Analyse getauscht, sondern vor der Analyse. Denn das Ergebnis der Analyse wurde ja von ausländischen Experten überprüft.«

Und die B-Probe?

»Mit der B-Probe haben wir es genauso gemacht. Wenn wir die Proben bekommen haben, kam Blochin, nahm den Urin und brachte ihn ins Labor, um die Flaschen zu entsiegeln und zu öffnen. Dann wurde der dopingbelastete Urin gegen den sauberen ausgetauscht und durch Verdünnung oder Zugabe von Salz auf die spezifische Dichte eingestellt, so dass 120 Milliliter sauberer Urin ersatzbereit waren.

Also, die A-Probe wurde durch das Loch gegeben, da war der Plastikdeckel schon geöffnet, und dann kam die B-Probe, ebenfalls durch das Loch. Dann habe ich die beiden Flaschen wieder verschlossen, versiegelt und zum Empfang des Labors bringen lassen. Es hat alles gut funktioniert. Nur manchmal gab es Probleme mit dem Entsiegeln einiger B-Proben, wenn die zu fest verschlossen waren. Aber im Allgemeinen gab es keine Probleme.«

Bei Olympischen Spielen arbeiten Experten verschiedener Länder im Labor für die Dopinganalysen zusammen. Deshalb musste der Urin russischer Sportler im Verborgenen getauscht werden. Rodtschenkow nutzte dazu einen nebenan liegenden Raum, der als Lager galt, tatsächlich aber eine eigene Laborausrüstung enthielt. Durch ein kleines Loch in der Wand ließen sich die versiegelten Fläschchen mit den A- und B-Proben in dieses Geheimlabor reichen, um sie dort zu bearbeiten.

Bei einer Dopingkontrolle füllt der Athlet seinen Urin immer in

zwei kleine Spezialfläschchen, eigens für Dopingkontrollen hergestellt von der Schweizer Firma Berlinger Special AG. Dann verschließt der Sportler die Flaschen so, dass der Drehverschluss gut
hörbar einrastet. Damit sind die Flaschen versiegelt und nur mit
einer speziellen Maschine im Dopingkontrolllabor wieder zu öffnen.
Bei Öffnung zerstören sich allerdings die Verschlüsse. Und genau
hier setzten die Russen an. Wie der Bericht des WADA-Ermittlers
Richard McLaren zeigte, hatten sie eine Methode entwickelt, um
die Spezialflaschen der Schweizer Firma zu öffnen, ohne die Versie-
gelung des Deckels zu zerstören. Das schien bis dahin unmöglich.
Grigori Rodtschenkow zufolge waren dafür Mitarbeiter des russischen Inlandsgeheimdienstes FSB zuständig. Sie waren ja während
der Winterspiele von Sotschi in einem Gebäude direkt neben dem
Labor untergebracht.

Mit der Entwicklung des Herzogin-Cocktails aus drei Steroiden
und wahlweise Whiskey oder Martini hatten die Agenten unterdessen nichts zu tun. Dieses Gemisch hatte sich Rodtschenkow ausgedacht.

»Mein Cocktail macht nicht aus normalen Athleten Spitzensportler. Mein Cocktail bringt dich nicht ins olympische Hundert-Meter-Finale in der Leichtathletik. Und mein Cocktail hilft dir auch
nicht, in diesem Finale eine Medaille zu gewinnen. Nicht mein
Cocktail. Es ist dein Training und deine Vorbereitung.

Aber wenn du auf den letzten ein oder zwei Metern der hundert
Meter bist und wenn es um Hundertstel oder Tausendstel von Sekunden geht, dann wirkt mein Cocktail. Mit meinem Cocktail
kannst du anstatt der Silbermedaille Gold gewinnen. Mein Cocktail
ist das letzte Quäntchen, das den Ausschlag zu deinen Gunsten
bringt, zum Gewinn einer Medaille. Aber du musst sehr gut vorbereitet und trainiert sein für meinen Cocktail.«

**Welche Rolle hatte der Inlandsgeheimdienst FSB, speziell der FSB-
Agent Blochin, vor und während der Spiele?**
»Blochin hat alles kontrolliert. Er hat die im Labor installierten

Überwachungsmechanismen in Sotschi gehackt. Alles wurde ja aufgezeichnet. Zum Beispiel wurde der Alarm am Kühlschrank mit den Dopingproben manipuliert. So konnten wir die Dopingproben für den Austausch aus dem Kühlschrank herausnehmen und danach wieder hineinstellen, ohne dass der Alarm ausgelöst oder die Entnahme aufgezeichnet wurde.

Natürlich kam das von ganz oben, vom Präsidenten. Denn nur der Präsident konnte den FSB für eine solch spezifische Aufgabe engagieren.«

Sind Sie sich hundertprozentig sicher, dass der Staatspräsident Wladimir Putin von dem Dopingvertuschungssystem in Russland wusste?
»Ich weiß, dass Putin vollständig und ganz detailliert vom Sportminister Mutko informiert wurde. Mutko erzählte mir, dass Putin sich an meinen Namen erinnern konnte. Er wusste alles. Es war ja eine ganz einfache Kette: Ich habe an Nagornych berichtet, Nagornych an Mutko und Mutko an Präsident Putin. Putin wollte alles wissen. Und seine Herangehensweise war: Sag mir, was dein Problem ist, und wir werden alles tun, um es zu lösen.«

Aus Ihrer Sicht ist es also völlig klar, dass Putin von den Plänen für die Dopingvertuschung bei den Olympischen Winterspielen in Sotschi wusste?
»Ja, er kann es nicht leugnen.«

Was war der Grund, dass sich Putin so sehr dafür interessierte? Wegen der Bedeutung der Olympischen Spiele für Russland?
»Natürlich, natürlich. Die Sotschi-Spiele in Russland waren ein absolut bedeutendes Projekt für Putin. Er musste nichts beweisen, nur Erfolge bei den Olympischen Spielen. Das ist alles.«

Dieser Erfolgswunsch des Präsidenten prägte laut Rodtschenkow das Handeln der Personen, die ihm unterstellt waren. Und der

Vizesportminister Juri Nagornych wollte dabei offenbar einen komplett neuen Weg gehen.

Stimmt es, dass Nagornych wollte, dass Sie die Probe einer ukrainischen Biathletin manipulieren?
»Ja, ja, ja, der stellvertretende Sportminister Nagornych wollte gewinnen um jeden Preis. Als wir dann in der Lage waren, die Flaschen mit den Dopingproben unbeschädigt zu entsiegeln, überlegte er in eine andere Richtung. Ich war schockiert. Er fragte mich, ob wir eine saubere Dopingprobe positiv machen könnten. Für mich war das völlig inakzeptabel.

Im April 2013 hatten wir ein Biathlon-Rennen in Moskau, ein schicker Wettbewerb auf Kunstschnee. Sehr viele Zuschauer waren da, und die Atmosphäre war prima. Nagornych gab den Befehl. Er gab der russischen Anti-Doping-Agentur RUSADA den Auftrag, Proben von der ukrainischen Athletin Wita Semerenko zu nehmen, egal wo sie war oder was der Testplan vorsah. Nehmen Sie einfach die Probe! Er kannte die Nummer, den Zahlencode ihrer Probenflaschen und fragte mich, ob wir das machen könnten: Ob wir ihre Probenflaschen öffnen und den Inhalt durch Dopingurin ersetzen könnten. Ich war absolut schockiert. Bis dahin hatte ich Hunderte oder vielleicht Tausende positiver Dopingproben zu negativen gemacht, aber nie andersrum. Können Sie sich das vorstellen? In zwanzig Jahren hat mich nie jemand gebeten, aus negativen Proben positive zu machen. Aber Nagornych wollte das. Können Sie sich das vorstellen?

Natürlich habe ich ihm gesagt, dass sie eine Spitzensportlerin ist und wir ihren Urin nicht einfach manipulieren können. Das können wir nicht tun! Stellen Sie sich vor, dass wir in Moskau ein positives Ergebnis haben, aber zwei Tage später wird sie von internationalen Dopingkontrolleuren überprüft. Sie gehört ja zum Pool der internationalen Athleten, die überall auf der Welt für Dopingtests zur Verfügung stehen müssen. Und wenn ihre Probe dann sauber ist – wie will man das erklären: In Moskau dopingpositiv, und zwei Tage später ist die Athletin sauber? Mit so einer Aktion könnten wir das gesamte Sotschi-Projekt untergraben. Ich habe Nagornych überzeugt, dass das eine gefährliche Idee wäre und der falsche Weg. Und schließlich stimmte er mir zu. Aber er hatte vorausgesehen und befürchtet, dass die ukrainische Läuferin in Sotschi Gold gewinnen würde und für Russland nur Platz zwei bliebe. Das war im Oktober 2012, da haben wir den Medaillenplan für Sotschi 2014 diskutiert.«

Wie war die Qualität der Tests im Dopingkontrolllabor bei den Olympischen Spielen 2012 in London?
»Armselig. Ehrlich gesagt, das Labor war nicht dafür ausgerüstet, neue Substanzen wie Langzeit-Metaboliten oder Ostarin oder GW1516 zu entdecken. Für mich ist es absolut merkwürdig, warum das Londoner Labor die neuesten Erkenntnisse ignoriert hat, obwohl sie bereits veröffentlicht waren. Um meine Aussage zu untermauern: Sie sehen, wie viele positive Ergebnisse nach der erneuten Analyse der Londoner Proben gemeldet wurden. Das spricht für sich. Das Labor war nicht vorbereitet. Stellen Sie sich vor, das Labor wäre während der Londoner Spiele auf dem neuesten Stand der Wissenschaft gewesen – es hätte damals zwanzig positive Tests in der Leichtathletik und zwanzig positive im Gewichtheben gegeben. Was bedeutet das? Es bedeutet, dass Gewichtheben für sagen wir acht Jahre nicht bei den Olympischen Spielen sein würde.«

Sehen Sie in Russland eine Veränderung der Mentalität in Bezug auf Doping?
»Nein. Die Mentalität ist gleich geblieben. Es ist eine Mentalität des Betrügens, Lügens und Leugnens.«

Wir kamen noch auf die Gefahr zu sprechen, in die sich Rodtschenkow begeben hatte, als Kronzeuge gegen sein Land. In Russland zahlen Kritiker mitunter einen hohen Preis. Im Jahr 2015 war der Oppositionspolitiker Boris Nemzow erschossen worden. Immer wieder kommen Menschen unter dubiosen Umständen zu Tode. Ende 2016 wurden zwei russische Diplomaten ermordet. Etwa in dieser Zeit starben zudem weltweit sechs weitere russische Botschaftsangehörige und außerdem ein ehemaliger KGB-Chef. Bei der offiziellen Todesursache war stets von plötzlichen Herzattacken oder schlagartig aufgetretenen Krankheiten die Rede.

Ein Jahr später starb dann völlig unerwartet Nikita Kamajew. Kamajew hatte im Zentrum des Dopingsystems gestanden, als leitender Mitarbeiter bei der RUSADA, der nationalen Anti-Doping-Agentur. Er wurde zweiundfünfzig Jahre alt. Sein Leben endete, ohne dass ein Krankheitsbefund vorlag.

Kamajew war ein Mitwisser. Nach außen hin gab sich der RUSADA-Mann stets loyal. Doch sehr wahrscheinlich waren ihm intime Details der Dopingpraktiken bekannt. Die Dopingverschwörung in der RUSADA, wie sie deren ehemaliger Mitarbeiter, der Whistleblower Witali Stepanow, in der ARD beschrieben hatte, konnte ihm kaum verborgen geblieben sein, im Gegenteil: Man muss annehmen, dass er auch selbst eine tragende Rolle darin spielte.

Kamajew wollte ein ausführliches Buch über Doping im internationalen Sport schreiben, in dem es auch um Russland gehen sollte. Im Frühsommer 2016 traf ich mich mit dem dänischen Dopingforscher Verner Møller, den Kamajew, wie mehrere E-Mails belegen, um Unterstützung gebeten hatte. Wir drehten gerade einen weiteren ARD-Film zur Russland-Thematik, und Møller sagte uns, dass Kamajew »viele Informationen und Belege« gehabt habe. »Er hatte Beweise zu geheimen Labors, die Sportler mit Dopingmitteln versorgten, nicht nur in Russland. Er sagte, dass er Beweise habe, dass es auch in anderen Ländern so ist. Wir wollten uns treffen, und dann wollte er mir alle Informationen darüber geben.«

Es gab sogar schon ein Inhaltsverzeichnis für das Buch, Verner Møller zeigte es mir.

»Als ich einem Kollegen von der Unterhaltung mit Nikita erzählte, dass ich ernsthaft vorhatte, ein gemeinsames Buchprojekt mit ihm zu starten, sagte er, das klingt absolut fantastisch und sehr interessant. Aber bedenke, dass es auch gefährlich sein könnte. Und ich sagte zu ihm, du hast wohl zu viele Agentenfilme gesehen.« Gerade als Nikita Kamajew mit seinem Buch beginnen wollte, ereilte ihn eine – so hieß es in Russland zum Todesgrund – »massive Herzattacke«. Rodtschenkow glaubte nicht, dass sein Freund eines natürlichen Todes gestorben war. Eine Obduktion fand nicht statt.

Herr Rodtschenkow, wie fühlen Sie sich persönlich angesichts all der Drohungen gegen Ihre Person?
»Ich genieße jeden neuen Tag und freue mich, dass ich lebe, dass ich Sachen mache, die ich mag. Wie kann ich abschätzen, ob ich sicher bin oder nicht? Wenn ein Auftragsmörder in der Nähe ist, kann man das nicht abschätzen. Das Einzige, was mir wirklich Sorgen macht: Ich sorge mich um meine Familie, die noch in Russland ist. Ich mache mir Sorgen um meine Kinder, meine Frau und auch um meinen Hund.«

Nach all den Konsequenzen, die Sie erfahren haben: Bedauern Sie, dass Sie das russische Dopingsystem öffentlich gemacht haben? Und würden Sie das Gleiche noch einmal tun? Würden Sie noch einmal Whistleblower sein?
»Ich habe eine Aufgabe erfüllt, die wichtig ist für die ganze Welt. Ich habe gezeigt, wie viele Probleme wir im Sport und in der Dopingkontrolle noch haben. Irgendjemand musste das sagen, und ich bin froh, dass ich im Zentrum eines Dopingkontrollsystems stand und dass sich dann später alles geändert hat und ich die Verschwörung öffentlich gemacht habe. Also, ich bedauere es nicht. Ich würde es wieder machen.«

Schämen Sie sich dafür, dass Sie Teil des Dopingsystems in Sotschi oder überhaupt in Russland waren?
»Warum sollte ich mich schämen? Es waren zwei verschiedene Männer, ein Mann, der in Sotschi war, der stolz war auf die Dinge dort.

Und der andere Mann, der jetzt mit Ihnen spricht nach dem Tod seines Freundes Nikita, nach dem Tod von Boris Nemzow. Nach den Olympischen Spielen in Sotschi gab es die Invasion in der Ukraine und den Abschuss des Flugzeugs [Abschuss einer malaysischen Passagiermaschine in der Ost-Ukraine 2014 durch russische Raketen laut internationalen Ermittlern].

Ich schäme mich nicht. Ich habe den Menschen die Wahrheit gesagt, denn all diese Dinge im Sport haben solchen Einfluss auf politische und sogar historische Vorgänge [...]., die nach dem Erfolg bei Olympischen Spiele geschehen können. Der Erfolg in Sotschi hat Putin aggressiv gemacht. Russland ist ein Land, in dem es keine Moral gibt, keine Scham. Und dummerweise bin ich Russe – alles klar?«

In späteren Befragungen Rodtschenkows durch Ermittler und Anwälte sollte sich herausstellen, dass seine Aussagen nicht immer belegbar waren. Der frühere Laborleiter blieb einige Antworten schuldig, konnte bestimmte Widersprüche nicht schlüssig aufklären. Gerade wenn es um spezifische Athleten und deren mögliche Verstrickung ins russische Dopingsystem ging, gab es mitunter Zweifel, ob sich die Dinge wirklich so zugetragen hatten. Beobachter merkten an, er habe bestimmte Sachverhalte überspitzt oder unzutreffend dargestellt. Später kam es zu Freisprüchen mancher russischer Athleten. Im Kern aber wurden Rodtschenkows Aussagen als glaubwürdig eingestuft. Auch mit seiner Hilfe war eines der gigantischsten Dopingbetrugssysteme des Weltsports aufgedeckt worden. Rodtschenkow zahlt dafür nun den Preis, dass er versteckt im Ausland leben muss.

Im April 2018 habe ich ihn doch noch von Angesicht zu Angesicht befragen können. Dafür war allerdings eine recht eigenwillige Prozedur nötig. An einem Morgen sollten mein Kameramann und ich uns in einem Hotel in einer amerikanischen Großstadt zur Verfügung halten, wies uns Rodtschenkows Anwalt Jim Walden an. Per Telefon bekamen wir dann um Punkt acht Uhr den Namen eines anderen Hotels genannt, nicht weit entfernt, ein paar Meilen über den Highway waren zu fahren. In dieses Hotel sollten wir sofort kommen, in einer halben Stunde.

Wir schafften es etwas früher und trafen in der Lobby auf Männer mit ernsten Blicken, die Headsets trugen und eher nicht wie Touristen oder Geschäftsleute aussahen. Wäre hier gleich ein hoher Politiker aus dem Fahrstuhl gestiegen, hätte das kaum verwundert. Einer der Sicherheitsleute geleitete uns in einen fensterlosen Konferenzraum im Erdgeschoss. Tür auf, Reporter rein, Tür zu. Warten. Und diesen Raum nicht mehr verlassen. Mein Kameramann baute die Technik auf. Kaum war er damit fertig, wurden wir in einen anderen ebenfalls fensterlosen Konferenzraum geführt. Diesen zu verlassen, wurde uns untersagt. Nach zehn Minuten leiteten uns die Sicherheitsleute zurück in den ersten Raum. Und da saß er dann.

Grigori trug eine schwarze Sturmhaube und über der Augenöffnung eine gelb verspiegelte Sonnenbrille. Er habe sein Äußeres aus Sicherheitsgründen verändern müssen, hatte man uns vorher gesagt. Rodtschenkows Antlitz müsse verborgen bleiben. Doch die Konturen des Gesichts hinter der Maske waren für mich, der ihn lange kannte, ausreichend gut zu identifizieren. Der Mann war nicht nur zweifelsfrei der Stimme und dem Duktus nach jener, den ich seit Jahren kannte. Gewohnt ausführlich beantwortete er meine Fragen – es ging um Doping im Fußball –, und wie so oft bei ihm blitzte ein Hauch von Schalk auf.

Dass sich Jim Walden mehrfach einschaltete und Grigori Rodtschenkow anwies, diese oder jene Frage nicht zu beantworten – geschenkt. Dass wir uns hingegen am Ende in Hektik trennen mussten, angeblich aus Zeitgründen, ich noch etwas fragen wollte, Grigori aber nicht mehr antworten durfte, das schien mir ein wenig übertrieben. Rodtschenkow wurde eilig aus dem Saal geführt. Die Sicherheitsleute wiesen uns an, für ein paar Minuten zu warten. Aber es war ohnehin nicht unsere Absicht, dem früheren Laborchef

Für alle Fälle verhüllt. Der frühere russische Laborchef Grigori Rodt-schenkow ließ sich nach seiner Flucht in den USA nur maskiert interviewen.

zu folgen. Es ist verständlich, dass man bei Rodtschenkow beson-ders viel Vorsicht walten lässt. Er ist der Doping-Whistleblower, der die Funktionäre und Politiker in Russland am meisten gegen sich aufgebracht hat.

Russland III

Im Visier

Wie sollte man umgehen mit der Sportnation Russland? Doping in der Leichtathletik, Doping im Wintersport, eine große Olympianation, ausgeknockt von Insidern, die nicht länger mitmachten und auch nicht länger schwiegen. Und bei den Fußballern sah es, wie wir kurz vor der Weltmeisterschaft 2018 berichteten, auch nicht besser aus. Die Drahtzieher des Dauerbetrugs saßen an führenden Positionen, Mitwisser, wenn nicht Befehlsgeber, an der Spitze des Ministeriums. Eingeständnisse? Allenfalls nach der Salamitaktik, in dünnen Scheibchen. Gleichzeitig aber in dicken Brocken: Abstreiten, Vernebelung, Gegenwehr.

Letztere bekam auch ich zu spüren. Im Internet kursierten Bildchen, die mich mit langer Nase als Pinocchio zeigen, auch mal als Hitler oder Schuhputzer der Amerikaner. Derlei Propaganda unterschritt noch das stumpfe Leugnen des Kreml-Sprechers Dmitri Peskow, der von einer »beweislosen Verleumdung« durch das deutsche Fernsehen sprach. Aber die Russen können auch anders. Und einmal fiel ich darauf rein.

Die ARD hatte just am Vorabend einen weiteren Russland-Film ausgestrahlt, als ich im Juni 2016 in Köln mit einigen Journalisten zum Gespräch verabredet war. Das Stück handelte vom Doping in der Leichtathletik, aber auch im Fußball, von belasteten Trainern, die heimlich weiterarbeiteten, und von Sportminister Witali Mutko. E-Mails legten nahe, dass Mutko die Vertuschung eines Dopingfalls beim russischen Erstligisten FK Krasnodar persönlich unterstützt hatte. Das war bemerkenswert für einen Mann, der im Exekutivkomitee der FIFA saß und dessen Land zwei Jahre später Gastgeber der Fußballweltmeisterschaft 2018 sein wollte. Auch einige russische Journalisten hatten Interviews mit mir angefragt. Ich fand es richtig, so offen wie möglich über die Ergebnisse unserer Recherchen zu reden. Zu verbergen hatte ich nichts. Weil unsere Dokumentationen damals noch oft beim WDR geschnitten wurden, hatte mich der Sender im Apartmenthaus eines Hotels untergebracht, mitten in der Kölner Innenstadt und nahe der Redaktion. Hierhin kamen nun fünf Fernsehteams, drei davon aus Russland, um mich zu befragen. Eine Reporterin des staatlich gelenkten Senders Rossija1 war als Letzte an der Reihe. Sie hieß Olga Skabejewa und war gleich mit zwei Kameramännern angereist. Leider hatte ich mich nicht vorher genauer mit ihr und ihrem Sender befasst.

Olga Skabejewa ist, wie die »Frankfurter Allgemeine« später schrieb, »eine der schärfsten Stimmen im Chor von Dmitri Kisseljow, der sonntagabends in den ›Nachrichten der Woche‹ den vom Kreml gewünschten Blick auf die Welt vermittelt und die Staatsmedienagentur Rossija Sewodnja (Russland heute) leitet«. Skabejewa hat schon Oppositionelle und Ukrainer verleumdet, für ihren Sender und – wie sie selbst wahrscheinlich hinzufügen würde – für ihr Land. Wer das Bild dieses Landes stört, wie Putin und seine Propagandahelfer es zeichnen, kann selbst zur Zielscheibe des Staatsfernsehens werden.

Der Termin mit der jungen Frau begann nicht weiter ungewöhnlich. Nachdem sich die anderen Fernsehteams verabschiedet hatten, hielt ich mich mit der Crew von Rossija 1 allein in dem Apartment auf. Ich hatte darauf verzichtet, dass ein Mitarbeiter der WDR-Pressestelle bei dem Termin zugegen war.

Die Reporterin stellte ihre Fragen auf Englisch und zuerst höflich, intelligent und offen. Nach einigen Minuten änderte sich aber ihr Tonfall. Ich antwortete dennoch weiter, ein scharfer Ton des Interviewers ist zwar nicht immer geboten, aber auch nicht verboten.

Olga Skabejewa: »In Ihrem Film nennen Sie Mutko nicht Sportminister, sondern Putins Minister. Warum?«

Ich: »Ich habe ihn fünf- oder zehnmal Sportminister genannt. Aber man muss verstehen, dass er das unter Putin ist. Damit unterstreiche ich, dass er mit Putin verbunden ist.«

Olga Skabejewa: »Glauben Sie wirklich, dass man in Russland einen Menschen wegen Olympia töten kann?«

Damit spielte sie auf Nikita Kamajew an, der die Geschäfte der russischen Anti-Doping-Agentur RUSADA geführt hatte, Ende 2015 dann aber zurückgetreten und im Februar 2016 urplötzlich mit zweiundfünfzig Jahren gestorben war. Ich antwortete ihr, das wisse ich nicht.

Nachdem sie bei diesem Thema nicht weiterkam, zielten die Fragen der Journalistin nun auf die Belege ab, ohne die die Berichterstattung der ARD über Doping in Russland nicht möglich gewesen wäre. Dabei tat sie so, als stünden direkt neben mir im Hotelapartment die gesammelten Aktenordner aus den Recherchen der Vorjahre.

Olga Skabejewa: »Können Sie uns wenigstens einmal diese Materialien zeigen, bitte?«

Ich: »Ich habe sie nicht hier. Entschuldigung, mich überrascht schon etwas, was Sie sagen.«

Nun kam der Vorwurf, ich sei käuflich, würde von russlandfeindlichen Mächten bezahlt. Klar, dass es ihr bei dieser Frage nicht um meine Bezahlung durch den WDR ging.

Olga Skabejewa: »Haben Sie in Ihrer Karriere niemals Geld für Ihre Recherchen erhalten?«

Ich: »Nein, niemals in meinem Leben. Ich bin kein Agent, ich bin Journalist.«

Ich gab ihr zu verstehen, dass man in ihrem Land doch auch mal selbstständig Dopingrecherchen anstoßen könne. Zugleich wuchs mein Ärger über die Art der Gesprächsführung. Das ist selten gut in Interviews. Aber dämliche Fragen hielt ich nun wirklich für Zeitverschwendung. Doch anstatt das Interview höflich abzubrechen, ließ ich mich zu einer Grundsatzdebatte zum Journalismus hinreißen. Noch ein Fehler.

Olga Skabejewa: »Sie berufen sich immer darauf, dass Sie bestimmte Aufzeichnungen haben, doch Sie wollen sie nicht zeigen.«
Ich: »Nein, das habe ich nicht gesagt.«
Olga Skabejewa: »Warten Sie, Sie sagen das im Film …«
Ich: »Olga, lassen Sie uns noch mal …«
Olga Skabejewa: »Sekunde, nur zum Verständnis, das ist sehr wichtig für uns. Das müssen Sie verstehen. Wir fahren möglicherweise nicht zu den Olympischen Spielen.«
Ich: »Das ist es doch. Nicht Sie! Sie als Journalistin haben doch mit den Sportlern gar nichts zu tun. Oder sind Sie ein Freund der Sportler?«
Olga Skabejewa: »Ich versuche, ein Freund meines Landes zu sein.«
Ich: »Warum das? Sie sollten kein Freund Ihres Landes sein.«

Mit dieser Antwort wollte ich eigentlich zum Ausdruck bringen, dass im Journalismus die enge Verbundenheit mit dem Heimatland keine Rolle spielen sollte. Doch meine Formulierung war mir arg verkürzt geraten. Die Reporterin hakte nach.

Olga Skabejewa: »Warum nicht?«
Ich: »Weil Sie als Journalistin unabhängig agieren müssen. Offenbar verstehen Sie das Wesen von Journalismus nicht. Ihr Land hat Sie dabei doch gar nicht zu interessieren.«

Das Gespräch lief trotzdem weiter, denn so leicht ließ sich Skabejewa nicht abspeisen. Sie merkte, dass ich emotional wurde.

Ich: »Olga, das hat keinen Sinn. Sie verstehen nicht, dass Sie als Journalistin keinen Stolz auf das Land haben sollten. Das Interview ist beendet.«

Olga Skabejewa, im Aufstehen: »Warum sind Sie so aggressiv?«

Jetzt wurde ich tatsächlich aggressiv.

Ich: »Weil Sie blöd sind.«

Ich sagte blöd. Das war blöd. Skabejewa nahm das Wort dankbar auf.

Olga Skabejewa: »Wir sind blöd?«
Ich: »Ja, ihr seid blöd, wenn ihr als Journalisten stolz auf euer Land seid.«

Mir war der Kragen geplatzt. Klar kann man stolz auf das Land sein, in dem man lebt, und man mag dafür viele persönliche gute Gründe haben, in Russland, in Deutschland, wo auch immer. Aber dieses sehr subjektive Empfinden zum Maßstab journalistischer Arbeit zu machen, das war mir völlig fremd. Hier prallten wirklich Welten aufeinander.

Ich ließ mich weiter provozieren. Dann forderte ich die Reporterin auf, mit ihrem Team das Apartment zu verlassen und die Aufnahmen sofort zu löschen. Skabejewa und Co. dachten nicht daran. Sie blieben. Das Ganze zog sich hin, irgendwann stand die Russin an der offenen Tür, und ich drängte sie ein wenig unsanft hinaus ins Treppenhaus. Der Schubs war sicher nicht die feine Art, und ihre Kameraleute nahmen die Szene dankbar auf.

Mit diesen Bildern konnte sie in ihrem Beitrag für die Hauptnachrichten den Eindruck erwecken, dass ich sie körperlich attackiert hätte – und genau das tat sie.

Ein Kameramann hatte in der Zwischenzeit Aufnahmen im

Alle 30 Sekunden rufen neue Journalisten an. Seppelt zeigt sein Zimmer, wo er in Eile alle seine Sachen hingeworfen hat: Hose, Gürtel, Hemd. Er hat nicht mal Zeit, um sich umzuziehen. Er wurde echt berühmt.

Gegenwehr. 2016 schickte der russische Propagandaapparat die Fernseh-Mitarbeiterin Olga Skabejewa zu mir. Leider ging ich ihr – hier ein Ausschnitt aus YouTube – auf den Leim.

Schlafbereich und in der Küche des Apartments gemacht. Das hatte ich aber nicht bemerkt und war erst mal froh, dass die Tür zu, die Russen raus und der Spuk vorüber war. Glaubte ich zumindest.

Dann vernahm ich aber doch wieder Gemurmel im Treppenhaus. Ich öffnete die Tür – und schaute direkt in Kameralichter. Das Team hatte sich direkt vor dem Apartment postiert. Olga Skabejewa sprach gerade einen Aufsager in ihr Mikrofon, als stünde sie vor dem Weißen Haus.

Ich war alarmiert. Die Sicherheitsleute des Hotels waren nicht erreichbar. Die Polizei, die ich anrief, sagte, es sei gerade viel zu tun, aber man käme so bald wie möglich vorbei.

Das glaubt dir keiner, dachte ich und hob für alle Fälle den blauen Mikrofon-Puschel vom Boden auf, den das Team verloren hatte. Dann diskutierten wir noch kurz weiter. Die Russen hatten allerdings mitbekommen, dass ich mit der Polizei telefoniert hatte. Zügig verließen sie das Apartmenthaus und liefen davon.

Ich hatte inzwischen wieder die Polizei am Handy und berichtete, dass die Russen sich gerade vom Hotel entfernten. Der Beamte sagte, er könne nur einen Wagen schicken, wenn er wisse wohin.

Deshalb lief ich hinterher. Die Polizei sollte ja wissen, wo sie das Trio finden konnte.

Olga Skabejewa nutzte auch diese Gelegenheit gekonnt. Ein paar Straßen weiter sah ich sie wieder. Vor laufender Kamera beschrieb sie, dass der deutsche ARD-Reporter Hajo Seppelt im Apartment »handgreiflich« geworden sei und sie verfolgt habe. Sie stellte sich unmittelbar vor mich und sprach weiter: »Hier sehen Sie direkt, wie uns Hajo Seppelt weiterverfolgt. In seinen Händen ist das Mikrofon des Senders Rossija. Er weigert sich, es uns zurückzugeben.« Der Kameramann nahm die Reporterin mit schnellen Schwenks und Zoombewegungen auf. Das erzeugte Dramatik, als berichtete er mitten aus einer Massenschlägerei.

Mit der Polizei zusammenzutreffen, daran hatte Olga Skabejewa offenbar kein Interesse. Sie stob bald davon, ihre Kameramänner ebenfalls. An einer Kreuzung verlor ich sie aus den Augen.

Am Abend tauchte Skabejewa wieder auf, in den Hauptnachrichten, mit einem sechsminütigen Beitrag. Sie berichtete von einem ARD-Reporter, untergebracht in einem Luxushotel, bei dem »alle dreißig Sekunden« Journalisten anrufen, der Dinge bloß behauptet, jedoch keine Beweise vorlegen will, der es böse meint mit Russland und sogar die Reporterin belästigt.

Wie ich erst später erfuhr, ist Olga Skabejewa auf derartige Einsätze spezialisiert. Sie stellte für ihren Sender die Vergiftung des früheren russischen Militäragenten Sergej Skripal in Großbritannien als Inszenierung westlicher Geheimdienste dar. Offenbar handelte sie streng nach der Maßgabe ihres Chefs Kisseljow. Der hatte einst gesagt, Russland brauche nicht Objektivität, sondern Liebe. Ich hatte mich lange nur oberflächlich mit den Strategien der Kreml-Propaganda beschäftigt. Das hatte sich in Köln gerächt.

Doch viel Zeit zum Nachdenken hatte ich nicht. Nur wenige Tage nach dem Vorfall kam der Internationale Leichtathletikverband IAAF zu einer wichtigen Tagung in Wien zusammen. Wir berichteten ausführlich, denn der Verband hatte eine weitreichende Entscheidung zu fällen: Würde er den Russen den Start bei den Olympischen Sommerspielen in Rio de Janeiro verwehren? Hunderte von Journalisten aus aller Welt waren gekommen, auch Olga Skabejewa. Und sie stellte mir erneut nach. Diesmal allerdings ohne Erfolg, weil Mitarbeiter des WDR meine Kollegen und mich so gut es ging abschirmten. Dass der Weltverband hier beschloss, die russischen Leichtathleten bis auf Weiteres von internationalen Wettkämpfen und damit auch von den Olympischen Spielen in Rio auszuschließen, konnte nicht einmal die professionelle Propagandistin des Kremls verhindern.

Olga Skabejewa ist mir noch öfter über den Weg gelaufen. Jedes Mal versuchte sie, mich zu provozieren und als unglaubwürdig hinzustellen. Ich habe aber nie wieder so wie 2016 in Köln reagiert. Außerdem hatte ich fortan, wenn Begegnungen mit russischen Provokateuren zu erwarten waren, Helfer an meiner Seite. Es sorgte im Bedarfsfall für den nötigen Abstand.

Das half, etwa im Dezember 2017 bei der IOC-Pressekonferenz mit Thomas Bach in Lausanne, wo es um die Zulassung Russlands zu den Winterspielen 2018 in Südkorea ging. Während ich mit Kollegen auf den Auftritt des IOC-Präsidenten wartete, hielt mir das Team des russischen Staatsfernsehens immer wieder die Kamera vors Gesicht. Ich habe einmal gesagt, dass ich kein Interview gebe, Olga Skabejewa hat mich trotzdem nicht in Ruhe gelassen, bis auf dreißig Zentimeter näherte sich die Linse meiner Nase. Das Ziel war klar, ich sollte mich aufregen, die Kamera wegdrücken, solche Sachen. Den Gefallen tat ich ihr diesmal nicht.

Minister Mutko

Es waren für den russischen Sport Jahre, in denen es um viel ging. Das System kämpfte an allen Fronten. Russische Athleten sollten weiterhin als russische Athleten und unter russischer Flagge an den großen Sportveranstaltungen der Welt teilnehmen dürfen. Dafür legte sich auch der Sportminister persönlich ins Zeug. 2016, fünf

Wochen vor der Begebenheit mit Skabejewa in Köln, empfing er mich in seinem Ministerium in Moskau.

Natürlich hatte ich Witali Mutko länger schon persönlich dazu befragen wollen, was da alles los sei in Sachen Doping und was in der Vergangenheit alles gelaufen sei. Er trug ja die Verantwortung. Nach allem, was man weiß, ist er auch mit dem russischen Staatschef Wladimir Putin eng vertraut. Im Oktober 2016 machte Putin ihn zum stellvertretenden Ministerpräsidenten.

Ich ging nicht davon aus, Minister Mutko vor die Kamera zu bekommen. Während meiner Recherchen hatte seine Presseabteilung Fragen zu bestimmten Sachverhalten unbeantwortet gelassen. Allerdings ging das Gerücht, das Sportministerium werde nun von einer ausländischen PR-Agentur beraten, die einen offenen Umgang mit westlichen Journalisten empfehle. Ob das der Grund war, weiß ich nicht, jedenfalls klappte es: Ich erhielt einen Termin.

Ein paar Menschen, deren Meinung mir wichtig ist, hatten mir abgeraten zu reisen. Und ganz wohl war auch mir nicht. Zu dem Zeitpunkt waren bereits mehrere Filme der ARD-Dopingredaktion mit Enthüllungen über die dunklen Seiten des russischen Sports gelaufen. Weil ich ohnehin ein Freund von Kooperationen bin, fragte ich kurzerhand Kollegen von der »Frankfurter Allgemeinen« und der »Süddeutschen Zeitung«, ob sie Interesse hätten, mich zu begleiten. Hatten sie. Mutkos Presseleute hatten nichts dagegen, dass die Antworten des Ministers auch in renommierten Zeitungen erschienen.

Das Ministerium: hohe Decken, breite Gänge, weite Palasttüren. Die Wände des Raumes, in dem wir Licht und Ton aufbauten, hatte man in helles Grün und blasses Orange getaucht. Auf blank gewienertem Parkettboden lag ein Teppich, darauf standen zwei gepolsterte Holzsessel und ein kniehoher Tisch. Wir zeichneten auf, aber das Ambiente wäre auch eines Liveinterviews würdig gewesen.

Als das Licht an war, Kamera und Ton liefen, der Simultandolmetscher auf seinem Platz saß, machte sich Witali Mutko daran, meine konkreten Fragen zu beantworten – mit Allgemeinplätzen.

Er wollte so ziemlich alles wegreden, freundlich im Ton, schmerzfrei im Inhalt. Ich hakte nach. Das war er offenbar nicht gewohnt. Abbrechen wollte er aber auch nicht.

Wir sprachen etwa eine Stunde und damit weitaus länger, als ich gedacht hatte. Meine beiden Zeitungskollegen konnten ihre Interviews anschließend auch noch führen. Unser Gespräch wurde eine hitzige Debatte.

Ausschnitte des Interviews nutzten wir für unsere Fernsehdokumentation im Juni. Wir stellten das Gespräch wegen der hohen Relevanz aber zusätzlich nahezu ungeschnitten auf Sportschau.de bereit, in deutscher und englischer Fassung, ebenso auf Russisch. Der Auftritt des Sportministers konnte ja auch in seiner Heimat Interesse hervorrufen.

Westliche Fernsehsender haben selten die Gelegenheit, Minister der russischen Regierung ausführlich zu befragen. Hier setzte sich nun ein enger Vertrauter von Staatschef Putin vor die Kameras. Um den Inhalt, aber auch die Atmosphäre des Gesprächs zu vermitteln, gebe ich längere Teile des Gesprächs wörtlich wieder.

Manchmal antwortet Mutko ausführlicher, manchmal lasse auch ich mir bei meinen Fragen Zeit. Die kurzen Anmerkungen in Klammern sind von mir. Ich starte in Minute sechs. Da hat der Sportminister gerade beteuert, Russland habe »nie eine Politik der Vertuschung« praktiziert, habe gedopte Sportler »nie gedeckt« und werde das »auch in Zukunft nie tun«. Mit solchen Behauptungen brachte er das Interview natürlich gut in Fahrt.

Herr Mutko, mal ehrlich: Sie wollen wirklich behaupten, dass in Russland nichts an Doping vertuscht worden ist? Nach den Belegen, nach den Dokumenten, nach den Audios behaupten Sie immer noch, es gab keine Dopingvertuschung in Russland? Wollen Sie das der WADA erklären? Wollen Sie das der IAAF erklären? Ist das Ihr Weg, mit Ehrlichkeit umzugehen?
Mutko: »Wissen Sie, ich möchte niemanden beschuldigen. Ich möchte, dass die Wahrheit gesagt wird. Der russische Staat hat

heute natürlich eine eigene Verantwortung im Kampf gegen Doping. Schließlich hat er 2007 eine entsprechende Vereinbarung der Vereinten Nationen ratifiziert, die UNESCO-Konvention. Bis 2008, also bis das Sportministerium gegründet wurde, haben wir uns noch gar nicht mit diesen Dopingfragen beschäftigt. Wir hatten kein Labor, wir hatten geschlossene Grenzen. Ich möchte, dass Sie das hören.«

Wir reden von jetzt, Herr Mutko. Nicht von 2007. Wir reden von jetzt, bitte. Wir reden von den Problemen, die es von 2011 bis 2015 gab und nicht, was vorher war. Das ist nicht unsere Frage. Meine Frage bezieht sich auf die Fakten. Auf die Fakten, die im deutschen Fernsehen und in anderen Medien vorgelegt worden sind. Ich bitte Sie, über diese Dinge zu reden mit mir.

»Ich rede ja von Fakten. Aber vielleicht hören Sie mir nicht zu.«

Doch, ich höre Sie.

»Als es in Russland kein Anti-Dopingsystem gab, hat keiner es kritisiert. Es gibt zig Länder, in denen es so ein System gar nicht gibt. Aber die kritisiert keiner, und Sie fahren da auch nicht hin, um einen Film zu drehen.«

Das habe ich nicht gesagt.

»Hören Sie, und was das System angeht: Im Moment ist die Arbeit der RUSADA und die des Labors gestoppt. Wir haben alles eingestanden, wir haben uns nicht dagegen gewehrt.«

Warum denn?

»Es ist ja nicht unser System, es ist kein russisches System, Sie als Journalist sollten das wissen. Ich habe dieses System aufgebaut. Wir haben ein Labor nach den Regeln der WADA gebaut und es unter deren Kontrolle gestellt. Sie nehmen die blinden Dopingproben, sie kontrollieren nach ihrem System.«

Aber es war korrupt, Herr Mutko, es war korrupt.
»Welches System?«

War es korrupt? War das System der Dopingbekämpfung in Russland korrupt?
»Inwiefern war es korrupt?«

Wenn Dopingproben vertuscht werden, wenn Athleten vorher gewarnt werden, bevor Dopingkontrollen stattfinden, damit sie flüchten können, das nenne ich Korruption in der Dopingbekämpfung. Und es gibt Belege, eindeutige Belege, dass dies in Russland der Fall war. Sie haben sie gesehen.
»Gut. Das ist ein menschlicher Faktor, wir haben das eingestanden und waren mit den Erkenntnissen der WADA-Kommission einverstanden.«

Mutkos Antworten passten nicht immer zusammen. Immerhin aber hatte der Minister zugegeben, dass es im Anti-Doping-System seines Landes Korruption gab. Nun war ihm aber daran gelegen, Fortschritte zu präsentieren. Er nahm sich dafür Zeit. Und ich unterbrach ihn auch nicht gleich.

Der menschliche Faktor scheint in Russland aber sehr groß zu sein, Herr Mutko.
»Wir reden jetzt über Fakten. Wir haben das eingesehen, dass es Probleme im Labor und bei der RUSADA gibt. Diese beiden Organisationen pausieren gerade. Jetzt hat Russland gesagt: Bauen wir alles neu auf. Auf einer ehrlichen Grundlage. Gemeinsam mit der WADA und dem Leichtathletik-Weltverband IAAF. Und über diesen Zeitraum haben wir eine Erklärung unterschrieben. Die ganze Arbeit wird von der britischen Anti-Doping-Agentur geplant und kontrolliert. Heute ist Russland noch offener geworden und wird von der britischen Organisation, der Sie hoffentlich vertrauen, kontrolliert. Die Dopingproben werden in die Labors nach Köln oder Bar-

celona gebracht, und für all das zahlt Russland. Die Proben werden jetzt von schwedischen Organisationen, von privaten Organisationen, genommen. Russland ist heute unter Kontrolle. Was werden wir machen, um alles wiederherzustellen? Wir haben gesagt, dass wir ehrlich bereit sind. Wir haben nach WADA-Empfehlung das gesamte Personal, bis runter zur vierten Ebene, gefeuert: den Direktor, den Stellvertreter, alle, von denen Sie gesagt haben, sie seien korrupt. Die sind nicht mehr da. Geblieben sind in der RUSADA gerade mal dreißig Mitarbeiter.

Außerdem haben wir mit der WADA ein Abkommen unterschrieben, und es sind zwei westliche Spezialisten zu uns gekommen. Aus Australien und aus Litauen. Sie werden dafür bezahlt, beim Wiederaufbau der RUSADA mitzuhelfen. Sie werden neues Personal einstellen und so lange daran arbeiten, bis die WADA sagt, dass sie diesem System vertraut.

Und was das Labor angeht: Es wurde eine Kommission gegründet, die intensiv alle Dokumente und Fälle durchgegangen ist. Wir haben den Direktor gefeuert. Wir haben uns alle korrupten Schemata angeschaut und haben sogar vorgeschlagen, dass ein Ausländer neuer Direktor werden soll, einer, den die WADA hierher schickt. Und wir würden alle Schlüsselstellen mit Ausländern besetzen. Und wenn es drei oder vier Jahre dauert.«

Okay, kommen wir nun zur Nationalen Anti-Doping-Agentur RUSADA. Frau Antseliowitsch ist ja die amtierende Chefin der RUSADA. Sie hat vor nicht allzu langer Zeit noch dabei geholfen, dass Ergebnisse von Dopingtests im Vorfeld Athleten bekannt gegeben worden sind. Glauben Sie, dass eine solche Person geeignet ist, die RUSADA zu führen? Ist das Ihrer Auffassung nach glaubwürdig?
»Sie sind doch Journalist, oder?«

Ich bin Journalist, ja. Da haben Sie recht. Und deshalb stelle ich Fragen, Herr Mutko.

»Nun, die WADA-Kommission hat sich Ihre Unterlagen angeschaut. Ihre Erkenntnisse und die vom Kommissionschef Herrn Pound hat sich dann die WADA angeschaut. Wir haben ihnen eine Liste vorgelegt, und wenn die Kommission sagt, dass sie nichts gegen Antseliowitsch anzumerken hat, dann können wir sie doch auch einstellen.«

[...] Moment mal. Moment mal. Frau Antseliowitsch? Die Situation haben wir doch erst in diesem Frühjahr öffentlich gemacht. Die Sache, die Sie hier jetzt schildern, die war aber vorher. Ich frage Sie deshalb noch einmal, Herr Mutko: Jetzt wissen Sie ja den neuen Stand, Sie wissen, dass Frau Antseliowitsch offenbar diese klaren Verfehlungen begangen hat. Werden Sie dann jetzt daraus Konsequenzen ziehen? Wird Frau Antseliowitsch noch diesen Job behalten? Ich würde Sie bitten, mir darauf zu antworten.
»Woher wissen Sie das? Sie persönlich, woher wissen Sie das?«

Woher weiß ich das? Weil ich ein Dokument habe.
»Erstens ist sie keine Direktorin. Ich weiß nicht, von welchen Dokumenten Sie sprechen. Ich bestimme gar nicht den Direktor der RUSADA.«

Ich kann Ihnen sagen, wovon ich rede. Sie haben die Dokumente im Fernsehen gesehen.
»Na, wenn Sie nur sich selbst zuhören. Ich möchte Ihnen noch mal sagen, dass die RUSADA eine unabhängige Organisation ist. Ich bestimme als Minister nicht, wer dort Direktor ist. Hören Sie mir zu, oder sprechen wir unterschiedliche Sprachen? Die RUSADA hat einen eigenen Direktorenrat. In diesem Rat sitzt auch ein WADA-Vertreter. Sie haben alle Fragen überprüft.«

So war also die Taktik des Ministers Mutko: Ein klares Wir, wenn es um Korrekturen und Verbesserungen ging, die angeblich durchgeführt wurden. Bei fortdauernden Missständen, die nicht abzustreiten waren, machte sich Putins Mann für den Sport hingegen klein und beinahe machtlos.

Hatten Sie nicht eben gesagt, dass Sie die Leute gefeuert haben? Ich verstehe das nicht. Auf der einen Seite feuern Sie die Leute, auf der anderen Seite sagen Sie, Sie seien dafür nicht verantwortlich. Herr Mutko, was stimmt denn nun?
»Wir kontrollieren die RUSADA nicht. Sie ist eine unabhängige Anti-Doping-Organisation. So wie die vergleichbaren britischen oder amerikanischen Organisationen. Die haben alle einen eigenen Direktorenrat. Wir können nur unsere Meinung sagen, aber wir kontrollieren den Rat nicht. Außerdem ist Antseliowitsch gar nicht die Direktorin, verwirren Sie Ihr Publikum nicht. Sie führt momentan diese Aufgabe aus.«

Lieber Herr Mutko, Frau Antseliowitsch ist amtierende Direktorin, und genauso habe ich es gesagt. Genauso habe ich es gesagt.
»Aber sie wird nicht die Direktorin werden. Stellen Sie diese Frage doch mal der WADA. Wir haben uns nach Ihrem Film bei der WADA erkundigt. Sie hat uns empfohlen, diesen und jenen zu feuern. Aber was Antseliowitsch angeht: Sie wurde von der WADA überprüft, und man hat uns gesagt, dass sie diesen Posten vorübergehend übernehmen kann. Außerdem arbeiten gerade zwei westliche Experten mit ihr zusammen: der australische Vertreter der WADA und die litauische Vertreterin, jeden Tag.«

Okay. Alles akzeptiert, was Sie sagen. Dass man momentan auf diesem Weg ist, das will ich überhaupt nicht bestreiten. Nur wundert es mich immer, dass Sie die Situation der Vergangenheit anders darstellen, als sie offensichtlich gewesen ist und wie ja Belege auch eindeutig gezeigt haben. Lassen Sie uns aber nicht mehr darüber reden, sondern lassen Sie uns darüber reden, was Sie am Anfang gesagt haben. Das interessiert mich schon noch mal. Sie haben ja am Anfang ...

»Diese Frage sollten Sie der WADA stellen. Die haben auf der Grundlage Ihres Filmes eine unabhängige Kommission gegründet. Die hat der WADA dann einen Bericht vorgelegt, und die WADA hat sich diesen Bericht angeschaut. Lassen Sie uns bei den Fakten bleiben. Das ist jetzt nicht mehr Auftrag der WADA oder der Kommission. Die WADA hat ihre Empfehlungen gegeben, und ich kann diese Empfehlungen nur befolgen. Sie haben uns gesagt: Feuern Sie den Direktor, feuern Sie den Stellvertreter! Wir haben also den Direktorenrat zusammengerufen und die Empfehlungen der WADA auf den Tisch gelegt. Und alle, von denen die WADA gesprochen hatte, wurden gefeuert.

Nach Ihrem zweiten Film haben wir uns bei der WADA auch nach Antseliowitsch erkundigt. Die haben sich mit den Vorwürfen auseinandergesetzt, zwei bis drei Wochen. Dann haben sie uns mitgeteilt, dass Antseliowitsch erst einmal amtierende Stellvertreterin bleiben soll. Sie brauche nur zwei westliche Experten an ihrer Seite, die wir bezahlen sollen. Auch das haben wir gemacht. Vielleicht treffen sie ja morgen wieder eine neue Entscheidung und empfehlen uns wieder wen anders. Dieses Thema ist einfach nicht abgeschlossen.«

Es war offensichtlich, dass Mutko mit gespaltener Zunge sprach. Mir gegenüber bekannte er sich zu den WADA-Erkenntnissen, die ja auf unseren Recherchen und den Angaben verschiedener Whistleblower beruhten. Vorher hatte er aber anders geurteilt, über die ARD-Filme, aber auch über die Berichte der WADA-Kommissionen.

Wissen Sie, Herr Mutko, warum es mir manchmal schwerfällt, Ihnen zu glauben? Das ist jetzt ein Beispiel, das ich Ihnen jetzt mal nenne. Sie sagen gerade eben, der WADA-Bericht, auf den haben Sie vertraut, auf den haben Sie Wert gelegt, das ist die Grundlage Ihres Handelns. Ich lese Ihnen jetzt ein Zitat vor vom 10. 11. 2015, in dem Sie sagen:»Wir haben einen Bericht von dreihundert Seiten bekommen. Jetzt sind wir dabei, alles zu übersetzen. Da ist nichts

drin außer Informationen von unbestätigten Quellen. Gar keine Fakten. Was soll ich sagen?« Heute erzählen Sie aber, dass Sie auf diesen Bericht Bezug genommen haben, dass das die Grundlage Ihrer Arbeit ist. Können Sie mir erklären, wie es zu diesem Widerspruch kommt? Ich kann es Ihnen auch noch mal zeigen: Wir haben es hier auf Russisch, wenn Sie es gerne lesen möchten.

»Ich verstehe Ihre Frage nicht ganz.«

Sie verstehen meine Frage nicht? Schade. Ich versuche es noch mal. Ich sage es noch mal. Sie sagen, Herr Mutko, dass Sie, auf den WADA-Bericht aufbauend, jetzt Maßnahmen in Russland eingeleitet haben. Sie haben dem WADA-Bericht vertraut, sagen Sie. In diesem Zitat, das ich Ihnen gerade vorgelesen habe, haben Sie gesagt, der WADA-Bericht sei, ich nehme es mir noch mal zur Hand, da sagen Sie: »Da ist nichts drin außer Informationen von unbestätigten Quellen. Das sind gar keine Fakten. Was soll ich sagen? Alle müssen sich beruhigen. Es ist nicht die erste Attacke auf unser Land. Heutzutage wird das zum Trend.« Ein Zitat von Herrn Mutko. Erklären Sie mir den Widerspruch zu dem, was Sie gerade eben gesagt haben.

»Ich erkläre Ihnen diesen Widerspruch. Sie wollen ja mit Fakten operieren.«

Korrekt. Deswegen frage ich Sie auch.

»Es gibt den Kommissionsbericht. Er ist nicht juristisch verpflichtend, es ist ein Bericht. Er wurde der WADA übergeben und der IAAF. Wir können nur auf juristische Behörden hören. Die WADA hat auf Grundlage dieses Berichts beschlossen, dass das Labor und die RUSADA vorübergehend ihre Arbeit stoppen sollen. Wir haben das akzeptiert. Auf Grundlage des Berichts hat die IAAF beschlossen, den Leichtathletikverband zu sperren. Und auch das haben wir hingenommen. Egal, wie wir den Bericht finden, und ich habe es schon einmal gesagt und sage es noch einmal, dass da einige Fakten aus dem Bericht nicht bestätigt sind. Er ist auf Vermutungen aufgebaut, und diese Methoden der Informationsbeschaffung können doch nicht als Grundlage verwendet werden. Sogar die russische Verfassung verbietet eine solche Informationsbeschaffung mit versteckter Kamera, mit dem Abhören von Telefonen. Kein einziges russisches Gericht würde solche Dinge gelten lassen. Und Sie wollen, dass wir das überprüfen? Das werden wir nicht machen. Aber wenn uns auf Grundlage des Berichts eine rechtliche Organisation wie die WADA ihre Beschlüsse vorlegt, werden wir die ausführen. Wir sind ehrliche Mitglieder einer internationalen Sportfamilie, und egal, wie ich die Beschlüsse der IAAF finde, wir werden sie ausführen. Nur damit Sie den Unterschied verstehen zwischen Filmen und Vermutungen: Sie können uns zu unseren eigenen Ermittlungen anstoßen. Aber unser Handeln, das hängt von Fakten ab und von den Entscheidungen der entsprechenden juristischen Behörden.«

Fakt ist, dass die offizielle Organisation, die WADA, den Whistleblowern Witali und Julia Stepanow geglaubt hat. Auf Grundlage dieser Informationen, die man offenbar für seriös gehalten hat, hat man den Bericht verfasst. Ich stelle auch hier, ehrlich gesagt, Herr Mutko, wieder einen Widerspruch fest und habe auch manchmal den Eindruck, dass Sie nicht immer auf meine Fragen antworten. Sind Sie aber ein Stück weit von dem Gedanken abgerückt, dass das alles eine große Verschwörungstheorie gegenüber Russland ist oder eine große Verschwörungskampagne? Sie haben ja mehrfach gesagt, dass dieses alles absichtlich gemacht werde, um dem russischen Sport zu schaden. Stehen Sie immer noch zu dieser Meinung?
»Ich habe manchmal das Gefühl, dass Sie meine Antworten nicht immer hören wollen.«

Ich glaube, Herr Mutko, ich höre Ihre Antworten sehr genau.
»Ich möchte Ihnen noch mal sagen, dass wir absolut offen sind. Russland hat in den letzten Jahren den Sport zur Priorität in der

Sozialpolitik gemacht. Wir haben den Sport vorangebracht. Wir investieren Milliarden von Dollar in den Bau neuer Sportanlagen. Wir animieren die Menschen zum Sport, führen große Sportveranstaltungen durch, und glauben Sie mir: Wir machen das nicht, damit irgendein kleiner Betrüger oder Sportler zusammen mit seinem Trainer andere betrügt und irgendeine Medaille bekommt und wir dann zehn Jahre Angst haben müssen, dass man ihn überführt. So ist das nicht.

Russland ist ein offenes Land. Und unsere Siege sind nicht auf Doping aufgebaut. Sie müssen nur schauen, wie viele neue Sportanlagen es gibt, wie viele Sportschulen für Kinder wir modernisiert haben. Das sind die Früchte unserer Arbeit. Und was das Doping betrifft, den menschlichen Faktor, die Korruption, den Missbrauch, das gibt es in Russland, klar, so wie es all das auch in Deutschland oder in anderen Ländern gibt.

Und die menschliche Komponente, die kann ich natürlich nicht leugnen, diese Probleme haben wir. Wenn Sie von Stepanow sprechen: Er hat doch bei der RUSADA gearbeitet und seine eigene Frau gedeckt. Keiner hat ihn gezwungen, das zu machen. Und genauso Stepanowa, sie wurde von der russischen Anti-Doping-Organisation überführt. Warum ist sie denn nicht früher gekommen und hat gesagt: Hört mal, ich werde gezwungen ... Man muss einfach nur die Wahrheit sagen.«

Weil sie Ihnen nicht getraut hat, weil sie Ihnen nicht traut, Herr Mutko. Ich vermute, das ist der Grund. Und weil es wirklich nicht etwa nur ein Doping war, das Julia Stepanowa von sich aus betrieben hat, sondern ihr Trainer – der inzwischen übrigens lebenslang gesperrt ist, Herr Mochnew – an ihr praktiziert hat. Wir sollten das nicht vergessen.

»Wissen Sie, Herr Seppelt, ich kann nicht sagen, dass ich nach diesen acht Jahren im Amt großartige Erfolge in diesem Bereich verbuchen kann. Wir hatten ja auch viele andere große Herausforderungen wie die Vorbereitungen auf die Olympischen Spiele in Sotschi.

Aber ich will Ihnen sagen, dass ich weiß, dass es im russischen Sport ein Dopingproblem gibt. Das bestreitet keiner. Als wir uns auf Sotschi vorbereitet haben, da haben wir den Skisport revolutioniert. Wir wussten, dass wir in der Heimat keine falschen Siege wollen. Als ich angefangen habe, da haben wir bei den Winterspielen in Vancouver drei Goldmedaillen geholt und waren damit auf dem elften Platz. Das Durchschnittsalter im Skisport lag bei siebenunddreißig Jahren. Siebenunddreißig Jahre! Ich wusste genau, was vor sich geht. Ich hatte mir die Ergebnisse aus Turin angeschaut, und da waren sieben von elf Siegern im Nachhinein wegen Dopings disqualifiziert worden. Deshalb: Ich wusste, dass ich meinen Fokus auf den Wintersport richten muss.«

Entschuldigen Sie, Herr Mutko, dass ich Sie unterbreche, aber das ist lange her. Lassen Sie uns über die Dinge sprechen, die uns heutzutage bewegen, und da gibt es zum Beispiel eine Frage, die mir sehr wichtig ist und die im Raum steht, die wir vielleicht klären sollten: Das ist der Einfluss von Ihnen auf die Dopingbekämpfung in Russland. Uns liegen Dokumente vor, uns liegen Zeugenaussagen vor, dass das Sportministerium selbst mit Mitarbeitern der Anti-Doping-Abteilung massiven Einfluss auf die Dopingbekämpfung in Russland genommen hat. Dass man sogar Einblick in private Daten der Athleten hatte über das sogenannte ADAMS-System. Dass man massiven Einfluss darauf genommen hat, dass Dopingkontrollen nicht stattfinden oder sogar vertuscht werden. Es gibt massive Hinweise darauf, dass das russische Sportministerium über eine Mitarbeiterin mit der IAAF in Kontakt stand und über Herrn Balachnitschew, den damaligen Schatzmeister der IAAF und Präsidenten des russischen Leichtathletikverbandes, Korruptionszahlungen geleistet wurden. Massive Vorwürfe, die zeigen, dass offensichtlich die politische Einflussnahme doch viel größer war, als Sie uns das jetzt erklären wollen.
»Das ist ja keine Frage.«

Doch, das ist eine Frage.
»Das ist eine Behauptung.«

Ich konfrontiere Sie mit Hinweisen, die wir bekommen haben.
»Wir werden weiterhin einen kolossalen Einfluss auf die Dopingbekämpfung ausüben, wir werden ihn sogar ausbauen. In folgendem Sinne: Wir werden bald ein Gesetz zur Strafverfolgung erlassen.«

Können Sie mir eine Antwort auf die Frage geben, bitte?
»Hören Sie, Sie haben mir die Frage gestellt, und ich antworte Ihnen. Das war ja keine Frage, sondern eine Rede. Wir haben Einfluss genommen und werden es weiterhin im positiven Sinne tun. Weil wir einen sauberen Sport brauchen und saubere Siege. Was wir nicht brauchen, sind Betrüger, die Missbrauch betreiben und Einfluss auf die Sportler ausüben. Außerdem haben wir eine riesige Aufklärungsarbeit betrieben. Sie wollen das einfach nicht hören. Das Labor war im Keller ...«

Herr Mutko, bitte lassen Sie uns beim Thema bleiben. Darauf können wir gleich noch zu sprechen kommen. Aber jetzt möchte ich Sie erst mal bitten, mir zu erzählen, was Sie zu dem Vorwurf sagen, und bitte Sie, diese Frage auch zu beantworten, dass eine Mitarbeiterin der Anti-Doping-Abteilung des Ministeriums in einer Zeugenaussage, die auch unterschrieben ist inzwischen, angeblich Anti-Doping-Planungen der RUSADA massiv beeinflusst hat. Dass sie mitbestimmt hat. Dass sie auch versucht hat, auf den damaligen RUSADA-Chef Nikita Kamajew massiven Einfluss zu nehmen. Dass es so ist, dass man versucht hat, mit Anna Antseliowitsch zusammen Dopingkontrollen von Athleten zu unterlaufen. Können Sie bitte dazu etwas sagen?
»Ja, natürlich. Wir haben sehr viel Einfluss genommen. Wissen Sie, wie das ganze System funktioniert? Einmal im Jahr veröffentlicht die WADA einen Bericht auf ihrer Seite. Wissen Sie das oder nicht?«

Können Sie jetzt bitte noch zu den konkreten Vorwürfen etwas sagen?
»Sie haben mich doch gefragt, wie der Staat Einfluss nimmt, und ich antworte Ihnen. Also: Immer im Februar veröffentlicht die WADA einen Bericht. Da werden die Anti-Doping-Organisationen bewertet ...«

Herr Mutko, bitte beantworten Sie diese Frage, die ich Ihnen stelle. Sie beantworten wieder nicht meine Frage. Ich frage nicht nach dem politischen Überbau, sondern ich frage Sie konkret nach diesen Vorwürfen.
»Hören Sie, ich arbeite schon acht Jahre als Minister, ich kann jede Ihrer Fragen beantworten. Aber Sie müssen mir zuhören, Sie wollen mich nicht hören. Sie stellen mir eine Frage und wollen sie dann selbst beantworten. Wir haben Einfluss auf das System genommen, im Rahmen unserer Möglichkeiten, und tun es weiterhin. Wie wir das machen? Wir geben sehr viel Geld dafür aus. Zweihundert Millionen Rubel gibt der Staat jedes Jahr für die Anti-Doping-Politik aus.

Wir bekommen jedes Jahr Richtlinien von der WADA und anderen Organisationen, was wir an neuen Gerätschaften kaufen sollen. Es ist unmöglich, auf die WADA bzw. auf die RUSADA Einfluss zu nehmen. Das sind Märchen, die Sie erzählen. Das gesamte System der Dopingkontrollen steht doch nicht unter unserer Kontrolle. Jede Probe kommt direkt ins WADA-Labor. Und wenn heute jemand versucht, da etwas auszutauschen, dann wird dem Labor sofort die Akkreditierung entzogen. Warum verwirren Sie die Leute?«

Manchmal hat man Pech. Während der Sportminister Mutko mich davon überzeugen wollte, dass doch immer alles streng nach den Regeln der WADA gelaufen sei und die russische Regierung mit eventuellen Missständen nun wirklich nichts zu tun habe — exakt in diesen Tagen packte Grigori Rodtschenkow in den USA bei der »New York Times« aus. Der Bericht der amerikanischen Kollegen wurde aber erst kurze Zeit später veröffentlicht, ich konnte davon noch nichts wissen.

Die Enthüllungen des langjährigen Laborchefs in der »New York Times« konterkarierten die Dementi-Orgie des Ministers. Eine von Rodtschenkows Aussagen war ja, dass die Manipulationen durchaus mit dem Wissen und der Unterstützung Witali Mutkos stattgefunden hatten.

Was für eine Katastrophe muss es für Russlands obersten Sport-Verantwortlichen gewesen sein, dass nach den Stepanows und nach der Marathonläuferin Lilija Schobuchowa schon wieder ein Insider mit seinen Kenntnissen an die Öffentlichkeit ging.

Wir sprachen dann noch über das Dopinglabor in Moskau und seinen Leiter Rodtschenkow. Minister Mutko gab irgendwann immerhin zu, dass dieser »sehr viele Regeln gebrochen« habe. Ansonsten übte er sich weiterhin im Abschweifen und Ausweichen, dabei stets ruhig und kontrolliert.

Ob ihm das Interview gefallen hat? Ich hatte das Gefühl, dass die Widersprüchlichkeit seiner Argumentation deutlich wurde, ebenso die Weigerung, auf bestimmte Vorhalte einzugehen. Bereut habe ich es nicht, dass wir ihm die Chance gaben, seine Sicht der Dinge zu schildern. Ich fand, dass Mutko wenig überzeugend wirkte. Das ist vielleicht auch ein Vorteil des Fernsehens: Gesagt ist dort gesagt. Anders als bei den allermeisten Interviews mit Printmedien bügeln nicht im Nachhinein Pressesprecher die Antworten glatt. Was man dem Interviewten entlockt hat, bleibt bestehen, er kann es nicht wieder zurücknehmen.

Als Verlierer der Russland-Enthüllungen musste Mutko sich meiner Meinung nach trotzdem nur bedingt fühlen. Nimmt man die Schwere der aufgedeckten Vergehen, die Hartnäckigkeit, mit der betrogen wurde, die Verbindungen in die russische Regierung und letztlich auch die fehlende Einsicht, dann sind der Sportminister und seine Nation weitaus besser davongekommen, als es angemessen gewesen wäre.

Neue Enthüllungen, alte Verhaltensmuster

Dass ihr Leichtathletikverband im November 2015 aus der IAAF geworfen wurde, nahm die Sportnation Russland noch halbwegs widerspruchslos hin. Doch als die sogenannte McLaren-Kommission im Auftrag der WADA im Sommer 2016 etliche Vorwürfe des früheren Laborchefs Grigori Rodtschenkow bestätigte und von einem »staatlich gesponserten« Dopingsystem für die Jahre 2011 bis 2015 sprach, dementierte Russland und sprach von einer Kampagne. Das Land wehrte sich. Es stand ja auch die Entscheidung zu den Sommerspielen 2016 in Rio de Janeiro an. Und die fiel dann weitaus weniger entschlossen aus.

Anders als zuvor das Paralympische Komitee verhängte das IOC keine Komplettsperre für russische Athleten. Das Exekutivkomitee unter Vorsitz von Präsident Thomas Bach akzeptierte die Entscheidung der IAAF, dass die Leichtathleten nahezu ausnahmslos außen vor bleiben sollten. Es beauftragte die internationalen Fachverbände der unterschiedlichen Sportarten, binnen weniger Tage Einzelfallentscheidungen zu treffen. Daraus folgte, dass drei Viertel aller russischen Olympiaqualifikanten nach Brasilien flogen. Im Medaillenspiegel belegte Russland Rang vier.

Ich habe zwei Jahre später eine Ahnung davon bekommen, wie man sich die Diskussion um die Entscheidung vorstellen muss. Da äußerte sich vor der ARD-Kamera Richard Pound, das dienstälteste Mitglied des IOC. Er hatte sich berichten lassen, was sich im Exekutivkomitee unter Bach abgespielt habe. Dort seien sie erbost gewesen, »als McLarens Bericht vor den Rio-Spielen rauskam. Wütend. Sie sagten, man hätte warten sollen.« Dass der Dopingskandal Russland betraf, war nach Pounds Einschätzung zentral: »Ich denke, wenn das woanders passiert wäre, sagen wir in Guatemala, Sie wissen die Antwort: Guatemela wäre raus, gar keine Frage.«

Richard Pound musste in diesem ARD-Gespräch offenbar auf niemanden mehr Rücksicht nehmen. Er sprach so offen, wie ich ein IOC-Mitglied vor der Kamera noch nicht gehört habe. Im IOC, sagte er, gebe es »keinen Raum für ernsthafte Diskussion oder Opposition. Und das Risiko ist, das habe ich gemerkt: Du wirst zum Staatsfeind.« Ob man zum Staatsfeind werde, wenn man Präsident Bach herausfordere, fragte ich nach. »Ja, ja«, antwortete Pound. »Wenn du kritisierst, welche Maßnahmen auch immer. Kann sein, dass er das als Chef persönlich nimmt, statt auf die Organisation bezogen. Er ist nicht flexibel darin, abweichende und möglicherweise kritische Kommentare und Vorschläge anzunehmen.«

Die frühere Degenfechterin Claudia Bokel gehörte dem Exekutivkomitee des IOC von 2012 bis 2016 an und erlebte die Entscheidung zu Rio aus nächster Nähe mit. Sie äußerte sich der ARD-Dopingredaktion gegenüber nicht ganz so explizit wie Richard Pound. Doch auch ihre Worte haben aus meiner Sicht Gewicht. Hier sprach eine deutsche Sportfunktionärin, Anfang vierzig, einst Welt- und Europameisterin, heute Präsidentin des Deutschen Fechterbundes. Claudia Bokel wägte ihre Worte sorgsam ab. Sie wusste, dass sie Thomas Bach nicht gefallen konnten. »Wir wollten, dass harte Konsequenzen kommen für Russland und dass eben Russland ausgeschlossen wird von den Spielen in Rio«, sagte sie.

Als Grigori Rodtschenkow 2016 das Ausmaß das Betrugs von Sotschi geschildert hatte, erwartete Claudia Bokel, dass dies natürlich auch im Vorstand des IOC besprochen würde. Doch es kam anders: »In der Exekutive durfte das nicht diskutiert werden. Also, über mögliche Konsequenzen wurde da eben nicht diskutiert. Ja, und dann ist das Thema wieder vom Tisch.«

Ich fragte Claudia Bokel Ende 2017, wie das sei, wenn man sich gegen Thomas Bach stelle. »Hm. Hm. Ja«, antwortete sie und überlegte, wie sie sich ausdrücken sollte. »Ich stelle mich eigentlich immer nicht für oder gegen jemanden, sondern eher für eine Sache oder gegen eine Sache. Und ob das dann der IOC-Präsident oder wer auch immer ist – wenn ich dann vom Gegenteil überzeugt werde, dann ist das für mich in Ordnung. Aber wenn die Diskussion nicht zugelassen wird, finde ich das immer schwierig.« Ein IOC-Sprecher wollte das so nicht stehen lassen und erklärte, die Organisation habe in den zuständigen Gremien umfassend über den Fall Russland debattiert. Wie auch immer: Die Enthüllungen zum russischen Doping-skandal blieben ein Dauerthema. Zumal schon im Dezember 2016 aus dem zweiten Teil des McLaren-Reports hervorgegangen war, dass womöglich mehr als tausend Athleten Teil des russischen Do-pingsystem gewesen waren. Der WADA-Ermittler sprach nun nicht mehr von »staatlich gesponsertem« Doping. Sein Kernvorwurf lautete jetzt »institutionelles systematisches Aushebeln von Doping-Kontrollprozessen«. Zwischen den beiden Berichten hätten russi-sche Vertreter ihm erklärt, »staatlich« in Russland bedeute, dass es sich um den inneren Machtzirkel handle, sagte McLaren später. Er habe Beweise dafür gehabt, dass der stellvertretende Sportminister involviert war, nicht aber etwa Staatspräsident Putin. Daher habe er eben einen anderen Begriff gewählt. »Aber das ändert ja nichts an den Tatsachen«, sagte der WADA-Ermittler. Er sprach auch von einer »institutionellen Verschwörung«.

Die Propaganda-Abteilung des Kremls nutzte den Wechsel in der Wortwahl natürlich. Sofort verkündete sie, es habe also doch keine staatliche Beeinflussung gegeben. Diese Leier kannte ich schon von meinem Interview mit Sportminister Mutko. Den Tatsachen ent-sprach sie immer noch nicht.

Der WADA-Sonderermittler Richard McLaren beschwerte sich unterdessen nicht über die russische Eigen-PR. Als Zumutung emp-fand er hingegen die Reaktion des IOC und auch der WADA selbst. Er sei »frustriert« darüber, dass nicht entschlossen gehandelt würde, sagte er 2017 im Sportausschuss des Deutschen Bundestags. Er frage sich manchmal, »ob überhaupt Reformwille besteht«.

Auch wir hatten weiter recherchiert. Ende 2016 hatte ich von einem Eintrag des Fünfzehnhundert-Meter-Läufers Andrej Dmitrijew in einem russischen Leichtathletik-Blog erfahren. Frappierend offen äußerte er sich dort zur Dopingkultur. Wir kontaktierten ihn. Es sprudelte schon am Telefon aus ihm heraus, schnell hatte ich das

Gefühl, dass hier einer viel mitzuteilen hatte und dies auch in aller Öffentlichkeit tun wollte. Ich machte ihn aber – nach all den Erfahrungen, die ich inzwischen bei meinen Russlandrecherchen gemacht hatte – darauf aufmerksam, dass er sich seine Aussage gut überlegen müsse. Wenn einer offen vor einer ARD-Kamera redet, würde das nicht jedem in Russland gefallen.

Nach zwei Tagen Bedenkzeit sagte er trotzdem zu. Im Januar 2017 trafen wir uns, aus Sicherheitsgründen an einem Ort außerhalb Russlands.

Dmitrijew, zu dem Zeitpunkt sechsundzwanzig Jahre alt, wollte, so sagte er, nicht länger Teil der Vertuschung sein. »Aus der Sicht eines Athleten, der sehr nah am Nationalteam ist, und ich kenne viele Mitglieder des Nationalteams, kann ich sagen, dass sich nichts wirklich geändert hat«, erklärte er uns. »Ich sehe ja, dass die Trainer, die ganz sicher mit Doping gearbeitet haben, immer noch da sind. Die arbeiten weiter. Und die Sportler, von denen ich weiß, dass sie gedopt haben, trainieren weiter mit ihnen. Wenn man behauptet, dass wir uns ändern, dann diese Leute aber einfach weitermachen, das ist doch Heuchelei. Das sind Lügen. Da wird ein Wandel vorgetäuscht, den es gar nicht gibt.«

Ich habe Dmitrijew komplett überzeugt erlebt. Er schien zu wissen, wovon er redete – und was das bedeutete in seinem Land. Er hoffte, auf diese Weise etwas zu verändern.

»Es dopen vielleicht siebzig, achtzig Prozent, und der Rest ist sauber. Ich bin sicher, dass es saubere Athleten gibt. Auch im Nationalteam. Aber sie haben Angst, den Mund aufzumachen. Ich kann nicht schweigen, wenn ich sehe, was alles falschläuft. Wenn du darüber schweigst, dann bist du Teil des Systems, finde ich. Das war immer mein Fehler. Das ist der Fehler aller sauberen Athleten, dass wir schweigen.«

Der Fünfzehnhundert-Meter-Läufer lebte und trainierte zu der Zeit in einer mittelgroßen Stadt in Russland. Er hatte ein Athletenstipendium, mit dem er seinen Lebensunterhalt bestritt. Nun wollte er zeigen, dass er nicht nur Anschuldigungen erhob, die letztlich nicht belegbar wären. Ebenfalls im Januar 2017 filmte Andrej Dmitrijew – ähnlich wie es die Stepanows drei Jahre zuvor gemacht hatten – verdeckt in einer Leichtathletikhalle. Es gelang ihm, unbemerkt den ehemaligen Nationalcoach Wladimir Kasarin beim Training mit Spitzenathleten aufzunehmen. Wladimir Kasarin, das war auch jener Trainer, der Julia Stepanowa einst Dopingmittel gegeben hatte, etwa in einem Trainingslager in Kirgisistan. Das hatten wir in unserer ersten Russland-Dokumentation 2014 zeigen können. Inzwischen hatte man ihm aufgrund einer Dopingsperre strikt verboten, Sportler in Russland zu betreuen. Kasarin, das kam im Sommer 2019 heraus, trainierte sogar noch von November 2018 bis April 2019 Athleten – obwohl er da bereits lebenslang gesperrt war. Erneut erwischte man ihn in Kirgisistan.

Andrej Dmitrijews geheime Aufnahmen vom Januar 2017 nutzten wir für einen Film für die »Sportschau«. Kurz darauf reagierte die Weltleichtathletikföderation IAAF mit einem Brief an den russischen Verband. In deutlichem Ton stellte die IAAF Fragen. Dass ein gesperrter Trainer wie Kasarin eifrig weiterarbeitete, konnte der Verband nicht rechtfertigen.

In den darauffolgenden zwei Jahren stellte sich heraus, dass weitere gesperrte russische Trainer nach wie vor Athleten betreuten. Zudem deckten Ermittler und Medien weitere Dopingnetzwerke in der russischen Leichtathletik auf. Es wurde deutlich, dass zumindest an manchen Orten in Russland weiterhin eine ausgeprägte Dopingkultur herrschte. Im Sommer 2019 galt es als unwahrscheinlich, dass der russische Leichtathletikverband alsbald wieder in den Weltverband IAAF zurückkehren durfte.

Andrej Dmitrijew wurde nach unserem »Sportschau«-Beitrag an den zwei Trainingszentren, wo er seinem Sport nachging, gefeuert. Im März 2017 verließ er Russland. Es wurde ihm zu gefährlich.

»Das Staatsfernsehen hat tonnenweise negatives Zeug berichtet über mich. Einige Journalisten haben sogar meine Großeltern besucht und haben ihnen Lügen erzählt«, erzählte Dmitrijew mir. »Ich hatte mich zweifellos in Gefahr gebracht und war auf mich allein gestellt. Und in Russland weißt du nie, was dir zustoßen kann. Wir haben politische Gefangene und Journalisten, die umgebracht werden, überall.« Von Russlands Anti-Doping-Agentur RUSADA habe er keine Unterstützung bekommen, sagte der Läufer. Jelena Isinbajewa aus dem Aufsichtsrat der Agentur, als Weltrekordlerin im Stabhochsprung über Jahre ein Star der russischen Leichtathletik, habe »immer alles geleugnet« und nur »die WADA und westliche Medien attackiert«. Es ist offensichtlich, mit ihren dummen, öffentlichen Äußerungen über eine angebliche Verschwörung bringt sie Russland keinen Schritt voran.«

Mit diesen Vorwürfen, ausgesprochen Anfang 2017 von einem noch aktiven Athleten, begann das Jahr vor den nächsten Olympischen Winterspielen. Und mit jedem Monat stellte sich dringlicher die Frage, ob Russland nach dem XXL-Betrug in Sotschi vier Jahre später bei den Winterspielen 2018 in Pyeongchang einfach wieder mitmachen solle. In IOC-Kreisen wurden kosmetische Maßnahmen diskutiert, ein Verbot der russischen Hymne bei der Eröffnungsfeier etwa und ein Ausschluss der russischen Athleten von der Zeremonie.

In Russland attackierte man derweil den Whistleblower Grigori Rodtschenkow. Wladimir Putin hatte schon vorher gefragt: »Welche Drogen geben sie dem, dass er so was sagt?«, und Rodtschenkows Vorwurf vom Staatsdoping als »lächerlich« abgetan. Nun, im November 2017, sprach im russischen Staatsrundfunk Leonid Tiagatschew Klartext, ein hoher Sportfunktionär: »Rodtschenkow sollte man für seine Lügen erschießen. So wie Stalin das gemacht hat.«

Bald aber besaß die WADA das womöglich entscheidende Puzzleteil, um den letzten Beweis für Russlands großflächigen Betrug zu erbringen. Sie hatte sich eine Kopie des »Laboratory Information Management System« (LIMS) des Moskauer Labors gesichert – mit den Testdaten russischer Athleten von 2012 bis 2015. Anfang 2019 hat die WADA nach zähem Ringen mit Russland auch die originalen LIMS-Daten bekommen. Nun könnten viele weitere Sportler überführt und dann auch gesperrt werden.

Harte Sanktionen hatte man auch schon Ende 2017 erwartet. Am 5. Dezember wartete die Weltpresse in Lausanne gespannt auf die Olympia-Entscheidung des IOC. Würde das Exekutivkomitee nun Härte zeigen und Russland von den bevorstehenden Winterspielen im südkoreanischen Pyeongchang ausschließen? Es war jener Tag, an dem mir Olga Skabejewa vom russischen Staatsfernsehen bei einer Pressekonferenz wieder mit der Kamera auf den Leib rückte. Auch russische Aktivisten hatten sich unter die Berichterstatter gemischt. Einer, offiziell Journalist, trug ein T-Shirt, das mit einem Hashtag bedruckt war: »#NoRussiaNoGames«. Wenn Russland nicht zugelassen würde, dann wären es keine wahren Olympischen Spiele, wollte er damit wohl sagen.

Der Saal im Messezentrum Beaulieu war voll und Thomas Bachs Auftritt erst mal vollmundig. »Der Report zeigt klar einen beispiellosen Angriff auf die Integrität der Olympischen Spiele und des Sports«, sagte er und verkündete: »Das russische Olympische Komitee ist ab sofort suspendiert.«

Das klang entschieden, sogar nach einer kleinen Sensation, und mancher Journalist fragte sich schon ungläubig, ob das IOC am Ende doch noch Haltung zeige. Diese Frage beantwortete Bach wenige Augenblicke später, als er über die russischen Sportler sprach, die sich für die Winterspiele qualifiziert hatten und nicht namentlich im McLaren-Report auftauchten. Bach sagte: »Diese eingeladenen Athleten werden, ob in Einzel- oder Teamsportarten, unter der Bezeichnung ›Olympischer Athlet aus Russland‹ teilnehmen.« Im Klartext: Die Sportler aus Russland wurden durchgewinkt – mit der Einschränkung, dass Flagge und Hymne in Pyeongchang nicht erlaubt sein sollten. An den Start gehen durften die meisten Russen. Angesichts des »beispiellosen Angriffs auf die Integrität der Olympischen Spiele und des Sports«, von dem Bach noch Sekunden vorher in empörtem Ton gesprochen hatte, wirkte diese Sanktion fast schon niedlich. Für mich und die meisten Beobachter war klar: Bach und Co. hatten sich mal wieder als Russlandfreunde erwiesen und eine Suspendierung verhängt, die in Wirklichkeit keine war.

Hätte das IOC Russland für die Olympischen Winterspiele 2018 in Südkorea komplett sperren sollen? Ich glaube schon. Als Gastgeber der Spiele von Sotschi hatte das Land 2014 die Integrität des sportlichen Wettbewerbs ja tatsächlich und massiv verletzt. Die Vergehen waren klar belegt. Wenn das nicht reichte für einen Ausschluss des Nationalen Olympischen Komitees und damit natürlich auch seiner Athleten – was musste sich eine Sportnation denn noch zuschulden kommen lassen?

Auf keinen Fall hätte man jene Farce zur Aufführung bringen dürfen, die das Publikum in Pyeongchang dann geboten bekam. Auf den Trikots der russischen Teilnehmer stand tatsächlich statt »Russland« die Bezeichnung »Olympischer Athlet aus Russland«. Damit konnten Putin, sein Sportminister und all die Funktionäre wunderbar leben. Noch vor Beginn der Winterspiele im Februar 2018 beschimpfte Putin den Whistleblower Rodtschenkow öffentlich als »Idiot« und bezweifelte, ob man seinen Aussagen trauen könne. Putin spannte jetzt rhetorisch die Muskeln, weit davon entfernt, das »staatlich gesponserte« Doping einzugestehen.

Mochte man 2015 in Russland gedacht haben, den WADA-Präsidenten Reedie nicht fürchten zu müssen, so wusste man spätestens jetzt mit letzter Gewissheit: das IOC schon gar nicht. Ein Sprecher des Komitees meinte unverblümt zu der Trikotfrage: »Jeder weiß doch, dass es Russen sind. Dann können wir es auch draufschreiben.«

Unerwünschte Person

Die »Olympischen Athleten aus Russland« holten zwei Goldmedaillen und erreichten im Medaillenspiegel hinter Italien Platz dreizehn. Vier Jahre zuvor hatten sie den ersten Rang belegt. Doch der russische Sport – oder besser: seine Funktionäre und die Politiker, die ihn fördern und weiterhin Medaillen fordern – geben bis heute nicht auf. Sie sehen sich weiter als Opfer von Kampagnen, Verschwörungen und ganz großer Politik. Mittendrin: die Vertreter der Kreml-treuen Medien. Dort weist man auch 2019 noch den Vorwurf zurück, es habe ein staatlich geschütztes Dopingsystem gegeben. Die Wunde der Enthüllungen, sie schmerzt noch. In Russland machen sie dafür die Whistleblower verantwortlich, Leute wie Andrej Dmitrijew, Grigori Rodtschenkow und die Stepanows. Aber Russlands vermeintliche Sportfreunde mögen auch die Überbringer unliebsamer Fakten nicht. Sie halten sie für Störenfriede, was ich sogar nachvollziehen kann. Natürlich fühlt sich behelligt, wer ein Staatsdopingsystem aufzieht, das dann von Journalisten aufgedeckt wird.

Mit welchen Methoden sich Russland wehrt, hatte ich ja 2016 schon durch den Besuch Olga Skabejewas in Köln erfahren. Später haben mich russische Journalisten anders in die Bredouille bringen wollen – etwa mit Aussagen, die ich niemals getätigt habe. So soll ich vor einem Gericht in Moskau zugegeben haben, dass sämtliche Anschuldigungen der ARD-Dopingredaktion nicht auf Tatsachen beruhten. Ich habe bis heute niemals ein russisches Gericht betreten.

Bei einem Kongress des Leichtathletik-Weltverbandes in Monte Carlo im Frühjahr 2016 machte sich ein Mitarbeiter der russischen Nachrichtenagentur TASS ans Werk. Diesmal ging es nicht um Worte.

Ich stand gemeinsam mit meinem Kameramann etwa zwanzig Meter vom Sitzungsraum entfernt. Wir drehten aus der Distanz, wie die IAAF-Funktionäre den Saal zu ihrer Sitzung betraten. Das macht man gewöhnlich bei Terminen, die wenig taugliche Fernsehbilder hergeben. Ein Hotelmitarbeiter, der bei der Tagung für die Sicherheit sorgte, bat uns dann, unseren Platz zu verlassen. Wir zeigten ihm unsere Akkreditierungen und klärten ihn auf, dass es erlaubt und üblich sei, bei entsprechendem Abstand den Saal zu filmen und bei geöffneter Tür auch kurz mal hineinzuzoomen. Damit war die Sache für ihn geklärt, und er ging wieder seiner Wege.

Der Kollege der russischen Nachrichtenagentur hatte die Szene wohl beobachtet. Vielleicht hat sie seine Fantasie beflügelt. Auf jeden Fall erschien auf russischen Online-Seiten bald darauf ein Text, wonach der Reporter Hajo Seppelt vom deutschen Fernsehen das Sicherheitspersonal bedrängt habe, ihm Zugang zum Sitzungssaal zu gewähren. Als er daran gehindert worden sei, habe er seinen Kameramann angewiesen, durchs Schlüsselloch zu filmen. Was dieser dann getan habe.

So war es zu lesen, auf Russisch und auch auf Englisch, veröffentlicht von der Nachrichtenagentur TASS. Ich mailte einen TASS-Redakteur an, den ich schon länger kannte und der in der Zentrale in Moskau arbeitete. Der Bericht seines Kollegen hier aus Monte Carlo habe mich doch sehr verblüfft. Keineswegs hätten wir Zutritt zum Sitzungssaal haben wollen, schrieb ich. Außerdem hängte ich ein Handyfoto der besagten Saaltür an. Darauf war gut zu erkennen: Die Tür hatte gar kein Schlüsselloch.

Ich telefonierte dann auch mit dem TASS-Redakteur in Moskau. Zunächst stellte sich der Mann aus der Zentrale noch hinter seinen Kollegen, der doch ein seriöser Reporter sei. Zwanzig Minuten später allerdings waren die Passagen im Text des TASS-Korrespondenten mit den ausgedachten Begebenheiten entfernt.

So einfach ließen sich die Nadelstiche nicht immer wiedergutmachen. Manchmal taten sie auch weh. Im Internet veröffentlichte jemand meine Anschrift. Er wollte damit wohl zu ungebetenem Besuch bei mir aufrufen. Es war zum Glück nur eine alte Adresse, mir aber dennoch ziemlich unangenehm. Man fragt sich in solchen Situationen unweigerlich, ob der Journalismus das eigene Leben auf diese Art berühren sollte. Und man macht sich Gedanken darüber, welchen Preis man persönlich für investigative Recherchen bezahlen möchte.

Mir hat der investigative Journalismus große berufliche Zufriedenheit gebracht. Er gibt mir das Gefühl, das Richtige zu tun. Ich spüre die Bestätigung vieler Menschen, auch innerhalb meiner Profession. Und die Arbeit im Team macht mir großen Spaß.

Der Job ist mir wichtig, und ich will ihn mir nicht wegnehmen lassen, weder von Propagandisten im Regierungsauftrag noch von irgendwelchen Trollen im Internet. Außerdem macht auch das Journalismus aus: sich möglichst nicht kleinkriegen zu lassen.

Mir ist aber klar, dass ich das aus einer insgesamt privilegierten Position heraus sage. Anders als viele Kollegen auf der Welt arbeite ich in Deutschland als Journalist unter vergleichsweise guten Bedingungen. Bisher ist noch niemand von der Polizei, Staatsanwaltschaft oder anderen Sicherheitsbehörden auf mich zugekommen, um mich an meiner journalistischen Tätigkeit zu hindern. Ich fühle mich tatsächlich völlig frei von Einflussversuchen dieser Art.

Natürlich zieht Doping-Berichterstattung nicht ständig staatstragende Konsequenzen nach sich, landet nicht regelmäßig auf dem Radar der großen Politik. Oft hat sie wenig oder gar keine politischen Implikationen. Einschneidend kann sie trotzdem sein. Und damit Druck auf Verantwortliche in den Sendeanstalten erzeugen.

Auch Versuche, auf meine Berichterstattung Einfluss zu nehmen, hat es aus Kreisen der ARD nicht gegeben. Niemals hat mir ein Vorgesetzter gesagt, ich solle ein Thema nicht angehen. Die ARD gewährt mir den nötigen Freiraum für die Recherchen. Und der Senderverbund sorgt auch dafür – vor allem seitdem die Arbeit der ARD-Dopingredaktion weltweit immer stärker wahrgenommen wird –, meinem Team und mir die Rückendeckung zu geben, die es gerade bei riskanten Recherchen braucht.

Kollegen in Russland arbeiten unter anderen Bedingungen. Menschen verschwinden, politische Gegner der Regierung werden mürbe gemacht, manche werden verfolgt, manche eingesperrt. Andere sterben plötzlich aus unerfindlichen Gründen.

All diese Dinge gingen mir immer wieder durch den Kopf, als sich nach den Olympischen Winterspielen in Südkorea das nächste sportliche Großereignis näherte: die Fußball-WM. In Russland.

Von einer Fußballweltmeisterschaft habe ich, außer 2006 in Deutschland, nie berichtet. 2018 sollte das anders sein. Die Fußballwelt im Land des Staatsdopings: Die ARD entschied, dass ich für das Großereignis eine Akkreditierung bekommen solle.

Der Südwestrundfunk (SWR) plante den Einsatz aller ARD-Kollegen und beantragte die Visa. Ob ich mich während der WM-Wochen durchgehend in Russland aufhalten würde, war offen. Die Möglichkeit, einzureisen, sollte und wollte ich aber haben. Über Christi Himmelfahrt 2018 hatte ich Besuch aus dem Ausland. Ein Informant war gekommen. Wir saßen am Fuße des Doms an der Spree, hatten das meiste besprochen, als mich Ulf Ullrich anrief. Ulf leitet die Geschäfte der Produktionsfirma, die wir gemeinsam gegründet haben und die seit 2017 vor allem für die ARD-Dopingredaktion tätig ist. Ich kenne ihn schon seit gemeinsamen Zeiten beim Sender Freies Berlin. Nun sagte er mir, die Kollegen vom SWR hätten sich gemeldet, es ginge um meine Einreisegenehmigung. Ein Mitarbeiter der Visa-Abteilung der russischen Botschaft würde mich gern dazu sprechen.

Probleme mit dem Visum hatte ich nicht erwartet. Bisher durfte ich immer überall einreisen, sogar in Nordkorea.

Ich sagte Ulf, ich würde den Mitarbeiter der Botschaft anrufen. In Russland war ja kein Feiertag. Mit meinem Motorroller fuhr ich auf schnellstem Weg nach Hause.

Am Telefon hatte ich dann einen geradezu überfreundlichen Botschaftsvertreter. Der Mann entschuldigte sich fast schon, als er mir mitteilte, dass die Botschaft das Visum zwar erteilt und auch bereits losgeschickt habe. Aber, und das tue ihm nun sehr leid: Das Visum sei nach dem Versand für ungültig erklärt worden. Ich könne nicht reisen. In Russland sei ich zur unerwünschten Person erklärt worden.

Hm. So weit war es jetzt also schon. Nach einem Dutzend Filmen über Doping in ihrem Land ließen mich die Russen nicht mehr rein.

Ich ging zum Briefkasten, vielleicht lag das jetzt ungültige Visum ja schon drin. Einen Brief vom Konsulat fand ich nicht vor, dafür aber Post vom Bundespräsidialamt. Ich sollte das Bundesverdienstkreuz bekommen.

An diesem Frühlingsnachmittag bekam ich binnen weniger Minuten zwei Sichtweisen meiner Arbeit gespiegelt: Das eine Land lehnte meine Recherchen ab, hielt sie für schädlich, ließ mich deshalb nicht mehr einreisen, erklärte mich zur unerwünschten Person. Das andere Land drückte seine Wertschätzung aus und wollte mich auszeichnen.

Zu viel erbauliche Gedanken konnte ich mir aber nicht machen an diesem Feiertag. Erst mal musste ich die ARD über meinen neuen Status in Russland unterrichten. Die ARD-Verantwortlichen reagierten schnell und machten die Sache per Pressemitteilung am nächsten Tag öffentlich. Dass ihr Dopingexperte nicht zur WM reisen und von dort berichten dürfe, nannten sie einen »einmaligen Vorgang« und einen »beispiellosen Eingriff in die Pressefreiheit«. Das klang groß – und stimmte. Der ARD-Programmdirektor Volker Herres protestierte in der Mitteilung auch persönlich: Dass mir die Einreise zur Fußball-WM nach Russland verweigert werde, sei »kein Zeichen von Respekt vor der Tätigkeit eines investigativen Journalisten, sondern eher dafür, dass man unangenehmen Themen gegenüber lieber die Augen verschließt«.

Mein Fall gab einer Debatte neuen Zündstoff, die schon geführt wurde, seit die FIFA die WM 2018 an Russland vergeben hatte: Wie viel freie Berichterstattung ist in Putins autokratischem System möglich? Dass diese Diskussion erneut aufbrandete, konnte auch der Weltfußballverband nicht begrüßen. Die FIFA hatte sich mit dem autoritären Regime eingelassen, aber immer beteuert, der WM-Ausrichter werde Journalisten nicht an der Berichterstattung hindern.

Dass die Russen mich auf ihre Liste unerwünschter Personen gesetzt hatten, beschäftigte Journalisten und Sportpolitiker. Bundestagsabgeordnete äußerten sich. Die Bundesregierung überlegte, inwieweit sie sich einmischen sollte. Die Kanzlerin hatte, das kam noch hinzu, für die folgende Woche einen Russlandbesuch geplant. Sie wollte Wladimir Putin in seiner Sommerresidenz in Sotschi besuchen.

Jetzt meldete sich Merkels Sprecher zu Wort. »Wir halten diese Maßnahme der russischen Behörden, Herrn Seppelt das Visum für ungültig zu erklären, für falsch«, sagte Steffen Seibert. Die freie Berichterstattung über eines der größten Sportereignisse weltweit müsse gewährleistet werden. »Wir sind der Überzeugung, es stünde Russland als Gastgeber schlecht an, wenn es so offensichtlich die Presse- und Meinungsfreiheit vor den Augen der Welt beschnitte.« Knickte Russland daraufhin ein? Auf den ersten Blick: ein bisschen. Nach wenigen Tagen erklärte die Botschaft in Berlin nämlich, mein Visum sei nun doch gültig, ich dürfe also einreisen. Allerdings ändere sich damit nichts an der »prinzipiellen Position« Russlands, »dass dieser Journalist eine unerwünschte Person in Russland« sei. »Dabei ziehen wir auch ein Gerichtsurteil in Betracht, demzufolge Hinweise in seinen Filmen und Reportagen auf einen ›systematischen‹ Doping-Einsatz in Russland der Realität nicht entsprechen.«

Man ließ mich also erst mal rein, behielt mich aber auf der Liste der unerwünschten Personen, weil ein Moskauer Gericht festgestellt habe, dass Russland gar kein systematisches Doping betrieben habe. Von einem solchen Urteil war mir nichts bekannt.

Doch das war nicht die einzige Neuigkeit. Russland, erklärte die Sprecherin des Staatlichen Ermittlungskomitees, Swetlana Petrenko, habe Deutschland um Rechtshilfe gebeten, um Hajo Seppelt zu dessen Enthüllungen über angebliches Doping befragen zu können.

Die Ankündigung, mich vernehmen zu wollen, war durchaus geeignet, mich einzuschüchtern. »Sollte Seppelt jetzt das Gebiet der Russischen Föderation betreten, wird das Staatliche Ermittlungskomitee erneut Mittel ergreifen, um ihn zu befragen«, ließ die Sprecherin Swetlana Petrenko nämlich die Öffentlichkeit und damit auch mich wissen. Wie die »Mittel« aussähen und was am Ende dabei herauskäme, war für mich nicht einzuschätzen. Würde man mich auf der Pressetribüne festnehmen und zu den Ermittlern bringen, wenn ich nicht freiwillig mitkäme? Oder würde man mich still und leise im Hotel greifen?

Die Medien berichteten ausführlich in diesen Tagen im Mai. Und hinter den Kulissen berieten Vertreter von Behörden, wie die Lage einzuschätzen sei. Bei einem Termin im Landeskriminalamt rieten mir die Beamten von der Zentralstelle Individualgefährdung nach Rücksprache mit den Sicherheitsbehörden strikt davon ab, nach Russland zu reisen. Für diese Empfehlung sprachen aus ihrer Sicht mehrere Gründe. Sollte das Staatliche Ermittlungskomitee Russlands mich nämlich wie angekündigt vernehmen, könnte es mein möglicherweise bestehendes Zeugnisverweigerungsrecht aushebeln. Möglich wäre außerdem, mir als angeblich wichtigem Zeugen die Ausreise zu verweigern. Damit säße ich in Russland fest. Die Fachleute hielten es sogar für denkbar, dass das Ermittlungsverfahren gegen den Whistleblower Grigori Rodtschenkow so ausgedehnt würde, dass auch ich als Beschuldigter geführt würde. Keiner der Experten ging davon aus, dass ich physische Übergriffe von Staatsseite zu erwarten hätte.»Aktivisten« könnten jedoch auch eigenmotiviert zur Tat schreiten. Und noch ein Argument wurde genannt, nämlich dass es ohnehin unrealistisch für mich sei, in Russland während der WM in gewohnter Weise zu recherchieren. Ich würde, so die Annahme, bei einem Aufenthalt unter dauerhafter Beobachtung stehen.

Schöne Aussichten waren das nicht. Und sie wurden nicht schöner, als ich mit Außenminister Heiko Maas in dessen Büro am Werderschen Markt in Berlin-Mitte zusammenkam. Auch Patricia Schlesinger war gekommen, die Intendantin des rbb, und der ARD-Sportkoordinator Axel Balkausky. Heiko Maas kannte ich persönlich, als Justizminister hatte er das Anti-Doping-Gesetz vorangetrieben.

Der Minister wiederum kannte eine Einschätzung des Bundeskriminalamts zu meinem Fall. Er habe lange geglaubt, sagte Maas, dass es doch möglich sein müsse für einen Journalisten, zur WM zu fahren. Und er verstehe auch, dass man sich als Journalist ungern geschlagen gebe. Aufgrund der Risiken müsse er mir aber abraten. Ich wollte mich ungern geschlagen geben, da hatte Maas recht. Aber es ging, das musste ich einräumen, in dieser Sache nicht allein um mich. Die Verantwortung würde mein Auftraggeber tragen müssen, die ARD. Ich rechnete zwar weder mit einer Festnahme noch mit einer Festsetzung, auch nicht mit körperlichen Angriffen. Was aber, wenn es doch zu Übergriffen käme? Hässlich für mich, klar, aber auch die ARD brächte das in eine schwierige Lage. Sie, die eine Schutzfunktion hat, hätte ihren Reporter trotz Warnungen losgeschickt.

Als Patricia Schlesinger, Axel Balkausky und ich das Auswärtige Amt verließen, war mir bereits klar, dass die ARD mich nicht reisen lassen konnte. Ich verstand das auch, sah keine Alternative. Manche haben meinen Verzicht darauf, nach Russland zu fliegen, später als Einknicken vor Putin gewertet. Sollten sie.

Anfang Juni überreichte mir Bundespräsident Frank-Walter Steinmeier das Bundesverdienstkreuz. Ein paar Tage später rollte in Russland der Ball. Die Aufregung um den ARD-Reporter, den Russland zuerst nicht reinlassen und dann einvernehmen wollte, war vergessen. Nach allem, was man sehen konnte, erwies sich das Reich Putins als freundlicher Gastgeber, zugewandt und weltoffen. Ein paar Wochen lang.

Im Herbst 2018 habe ich wissen wollen, ob ich nun wieder nach Russland einreisen durfte. Ich schickte meinen Pass an die zuständige Stelle, bat um ein Visum. Der Pass kam unbearbeitet zurück.

Medienanwälte

Gegenwind

Im Jahr 2019 beschäftigte uns über Monate immer wieder ein Gerichtsverfahren, das kaum absurder hätte sein können. Ein deutscher Sportmanager hat es angestrengt. Er wirft uns vor, die Unwahrheit berichtet zu haben.

Der Mann ist schon lange im Geschäft, und auf einem privat erstellten Video kann man sehen, wie er afrikanische Athleten vor einem festlich geschmückten Tannenbaum um sich schart. Ein Manager, der sich kümmert um seine Leute, der auch zur Weihnachtszeit unter ihnen ist – es kann einem ganz warm ums Herz werden bei der Aufnahme. Nur ist diese eben nicht die einzige, die etwas verrät über die Beziehung des Deutschen zu den Sportlern aus Afrika.

Uns liegen Videos vor, die Einblicke in eine Athletenunterkunft in der Nähe einer deutschen Großstadt gewähren. Männer und Frauen schlafen in Stockbetten, in Kellerräumen ohne Fenster. Die Toilette ist nur mit einem Plastikvorhang abgetrennt. Geduscht wird im Heizungskeller. Es handelt sich um das Haus, in dem der Sportmanager seine Leute unterbringt. Als wir dort hinfuhren, sahen wir, wie Afrikaner Gartenarbeiten verrichteten. Eine Nachbarin erzählte uns vor laufender Kamera, die Sportler hätten im Keller auch schon auf schimmligen Matratzen geschlafen. Die Frau wohnt direkt gegenüber. Immer wieder, sagte sie, kämen Athleten zu ihr.

Wir haben selbst mit dort untergebrachten Athleten gesprochen, und was sie erzählten, beleuchtet das mutmaßliche Geschäftsmodell des Managers. »Wenn es Antrittsgelder gab bei Läufen, hat er uns die nicht ausgezahlt«, sagte uns eine Sportlerin. Anstatt der üblichen Beteiligung von rund fünfzehn Prozent, die ein Manager vom Verdienst des Sportlers erhält, nahm sich der Deutsche demnach hundert Prozent. Die Frau berichtete auch von der Situation in der Sportlerunterkunft.»Furchtbar« sei das gewesen.»Wir waren viele, manchmal vierzehn oder fünfzehn Leute. Und zeitweise mussten wir uns zu zweit eine Matratze teilen. Wenn wir uns beschweren wollten, ist der Manager weggelaufen. Er wollte von uns nur profitieren.«

Wir zeigten das Video aus der Unterkunft in einem Film, auch die Sportlerin kam zu Wort – anonymisiert, weil sie Angst vor dem Manager hatte. Einige Tage später hatte er die Bauaufsicht im Haus. Die Wohnräume im Keller standen inzwischen leer.»Beim Ortstermin wurde der Eigentümer auf die baulichen Anforderungen hingewiesen, um diesen Teil des Hauses zum Wohnen zu nutzen«, teilte die Kreisverwaltung später mit, und:»Diese Anforderungen sind nicht erfüllt gewesen.« Es war kein gutes Zeugnis, das die Experten ausstellten.»Vor Ort bemängelte die Bauaufsicht unter anderem die Lichtzufuhr und Belüftungswege.« Die Kreisverwaltung untersagte dem Manager deshalb die Wohnnutzung in diesem Gebäudeteil.»Sollten die Räume dennoch als Wohnquartier genutzt werden, droht dem Eigentümer ein Verfahren durch den Kreis.« Eine Anfrage bei der Bauaufsicht im Frühjahr 2019 ergab, dass die Wohnnutzung noch immer untersagt ist.

Neben dem Ärger mit den Behörden muss der Sportmanager weitere Scherereien befürchten: Verfahren vor Disziplinarkammern von Sportorganisationen. Ich kann verstehen, dass der Mann ein Interesse daran hat, das unschöne Bild zu relativieren. Aber würde er die Fakten einfach stumpf abstreiten? So tun, als gäbe es gar keine Videoaufnahmen aus dem Keller und keine Aussagen von Athleten? Genauso ist es passiert. Der Sportmanager zog vor Gericht.

Schon aus Neugier frage ich mich oft, wer eigentlich die treibende Kraft ist in solchen Fällen. Der Manager selbst, der sein

Image als Förderer der Sportler und seinen Job bedroht sieht? Oder aber ein Medienanwalt, der ein feines Geschäft riecht?

Auf Anwälte mit dem Schwerpunkt Medienrecht trifft man im Journalismus heute weitaus öfter als noch vor zehn oder gar zwanzig Jahren. Mitunter ist es so, dass sie einen Film sehen oder einen Artikel lesen und sich dann selbst bei den Menschen melden, die in dem journalistischen Beitrag nicht so gut wegkommen. Die Medienanwälte schlagen dann also Alarm, überzeugen die Person, dass sie sich das nicht gefallen lassen muss, und bieten an, gegen das Medium vorzugehen. Es ist eine Art Kaltakquise, die durchaus gelingt.

Damit hier kein Missverständnis aufkommt: Jedem Menschen sei anwaltlicher Beistand gegönnt und zugestanden. Ich selbst erwöge auch gerichtliche Schritte, sollte mir ein Medium unrecht tun. Die Initiative ginge in einem solchen Fall von mir aus. Nur ergeben manche Anwaltseinsätze einfach nur für den Anwalt Sinn. Wir selbst prüfen ja all unsere Behauptungen, bevor wir senden – intern, unter Kollegen und auch mithilfe eines oder im Zweifel mehrerer Juristen.

Ich bin der Meinung, im Gegenzug sollten die Anwälte und ihre Mandanten auch die Freiheit der Berichterstattung achten. Das Prinzip wird allerdings immer wieder herausgefordert, mehr oder weniger geschickt gehen dann Anwälte gegen Journalisten vor. Oft werden ihre Briefe als »anwaltliche Informationsschreiben« versandt. Schon seit einigen Jahren verschicken manche Kanzleien solche Schreiben an Redaktionen zu einem Zeitpunkt, an dem diese noch gar nichts veröffentlicht haben. Meist haben die Anwälte in solchen Fällen etwas von den Recherchen der Journalisten mitbekommen. Was genau berichtet werden soll, wissen sie natürlich nicht und können es daher auch nicht benennen. Trotzdem setzen sie Schreiben auf, die meiner Ansicht nach vor allem drohen und einschüchtern sollen. »Wir sind daher auch beauftragt, hier nicht nur sämtliche zivilrechtlichen, sondern auch strafrechtliche Schritte einzuleiten«: Solche Sätze können verfangen, nicht nur bei kleinen Redaktionen, die keinen eigenen Juristen beschäftigen.

Die »Frankfurter Allgemeine Zeitung« (FAZ) hatte genug davon. Allein von einer Medienrechtskanzlei waren bei dem Blatt zwischen Ende 2012 und Mitte 2016 mehrere Dutzend solcher Schreiben eingegangen, »ungefragt und zuletzt ausdrücklich unerwünscht«, wie ein Redakteur schrieb. Die FAZ klagte. Das Landgericht Frankfurt gab ihr im März 2017 recht. Das Oberlandesgericht Frankfurt hob diese Entscheidung dann aber wieder auf. Die FAZ blieb eisern, und so musste die letzte Instanz entscheiden, der Bundesgerichtshof in Karlsruhe. Die Richter dort stuften die Schreiben der Anwälte zwar nicht als generell rechtswidrig ein. Das Interesse der Medien, damit nicht behelligt zu werden, müsse aber dem Bundesgerichtshof zufolge hinter dem Interesse des Betroffenen zurückstehen, vermeintlich rechtsverletzende Meldungen zu verhindern oder ihre Weiterverbreitung einzuschränken. Damit hat die FAZ erreicht, dass man sich Einschüchterungsbriefe auf Dauer nicht gefallen lassen muss. Weiterhin statthaft und auch üblich ist es allerdings, dass Medienanwälte die Vorgesetzten der recherchierenden Reporter direkt anrufen und mit üblen Konsequenzen drohen.

Die Berater des Doktor B.

Das gezielte Vorgehen gegen Journalisten und ihre Berichterstattung ist keine speziell deutsche Eigenart. Schon im Laufe von Recherchen oder nach Ausstrahlung von Filmen passiert es immer wieder, dass wir Post aus dem Ausland bekommen. Im Falle des Doktor B. aus Brasilien hatten wir es gleich mit einer Doppelspitze zu tun, einem Angriffsduo aus Anwalt und Kommunikationsberater. Es ging um Fußball, wo in Brasilien häufiger als in anderen Ländern Dopingfälle bekannt werden.

Der Arzt empfängt seine Patienten im Zentrum einer brasilianischen Großstadt, in einer Praxis, die beim Hereinkommen an das Foyer eines Nobelhotels erinnert. Man darf Dr. B. wohl als Star bezeichnen, wenn nicht in der Ärzte-, so doch in der Sportlerszene.

Sein Instagram-Account verzeichnet mehr als eine Million Follower. Zu B. in die Praxis kamen schon Fußballgrößen, ein früherer Weltfußballer etwa und ein Weltmeister. Auch der frühere Bundesligaspieler Paolo Guerrero war da, der 231 Pflichtspiele für den FC Bayern und den Hamburger SV machte und dabei achtundsechzig Tore schoss. Guerrero wechselte mit achtzehn Jahren aus seiner Heimat Peru zum FC Bayern und später zum Hamburger SV. Nach einem Jahrzehnt in Deutschland verschlug es ihn in die brasilianische Liga. Neben Guerrero besuchen auch andere aktive Fußballprofis B.s Praxis.

Wir erfuhren von einem investigativen Journalisten in Brasilien, dass der Mediziner in der Vergangenheit einem Patienten Mittel zum Muskelaufbau angeboten hatte, die auf der Dopingliste stehen.»Sie nehmen Wachstumshormon, das spritzen Sie sich in den Bauch«, hatte der Arzt vor versteckter Kamera geraten.»Das ist eine gute Investition. Paff! Innerhalb von zwei Monaten werden Sie großartige Ergebnisse erzielen.« Dann hatte B. gleich zur ersten Injektion gebeten.

Wir wollten ihm auch jemanden in die Sprechstunde schicken, einen Leistungssportler mit versteckter Kamera. Es dauerte eine Weile, aber dann bekam unser Lockvogel einen Termin.

B. war gut gelaunt an diesem Tag und durchaus gesprächig.»Ich nehme Testosteron und Wachstumshormon seit zehn Jahren«, erzählte er, wohl um den vermeintlichen Patienten zu überzeugen.»Wir finden was für Sie. Hormone sind das Elixier des Lebens. Sie werden wegfliegen. Ihr Zustand wird sich stark verbessern.«

B. verschrieb unserem Mann ein Medikament, das für Frauen vorgesehen ist, die nach den Wechseljahren an Brustkrebs erkranken. Er stellte auch telefonischen Kontakt zu einem Dealer her. Dort seien anabole Steroide zu bekommen. Der Doktor hatte recht. Wenige Tage später waren wir im Besitz fünf verschiedener Substanzen, alle potenziell höchst gesundheitsschädigend, die sämtlich auf der Dopingliste stehen.

Unsere Recherche war weitgehend abgeschlossen. Paolo Guerrero, der auch mindestens zweimal bei B. war, wollte uns Fragen dazu nicht beantworten. Eine Kollegin befragte ihn nach einem Spiel bei der Fußball-WM. Guerrero gab sich ahnungslos. Dr. B. selbst ließ Fragen der ARD unbeantwortet.

Nach Ausstrahlung unseres Films wandte sich allerdings ein Mann an die ARD, der sich als der Kommunikationsbeauftragte von Dr. B. vorstellte. Gleichzeitig forderte ein brasilianischer Rechtsanwalt von der ARD, dass die aus seiner Sicht fehlerhafte Dokumentation von der »Sportschau«-Homepage genommen und auch nicht im Fernsehen wiederholt werde. Die Anschuldigungen seien falsch. Und Dr. B. habe zudem nicht gewusst, dass ihm ein Hochleistungssportler gegenübersitze und ihn heimlich filme.

Nicht immer verwenden Journalisten sofort ihr komplettes Recherchematerial, um noch etwas in der Hinterhand zu haben – wir in diesem Fall auch nicht. Es lag uns noch eine Sprachaufnahme vor, die in dem Film gar nicht vorkam. Hier plauderte der Doktor munter drauflos, über Doping und verbotene Substanzen, die er verabreichen könne und auch würde, wenn es gewünscht sei.

Der Kommunikationsbeauftragte wusste das natürlich nicht. Er schlug vor, gemeinsam in Deutschland zu besprechen, was jetzt getan werden könne. Aus unserer Sicht bestand kein Bedarf, wir hatten keinen Fehler gemacht und Doktor B. vor der Ausstrahlung Gelegenheit zur Stellungnahme eingeräumt. Andererseits sind juristische Streitigkeiten immer zeitraubend, weshalb wir einem Treffen zustimmten. Im Spätsommer 2018 kam der PR-Mann also eingeflogen und saß meinem Co-Autor Florian Riesewieck und mir in einem Kölner Hotel gegenüber.

Nun war es an der Zeit, die vorliegenden Audiodateien abzuspielen. Wir ließen sie laufen, vielleicht fünf Minuten lang.

Der Berater sprach ein hervorragendes Englisch. Nun aber schwieg er. Auch wir schwiegen. Dann erhob er sich, bedankte und verabschiedete sich. Er werde mit seinem Auftraggeber Rücksprache halten, kündigte er nur noch an. Wir haben nie wieder von ihm gehört. Auch Dr. B.s Rechtsanwalt meldete sich nicht mehr.

Juristen und andere Berater, das lernten wir daraus, versuchen auch in Brasilien trotz klarer Faktenlage, Druck auszuüben. Eine Eigenheit des Sports ist das nicht. Der Arzt Dr. B. hatte die Story aus dem Netz entfernt haben wollen. Und er wollte außerdem verhindern, in einem weiteren Beitrag der ARD vorzukommen. Wir hatten Letzteres zwar überhaupt nicht vor, aber das konnten wiederum der Doktor und seine Berater natürlich nicht wissen. Von einer gerichtlichen Auseinandersetzung abgehalten haben ihn letztlich wohl doch die Fakten, auf denen unsere Arbeit beruhte. Und die hatten wir – vor Ausstrahlung unseres Films – intensiv geprüft.

Wie bereits erwähnt, arbeiten wir in der Regel mit mindestens einem Fachanwalt für Medienrecht zusammen, der im Vorfeld einer Veröffentlichung Text- und Bildpassagen hinterfragt, Dokumente überprüft und mögliche rechtliche Konsequenzen vorausdenkt. Ein Redakteur des Senders, der unseren Film betreut, hat die Aufgabe, unsere Quellen ebenso kritisch zu durchleuchten. Und auch ein Justiziar des Senders nimmt den Beitrag ab. Wir verfahren nach dem Sechs- (und am besten noch mehr) Augen-Prinzip. Das kostet zuweilen Kraft und Geduld, und als Autor eines Films ist man von peniblen Juristen auch mal genervt. Aber umgekehrt wissen diese nun einmal am besten, wie sensibel etwa Persönlichkeitsrechte gehandhabt werden.

Hundertprozentige Sicherheit gibt es dennoch nicht. Bei einem Beitrag, der auch auf Recherchen im Ausland basierte, haben wir Lehrgeld bezahlt. In der Regel sind unsere Filme ja über das Internet in mehreren Ländern abrufbar, das Medienrecht aber unterscheidet sich von Land zu Land. Als wir über den Dopingverdacht gegen einen ausländischen Athleten berichtet haben, hat dieser raffiniert ausgenutzt, dass in einem Land der Europäischen Union die Rechtslage für ihn günstiger als in Deutschland war. Mithilfe spezialisierter Anwälte ging er dort gegen eine Passage unseres Films vor. Und tatsächlich sah ein Gericht in dem besagten EU-Land die strittige Sequenz, die unsere Juristen nach deutschem Recht freigegeben hatten, als problematisch an. Am Ende einigten sich beide Seiten auf einen Vergleich, der nicht ganz billig war. Generell würde ich aus heutiger Sicht bei der einen oder anderen Recherche anders entscheiden. Bei manch sensibler Thematik etwa würde ich noch öfter als früher Identitäten von Protagonisten vollständig unkenntlich machen. Um Missstände aufzudecken, kann es auch genügen, von einem Sachverhalt zu berichten, ohne den Namen der Person zu nennen oder einen Bezug zu ihr herzustellen.

Wettlauf verloren

Berater zur juristischen Einschätzung oder für die perfekte Kommunikation nach außen haben in den Institutionen des Sports ein breites Betätigungsfeld gefunden. Die Welt-Anti-Doping-Agentur WADA versichert sich ihrer Expertise ebenfalls. Im Januar 2018 haben wir das bei einer wichtigen Recherche zu spüren bekommen.

Damals war bekannt, dass russische Agenten während der Winterspiele 2014 in Sotschi die kleinen Fläschchen für die Dopingproben geöffnet und unbemerkt wieder verschlossen hatten. Die Urinflaschen hatten sich als unsicher erwiesen, was Manipulatoren beste Möglichkeiten bescherte. Wir schauten uns die Urinbehälter im Sommer 2017 an. Es war jetzt ein überarbeitetes Modell im Einsatz – und der Hersteller aus der Schweiz ließ in seiner Werbung keinen Zweifel daran, dass Betrug damit nicht mehr möglich sei. »Jeder Versuch, die Flaschen unautorisiert zu öffnen, zerstört diese oder hinterlässt sichtbare Spuren«, versprach die Firma Berlinger Special AG.

Wirklich? Wir begannen ein Experiment. Zuerst besorgte mein Kollege Jürgen Kleinschnitger eine Flasche der Modellreihe 2016 und gab sie in die Hände eines Glasexperten. Der Mann zeigte vor laufender Kamera, dass sich die Flasche mit Sachverstand und dem richtigen Gerät aufschneiden ließ, ohne dass der Spezialdeckel Schaden nahm. Auch Ersatzflaschen waren leicht zu besorgen, ebenfalls konnten wir neue Etiketten herstellen lassen. So hielten wir bald scheinbar identische Flaschen in den Händen, auf die der Originaldeckel wunderbar passte. Manipulationssicher waren die Urinbehälter also keineswegs. Und das war noch nicht alles. Die Firma Berlinger besserte noch vor den Winterspielen im kommenden Jahr nach und entwickelte ein neues Flaschenmodell. Im Spätherbst 2017 legte Jürgen eines dieser neuen Fläschchen einer Expertin für 3-D-Kopien vor. Unüberwindbare Sicherheitsmerkmale, sagte sie, könne sie in dem Deckel der Flasche nicht finden. »Den zu fälschen, ist daher nicht schwierig. Ich sag's mal so: Eine Banknote zu fälschen, das ist Schwierigkeitsgrad zehn. Der Deckel hier, der ist gerade mal eine Null Komma drei.« Anschließend machte sich die Frau daran, eine Kopie des Deckels herzustellen. Und tatsächlich gelang es ihr in kurzer Zeit, ein praktisch original-getreues Fläschchen der neuesten Generation herzustellen.

Schließlich legten wir sowohl die Kopien der Flaschen des Baujahres 2016 als auch die Fälschungen der neuesten Behälter Experten aus Dopingkontrolllaboren in Europa vor. Durch deren Hände gehen bei Analysen von Dopingproben unzählige solcher Urinflaschen. Übereinstimmend hieß es: Im Laboralltag würden die gefälschten Flaschen wohl nie auffallen.

Kurz vor den Olympischen Winterspielen 2018 war somit klar, dass die Situation sich nach Sotschi 2014 keineswegs gebessert hatte. Mit etwas krimineller Energie und ein bisschen Vorbereitung hatten Betrüger weiterhin die Möglichkeit, mit gefälschten Behältern unauffällig den Urinaustausch gedopter Athleten zu organisieren.

Aber auch das sollte noch nicht alles sein, denn nun meldete sich ein Informant aus dem Umfeld eines internationalen Sportverbandes. Er war mit Dopingkontrolleuren gut bekannt. Der Mann hatte ein Urinfläschchen aus der neuesten Modellreihe in der Hand gehabt. Das Fläschchen enthielt eine Dopingprobe, sein Deckel war zugedreht. Eigentlich darf sich solch ein Deckel aus Sicherheitsgründen ohne Spezialwerkzeug nicht wieder aufdrehen lassen.

Doch genau das habe er problemlos geschafft, sagte der Mann. Er habe den Deckel einfach mit der Hand wieder aufgedreht. Und das sei ihm nicht nur bei einem Exemplar gelungen.

Waren Urin-Proben von Athleten also gar nicht sicher, Manipulationen leicht möglich? Versuch macht klug. Wir besorgten uns mehrere Sätze des neuen Fläschchens der Firma Berlinger. Füllten Flüssigkeit hinein, drehten die Behälter zu, wie die Bedienungsanleitung es vorschrieb, packten die Behälter samt Inhalt für zweiundsiebzig Stunden in die Tiefkühltruhe. Holten sie danach wieder heraus und ließen die Flüssigkeit auftauen. Nun durften die Fläschchen nicht zu öffnen sein, ohne den Deckel zu zerstören.

Tatsächlich aber konnte ich sogar mehrere Deckel mühelos aufdrehen. Und einige ließen sich anschließend auch wieder verschließen. All das demonstrierte ich vor laufender Kamera.

Eine Probe auszutauschen, war mit diesen Sicherheitsflaschen kein Problem.

Manchmal gehen wir in der ARD-Dopingredaktion so ungewöhnliche Wege wie bei diesem Experiment, das einige Monate dauerte. Die gesamte Recherche wollten wir im zweiten Teil unseres Films »Das Olympia-Komplott« zeigen, direkt vor den Winterspielen in Südkorea. Am 27. Januar 2018, einem Samstag, zwei Tage vor dem Sendetermin des ersten Teils, erhielt ich allerdings einen Anruf. In Anti-Doping-Kreisen, erfuhr ich, spreche sich gerade herum, dass die ARD einen Film über die Dopingkontrollflaschen von Berlinger mache. Hoppla!

Die WADA wusste seit einigen Tagen, dass die neuen Flaschen unsicher waren. Der Öffentlichkeit hatte sie das keineswegs mitgeteilt. Nun aber, da publik wurde, dass die ARD einen Film zu diesem Thema senden würde, drohten der WADA unschöne Schlagzeilen. Denn Tausende der vermeintlich fälschungssicheren Behälter der neuesten Generation befanden sich bereits am Olympiaort in Südkorea. Bis zum Beginn der Wettbewerbe waren es nur noch knapp zwei Wochen. Das konnte auch den Ausrichtern der Spiele nicht gefallen.

Die bisher so schweigsame WADA-Zentrale in Montreal müsste in die Offensive gehen, bevor wir mit unserer Recherche rauskamen, das war uns klar. Nur so konnte die WADA den Eindruck verhindern, dass sie das Problem mal wieder verschwieg. Und nur so konnte sie in der für sie delikaten Angelegenheit die Deutungshoheit erlangen.

Die Frage war jetzt nur, wann die WADA die Sicherheitslücke öffentlich machen würde. Lange konnte das eigentlich nicht mehr dauern. Der zweite Teil unseres Films, in dem wir unser Flaschenexperiment zeigen wollten, sollte allerdings erst in einigen Tagen laufen. Die WADA hatte also genügend Zeit, uns zuvorzukommen. Täte sie dies, würde unsere Recherche mit einem Schlag ihren Neuigkeitswert verlieren.

In solchen Situationen wird man schon mal ein wenig hektisch – ich auch. Wie konnten wir Folge zwei des »Olympia-Komplotts« früh genug ins Ziel bringen? Wir telefonierten sofort mit den Verantwortlichen in der ARD, spielten alle Möglichkeiten durch – und kamen doch nur auf eine Lösung: Teil zwei des Films musste direkt im Anschluss an den ersten Teil gesendet werden. Damit hätten wir allerdings keine achtundvierzig Stunden Zeit gehabt, um Teil zwei fertig zu machen. Eigentlich waren dafür sieben Tage eingeplant. Doch hätten wir erst eine Woche später gesendet und die WADA wäre zwischenzeitlich selbst an die Öffentlichkeit gegangen, wäre unsere Recherche keine Neuigkeit mehr gewesen. Ein Dilemma.

Es half alles nichts, wir mussten uns beeilen. Unsere Cutter mussten das Wochenende an ihren Schnittplätzen mehr oder weniger durcharbeiten. Unsere Juristen baten wir, den zweiten Teil so schnell wie möglich rechtlich zu prüfen. Gemeinsam traten wir den Kampf gegen die Uhr an. Doch in der Nacht vor dem Sendetag, ungefähr um null Uhr, drohte die Sache trotzdem zu eskalieren. Einer meiner Kollegen zeigte mir eine E-Mail der WADA mit einer Presseerklärung, die gerade rausgegangen war. Darin erklärte die WADA, sie habe eine Untersuchung zu den neuen Urinflaschen eingeleitet, um die Integrität des Dopingkontrollprozesses zu wahren. Die Sicherheitsflaschen, habe man erfahren, seien möglicherweise manuell zu öffnen.

Die WADA-Leute hatten wirklich sehr schnell reagiert. Offenbar dachten sie, wir würden die Fläschchenrecherche schon im ersten Teil unseres Films zeigen. Ich machte meinem Ärger lautstark Luft. Die WADA mit ihren Juristen und PR-Leuten war uns tatsächlich zuvorgekommen. Sie verhinderte so, dass wir den brisanten Vorgang enthüllen konnten.

Wir schnitten dennoch weiter an dem Beitrag, etwas anderes blieb uns ohnehin nicht übrig, und sendeten am Montagabend im Spätprogramm, zuerst Teil eins und dann Teil zwei. Nun lieferten wir eben den ausführlichen Hintergrund zum Inhalt der WADA-Pressemitteilung. Die Organisation war uns zuvorgekommen. Dass wir unsere Recherchen zeigten, konnte sie nicht verhindern.

Die Urinflaschen der neuesten Generation wurden bei den Winterspielen in Südkorea dann tatsächlich zurückgezogen. Binnen weniger Tage schaffte man Tausende Flaschen der Modellreihe 2016 herbei, die zwar nicht hundertprozentig betrugssicher waren, aber weniger anfällig als die neuen Urinbehälter. Zudem wurde beschlossen, die Sicherheitsmaßnahmen für den Umgang mit den Dopingkontrollbehältern zu erhöhen.

Thomas Bachs Hellseher

Mit der Zeit gewöhnt man sich an die verschiedenen Arten der Gegenwehr von jenen, die unsere Recherchen lieber nicht veröffentlicht sehen würden. Dazu gehört, ein Problem oder Vergehen lieber selbst zu benennen und der Enthüllung zuvorzukommen. Es gibt in diesem Zusammenhang Erklärungen, die fast schon komisch wirken. Die »Rheinische Post« hat ein paar solcher Statements veröffentlicht. Sie stammen von erwischten Athleten, denen man natürlich glauben kann. Man kann ihnen aber auch für ihre Kreativität Respekt zollen. Die deutsche Mountainbikerin Ivonne Kraft sagte

2007, der Asthma-Inhalator ihrer Mutter sei in ihrem Beisein explo-
diert. »Vor Schreck hab ich ›huch‹ gesagt und wohl versehentlich
etwas inhaliert.« Der Radprofi Christian Henn verwies auf seine
Schwiegermutter. Die habe ihm einen Tee zur Stärkung der Zeu-
gungskraft empfohlen – der ihm dann zum Verhängnis geworden
sei. Der Radrennfahrer Floyd Landis gab einst an, nach einem Ein-
bruch zu viel Whiskey getrunken zu haben, der deutsche Langläufer
Johann Mühlegg erklärte die EPO-ähnliche Substanz in seinem Blut
mit einer Diät.

Appetitzügler seiner schwangeren Frau hat nach eigener Darstel-
lung der Radfahrer Andreas Kappes eingenommen – versehentlich.
Sein Kollege Tyler Hamilton erklärte, des Blutdopings überführt:
»Ich bin ein Mischwesen, die fremden Zellen in meinem Körper
werden von den Stammzellen meines vor der Geburt gestorbenen
Zwillingsbruders produziert.« Die italienische Tennisspielerin Sara
Errani schließlich gab an, ihrer Mutter sei bei der Zubereitung der
Tortellini ihr Brustkrebsmedikament in den Topf gefallen. Und da
wäre noch der Sprinter Denis Mitchell, der mit hohem Testosteron-
wert aufgefallen war – für ihn die Folge einer anstrengenden Nacht.
Die Lady habe Geburtstag gehabt und etwas Besonderes verdient,
sagte er und dass er vielleicht zu viel Sex gehabt habe.

Doch zurück zu einer weniger fantastisch anmutenden Begebenheit. Sie hat sich tatsächlich so zugetragen, im Jahr 2013, bevor das
Internationale Olympische Komitee (IOC) einen neuen Präsidenten
wählte. Der Deutsche Thomas Bach, ein ehemaliger Fechter aus
Tauberbischofsheim und zu dem Zeitpunkt Vizechef des IOC, hatte
seinen Weg hinauf zum Thron längst geebnet. Ich saß nun an jenem
Tag im Jahre 2013 in einem Büro beim WDR in Köln. Wir arbeiteten
an einem Film über den mutmaßlichen nächsten IOC-Präsidenten
und hatten dafür auch schon gedreht. Nun erhielt ich eine E-Mail
eines Kollegen. Darin: Thesen zu Bach, die man vielleicht untermauern könnte, vielleicht auch wieder verwerfen würde sowie Vorschläge für weitere Recherchen. Der Kollege hatte eher launig formuliert.

Was ich mir dann erlaubte – vielleicht halb abgelenkt durch Gespräche mit Kollegen, vielleicht gleichzeitig mit dem Handy am Ohr, auf jeden Fall offenkundig nicht bei voller Aufmerksamkeit –, hätte nicht passieren dürfen: Ich leitete die E-Mail des Kollegen versehentlich an Thomas Bach weiter. Dass ich mich beim Empfänger geirrt hatte, bemerkte ich erst mal nicht.

Drei Tage später saß ich wieder beim WDR, derselbe Schreibtisch, mein Handy klingelte, auf dem Display: unbekannt. Als ich ranging, hörte ich:»Guten Tag! Hier ist Thomas Bach.«

Anrufe hoher Funktionäre erreichen mich eher selten, eigentlich nur, wenn sie vertraulich etwas loswerden wollen. Das konnte ich mir bei Thomas Bach nicht vorstellen. Über die Jahre hatte sich unser Verhältnis von sachlich zu distanziert entwickelt. Ich hatte seinen Karriereweg verfolgt. An kritischen Fragen zur Rolle des IOC und seiner Person war ihm nach meiner Einschätzung eher nicht gelegen. Jedenfalls reagierte er in den letzten Jahren zunehmend gereizt, wenn wir miteinander zu tun hatten.

Bach war es über viele Jahre auch anders gewohnt. Dem wichtigsten deutschen Sport-Funktionär wurde immer mal wieder eine für ihn besonders angenehme Behandlung zuteil. Vor Fernsehkameras befragte man ihn als eine Art Insider der olympischen Bewegung: Er durfte den Zuschauern vermeintliche Hintergründe schildern und seine Einschätzung vermitteln. Man behandelte ihn nicht selten so, als wäre er unabhängig und frei von eigenen Interessen. In manchem Zeitungsartikel war es nicht anders.

Bach wurde von einigen Journalisten geradezu hofiert. Das kann an seiner Position gelegen haben. Auch Fernsehanbieter sahen im IOC häufig eher einen Geschäftspartner denn einen Gegenstand der Berichterstattung. Die European Broadcasting Union (EBU) kaufte für viele Jahre die Übertragungsrechte der Olympischen Spiele vom IOC, wodurch ARD und ZDF die Spiele im deutschen Fernsehen ausstrahlen konnten. Seit 2015 ist das globale Medienunternehmen Discovery Vertragspartner der olympischen Dachorganisation. Discovery verkaufte dann – um die horrenden Ausgaben zu refinanzieren – anderen TV-Anbietern Zweitrechte für olympische Wettbewerbe. Es ist also nicht allzu verwunderlich, dass aufgrund geschäftlicher Verbindungen eher wenige Fernsehsender in der Welt das IOC-Gebaren auch mal kritisch hinterfragen.

Ein eher schonender Umgang mit dem IOC fiel auch schon bei Bachs Amtsvorgängern auf, etwa bei Jacques Rogge. Ein deutscher TV-Journalist, der sich mit harten politischen Themen beschäftigte, hat mich mal gefragt, ob es denn in Ordnung sei, wenn er Rogge um ein Autogramm bitte. Ich fand das für einen Journalisten total unangemessen. Diese kleine Episode steht für eine klebrige Nähe, die es häufig zwischen Offiziellen und Journalisten gibt. Sie macht auch deutlich, dass Olympia-Funktionäre lange Zeit darauf vertrauen konnten, bei vielen Sportjournalisten leichtes Spiel zu haben. Plaudereien in der Wohlfühlzone. Als gäbe es keine knallharten ökonomischen Interessen im Kampf um Macht und Einfluss.

Einem Spitzenfunktionär wie Bach, finde ich, muss man mit kritischer Distanz begegnen. Nach meiner Wahrnehmung gingen dem Deutschen Macht und Kontrolle stets über alles. Vielen Protagonisten im elitären Olympiazirkel ist Bach zweifellos strategisch hoch überlegen. Er hat über die vielen Jahre seiner Zugehörigkeit zum IOC ein Netz von Abhängigkeiten und ihm loyalen Gefolgsleuten gesponnen. Das macht ihm so leicht keiner nach. Seine Inthronisierung als Herr der Ringe im Jahr 2013 war die logische Folge und lange absehbar.

Dass wir 2013 einen Beitrag über ihn planten, konnte Bach allenfalls ahnen. Und jetzt rief er einfach an und behauptete, ich hätte ihm doch eine E-Mail geschickt. Ich stritt das ab, mit voller Überzeugung. Ich dachte, er irre sich, und sagte ihm das. Bach wunderte sich kurz, legte dann aber auf.

Ich sah auf zu meinem Kollegen, der am Tisch gegenübersaß. »Das war Thomas Bach, der spricht von einer E-Mail, die ich ihm geschickt hätte.« Dann klickte ich den Postausgang meines E-Mail-Programms an. Und sah, dass ich tatsächlich eine Mail an Bach gesandt hatte.

Mit meinem Lapsus hatte ich nicht nur mich, sondern auch meinen Kollegen in eine blöde Situation gebracht, denn was er uns geschrieben hatte, konnte Bach nicht gefallen. Andererseits: Ärger würde es ohnehin geben, wenn Bach unseren Film sehen würde, vielleicht auch schon, wenn wir ihm vor der Sendung einige Fragen schicken würden.

Wir beschlossen, meinen Fehler erst einmal auszublenden.

Bach beschloss das Gegenteil. In seinem Auftrag setzte sich eine Anwaltskanzlei für Medienrecht mit mir in Verbindung. Der Mail meines Kollegen ließ sich ja etwas entnehmen, Hypothesen und Ansätze zu Recherchen. Und noch mehr konnte man, wenn man wollte, hineininterpretieren. Die Post vom Anwalt geriet daher auch ausführlich.

Nahezu genüsslich zitierte er aus der Mail, schrieb von »längst geklärten Sachverhalten«, von einem »faktisch nachweisbaren Ansinnen« meinerseits, Unwahrheiten zu verbreiten und dass es »nicht im Ansatz« darum gehe, einen Sachverhalt aufzuklären. Offenbar werde ein Anlass zur Berichterstattung konstruiert. All das entnahm der Medienanwalt einer E-Mail eines Kollegen an mich, genau wie die Annahme, dass ich vorhätte, »einen rein tendenziösen Bericht über unseren Klienten mit Kampagnencharakter herzustellen«.

Der eigentliche Sinn seines Schreibens schwappte unterdessen aus jedem Absatz. Der Anwalt wollte einschüchtern, drohen, so gut es ging. So schrieb er denn auch ausdrücklich: »Mein Mandant wird sich mit aller gebotenen Nachhaltigkeit gegen eine derartige journalistische Vorgehensweise zur Wehr setzen.« Dabei ging es ihm wohl weniger um mich. Eine Kopie seines Schreibens ging an die Juristen des WDR. Dort, so hoffte der Anwalt offensichtlich, könne er Ängste schüren.

Gelungen ist es ihm nicht, unser Film lief, mochte sein Medienanwalt sich auch vorab über »tendenziöse« Berichte ereifern und von »Kampagnencharakter« fabulieren. Wir berichteten über Bachs Doppelrolle als Athletensprecher und Marketing-Mann bei Adidas und über seine engen Bande zu dem dubiosen IOC-Funktionär Ahmad Al-Fahad Al-Sabah aus Kuwait. Der Scheich unterstützte Bachs Kandidatur und sagte:»Wir haben eine Verabredung mit ihm, seit zwölf Jahren schon.« Ein solcher Deal war nicht erlaubt, eine Berichterstattung darüber für Bach nicht schön. Ob das persönliche Verhältnis zwischen dem Scheich und seinem einstigen Protegé heute noch so innig ist? 2018 klagte die Staatsanwaltschaft in der Schweiz den Bach-Buddy Ahmad Al-Sabah wegen Fälschung von Dokumenten an.

Was wir nicht berichten konnten, was aber heute in ein Porträt Thomas Bachs hineingehört, ist die Art und Weise, wie er sich 2016 während der Olympischen Spiele in Rio über die russische Whistleblowerin Julia Stepanowa geäußert hat. Das IOC ließ die Leichtathletin, die mit ihren Aussagen und verdeckten Recherchen entscheidend dabei half, das Staatsdopingsystem ihres Landes zum Einsturz zu bringen, in Rio nicht starten. Seit einem Jahr lebte sie schon versteckt in den USA. Nun war herausgekommen, dass Stepanowas E-Mail-Account gehackt worden war. Die Sicherheit der Whistleblowerin an ihrem geheim gehaltenen Wohnort war gefährdet. Thomas Bach fiel dazu dieser Satz ein:»We are not responsible for dangers to which Ms Stepanowa may be exposed.«

Der IOC-Präsident sagte mit Eiseskälte, als wäre ihm dies völlig egal:»Wir sind nicht verantwortlich für Gefahren, denen Frau Stepanowa ausgesetzt sein mag.«

Thomas Bach betonte in der ARD einmal, Ehrlichkeit sei ihm wichtig und er sage niemals etwas Falsches. Demnach gewährte er hier einen Einblick in seine Gedanken. Was er zeigte, kam nicht gut an bei Menschen, die einen Hauch von Empathie empfinden. Bach begriff das natürlich schnell. 2017 traf er sich mit Julia Stepanowa und ihrem Mann Witali. Das IOC unterstützt die Whistleblower seitdem finanziell.

Kenia

Kein Wunder

»Es handelt sich um eine Kriegserklärung gegen meinen Sport«, sagte Sebastian Coe. Eine Nummer kleiner hatte er es offenbar nicht. Als Fünfzehnhundert-Meter-Läufer gewann der Brite in den Achtzigerjahren zwei Goldmedaillen bei Olympischen Spielen. Nun, Anfang August 2015, sprach Coe als Vizepräsident des Internationalen Leichtathletikverbandes IAAF von Anschuldigungen, die »sensationslüstern und verwirrend« seien. Er hatte den ARD-Film »Im Schattenreich der Leichtathletik« gesehen, in dem es um auffällige und verdächtige Blutwerte bei zahlreichen Leichtathleten ging und um Doping in Russland und Kenia. Nun wollte er sich offenbar heldenhaft vor seine Sportart werfen. Vielleicht, weil er gerade für das Amt des Präsidenten der IAAF kandidierte, die Wahl stand ein paar Tage später an. Vielleicht wusste er es aber auch nicht besser. Vielleicht.

Vielleicht hätte Coe auch einfach mal dabei sein sollen in jenen Wochen, als wir in die Läuferszene im kenianischen Hochland eintauchten. Vielleicht hätte jener Tag einige Wochen zuvor gereicht, als wir in die Heimat Geoffrey Kipketer Tarnos fuhren. In die scheinbar hinterste Ecke dieser Region, zwei Stunden im völlig verstaubten Van mit selten mehr als vierzig Stundenkilometern über Stock und Stein und um Löcher herum, die starker Regen hinterlassen hatte. Die Familien in dem Dorf, das wir ansteuerten, leben ohne durchgehende Stromversorgung. Handys aber haben sie, deshalb konnten wir uns anmelden. In unserem Kofferraum lagen Lebensmittel, Brot, Milch und Konserven – Gastgeschenke, wie sie in Kenia üblich sind.

Dopingtod. Der Kenianer Geoffrey Kipketer Tarno lief Marathon, um von den Preisgeldern seine Familie zu ernähren.

Der Marathonläufer Geoffrey Kipketer Tarno wurde zweiunddreißig Jahre alt. Wir stiegen aus vor dem Häuschen, in dem er gelebt hatte, und sahen gleich ein Holzkreuz, weiß gestrichen, schwarze Buchstaben und Zahlen. »Sunrise: 03. 10. 1981«, stand darauf und »Sunset: 13. 10. 2013«. Sie haben ihn zu Hause in seinem Garten begraben.

An jenem 13. Oktober 2013, einem Sonntag, fand ein Marathon statt, in Eldoret, der größten Stadt im kenianischen Hochland. Hier liefen nicht die Allerbesten, sondern eher Athleten, die noch vom Durchbruch träumten oder die sich mit einer mittelprächtigen Karriere abgefunden hatten. Das Preisgeld betrug dreitausend Dollar.

Geoffrey Kipketer Tarno lag in Führung, lange Zeit. Schritt für Schritt näherte er sich Sieg und Prämie. Doch bei Kilometer 40 brach er plötzlich zusammen.

Seine Witwe Lilian Kemei hatte zwei kleine Kinder auf ihrem Schoß, die anderen beiden hockten neben ihr, als wir mit ihr über ihren Mann sprachen. »Ich denke, er wird doch wiederkommen«, sagte sie. »Aber dann sehe ich sein Grab. Ich habe alle Hoffnungen verloren.«

Auch ihr Bruder sprach mit mir, nannte Geoffrey »unseren Ernährer«. Am Tag des Marathons habe er große Hoffnungen auf das Preisgeld gehabt. Geoffrey habe versprochen, reich zurückzukommen. Der Läufer, erklärte sein Schwager, habe die ganze Dorfgemeinschaft unterstützt.

Woran starb der Mann, der mit dem Laufen nicht nur das karge Leben seiner Frau und seiner vier Kinder finanzierte? Tarnos Tod auf der Marathonstrecke, ganz vorn an der Spitze des Feldes, erregte in Eldoret und im ganzen Hochland Aufsehen. Die Polizei ließ seinen Leichnam untersuchen und wies den Pathologen an, einen Bericht zu verfassen. Darin steht, dass der Läufer an den Folgen eines Blutpfropfs gestorben sei, an einem Thrombus. Das geronnene Blut habe zu einer Lungenembolie geführt und somit zum schnellen Tod.

Ich erinnerte mich an Todesfälle in Europa in den Neunzigerjahren, Radrennfahrer. Denen hatte EPO das Blut verklumpt.

Wir waren gekommen, um den Tod des Läufers Geoffrey Kipketer Tarno weiterzurecherchieren. Einer seiner Trainingspartner hatte Angst, mit uns vor der Kamera zu reden. Als wir ihm zusicherten, dass ihn im Film niemand erkennen und seine Stimme verfremdet würde, willigte er ein. »Er hat immer viel trainiert, aber nie gewonnen«, sagte der Kollege. »Fast täglich hat er mir gesagt, er werde Dopingmittel nehmen, wenn er nur an sie herankomme. Er sprach von Tabletten und Injektionen.« Der Trainingspartner sagte sogar, er habe »mitbekommen, dass er sich die Mittel selbst spritzte«.

Ein paar Wochen lang, erinnerte sich der Läufer, habe immer eine Frau beim Training vorbeigeschaut. »Jeder von uns wusste, dass sie die Mittel verkaufte. Drei Tage vor dem Wettkampf verließen die beiden gemeinsam das Gelände. Nach unserem letzten gemeinsamen Training sagte Geoffrey zu mir: ›Ich muss das Rennen gewinnen, egal wie. Wenn nicht, werde ich sterben.‹ Dass er dann beim Marathon so unheimlich schnell lief, war nicht normal.«

Der Tod bewegte die Läufer, aber auch die Ärzte tauschten sich aus. Ein Mediziner aus der Laufszene war bereit, mit uns zu reden, ebenfalls anonym. »Der Typ, der bei dem Marathon in Eldoret gestorben ist, der hatte seine Injektion zu früh bekommen. Seine Blutwerte waren zu niedrig. Sie hatten vergessen, ihm vorher genug Eisen zu geben. Da hat das Herz nicht mehr mitgespielt. Er ist kollabiert und gestorben.«

Es gibt solche Einschätzungen im Hochland von Kenia, und es gibt die Erinnerungen des Trainingspartners, der einen Sportler unter offenbar hohem psychischem Druck erlebte, einen Menschen, der glaubte, um jeden Preis siegen zu müssen. Einen offiziellen Befund, dass Geoffrey Kipketer Tarno durch Doping starb, gibt es nicht. Das Wort EPO taucht in keinem Bericht auf. Die Frau, die stets beim Training zusah, wurde nach seinem Tod nicht mehr gesehen.

Ein Arzt, der Klartext spricht

Unsere Recherchen im Land der Läufer hatten ein paar Jahre vorher begonnen, in Europa. Dort waren immer ähnliche Sätze zu hören, wenn es um die Leistungen kenianischer Langläufer ging. Die Menschen in diesem ostafrikanischen Land trainieren ja das ganze Jahr unter besten Bedingungen auf mehr als zweitausend Metern Höhe. Sie laufen seit jeher viel, mussten schon als Kinder lange Strecken zügig zurücklegen, etwa auf dem Weg zur weit entfernten Schule. Später, als Jugendliche, spornt sie das Preisgeld der Rennen an. Damit wollen sie der Armut entfliehen oder sie wenigstens lindern.

»Tja«, sagte mir ein Sportmanager, »solche Erklärungen für die vielen Erfolge hörst und liest du hier seit vielen Jahren. Die hört man auch in Kenia. Ich sage dir, dass das Quatsch ist. Oder zumindest nur ein Teil der Wahrheit. Höhenluft, Armut und eine hohe Talentdichte allein reichen nicht, um sich dauerhaft an der Weltspitze zu halten.«

Der Sportmanager unterhielt selbst gute Beziehungen in das

Land. Ich kannte ihn schon einige Jahre und hielt ihn für vertrauenswürdig.

Er bot an, eine Verbindung zu einem Insider vor Ort herzustellen. Der kenne sich aus in Kenias Laufszene. Er habe mit den ganz Großen in Kontakt gestanden. Wenn ich wirklich nach Kenia reisen wolle, um mir das viel beschworene Laufwunder mal genauer anzuschauen, dann sei dieser Insider mein Mann.

Mein Mann, das machte dieser mir kurz darauf am Telefon klar, würde uns gern helfen. Er halte nichts von Doping und habe zudem gute Einblicke in die Laufszene seines Landes. Nach Geld fragte er nicht, aber uns war klar, dass er uns nicht kostenlos unterstützen konnte.

Die Dopingredaktion der ARD zahlt grundsätzlich kein Geld für Informationen. Sie arbeitet aber wie viele andere Redaktionen mit sogenannten Stringern zusammen. Als Stringer bezeichnen Journalisten Einheimische, die bei Recherchen und Drehs im Ausland helfen können, die organisationsstark sind, gut vernetzt, immer diskret sowie loyal und meistens auch uneitel. Stringer sind unverzichtbare Helfer, wenn man dort investigativ recherchieren will, wo man selbst kein Netzwerk hat, wo man Kultur und Alltag nicht kennt, die Sprache nicht spricht und zudem auch noch äußerlich auffällt. Wir einigten uns mit dem Stringer, nennen wir ihn hier William, ihn für einige Wochen als Mitarbeiter zu engagieren.

Berlin, Nairobi, Eldoret – im Frühjahr 2012 landeten mein Kollege Robert Kempe, unser Kameramann Manfred Pelz und ich im kenianischen Hochland. William war nicht der Einzige, der uns helfen sollte. Ich hatte außerdem Kontakt zu einem Journalisten aus Mitteleuropa aufgenommen, der sich in Kenia gut auskannte. Auch dieser Mann, nennen wir ihn hier Bernhard, hielt Kontakt zu Spitzensportlern und deren Betreuern.

Aufgrund seiner Berichte wusste ich, dass er so ziemlich jeden Weltrekord und jeden Athleten kannte, ein Kenner mit bibliothekarischem Wissen, der zu lieben schien, was er beobachtete. Der Fanblick trübt im Journalismus allerdings oft den Blick für gewisse

Wirklichkeiten. Ich kannte ihn noch nicht gut, erzählte Bernhard deshalb wenig über unsere konkreten Recherchen. Es ging um Doping, klar, viel mehr sollte er aber nicht erfahren. Bernhard würde uns dorthin bringen können, wo der Laufsport strahlte und kein Schatten fiel, auf die Sportplätze, an die Trainingsrouten und zu Wettbewerben. Dass wir zudem mit dem einheimischen William zusammenarbeiteten, sagten wir Bernhard auch nicht. Es war manchmal etwas kompliziert, doch die beiden trafen während unserer Zeit in Kenia kein einziges Mal aufeinander.

William dankte uns für den Auftrag und unser Vertrauen und redete danach nicht lange um den heißen Brei herum. Es werde gedopt, erklärte er und erzählte von einem Arzt, der hier im Hochland seit Jahren Athleten mit verbotenen Substanzen versorge und unterschiedliche Dopingmethoden anwende. William wusste auch von einem Geschäft in der Hauptstadt Nairobi. Dort könne ein Athlet aus einem reichen Sortiment an Dopingmitteln auswählen.

Eldoret bildet mit rund zweihunderttausend Einwohnern das Zentrum der kenianischen Hochebene und liegt auf einer Höhe von 2100 bis 2700 Metern. Ich war zum ersten Mal da. Kenia entwickle sich gut, hört man oft, aber ich habe davon 2012 und auch bei späteren Aufenthalten wenig gesehen. Gerade auf dem Land sahen wir verfallende Hütten, die dennoch bewohnt wurden. Straßen verwandelten sich zu Staub- und Löcherpisten, die Autofahrer mitunter mit Rinderherden teilen mussten. Am Rande der Fahrbahn boten Händler auf Decken Essen, Geschirr, gefakte Fußballtrikots und Basecaps an. Die Armut war allgegenwärtig, aber scheu verhielten sich die Menschen nicht. Wo wir auch hinkamen, drei Europäer mit heller Hautfarbe, umringten uns Kinder und bald darauf auch Erwachsene.

Der Arzt, bei dem William uns einen Termin gemacht hatte, praktizierte in einer bescheiden eingerichteten Praxis in dem Städtchen Kapsabet. William hatte uns hergefahren, blieb aber hinter getönten Autoscheiben im Wagen sitzen. Er wollte grundsätzlich nicht mit uns gesehen werden. Auch in unserem Hotel, das vor allem Europäer bewohnten, durchquerte er die Eingangshalle niemals an unserer Seite.

Wir betraten die Praxis hoffnungsvoll, äußerlich gelassen, innerlich mit einer gewissen Anspannung, wie sie bei solchen Treffen kaum zu vermeiden ist. Ausgestattet hatten wir uns mit versteckten Kameras und einer falschen Identität: Der Mediziner ging davon aus, zwei Manager aus Europa zu empfangen, die einige kenianische Nachwuchssportler unter Vertrag hätten. Und nun suchten wir, so hatte William ihm angedeutet, einen Arzt mit bestimmten Fähigkeiten.

Der Arzt, Mitte vierzig, schlank, schwarzer Pulli, gab sich freundlich. Er betreue viele Topathleten, sagte er in gutem Englisch, darunter auch eine Olympiasiegerin. Damit meinte er Pamela Jelimo, die 2008 in Peking mit gerade mal achtzehn Jahren Gold über achthundert Meter geholt hatte. Bei den Spielen in London vier Jahre später gewann sie Silber. Pamela Jelimo stammt aus Kapsabet. Bis heute liefen nur zwei Frauen die achthundert Meter schneller als sie. Der Arzt zückte nun ein Blutbild dieser erfolgreichen Mittelstrecklerin. Mit seiner Schweigepflicht nahm er es offenbar nicht so genau. »Schaut her, keinerlei Auffälligkeiten«, sagte er, »alles normal.« Dann kam er zur Sache.

»Wir können gerne darüber reden, wenn Ihre Athleten etwas brauchen. Steroide, Wachstumshormon, EPO, damit habe ich sehr viel Erfahrung. EPO ist in Kenia sehr, sehr gebräuchlich.«

Eine klare Ansage. Wie man sich denn die Dopingkontrollen hierzulande vorstellen müsse, wollten wir nun wissen.

»Nicht sehr streng, aber wir sind vorsichtig. Ich kann den Urin und das ganze Blutbild checken. So fallen sie bei Tests nicht auf.«

Er zog einen Vorhang auf, und wir sahen einen Nebenraum. Dort, inmitten einer besseren Wellblechhütte, öffnete sich eine andere Welt. Zentrifugen standen da, ein Kühlgerät, diverse Messapparate. Ein Labor. Die Geräte wirkten hochwertig. Konnte er hier Blutdoping betreiben? Wir fragten ihn das einfach, seine Offenheit schien das herzugeben.

»Sicher. Ich habe die Geräte dafür. Und die Blutbeutel können wir im Kühlschrank lagern.«

Blutdoping. Diese Art der Manipulation ist aufwendig, gilt aber unter Athleten als effektiv. Sportler lassen sich dabei mehrere Hundert Milliliter Blut abnehmen, in einem Beutel wird die Flüssigkeit dann tiefgekühlt gelagert. Wenn sich der Blutkreislauf nach einigen Wochen wieder normalisiert hat, wird das Blut zurückgeführt. Damit erhöht sich der Anteil an roten Blutkörperchen im Organismus des Athleten, was wiederum die Sauerstoffversorgung und damit die Leistungsfähigkeit verbessern kann. Die Welt-Anti-Doping-Agentur (WADA) verbietet Transfusionen von Blut oder roten Blutkörperchen grundsätzlich.

»Mit welchen Sportlern arbeiten Sie aktuell zusammen?«, fragten wir den Arzt.

»Namen nenne ich nicht. Aber es sind viele erfolgreiche Leichtathleten aus Kenia. Es kommen auch Athleten aus den USA, Äthiopien, Bahrain, Katar oder Jamaika nach Kapsabet. Sie verstehen schon.«

Als wir die Praxis verließen, war uns klar, dass wir einen wichtigen Kontakt geknüpft hatten. An diesem kenianischen Mediziner würde sich zeigen lassen, ob Ärzte hier tatsächlich in größerem Stil Doping anbieten. Behauptet hatte er es. Würde er Trainingseinheiten unserer angeblichen Läufer entsprechend begleiten? Beim Abschied hatten wir gesagt, uns bald zu melden, und waren dabei cool geblieben. Der Profi sollte den Eindruck bekommen, dass er es ebenfalls mit Profis zu tun hatte.

Unser Aufschlag in Kapsabet war gut verlaufen, eigentlich sogar sehr gut. Und doch tauchten kleine Zweifel auf, als wir wieder im Wagen saßen und uns auf den Weg zurück nach Eldoret machten. Zweifel, die gut und richtig waren, die uns aber zugleich das schöne Gefühl eines ersten Rechercheerfolgs zerstörten. Konnte dieser Mann nicht auch bloß ein Aufschneider sein?

Solche Gedanken kommen mir oft, wenn es vorangeht bei einer Recherche. Der beste Weg ist dann, die Zweifel anzuzweifeln. Warum, konterte ich meinen eigenen Einwand, stand dann dort eine schicke Maschine für Blutbehandlungen? Das Rote Kreuz wird sie nicht aufgebaut haben. Ein anderer Kenianer bestärkte wenige Tage später unsere Einschätzung, in Kapsabet einen rührigen Dopingdoktor getroffen zu haben. Dieser Kenianer hatte Langläufer betreut, sich dann aber mit ihnen zerstritten und sah jetzt keinen Grund mehr, ein Betriebsgeheimnis bei sich zu behalten. Er erzählte, auch seine Athleten seien hinter dem Vorhang jenes Arztes behandelt worden.

Schweizer EPO in Nairobi

Es war also nicht allzu knifflig, im kenianischen Hochland einen Arzt zu finden, der zu allem bereit zu sein schien. An Dopingmittel, berichtete unser Helfer William, könne man aber nicht nur hier oben kommen. Er erinnerte an den Laden in der Hauptstadt, da sollten wir doch mal reingehen.

Das Geschäft im Zentrum Nairobis nannte sich »Gesundheitsladen«, ein innen grau gestrichenes Geschäft voller Regale und Vitrinen. Der Shop warb mit besten Beziehungen. An den Wandflächen, vor denen keine Regale standen, klebten Zeitungsartikel. Wunderläufer um Wunderläufer war zu sehen, Kenianer mit Medaille um den Hals, Kenianer jubelnd mit emporgestreckten Armen, Kenianer im Zieleinlauf sogar des Berlin-Marathons.

In den Regalen standen in breiter Auswahl Dosen mit Nahrungsergänzungsmitteln, darunter auch Produkte, die auf der Verpackung mit Dopingsubstanzen warben. Wir gaben uns wieder als europäische Sportmanager aus und erfuhren vom Mann hinter dem Tresen, dass auch Patrick Makau Kunde sei. Eine Erklärung zur Person erübrigte sich. Der Kenianer Patrick Makau hielt zum Zeitpunkt unseres Besuchs den Weltrekord im Marathon, aufgestellt in Berlin ein halbes Jahr zuvor.

Zur selben Zeit wie wir besuchten zwei andere Marathonläufer und eine Kurzstreckenläuferin den Laden. Man war stolz auf die prominenten Kunden, stellte sie uns vor. Die Läuferin, erfuhren wir später, war gerade wegen Dopings gesperrt.

Nach kurzem Small Talk kamen wir zur Sache, fragten den Chef nach EPO. Er zögerte, aber nur einen Moment. Wir sollten am nächsten Tag wiederkommen.

Am nächsten Tag betraten wir den Gesundheitsladen zur besprochenen Zeit. Der Chef bat uns eine enge Wendeltreppe hinauf in die erste Etage, wo wir unter uns waren. Dass zwei versteckte Kameras die Szene aufzeichneten, ahnte er nicht. Er überreichte uns eine Originalpackung EPO: weißer Karton, schwarze Aufschrift, Recormon, fünftausend Internationale Einheiten, hergestellt in der Schweiz. Wir bezahlten in bar, deutlich weniger, als es in Europa gekostet hätte, und steckten die Packung in einen dunklen Beutel, den er uns gab. Es war ihm wichtig, dass wir nicht offen mit der Packung auf der Straße herumliefen. Dann gingen wir zum Auto, fuhren um die Ecke und filmten in Nahaufnahme das Medikament, das Forscher zum Beispiel für Patienten entwickelt haben, deren Nieren versagen und die während der Dialyse mit Blutarmut zu kämpfen haben.

Wir haben den Verkäufer aus dem Gesundheitsladen in unserem Film unkenntlich gemacht, der 2012 in der »Sportschau« und in längerer Fassung in der WDR-Sendung »Sport inside« lief. Das hat den Mann allerdings nicht davon abgehalten, juristisch gegen uns vorzugehen. Auch Medien, die über die Ergebnisse unserer Recherchen berichtet haben, hat er verklagt. Das Verfahren in Nairobi ist bis heute nicht abgeschlossen. Der Ladenbesitzer behauptet, er habe das Dopingmittel niemals verkauft und es könne dafür auch keine Beweise geben. Ob er unsere Bilder nicht gesehen hat? Selbst wenn wir sein Gesicht verpixelt haben – sich selbst, seinen Laden und das EPO sollte er eigentlich erkennen.

Unser Beitrag vom April 2012 rief allerdings noch eine weitere Reaktion hervor. Bernhard, derjenige unserer beiden Helfer, der den Rekordläufern eher mit Bewunderung als mit Skepsis begegnet war, schrieb kurz nach der Ausstrahlung einen Artikel in einer namhaften europäischen Zeitung. Darin ließ er einen Einheimischen sagen, wir seien Betrügern aufgesessen, und vermeldete, der kenianische Leichtathletikverband prüfe, »welche rechtlichen Schritte gegen Seppelt und Co. unternommen werden können«.

Die Prüfung muss dann wohl ergeben haben, dass der Verband nicht gegen »Seppelt und Co.« und auch nicht gegen die ARD oder sonst jemanden vorgehen konnte. Aber ich habe mich trotzdem geärgert über diese Aktion: Bernhard gehörte zum Team, wenn er auch nicht komplett in die Recherche eingeweiht gewesen war, und säte jetzt ohne fundiertes Wissen Zweifel. Was ihn dazu bewogen hat, habe ich nie erfahren.

Einige Monate nach Ausstrahlung unseres Films äußerte sich ein Athlet, der gerade erst gesperrt worden war: der Marathonläufer Mathew Kisorio. Kurz vor Beginn der Olympischen Spiele in London 2012 hatten Dopingtester ihm ein anaboles Steroid nachgewiesen. Synthetische Substanzen wie diese befördern das Muskelwachstum. In ihrer Struktur ähneln die künstlich hergestellten anabolen Steroide dem männlichen Sexualhormon Testosteron. Diese Art von Mitteln wird am häufigsten zur Leistungssteigerung missbraucht.

Mein Kollege Robert Kempe traf Kisorio in Kenia. Tagelang hatte die Anbahnung gedauert, erst kurz vor Roberts Rückflug erklärte Kisorio sich bereit, mit dem deutschen Fernsehen zu sprechen. Man hatte ihn mit einer Sperre belegt, die er akzeptieren musste, die ihn aber auch ärgerte. Sein Gefühl war, dass einzig der Sportler die Suppe auszulöffeln hat, hingegen kein Manager und vor allem auch kein Arzt.

Vor unserer Kamera packte er aus – mutig. Mathew Kisorio verzichtete nämlich darauf, dass wir ihn unerkennbar machten. »Ich hatte ja keine Ahnung«, sagte der damals Dreiundzwanzigjährige. »Ich war bei einem Arzt, der mir Blut abnahm und sagte, meine Blutwerte seien nicht optimal. Ich solle meine Hämoglobinwerte erhöhen. Ich fragte ihn, wie ich das machen solle, und er sagte mir, dass er mir da helfen könne. Ich wäre ja nicht der Erste, bei dem er das mache. Das sei auch nicht so schlimm.« Kisorio traute seiner Schilderung zufolge dem Arzt nicht so ganz. »Ich fragte ihn, ob das Doping sei, aber da hieß es: ›Kein Problem! Das Mittel bleibt höchstens drei bis vier Tage in deinem Blut. Und dann ist es nicht mehr nachweisbar.‹«

Beim Boston-Marathon im April habe er Probleme gehabt, erzählte Kisorio weiter, es habe ihm die Konstanz gefehlt. Der Arzt habe dann von Blutdoping gesprochen und eben auch von anabolen Steroiden. »Er hatte auch noch etwas für die Psyche, aber das habe ich nicht bekommen.«

Kisorio war es wichtig, dass wir den Blick weiteten. Dass er und ein paar Kollegen Einzelfälle sein sollten, hielt er für eine hübsche Erfindung all jener, die mit der Läufernation Kenia geschäftlich verbunden sind. Ein paar solcher Leute haben wir während unserer Reisen nach Kenia kennengelernt. Man darf sie nicht alle unter Generalverdacht stellen. Aber die Nonchalance, mit der manch einer das Dopingthema wegwischte, verblüffte uns schon.

Einmal haben wir die St. Patrick High School in Iten besucht, ein weiteres Laufzentrum im kenianischen Hochland. »Welcome to Iten, home of champions«, steht auf einem eisernen Torbogen, den man durchfährt, um in das Städtchen zu gelangen. In der High School bildete ein Ire namens Colm O'Connell seit vierzig Jahren Jungen aus. Er leitete das Internat, war Lehrer und Trainer zugleich. Stolz zeigte O'Connell uns einige Bäume. Die seien zu Ehren der Besten gepflanzt worden, erklärte er. Tatsächlich verriet ein Täfelchen an jedem Stamm, welchem bekannten Läufer der Baum gewidmet worden war.

Colm O'Connell liebte seinen Job mit den Jungs, das merkte man. Er hatte eine Tea Time eingeführt, morgens um elf Uhr, eine Zeremonie wie in Britannien. Jeder Schüler bekam einen Schuss Milch in den Becher. Und er schwärmte von den Bedingungen, unter denen seine Schützlinge sich sportlich entwickeln konnten. »Ob die Höhenlage, das richtige Essen, das Klima, der ländliche Raum, wo wir gute Trainingsbedingungen haben – das sind all die Faktoren«, erklärte er uns. Es tat mir fast schon leid, den sympathisch wirkenden Iren mit dem Dopingthema zu behelligen. Doch O'Connell parierte. »Wir haben hier so viele Menschen erlebt, die ganz nach oben gekommen sind, ohne dass sie mit medizinischen Mitteln nachgeholfen haben«, sagte er. Tatsächlich ohne unerlaubte medizinische Hilfsmittel? »Es kommt den Kenianern doch gar nicht in den Sinn, zu dopen, um besser zu laufen. Die gehen einfach raus und trainieren.«

Der Ausbilder vieler hoffnungsvoller Nachwuchsathleten wirkte auf mich gleichermaßen liebenswürdig wie naiv. Ein paar Monate nach diesem Gespräch im Frühjahr 2012 schilderte der erwischte Profiläufer Mathew Kisorio vor unserer Kamera seine Erfahrungen mit Dopingärzten. Sie klangen weniger romantisch. »Wenn das Preisgeld kommt, das du bei einem Rennen gewonnen hast, dann erwartet der Arzt einen Anteil an diesem Erfolg. Dann gibt man ihm etwas, damit er zufrieden ist, als Dankeschön. Es sind einige Ärzte, sie haben sich überall dort niedergelassen, wo die Athleten sind. Da, wo sie ihre Trainingscamps haben. Diese Männer eröffnen dann einfach eine Apotheke und behaupten, dass sie nur Arzneimittel verkaufen. Dann treten sie an die Athleten heran, an einen nach dem anderen, das ist überall im Land so, in Eldoret, in Iten, in Ngong oder in Kapsabet – überall, wo die Laufzentren sind.«

Die Großen machen es vor, viele Kleine ziehen irgendwann nach, das ist die Realität, vor der der irische Internatsleiter Colm O'Connell zumindest im Gespräch mit uns die Augen verschloss. Drei Jahre nach unserem Besuch an seiner High School schickte mir ein Informant per Post einen USB-Stick mit einer Datenbank. Diese enthielt die Ergebnisse von zwölftausend einzelnen Bluttests aus den Jahren 2001 bis 2012. Insgesamt fünftausend Athleten aus der ganzen Welt waren in der Datei aufgeführt. Angelegt hatte die Übersicht die International Association of Athletics Federations, kurz IAAF, auf Deutsch: der Welt-Leichtathletikverband.

Auffällige Blutwerte sind noch kein Beweis dafür, dass ein Sportler gedopt hat. Aber sie bergen einen Verdacht. Solche Werte deuten darauf hin, dass der Sportler blutverändernde Mittel oder Methoden eingesetzt hat. Jeder einzelne der Blutwerte aus der Datenbank konnte spezifische Gründe haben, die nicht automatisch einen Rückschluss auf Dopingbetrug zulassen. Aber eine solch hohe Zahl von Athleten mit auffälligen Blutwerten, wie wir sie dem Dokument entnahmen, konnte kaum Zufall sein.

Ich wollte der Sache auf den Grund gehen und bot im Frühjahr 2015 Kollegen von der »Sunday Times« in London eine Kooperation an. Sie arbeiteten in ihrer Redaktion mit Datenjournalisten zusammen. Mit dieser Disziplin der Recherche hatte ich bis dahin eher wenig Erfahrung gesammelt. Aber genau solche Fachleute brauchten wir jetzt, um die Menge an Namen und Zahlen so zu erfassen und aufzubereiten, dass wir selbst oder wenigstens Wissenschaftler sie bewerten konnten.

Die Datenbank listete viele Russen auf, außerdem aber etliche Athleten aus dem Land, das bei der Leichtathletik-WM 2015 den Medaillenspiegel anführen sollte: Kenia. Dort seien die Dopingkontrollen, hieß es, zuletzt verstärkt worden. Die WADA hatte nach unseren Berichten aus dem Jahr 2012 angekündigt, sich eingehend mit der Szene in Kenia zu befassen. Und tatsächlich waren anschließend Kenianer positiv getestet worden. Uns zog es nun zurück ins Hochland. Was hatte sich dort getan?

Injektion vor versteckter Kamera

Vor der Anreise nahmen wir Kontakt zu einem europäischen Läufer auf, der regelmäßig im kenianischen Hochland trainierte und noch immer von einer Profikarriere träumte. Er wollte sich dort mit den Besten messen, tat das auch und verdrängte dabei konsequent, dass er nicht im Ansatz mithalten konnte. Medizinischen Hilfsmitteln gegenüber war dieser Europäer – nennen wir ihn Richard – aufgeschlossen. Er hatte damit bereits seine Erfahrungen gemacht. Weil er nicht schnell genug lief, bestand für ihn keine Gefahr, kontrolliert zu werden. Angst kannte Richard aber ohnehin nicht. Vertraulich erzählte er uns, dass er es mal wieder versuchen wolle.

Wir kannten den Sportler über die Rechercheure von der »Sunday Times«, und die Kollegen meinten, Richard sei glaubwürdig. Außerdem kannte er sich in der Läuferszene im Hochland recht gut aus. Uns sollte er nun, das war die Idee, als Kontaktmann ins kenianische Dopingmilieu dienen. Für sich selbst, so sah er das, schritt er voran auf seinem Weg zu Zeiten, wie sie Spitzenläufer erzielen.

Richard führte in diesen Wochen also eine Art Doppelleben: Hier ein Helfer investigativer Journalisten, die Hintermänner des Dopings enttarnen wollten, dort ein motivierter Läufer, dem auch verbotene Mittel recht sind. Zusammen passten diese beiden Rollen nicht. Derlei Zwiespalt habe ich im Laufe der Jahre bei Informanten öfter erlebt. Richard zählte offenbar zu den Menschen, die einerseits Missstände angeprangert sehen wollen, aber andererseits auch selbst mit dafür die Verantwortung tragen. Sie packen aus, nennen Namen, haben zu diesen Menschen aber zugleich ein kumpelhaftes Verhältnis. Wir Journalisten können uns unseren Teil denken. Wir können mutmaßen, was Leute wie Richard antreibt. Vielleicht war es ein Geltungsbedürfnis, das womöglich entsteht, wenn man mit Fernsehleuten zu tun hat. Vielleicht trieb sie jedoch auch ein wirkliches aufklärerisches Interesse an.

Wer mit solchen Helfern zusammenarbeitet, schuldet ihnen auf jeden Fall Offenheit. Wir machen ihnen grundsätzlich klar, dass sie bei Undercover-Einsätzen ein Risiko eingehen. Wir zeigen ihnen auf, dass wir sie als Informanten stets schützen, so weit es uns möglich ist. Dass sie aber für ihr Handeln selbst verantwortlich sind und ihr Vorgehen abwägen müssen, sagen wir ihnen auch. Die Zusammenarbeit mit uns vor Ort läuft ja meistens über einige Tage oder Wochen, dann erscheint der Film, der vielleicht Konsequenzen hat, und es können dann durchaus ein paar Leute Interesse daran haben, zu erfahren, wer sie dort vorgeführt hat. Oft haben wir uns dann schon längst wieder in die nächste Recherche gestürzt, ins nächste Thema.

Um Richard mussten wir uns allerdings keine Sorgen machen – die Männer, mit denen er vor unseren versteckten Kameras zusammenkam, haben wir später im Film anonymisiert. Sie dürften sich erkannt haben, aber nicht von anderen erkannt worden sein. Richard musste somit nichts befürchten.

Ich selbst musste mir eine falsche Identität zulegen, ebenso mein Kollege Marco Knippen aus den Niederlanden, mit dem ich bei dieser Recherche zusammenarbeitete. Wir entschieden uns wieder für die Rolle von Managern aus Europa, die Athleten unter Vertrag hätten, weitere Läufer suchten und vor allem einen Mediziner, der unsere Jungs unterstützte. Wir hatten uns sogar Visitenkarten drucken lassen. Unsere Adresse war ein Postfach in Iten, Kenia, dem Home of Champions.

Richard besuchte den Arzt nicht mit mir, sondern mit dem Kollegen aus Holland. Ausgerüstet waren die beiden mit versteckten Kameras. Der Arzt empfing sie mit einer Hemdsärmeligkeit, wie sie im kenianischen Läufermilieu nicht ungewöhnlich ist. Bald schon ging er in den Nebenraum und kehrte mit zwei Medikamentenpäckchen zurück. Im ersten steckte Epofit, ein bekanntes Dopingmittel, das die Ausdauer fördert, im zweiten ein Testosteronpräparat mit dem Namen Sustanon. Doper schätzen es für seinen schnellen Kraftzuwachs.

Mit den Patientendaten nahm es auch dieser Arzt nicht so genau. Richard musste ihm auch keinen Pass oder Personalausweis vorzeigen. Er gab einfach irgendeinen falschen Namen an, das funktionierte. Bisher hatten wir Richard als eher zurückhaltend erlebt. Er schien nicht scheu zu sein, aber ziemlich ehrfürchtig auf unsere Arbeit zu blicken. Jetzt aber, in der Arztpraxis, erwies der Läufer aus Europa sich als cool und abgezockt.

Richard bekam das EPO injiziert. Durch die dünnen weißen Vorhänge konnte man von dem Behandlungsraum aus auf die belebte Straße sehen. Dort war einiges los, die ganze Zeit über liefen Leute an der Praxis vorbei. Wären sie stehen geblieben und hätten durchs Fenster hereingesehen, sie hätten einem kenianischen Dopingdoktor bei der Arbeit zuschauen können.

»Wollen Sie Ihre Athleten zu mir schicken?«, fragte der Arzt meinen Kollegen Marco, der neben Richard saß.

Marco nickte.

»Kein Problem, ich werde Ihre Sportler gut behandeln.« Dann deutete der Arzt auf Richard.

»Was ist mit ihm hier, braucht er mehr EPO? Sagen Sie mir mal seine Termine, wann die Wettkämpfe anstehen. Damit er am Ende nicht bei einer Dopingprobe erwischt wird.«

Richard hatte Freunde in der Läuferszene. Mit ihnen und versteckter Kamera besuchte er noch mehrere Ärzte. Die Mediziner deuteten stets an, dass sie immer wieder mit Spitzenathleten arbeiteten. Sie spritzten Athleten vor laufender versteckter Kamera Substanzen in den Arm oder ins Gesäß. Unser Läufer aus Europa begab sich auch in ein großes Trainingszentrum im Hochland, das regelmäßig von Spitzenathleten aus Europa genutzt wurde. Im Mülleimer der Anlage fand sich neben allerlei Abfall eine EPO-Ampulle.

Nach all den Recherchen jetzt und einige Jahre zuvor fragten wir uns, ob Kenias Leichtathletikverband das Problem Doping überhaupt zur Kenntnis genommen hat. Isaiah Kiplagat, von 1992 bis 2015 Präsident des Verbands, hatte uns schon bei unserem ersten Aufenthalt 2012 ein Interview versprochen. Dann hatte er wieder abgesagt. In einem langen Telefonat erreichten wir dann, dass er uns in seinem Haus in Nairobi empfing. Dort fühlte er sich aus einem Grund, der sich Robert Kempe und mir nicht erschloss, beleidigt. Die Unterhaltung wurde emotional, und neben dem Präsidenten baute sich für alle Fälle schon mal sein Sohn auf. Ob er uns nun das zugesagte Interview gewähren würde, war weiter ungewiss.

Schließlich beschied Kiplagat, dass unser Kameramann Manfred Pelz entscheiden solle, wie hier weiter zu verfahren sei. Manfred war von uns drei Deutschen der älteste, offenbar hielt ihn der Präsident deshalb für weiser. Und Manfred entschied, der Präsident möge sich doch bitte vor seiner Kamera äußern. Das tat Isaiah Kiplagat dann auch, kurz, aber deutlich. Er stellte fest, man habe kein Dopingproblem in Kenia. Da sei »nichts«, nur »ein oder zwei Fälle, was wirklich nichts ist«.

Vielleicht findet sich aber auch nichts, wenn nicht gesucht wird. In ihrer Heimat habe sie seit 2006 nicht ein einziges Mal eine Blutkontrolle machen müssen, erklärte 2015 vor unserer Kamera die kenianische Läuferin Rita Jeptoo, die zehn Jahre zur Weltspitze zählte und 2014 den Boston-Marathon gewann, dann aber positiv auf EPO getestet wurde. Jeptoos Kollegin Viola Chelangat Kimetto wiederum erwischte man 2013 beim Dopen. Der Weltverband IAAF schrieb nach Kenia, die Sportlerin sei unverzüglich für zwei Jahre zu sperren. Das passierte auch. Doch im Oktober 2014 konnte man die gesperrte Sportlerin beim Zagreb-Marathon zufrieden und als Dritte ins Ziel einlaufen sehen.

Wir haben nie erfahren, ob das an einem möglichen Durcheinander im Kenianischen Leichtathletikverband lag oder ob man es dort ganz bewusst darauf ankommen ließ. Jedenfalls tritt man dem Verband wohl nicht zu nahe, wenn man ihm abspricht, konsequent für einen sauberen Sport einzutreten.

Aber – was heißt auch schon sauber?

Wir bekamen Unterlagen der Kenya Commercial Bank in Nairobi zugespielt, Kontoauszüge aus den Jahren 2010 bis 2012. Der Kontoinhaber: »Athletics Kenya«, der Kenianische Leichtathletikverband. In den Auszügen fanden wir mehrfach Zahlungen des Sportartikelherstellers Nike an den Verband. Nike überwies in mittlerer sechsstelliger Höhe – Sponsorengelder. So weit, so legal.

Wir sahen aber auch, dass immer wieder hohe Summen vom Konto abgehoben worden waren, und zwar in bar. Einmal zweihunderttausend Dollar, mehrfach hunderttausend Dollar, insgesamt mindestens siebenhunderttausend Dollar. Einmal hob der Schatzmeister des Leichtathletikverbandes die Dollarpakete ab, einmal der Generalsekretär, einmal eine Frau, die denselben Vornamen wie die Assistentin des Verbandspräsidenten trug.

Der Präsident selbst wollte die Vorgänge uns gegenüber nicht kommentieren. Wir hätten ihn gern gefragt, aus welchem Grund seine Leute in Nairobi so viel Geld auf einmal in bar abhoben. Und warum er selbst, wie ein weiteres Bank-Dokument belegte, zweihunderttausend Dollar an eine Firma in Hongkong überweisen ließ. Die Enthüllungen führten später zu Ermittlungen des Leichtathletik-Weltverbandes und zu Sanktionen gegen die Funktionäre.

Athleten, die verbotene Substanzen einnehmen, dadurch im Wettbewerb betrügen und ihre Gesundheit gefährden. Ärzte, die ihnen die gefährlichen Mittel verabreichen. Funktionäre schließlich, die Doping bestreiten und eine überführte Doperin einfach nicht sperren. Und dann eine Verbandsspitze, die sich zu bereichern scheint, die sich zumindest Gelder im großen Stil bar auszahlen lässt. Dazu noch die Datenbank mit den zwölftausend auffälligen Blutbildern von fünftausend Athleten, was Blutdoping-Experten nicht für Zufall hielten, sondern für alarmierend. Ich hatte für unsere Recherchen keinen Applaus von der IAAF erwartet. So ticken hohe Sportfunktionäre in der Regel nicht. Aber dass der Vizepräsident Sebastian Coe von einer »Kriegserklärung« sprach, überraschte mich doch. Coe ging nicht juristisch gegen unseren Fernsehbeitrag vor. Er stieg kurz nach seiner kraftvollen Aussage zum Präsidenten des Weltverbandes auf. Drei Jahre später sollte er mir ein längeres Interview geben. Sebastian Coe sagte jetzt, die IAAF habe ihre Lektion aus der Vergangenheit hoffentlich gelernt. In der Tat strukturierte der Verband seinen Kampf gegen das Doping nach 2015 neu. Die Leichtathletik ist damit besser aufgestellt als die allermeisten anderen Sportarten. Und in kaum einem anderen Land flogen zuletzt so viele dopende Leichtathleten auf wie in Kenia.

Olympia-Legende

Nicht überführt

Anfang Februar 2019 gab die Nachrichtenagentur dpa eine Meldung heraus, die gewohnt nüchtern formuliert war, in der aber ein deutsches Sportlerdrama steckt:»Die fünfmalige Eisschnelllauf-Olympiasiegerin Claudia Pechstein muss ein früheres Urteil des Europäischen Gerichtshofs für Menschenrechte zu ihrer einstigen Zwei-Jahres-Sperre akzeptieren. Das Straßburger Gericht wies ihren Antrag zurück, den Fall vor seiner höchsten Instanz neu aufzurollen, wie es mitteilte.« Damit sei das Urteil vom 2. Oktober 2018 rechtskräftig.

Diese Entscheidung, schrieb die dpa weiter, werde wohl die bevorstehenden Einzelstrecken-Weltmeisterschaften in Inzell überschatten, bei denen die Sechsundvierzigjährige antrete.»Am ersten WM-Tag in Inzell jährt sich jene Nacht, in der Pechstein bei der Allround-WM 2009 in Hamar wegen erhöhter Blutwerte von der Internationalen Eislauf-Union (ISU) aus dem Rennen genommen wurde. (…) Deutschlands erfolgreichste Winterolympionikin hatte im Jahr 2009 vor dem Internationalen Sportgerichtshof CAS gegen eine zweijährige Sperre wegen auffälliger Blutwerte gekämpft, die sie auf eine vom Vater ererbte Blutanomalie zurückführt. Der CAS bestätigte die Strafe jedoch.«

Claudia Pechstein ist Polizeihauptmeisterin der Bundespolizei. Und eine Athletin mit beeindruckender Bilanz. Fünf Goldmedaillen errang sie bei Olympischen Spielen. Sechs Titel gewann sie bei Weltmeisterschaften. Deutschlands erfolgreichste Winterolympionikin. Man sagt Pechstein nach, sie habe ein Kämpferherz wie kaum eine andere Sportlerin. Ihre Attribute: Ausdauer und Verbissenheit.

Es war interessant zu beobachten, mit welcher Hartnäckigkeit diese Eisschnellläuferin durch all die Instanzen der Rechtsprechung marschiert ist. Allerdings hatte ich den Eindruck, dass in ihrer Wahrnehmung bereits zu einem ziemlich frühen Zeitpunkt für Zwischentöne kein Platz mehr war. Man konnte Claudia Pechstein, so fand sie offenbar selbst, nur als Opfer sehen. Als ein Opfer, dem Sportfunktionäre, Richter und Journalisten unrecht taten. Ich gab der Berlinerin dazu zunächst keinen Anlass. Denn über die Sperre, die die ISU damals nach der Weltmeisterschaft im Mehrkampf in Norwegen 2009 aussprach, berichteten andere. Ich hielt mich überwiegend zurück, nicht bewusst, sondern weil ich mit anderen Recherchen ausgelastet war.

Genau das allerdings war in den Augen des Pechstein-Lagers ein Fehler. Das machte mir ein Vertrauter der Sportlerin bei einer Pressekonferenz 2010 auf genauso direkte wie unsympathische Weise klar. Damals war der Streit um Pechsteins Blutwerte bereits zu einem kleinen Glaubenskrieg angeschwollen. Die Sportlerin und ihre Leute hatten gekonnt Öffentlichkeit hergestellt für das Unrecht, das die zweijährige Dopingsperre aus ihrer Sicht darstellte. Das Buch, das Claudia Pechstein 2010 veröffentlichte, war entsprechend dramatisch betitelt: »Von Gold und Blut: Mein Leben zwischen Olymp und Hölle«.

Nach jener Pressekonferenz, die in Berlin stattfand und bei der zahlreiche Journalisten anwesend waren, baute sich nun also der Pechstein-Vertraute vor mir auf. Breitbrüstig, in harschem und lautem Ton, also auf rundum unangemessene Weise, fragte er mich, warum ich keine Stellung bezöge. Ich sei doch schließlich der ARD-Dopingexperte. Über den anmaßenden Auftritt war ich einigermaßen überrascht und entgegnete, dass die Lage aus meiner Sicht doch recht komplex sei und sicher keine voreiligen Schlüsse erlaube. Darauf herrschte der Mann mich an, in meiner Position gehe es gar nicht, sich nicht pro Pechstein zu positionieren – womit klar wurde, was er mit Stellung-Beziehen meinte. Ich könne hier nicht einfach so schweigen. Dabei hatte ich den Fall bislang nicht recherchiert.

Pechstein hat mich deshalb in ihrem Buch auch nicht verurteilen oder mit abwertendem Unterton persönlich angreifen können. Manchem Kollegen erging es da anders, im Buch und zu anderen Gelegenheiten. Journalisten, die Aussagen von Pechstein kritisierten oder anzweifelten, bekamen schnell ihr Fett weg. Wurden etwa als »Hexenjäger« oder »Kahlkopf mit stechenden Augen« bezeichnet. Die Athletin selbst offenbarte in einem Interview mit dem Sportinformationsdienst (SID) eine eigenwillige Interpretation von Wahrheitsliebe. Der damalige SID-Redakteur Jörg Mebus interessierte sich für Passagen in Pechsteins Buch. Er fragte: »Auf Seite 34 geben Sie zu, dass Sie in der Schule nur deshalb immer eine Eins in Russisch hatten, weil Ihre Mutter für Sie die Hausaufgaben erledigt hat. Auf Seite 36 steht der Satz: ›Es gab (für mich) nur eines, was schlimmer war, als zu verlieren: Mogeln.‹ Wie passt das zusammen?« Pechstein antwortete ihm: »Das war aus meiner Sicht kein Mogeln bei den Russisch-Hausaufgaben. Ich habe nur die Lehrer in meiner Familie clever genutzt. Das ist kein Mogeln.«

Die Athletin und ihr, wie man im Journalismus gern sagt, »Umfeld« – Leute also, die ihr nahestehen, die ihre Interessen teilen, aus welchen Gründen auch immer –, sie kämpften vehement. Und manchmal auch, so empfand ich es, mit durchschaubaren Inszenierungen, die nicht allzu viel Sachkunde enthielten – aber trotzdem bei Teilen des Publikums und der Medien Eindruck hinterließen. Einmal warfen Pechstein und ihre Entourage den Verantwortlichen für die Dopingtests bei der ISU vor, dass einzelne Nummern auf Etiketten nicht miteinander übereinstimmten. Das konnte man so verstehen, dass eine Verwechslung der Proben vorlag, Pechstein also Opfer eines Laborirrtums war. Das wäre aber offenkundig Blödsinn gewesen. Im internen Laborablauf werden nämlich Codes vergeben, die nicht identisch mit den Nummern der eigentlichen Proben sind. Tatsächlich ist es ein völlig normaler Vorgang. Dennoch setzte mediale Aufregung ein, die Pechstein und die Ihren weiter befeuerten. Von den Fakten lenkte diese Aufregung erst einmal ab. Einige Kollegen ließen sich dadurch offenbar beeinflussen. Überhaupt war mein Eindruck, dass etliche Berichte über Claudia Pechstein höchst wohlwollend ausfielen. Mancher Journalist schien zuweilen zu exklusiven O-Tönen oder Vorab-Infos zu kommen, wenn seine Beiträge im Sinne der Sportlerin waren. War das schon Hofberichterstattung? Ich weiß es nicht, verfolgte es aber mit einem unguten Gefühl. Es ist immer schwierig, wenn Journalisten ihre Distanz aufgeben. Jedenfalls legte Claudia Pechstein mit diesem medialen Resonanzraum manch öffentlichen Auftritt hin, der bühnenreif war: die Jeanne d'Arc des Sports in ihrem einsamen Kampf gegen ihre Widersacher in den Institutionen.

Gleich nach Beginn der Affäre hatte es die Pechstein-Seite mit norwegischen Ordnungshütern zu tun bekommen. Die »Süddeutsche Zeitung« berichtete im Juli 2009 über ein Zusammentreffen der Polizei in Norwegen mit einem Mitarbeiter jener Berliner PR-Agentur, die auch Claudia Pechstein vertrat. Jener Mann hatte das Kliniklabor in Hamar aufgesucht, in dem die Dopingproben der Weltmeisterschaft aufbewahrt wurden.

Einem Behördensprecher zufolge, der in der »Süddeutschen Zeitung« zu Wort kam, erhielt sein Revier an einem Freitagabend um 20.35 Uhr den Hilferuf einer Labor-Mitarbeiterin. »Die Frau sagte, sie traue sich nicht, das Krankenhaus zu verlassen, sie fühle sich von einem Mann bedroht, den sie uns beschrieb. Dieser Mann verfolge sie überallhin und wolle ihren Ausweis sehen«, erklärte der Polizeisprecher. Der Mann habe sich als »Claudias Boyfriend« vorgestellt. Kurz zuvor, so berichteten demnach Labormitarbeiter, sei der Fremde aufgetaucht und habe drei Codenummern präsentiert, die Codenummern der verdächtigen Pechstein-Proben von der WM im Februar. Er habe die kompletten Daten zu den WM-Proben gefordert.

»Gegen 20.45 Uhr traf die Polizeistreife ein«, sagte der Behördensprecher weiter. Die Kollegen hätten die Personalien des aufdringlichen Deutschen überprüft und ihn dann vom Gelände der Klinik verwiesen. »Ihm wurde gesagt, er kommt in Haft, falls er zurückkehre oder sich nahe der Wohnung der belästigten Frau aufhalte.« Mit der belästigten Frau war die Laborantin gemeint. Der Deutsche durfte sich in dem Bericht ebenfalls äußern. Er sei mit journalistischen Recherchen beschäftigt, die im Fall Pechstein der Wahrheitsfindung dienen sollen, sagte er, und: »Im Rahmen dieser Tätigkeiten, über die ich zurzeit im Detail keine Auskunft geben möchte, habe ich auch in Hamar recherchiert.«

Die Entourage der Berlinerin ging also forsch zur Sache. Als SID-Redakteur Mebus im besagten Interview mit Pechstein anmerkte, dass sie es vielen ja nicht gerade leicht mache, entgegnete sie: »Wer macht mir es denn leicht? Niemand! Ich musste an mich denken und habe alles in Bewegung gesetzt, um meine Unschuld zu beweisen.«

Angst im Bundestag

Auch Politiker durften erleben, wie das Pechstein-Lager agierte. Ein Vertrauter von ihr wurde sogar ein Fall für den Sicherheitsdienst des Deutschen Bundestages. Es war jener Mann, der mich bei der schon erwähnten Pressekonferenz in Berlin so rüde angegangen war. »Am 11. November 2010 rief der Pechstein-Gefährte erstmalig in meinem Berliner Abgeordnetenbüro an und verlangte, mich unverzüglich zu sprechen«, rekapitulierte die SPD-Politikerin Dagmar Freitag, als ich sie Jahre später noch mal darauf ansprach. »Im Laufe der nächsten Tage erfolgten weitere und von meinen Mitarbeiterinnen in Ton und Inhalt als ausgesprochen aggressiv empfundene Anrufe des Mannes – so bedrohlich, dass sie vorsichtshalber ihre Fotos von meiner Abgeordneten-Website entfernten.«
Die Bundestagsabgeordnete aus dem Sauerland, damals wie

heute Vorsitzende des Sportausschusses, überlegte, was zu tun sei. Ihre Mitarbeiterinnen fühlten sich vom Pechstein-Vertrauten bedroht, zudem fanden die Sitzungen des Sportausschusses seinerzeit öffentlich statt. Damals, 2010, sagte Dagmar Freitag der »Süddeutschen Zeitung«, habe der Pechstein-Gefährte in »rüdem Tonfall« verlangt, zu ihr durchgestellt zu werden. Auf den Hinweis, dass sie sich im Plenarsaal befände, habe er entgegnet, er habe »schon mit Putin auf der Couch gesessen«, da könne er auch »in den Plenarsaal einmarschieren«. Er bestätigte, dass er sicher dreißigmal angerufen habe. Er legte aber Wert darauf, dass seine Anrufe »nichts mit Bedrohung zu tun gehabt« hätten. Er habe lediglich klargemacht, er wolle die Parlamentarier »stellen und ein klares und deutliches Gespräch einfordern«.

Schließlich bat Dagmar Freitag den Polizei- und Sicherungsdienst des Parlaments um Unterstützung. Sie schlug vor, den Pechstein-Gefährten »ausschließlich nach Rücksprache mit meinem Büro und gegebenenfalls in Begleitung eines Polizeibeamten des Deutschen Bundestages den Zugang in die Liegenschaften des Bundestages zu gewähren«. Ihrer Bitte wurde entsprochen.

Freitags Fraktionskollege Martin Gerster musste ähnliche Erfahrungen machen, wie ebenfalls die »Süddeutsche Zeitung« berichtete. Der Pechstein-Vertraute, so schrieb demnach der SPD-Mann in einer Notiz an das Bundesministerium für Inneres und Sport, habe eine seiner Mitarbeiterinnen »beschimpft«. Nachdem die Kollegin ihn nicht zu ihm durchstellen wollte, habe dieser seine Termine erfahren wollen, um ihn zu »stellen«. Wenige Tage darauf habe er sich erneut gemeldet und angekündigt, Gerster bei einem seiner nächsten Termine abpassen zu wollen. Dann müsse sich dieser »stellen wie ein Mann«, und man »werde sehen, wer dann noch steht«. Gerster setzte daraufhin ein Schreiben auf, in dem er das Innenministerium zu prüfen bat, ob zusätzliche Sicherheitsmaßnahmen angebracht seien. Für den Abgeordneten stellte der Mann ein potenzielles Sicherheitsrisiko dar.

Mal abgesehen von den Methoden und Umgangsformen des

Pechstein-Vertrauten – offene Fragen sah auch ich in dieser Affäre.

Die Dopingsperre hatte die ISU noch auf der Grundlage ihres eigenen Regelwerks ausgesprochen, das aber kurz darauf an die Richtlinien der Welt-Anti-Doping-Agentur angepasst wurde. Es ist anzunehmen, dass Pechstein auf Basis der neuen, strengeren Kriterien für die Evaluierung von Blutwerten keine Sperre bekommen hätte.

Mithilfe einer Flut von Gutachten verschiedener Experten attestierten 2010 Mediziner der Deutschen Gesellschaft für Hämatologie und Onkologie (DGHO) Claudia Pechstein eine vererbte Blutanomalie. Folgt man dem Urteil der Fachleute, ist sie geeignet, Pechsteins auffällige Blutwerte zu erklären. Der Vollständigkeit halber muss allerdings hinzugefügt werden, dass der Befund eben kein Beweis dafür ist, dass nicht auch gedopt worden war.

Der Deutsche Olympische Sportbund (DOSB) stellte sich an Pechsteins Seite und bemühte sich um die Rehabilitierung seiner Athletin. Er setzte im Herbst 2014 eine Kommission mit fünf Fachleuten ein. Dass den Vorsitz der Lübecker Professor Wolfgang Jelkmann führte, Leiter des Instituts für Physiologie der Universität und Urheber eines maßgeblichen Pechstein entlastenden Gutachtens, stieß beim Eisschnelllauf-Weltverband ISU auf Kritik.

Zwar saß auch ein ISU-Experte in dem Gremium, aber eben auch noch ein DGHO-Vertreter, sodass die ISU mangelnde Neutralität des Gremiums rügte. Jelkmann jedenfalls teilte für die DOSB-Kommission mit: »Alle Gutachterinnen und Gutachter kommen zu dem Schluss, dass anhand der Blutbildverläufe und Erythrozyten-Merkmale von Claudia Pechstein ein Doping-Nachweis nicht geführt werden kann.« Hatte Pechstein also als unschuldig zu gelten? Und hatte die ISU alles unternommen, was der Wahrheitsfindung dienlich war? Als der Fall öffentlich wurde, hatte ich den Eindruck, der Weltverband traue Claudia Pechstein schon länger nicht über den Weg und wolle mit der Sperre ein Exempel statuieren.

Das Verhalten des Verbandes und seiner Funktionäre interessierte nun jedenfalls auch mich. Wir beschlossen, einzusteigen in die jour-

Hartnäckig. Claudia Pechstein und ihr Umfeld sind eifrig bemüht, Journalisten auf das hinzuweisen, was sie für die Wahrheit halten.

nalistische Aufarbeitung der Affäre. Und bald bekamen wir heraus, dass den Dopingkontrolleuren tatsächlich ein ziemlicher Lapsus unterlaufen war. 2011 bestätigte uns das die leitende Ärztin der ISU vor der Kamera.

Zwei Jahre zuvor, als sich in dem norwegischen Wintersportort Hamar die schnellsten Eisläufer der Welt gemessen hatten und bei Claudia Pechstein auffällige Blutwerte festgestellt worden waren – damals hätte die sofortige Analyse einer Urinprobe zumindest weiterhelfen können. Eine solche Probe war zu jener Zeit bei Pechstein auch genommen worden – nur sprach darüber keiner. Man hätte sie auf Rückstände des Dopingmittels EPO analysieren können. Blutwerte entwickeln sich in der Regel ein paar Tage nach Verabreichung von EPO in eine auffällige Richtung. Auch wenn Tage nach einer etwaigen EPO-Injektion die Chance geringer wird, das Mittel noch im Urin nachzuweisen: Erforderlich ist der EPO-Check im Urin für einen Dopingfahnder allemal. Er hat ja jedem Verdacht nachzugehen. Wie ein Polizist, der am Tatort nach Fingerabdrücken sucht.

Es kann zwar schon ein starkes Indiz für Doping sein, wenn nur im Blut auffällige Schwankungen oder sehr ungewöhnliche Werte bei bestimmten Parametern festgestellt werden. Aber das reicht in vielen Fällen nicht, um Betrüger zu überführen. Die Methode, die man indirekte Beweisführung nennt, bietet für Verfahrensbeteiligte meist Interpretationsspielraum. Das zeigt ja gerade der Fall Pechstein. Eben deshalb sind flankierende Urinproben so wichtig.

Und kaum zu glauben: Die leitende Ärztin der ISU sagte mir 2011, der Weltverband hätte Pechsteins Urinprobe zwar analysieren, dabei aber nicht auf EPO testen lassen. Die Standardanalyse umfasse EPO nicht, dafür hätte es eines besonderen Auftrags der ISU bedurft, erklärte sie. Und der war nicht erteilt worden.

Normalerweise vernichten Labormitarbeiter Urinproben von getesteten Sportlern nach drei Monaten, wenn es nicht anders vom Auftraggeber gewünscht wird. Das wäre auch in Claudia Pechsteins Fall geschehen. Wäre da nicht ein Dopinganalytiker gewesen, der es trotz fehlenden ISU-Auftrags ganz genau wissen wollte. Der Mann ließ sich die Probe kommen, schaute nach und fand: keinen Hinweis auf EPO oder ähnliche Mittel. Damit entlastete er Pechstein. Und bestärkte wahrscheinlich ihren Weg durch die gerichtlichen Instanzen. Was ich mich aber fragte: Wie kann ein Weltverband so schlampig arbeiten und einen so brisanten Fall – von dem er die Öffentlichkeit nicht zeitnah, sondern erst Monate später unterrichtete – nicht nach allen Seiten abklopfen? Die Analyse einer Urinprobe auf EPO – wenn Blutwerte auffällig sind – ist ungefähr genauso zwingend wie ein Alkoholtest bei einem Autofahrer, der Schlangenlinien fährt.

Ihre Karriere beendete Claudia Pechstein aufgrund ihrer Dopingsperre nicht. Auch ein weiterer brisanter Fall hielt sie nicht davon ab, ihre Runden auf dem Eis zu ziehen. Diesmal recherchierten wir von Beginn an – oder genauer: fast von Beginn an.

UV-Licht fürs Blut

Zunächst hatte nämlich die Kollegin Grit Hartmann im Januar 2012 im »Deutschlandfunk« von einer Razzia berichtet. Schon im April 2011, so ihre exklusive Nachricht, hatten Polizisten in Erfurt die Praxis eines Sportmediziners durchsucht sowie Räumlichkeiten am Olympiastützpunkt inspiziert. Der Arzt, dessen Praxis durchsucht worden war, betreute Kadersportler aus Leichtathletik, Radsport und Eisschnelllauf.

Der Leiter des Olympiastützpunktes wollte sich zunächst nicht weiter zu der polizeilichen Maßnahme äußern. Die Staatsanwaltschaft sagte immerhin, es gehe um die »unerlaubte Anwendung von Arzneimitteln zu Dopingzwecken bei anderen«. Beweismittel habe man sichergestellt.

Die Praxis bot ihren Besuchern auch eine ganz besondere Leistung an: UV-Bestrahlungen des Blutes. Dem Patienten wird dabei Blut entnommen und nach Bestrahlung durch ultraviolettes Licht wieder zugeführt. Die Eigenblutbehandlung, berichtete der »Deutschlandfunk«, sei wissenschaftlich umstritten, Gegner sprächen von Scharlatanerie. Befürworter würden sie als wirksam gegen Infektionen, Stoffwechselstörungen, gegen das Altern und sogar gegen Krebs einschätzen und einsetzen. Für Ausdauersportler sei die Methode interessant, weil dadurch angeblich das Gewebe Sauerstoff besser aufnehmen könne.

Die Ultraviolettbestrahlung, zu DDR-Zeiten als UVB abgekürzt, diente vor dem Mauerfall zur heimlichen Leistungssteigerung. Das zeigen Dokumente des Ministeriums für Staatssicherheit, die sich speziell mit dem Sportclub Traktor Schwerin befassen, und andere Stasiakten. UVB, heißt es, galt intern als »Wunderwaffe für die Olympischen Spiele«.

Nun, einundzwanzig Jahre nach der Wiedervereinigung, legte sich die NADA in Bonn darauf fest, dass diese Behandlung für Spitzensportler als Doping einzustufen sei. »Die NADA und genauso die Anti-Doping-Labore und die AG der NADA haben die intravenöse Rückfuhr von Eigenblut stets unter die verbotene Methode ›Erhöhung des Sauerstofftransfers‹ gefasst, und insofern würde es sich um einen Verstoß gegen die Antidoping-Bestimmungen gehandelt haben«, sagte ein Sprecher. Der Sportmediziner, gegen den ermittelt wurde, äußerte sich selbst nicht.

Ich kannte Grit Hartmann damals schon lange, und in der ARD-Dopingredaktion hatten wir auch zum Deutschlandfunk stets gute Beziehungen. Wir beschlossen, in dieser ominösen Sache gemeinsam zu recherchieren. Natürlich interessierten uns mögliche Patienten aus dem Kreis der Spitzensportler. Ebenso dringend schien es uns, zu klären, ob die Blutentnahme zur UV-Bestrahlung sportrechtlich tatsächlich ein Vergehen darstellte.

Es passt zum Drama, dass die zweite Dopingaffäre ohne die erste wohl nie entstanden wäre. Nach der positiven Probe bei Claudia Pechstein 2009 in Norwegen und der Sperre durch den Weltverband hatten deutsche Staatsanwälte Ermittlungen aufgenommen. Die Logik der Strafverfolger war nachvollziehbar: Wenn der deutschen Spitzenathletin nach damaliger Auffassung Blutdoping nachgewiesen worden war, konnte die Sportlerin dies ja schlecht allein durchgeführt haben. Jemand hatte sich womöglich, wie es der Ermittlungsrichter ausdrückte, des»unerlaubten Inverkehrbringens, des Verschreibens oder Anwendens bei anderen von Arzneimitteln zu Dopingzwecken im Sport« verdächtig gemacht. Es sei davon auszugehen, dass Claudia Pechstein in unmittelbarem Kontakt zu dem oder den Verdächtigen stehe.»Ohne die Überwachung des oben genannten Telefonanschlusses ist die Erforschung des Sachverhalts aussichtslos oder wesentlich erschwert«, schloss der Ermittlungsrichter seine Erklärung.

Nun hörten Beamte mit, was Claudia Pechstein am Telefon besprach, unter anderem mit einer Teamkameradin. Es ging an dem Tag Anfang März 2010 nicht um Arzneimittel, aber die Beamten hielten den Inhalt des Telefonats trotzdem für interessant. Teilnehmer A, notierten sie, sei Claudia Pechstein. Mit»Schützi« sei vermutlich die Eisschnellläuferin Daniela Anschütz-Thoms gemeint.

Die Ermittler schrieben das Gespräch unter Berücksichtigung des Berliner Dialekts nieder.

»A: Na, ick weeß ja, dat ›Schützi‹ zum Beispiel, die geht ja öfter mal zu dem Dr. [...]. Und da weeß ick och, der macht so UV-Licht-Bestrahlung vom Blut.

B: Was macht der?

A: UV-Bestrahlung vom Blut.

B: Aha, was'n das?

A: Na, det is praktisch. Da wird Blut abgenommen von dir, läuft durch so 'n komischen Beutel, der kriegt dann UV bestrahlen, wird UV bestrahlt und dann läuft's wieder rein bei dir. Dat is total abartig.

B: Und dit is normal und dit ist legal? Sag ich jetzt mal?

A: Ja, kann halt nicht jeder nachweisen, das ist es ja.

B: Hm.

A: Weeßte, woher ick det weeß?

B: Nee.

A: Als ick in Erfurt war, war ick einmal komplett richtig krank. (...) Da hat der Dr. [...] gesagt, na komm mal hoch und machen wir mal was für dein Immunsystem. Und ich hab so gedacht, häh, und dann hat der dat bei mir gemacht, und ich hab gedacht, wat is'n da los. Und dann hat er mir nur gesagt, dass er dat öfter macht.

B: Hm.

A: Und da ist mir alles klar. Und das ist ja auch irgend 'ne Art von Doping, find ick.

B: Klar, alles, was mit 'm Blut irgendwo passiert, ja.

A: Ja. Find ick absolut krass. Ein einziges Mal, ick fand das so abartig, ick hab gedacht: Ich, was 'n dit. Muss ich ganz ehrlich sagen, als ich damals dasaß und ich wusste nicht, was passiert. Da dacht ich, was 'n hier los. Darf ich dat überhaupt? Ick hab ein richtig schlechtet Gewissen gehabt.«

Zwei Leistungssportlerinnen im O-Ton, die sich 2010 über eine Behandlung austauschen, in der sie eine verbotene Blutbehandlung erkennen, über ihren Ekel und ihre Gewissensbisse. Oder, wie eine

Beamtin des Bundeskriminalamts in ihrem Vermerk trocken festhielt: »Es wird darauf hingewiesen, dass aus dem oben genannten relevanten Gespräch hervorgeht, dass CLAUDIA PECHSTEIN vermutlich von [dem Sportmediziner] einmalig eine solche Behandlung aufgrund eines Infektes zur Stärkung ihres Immunsystems bekommen hat. Hierbei geht Frau PECHSTEIN nach eigener Einschätzung davon aus, dass es sich um irgendeine Art von Doping handelt.« Später notierte die Polizistin noch, dass sich »weder zu Frau Pechstein noch zu Frau Anschütz-Thoms eine Ausnahmegenehmigung zur UV-Bestrahlung ihres Blutes finde«.

Eine »Medizinische Ausnahmegenehmigung« – üblicherweise »TUE« genannt, eine Abkürzung der englischen Bezeichnung »Therapeutic Use Exemption« – hatten beide nicht. Die Regeln lassen eine TUE nur zur Behandlung bei bestimmten Krankheitsbildern zu. Die Sportler erhalten dann die Erlaubnis, Medikamente oder Mittel einzusetzen, die auf der Doping-Verbotsliste stehen. Der Antrag auf eine TUE muss bei der jeweiligen Anti-Doping-Organisation erfolgen und mit einem ärztlichen Gutachten begründet werden. Doch bei der NADA Deutschland hatten weder Pechstein noch Anschütz-Thoms sich um eine TUE für eine UV-Bestrahlung des Blutes bemüht. Es wäre ohnehin nicht damit zu rechnen gewesen, dass sie für diese Behandlung eine bekommen hätten.

Hatte der Arzt bei den Sportlerinnen 2010 oder vorher eine im Sport verbotene Methode angewendet? Die Ermittler gingen sorgfältig vor. Um den Sachverhalt einzuordnen, telefonierte eine Staatsanwältin mit Kerstin Neumann, die bei der NADA die Abteilung Medizin und Forschung leitete, und fasste danach ihre Erkenntnisse zusammen. Es gebe drei verschiedene Methoden der UV-Bestrahlung von Blut. Die erste sei, eine kleine Menge Blut, maximal fünf Milliliter, zu entnehmen und in eine Glasküvette zu füllen, sie darin mithilfe eines Apparats zu bestrahlen und das Blut danach zurückzuspritzen, allerdings nicht in die Vene, sondern in den Muskel. So werde das Blut vollständig vom Blutkreislauf abgekoppelt, nicht in diesen zurückgeführt. Diese Methode sei kein Blutdoping.

Bei der zweiten Variante hingegen handle es sich um Blutdoping, notierte die Staatsanwältin. Hier werde eine größere Menge Blut, in der Regel fünfzig Milliliter, durch einen Schlauch aus dem Körper heraus- und direkt in eine Maschine geleitet, wo dann die Bestrahlung stattfinde. Im Anschluss werde das Blut wieder in die Vene zurückgeführt. Wichtig hierbei: Diese Methode stelle auch bei geringerer entnommener Blutmenge Doping dar.

Methode Nummer drei kam ohne UV-Licht-Bestrahlung aus. Hier nehme der Arzt Blut ab, bereite es mit Sauerstoff auf und führe es intravenös zurück in den Körper des Sportlers. Auch dieses Vorgehen entspreche Blutdoping.

Um wirklich sicherzugehen, erwähnte die Staatsanwältin, dass Frau Neumann von der NADA ihrerseits noch bei der WADA angefragt habe. Die Antwort aus Kanada kam per E-Mail und fiel ebenso eindeutig aus: »Jede Entnahme, Manipulation und intravenöse Rückführung jeglichen Blutes« sei »verboten«.

Aus dem bisherigen Wissen ergab sich für die Strafverfolger ein »dringender Tatverdacht«. Am Ende des Beschlusses des Amtsgerichts Erfurt, den Polizisten dem Arzt bei der Razzia im April 2011 übergeben hatten, stand: »Die Durchsuchung und Beschlagnahme steht in angemessenem Verhältnis zur Schwere der Tat und zur Stärke des Tatverdachts und ist für die Ermittlungen notwendig.«

Jeweils sechs Polizisten hatten sich an einem Vormittag um 10.50 Uhr Zugang zur Praxis des Arztes und zu seinem Zimmer am Olympiastützpunkt Erfurt verschafft. In der Praxis trafen sie fünf Patienten und zwei Angestellte an, die dann alle die Praxis verließen.

Die Beamten fanden das in Metall gefasste, kastenförmige Gerät zur UV-Bestrahlung mit dem Namen Oxysan EN 505 UVE/UVB/HOT, ebenso Küvetten mit einem Fassungsvermögen von sechzig Millilitern. Was ebenfalls auftauchte, war eine Patientenliste des Sportmediziners. Darauf standen einunddreißig Spitzensportler, neben Eisschnellläuferinnen Leichtathleten und vor allem Radrennfahrer. Ein Radrennfahrer hatte sich neunzehnmal, ein anderer siebenundzwanzigmal Blut abnehmen und mit UV-Licht bestrahlen lassen.

Auf der Liste findet sich auch der Name des Radprofis Marcel Kittel. Der Thüringer, der seine Karriere im Sommer 2019 beendete, war Anfang zwanzig, als er sich in die Hände des Sportmediziners begab, insgesamt achtmal. Später schilderte er die Behandlungen in einem Interview mit der »Zeit«. Er sei wegen einer Grippe oder Angina zu dem Arzt gegangen, nicht um seine Leistung zu steigern, sagte Marcel Kittel. Er habe ihm vertraut und auch gefragt, ob das, was ihm als Therapie vorgeschlagen wurde, Doping sei. Der Arzt habe das verneint. »Ich war wohl zu naiv, hatte vielleicht auch zu wenig Selbstbewusstsein, einer Autorität zu widersprechen. Als Sportler hat man natürlich eine Eigenverantwortung, die habe ich damals noch nicht gelebt. Heute sage ich: Hätte ich es bloß nicht getan!«

Der »Zeit«-Reporter Oliver Fritsch fragte den Radprofi, ob eine Nadel für ihn eine besondere Schwelle dargestellt habe, im Vergleich zu einer Pille oder einem Pulver. »Im vorigen Jahr hat der Weltradsportverband eine ›No-Needle-Policy‹ etabliert«, antwortete Kittel. Er sprach damit das Verbot jeglicher Injektionen bei Radsportlern ohne medizinische Indikation an. Er finde das eingeführte Verbot gut, sagte Kittel. Die Behandlung habe sich »immer komisch angefühlt« und übrigens bei ihm weder positive noch negative Auswirkungen gehabt. Er habe sich jedenfalls mehr Umsicht von dem Arzt am Olympiastützpunkt gewünscht, auch wenn er ihm keine »kriminelle Energie« unterstellen wolle.

Mit Marcel Kittel habe ich Jahre danach ein Interview geführt. Er wirkte gereifter. Von den dubiosen Figuren der Radsportszene distanzierte er sich.

Nach der Razzia 2011 setzten die Ermittler ihre Arbeit fort. Sie holten sich Einschätzungen von Experten des »Zentrums für präventive Dopingforschung« an der Sporthochschule Köln, das angedockt ist ans dortige Dopingkontrolllabor. Sie vernahmen Zeugen. Die gaben zu Protokoll, dass Claudia Pechstein Jahre zuvor tatsächlich in Erfurt gewesen war und auch aus Krankheitsgründen auf den Start bei der Deutschen Meisterschaft verzichtet hatte. In der Patientenakte der

Eisschnellläuferin Daniela Anschütz-Thoms fand sich kein Hinweis auf eine UV-Bestrahlung des Blutes. Allerdings sei eine derartige Behandlung ja auch »grundsätzlich privat zu bezahlen«, hieß es in einem Aktenvermerk der Polizeidirektion Erfurt. »Möglicherweise wird dieser Vorgang daher nicht in den Akten festgehalten.« Wie die Praxis abrechnete, durfte allerdings in diesem Zusammenhang gar keine Rolle spielen: Ein Arzt hat eine Dokumentationspflicht für jegliche Handlung, die er am Patienten vornimmt.

Die NADA schrieb mindestens einer Sportlerin, setzte sie in Kenntnis von der Hausdurchsuchung und der aufgefundenen Namensliste und gab eine erste Einschätzung der Lage. »In Ihrem Fall handelt es sich um einen (möglichen) Erstverstoß, der nach Art. 10.2. NADC mit einer zweijährigen Sperre bestraft wird, es sei denn, die Voraussetzungen für die Aufhebung oder Herabsetzung der Sperre gemäß Art. 10.4 oder 10.5 NADC sind erfüllt.« NADC bezeichnet das deutsche Anti-Doping-Regelwerk, den »Nationalen Anti-Doping-Code«.

Die angeschriebene Athletin bekam die Möglichkeit, sich innerhalb von sieben Werktagen schriftlich zur Sache einzulassen. Das tat sie auch. Sie sei »aus allen Wolken gefallen«, als sie über den Fall aufgeklärt worden sei, schrieb die Sportlerin – insbesondere, weil sie den Sportarzt vor der Behandlung »mehrfach« gefragt habe, »ob die Methode, die er bei mir anwenden wollte, erlaubt sei und ob ich Medikamente, die er mir verschrieben bzw. in seiner Praxis verabreichen wollte, bei der NADA angeben bzw. den Vorgang anmelden muss«. Diese Fragen habe der Arzt verneint.

Wir bemühten uns derweil darum, mehr über die Vorgänge zu erfahren, die die Razzia bei dem Erfurter Sportarzt ausgelöst hatte. Eine ungefähre Ahnung hat man als Journalist, was nach solch einer Durchsuchung passiert. Man versucht, in Kontakt mit handelnden Personen zu kommen, sie zu befragen, Hinweise zu erhalten. Besonders hilfreich ist es, verfahrensrelevante Unterlagen in die Hand zu bekommen, zumindest solche einzusehen. Unser Glück war, dass die Ermittlungsakten in jenen Monaten nach der Durchsuchung immer mal wieder von A nach B und auch noch nach C wanderten. Irgendwo findet sich in solchen Fällen manchmal eine Person, die ernsthaft recherchierenden Journalisten hilft.

Außerdem hielten wir es für wichtig, Einschätzungen aus berufenem Munde zu bekommen. Der Erste, den wir zum Thema UV-Bestrahlung von Sportlerblut befragen konnten, war Arne Ljungqvist, der Vizepräsident der WADA. Der Schwede äußerte im Januar 2012 in der »Sportschau«, die UV-Behandlung des Blutes müsse nach den WADA-Regeln als Verstoß geahndet werden. Wörtlich sagte er: »Im Laufe der Jahre haben wir klargestellt, dass die Einführung von Blut, Blutzellen oder blutzellenähnlichen Produkten verboten ist. Ebenso andere Infusionen ohne begründete gesundheitliche Notwendigkeit.«

Eine gute Woche später sprach David Howman, der Generaldirektor der WADA. Howman formulierte noch entschiedener: »Es ist eine verbotene Methode, und sie steht seit Jahren auf der Verbotsliste. Man hat zwar die Definition präzisiert, sagen wir, dass wir mehr Klarheit geschaffen haben. Aber diese Methode war nie erlaubt. Blutdoping war niemals erlaubt.« Der WADA-Boss forderte, den Fall aufzuklären, die Ermittlungen in Deutschland würden jetzt intensiv beobachtet. »Die Anschuldigungen sind sehr ernst – nicht nur, was die Athleten betrifft, auch sehr ernst für den Arzt. Ich würde jetzt erwarten, dass nicht nur die NADA, sondern auch die Ermittlungsbehörden diesen Fall intensiv betrachten und wenn nötig Maßnahmen einleiten. Aber wir können nichts vorwegnehmen. Wir müssen nur sicherstellen, dass der Fall richtig aufgearbeitet wird.« Sollte dies nicht geschehen, behalte sich die WADA ein Einspruchsrecht vor, kündigte ihr Generaldirektor an.

Die ARD berichtete umfangreich, offenbar nicht zum Gefallen von Claudia Pechstein und ihrem Umfeld. Am Rande eines Wettkampfes bedrohte der bereits erwähnte Gefährte der Berlinerin in einer Hotellobby lautstark anwesende ARD-Mitarbeiter und nannte dabei auch meinen Namen. Falls sich Claudia etwas antue, kündigte er an, würde er gewisse Leute umbringen, auch mich. Das war nicht mehr lustig. Auch danach wurde der Mann weiter regelmäßig von der Deutschen Eisschnelllaufgemeinschaft als Teammitglied bei großen Sportveranstaltungen akkreditiert, vom Deutschen Olympischen Sportbund trotz erheblicher öffentlicher Kritik gar bei Olympia.

Wir hatten damals nur unseren Job gemacht. Zudem hatte sich niemand in der ARD hingestellt und gefordert, Claudia Pechstein zu bestrafen. Es waren NADA und WADA, die sich zu dem Thema UV-Bestrahlung frühzeitig festgelegt hatten. Dann aber, am 26. April 2012, kam es zu einer unerwarteten Kehrtwendung. Olivier Rabin, Wissenschaftlicher Direktor der WADA, verfasste am Hauptsitz in Kanada einen einseitigen Brief und schickte ihn an die NADA in Bonn. Und jetzt war plötzlich alles anders. Der WADA-Mann stellte sich konträr zu seinen eigenen Kollegen und interpretierte die Formulierungen im Regelwerk zum Blutdoping anders. Seiner Ansicht nach erfasste die WADA-Verbotsliste zum Zeitpunkt der Behandlung Claudia Pechsteins und anderer Athleten nun doch nicht die UV-Bestrahlungen, die der Sportarzt vorgenommen hatte.

Der WADA-Mann hatte sich das vorliegende Material zur Sache noch einmal angeschaut und schrieb zunächst, die Bestrahlung von Blut mit UV-Licht stelle laut Regelwerk durchaus eine »verbotene Methode« dar, gelte als »chemische und physikalische Manipulation«. Allerdings hatte die WADA ihre Formulierungen in der Verbotsliste inzwischen weiter präzisiert. Rabin erklärte plötzlich, das Verbot gelte doch erst seit Januar 2011.

Für informierte Beobachter dieses wundersamen Richtungswechsels lag auf der Hand, dass Rabin den Schwanz eingezogen hatte. Der WADA-Generaldirektor David Howman schüttelte über das aus seiner Sicht völlig unverständliche Vorgehen des Kollegen nur den Kopf. Er war nicht der Einzige. Der Münchner Endokrinologe Martin Bidlingmaier, Mitglied der Expertengruppe zur Weiterentwicklung der WADA-Verbotsliste, sagte: »Das scheint mir ein etwas interessengeleiteter Analphabetismus zu sein.« Jürgen Steinacker, Professor für Sportmedizin und Mitglied des WADA-Wissenschaftskomitees, stellte klar, die Behandlung von Blut- oder Blutbestandteilen (...) sei schon seit 2005 »grundsätzlich verboten«. Der Pharmaforscher Fritz Sörgel, der die gesamte Causa Pechstein seit Jahren intensiv verfolgte, merkte zu dem Vorgang an: »Das ist eine sehr suspekte Geschichte. Da muss man schon fragen, ob aus Deutschland Druck ausgeübt wurde.« Schließlich erläuterte Georg Engelbrecht, ein Richter am Internationalen Sportsgerichtshof CAS, dort urteile man »seit 2003 nach dem Prinzip, wonach jede Manipulation mit Eigenblut ein Dopingvergehen darstellt«.

Und doch drehte der WADA-Mann Olivier Rabin mit seinem Brief alles um. Bald schon tönte nicht nur das Pechstein-Umfeld lauter denn je, sondern auch die Athletin selbst. »Der Reporter Hajo Seppelt hat mich in der ›Sportschau‹ öffentlich denunziert«, sagte sie. »Er hat die Behauptung aufgestellt, an mir sei eine verbotene Blutbehandlung durchgeführt worden. Diese Behauptung ist falsch und hat mir erheblichen Schaden zugefügt.«

Claudia Pechstein wollte jetzt gern eine finanzielle Entschädigung erwirken. Sie kündigte eine Klage an und argumentierte öffentlich: »Ich stand kurz vor der Unterschrift einer lukrativen Vereinbarung mit einem Sponsor, der mich auf dem Weg zu den Olympischen Spielen nach Sotschi fördern wollte. Durch die fehlerhafte Doping-Berichterstattung der ARD ist es nicht zum Vertragsabschluss gekommen.«

Als Journalist ist man ungern Akteur, aber in solchen Situationen muss man aus der Deckung kommen. Ich sagte zum verbalen Aufschlag der Eisschnellläuferin einem Redakteur von »Spiegel online«, ich sähe dem Ganzen entspannt entgegen, denn wir hätten uns nichts vorzuwerfen. Ähnlich äußerte sich auch die ARD. Sportkoordinator Axel Balkausky sagte, man schaue »erst einmal, an wen die Klage adressiert ist. Es kann ja nicht die ganze ARD gemeint sein. Anschließend werden wir die entsprechenden Schlüsse ziehen und gegebenenfalls darauf reagieren.«

Claudia Pechstein hatte aber erst mal mächtig Wind gemacht. Mit ihrer Ankündigung schaffte sie es in die Nachrichtenagenturen und damit in etliche Tages- und Onlinezeitungen. Nur Taten folgten ihren Worten nicht. Weder gegen die ARD noch gegen meine Co-Autoren oder gegen mich ging eine Klage ein.

Der Sportmediziner musste noch einige Wochen warten, dann stellte die Staatsanwaltschaft Erfurt die Ermittlungen wegen Verstoßes gegen das Arzneimittelgesetz gegen ihn ein. »Eine Verurteilung ist nicht zu erwarten«, teilte die Behörde mit. Dass die UV-Bestrahlung von Blut mit anschließender Rückführung in den Körper eine verbotene Methode sei, war den Strafverfolgern dennoch wichtig. Es ließ sich nach Ansicht der Staatsanwaltschaft jedoch nicht widerlegen, dass es dem Arzt nur um eine Stärkung des Immunsystems der Athleten gegangen war.

Wir nahmen die Entscheidungen zur Kenntnis. Kein Journalist ist bei solch einem Streit frei davon, sich eine persönliche Meinung zu bilden und Entwicklungen gut oder schlecht zu finden. Aber als Berichterstatter ist man niemals Freund oder Feind der Athleten. Wir haben berichtet, nicht mehr und nicht weniger.

Auch deshalb fällt es mir schwer, nachzuvollziehen, was die Athletin antreibt, wenn sie wie im März 2019 mal wieder mit viel Schaum vorm Mund öffentlich austeilt. Ich habe es »nicht lassen« können, sie 2012 »erneut unter Dopingverdacht zu stellen«, schrieb sie auf Facebook und hielt mir vor, mich nicht öffentlich bei ihr entschuldigt zu haben. Dazu fehle mir »die menschliche Größe«.

Bei aller Wut, die bei Claudia Pechstein offenbar Jahre währt, weiß sicher auch die Athletin, dass nicht ich, sondern die zuständigen Organisationen NADA und WADA die UV-Bestrahlung des Bluts als Verstoß gegen die Anti-Doping-Bestimmungen bezeichnet hatten. Und die ARD diese Auffassung zum Anlass für eine Berichterstattung genommen hatte. Aber – geschenkt.

Claudia Pechstein inszenierte sich jedenfalls weiterhin und unermüdlich als Opfer. Sie ging ihren langen Weg durch die Instanzen, der Bundesgerichtshof und sogar der Europäische Gerichtshof für

Menschenrechte befassten sich mit ihrer Causa. Das hatte auch etwas Gutes: Denn im Zuge ihres Falles wurde sozusagen höchstrichterlich das Dopingkontrollsystem mit all seinen Anforderungen, die es an Athleten stellt, juristisch mit auf den Prüfstand gestellt. Das war meiner Ansicht nach auch unter verfassungsrechtlichen Gesichtspunkten schon längst mal nötig. Nämlich zu klären, was das höhere Rechtsgut ist. Auf der einen Seite steht der Schutz der Integrität des sportlichen Wettbewerbs. Für den muss der Sportler persönlichkeitsrechtlich problematische Restriktionen in Kauf nehmen. Er muss sich uneingeschränkt dem Dopingkontrollsystem unterwerfen – und kann sich in Problemfällen nur sehr eingeschränkt zivilrechtlich wehren. Auf der anderen Seite steht der Schutz der Persönlichkeitsrechte der Sportler. Letztlich bestätigten die Richter in einer spannenden juristischen Abwägung in weiten Teilen die Rechtmäßigkeit der Strukturen des organisierten Sports im Kampf gegen Doping. All das fußte auf dem ersten großen Fall Pechstein aus dem Jahr 2009.

In der Affäre um die UV-Bestrahlung von Sportlerblut gäbe es heute dagegen wenig zu diskutieren, nachdem die WADA den Anti-Doping-Code präzisiert hat. Man gäbe Claudia Pechstein recht – mit ihrer allerersten Einschätzung des Sachverhalts. »Und das ist ja auch irgend 'ne Art von Doping, find ick«, hatte die Sportlerin damals am Telefon ihrer Kollegin gesagt. Man würde nur das »irgend 'ne Art von« streichen.

China

Im Reich der Mittel

Der Anruf aus der ARD Ende 2007 kam nicht überraschend. Die Dopingredaktion sollte bald in ihr zweites Jahr gehen, ein Olympiajahr mit Sommerspielen in China. Das Land sei doch im Grunde eine Black Box, und vom Sport dort drüben wisse man wenig bis nichts. Ob wir uns nicht mal mit Doping im Reich der Mitte befassen wollten? Das Thema lag auf der Hand, ich konnte schlecht Nein sagen. Genau das hätte ich aber bald am liebsten getan – schon kurze Zeit später, im Januar 2008. Meine Stimmung war ziemlich gedämpft. Ich hatte im Schnee von Österreich recherchiert und war dabei kräftig ins Rutschen gekommen. Daran war leider nicht der Schnee schuld.

Hinweise auf Blutdoping im Wintersport hatten mich erreicht. Betroffen, hieß es, seien Österreicher, Holländer und auch Deutsche. Die Biathleten des Deutschen Skiverbandes dominierten die Szene. Ihre Disziplin war bei uns schon damals eine Art Lieblingsfernsehsportart für den Winter. Die Zuschauer fanden großen Gefallen an den telegenen Wettkämpfen.

Meine Tipps erhielt ich aus unterschiedlichen Quellen, auch aus Österreich, wo ich wie einige andere Journalisten recherchierte. Eine Wiener Blutbank mit dem Namen Humanplasma stand bei der WADA im Verdacht, am Blutdoping mitzuwirken. Mehrere Sportarten seien betroffen. Aus dem Verdacht wurde dann bald Gewissheit. Die Verstrickung der Wiener Blutbank in jahrelange Machenschaften von Blutdopern war ein Fakt, über den schließlich verschiedene Medien berichteten.

Allerdings hatte ich im Zuge dessen auch gewagt, weitere Hinweise aus für mich glaubhaften Quellen zu veröffentlichen. Die Meldung las sich dann am 15. Januar so:

»*Nach Informationen der ARD stehen mehrere erfolgreiche Radfahrer unter Verdacht, in einem Labor in Wien Blutdoping betrieben zu haben. Es soll sich dabei um den langjährigen Profi des deutschen Gerolsteiner-Teams, den Österreicher Georg Totschnig, den Dänen Michael Rasmussen, den Niederländer Michael Boogerd und den Russen Denis Menchov handeln. Totschnig bestreitet die erhobenen Vorwürfe.*

Wie die ARD weiter erfuhr, sollen mindestens 30 Sportler die Dienste der Blutbank in Wien in Anspruch genommen haben. Rund zwei Drittel der Athleten stammten demnach aus Deutschland. Es handele sich um Sportler aus den Bereichen Biathlon und Skilanglauf, die zumindest zum Teil zur Weltspitze gehören.«

Zunächst ging es in dem Text also um Radsport und um namentlich benannte Profis unter Verdacht. In derselben Woche fand der Biathlon-Weltcup in dem Tiroler Wintersportort Antholz statt, und dort verbreitete sich vor allem der Inhalt des zweiten Absatzes zum Wintersport zügig. Ein Kollege des Bayerischen Rundfunks rief bei mir an und fragte voller Entsetzen: »Was hast du denn da bloß gemacht?«

Die Sprengkraft hatte ich so groß nicht eingeschätzt. Namen waren von mir keine genannt worden, und die »Süddeutsche Zeitung« hatte drei Tage zuvor bereits einen wichtigen Informanten zitiert, nämlich den Chef der Disziplinarkommission zum Dopingskandal bei den Olympischen Winterspielen in Turin 2006: Dieser Österreicher habe aus Zeugenaussagen entnommen, dass »50 bis 60 Athleten«, vor allem Radprofis, Biathleten und Skilangläufer, »in Wien Blut aufgetankt hätten«. Rund zwei Drittel der Kunden seien aus Deutschland gewesen, wurde der Informant weiter zitiert. Als dieser Artikel erschien, gab es keinerlei öffentliche Empörung.

Nun kam es anders. Medien- und Sportjournalisten nahmen die

Nachricht auf, sie bestimmte die Schlagzeilen der Sportseiten. Und ich musste mir eingestehen: Es war ein großer Fehler gewesen, zu diesem Zeitpunkt in dieser nüchternen nachrichtlichen Form mit den Recherchen zu Biathlon und Skilanglauf an die Öffentlichkeit zu gehen, auch wenn ich mit dem Verb »sollen« zum Ausdruck brachte, dass es sich hier zwar um ernstzunehmende Hinweise handelte, nicht aber um Beweise.

Zudem hatte ich den Inhalt der Meldung früh an die Deutsche Presse-Agentur geschickt, ohne das mit meinen Kollegen beim WDR abgesprochen zu haben. Die dpa in Kenntnis zu setzen, ist zwar nicht ungewöhnlich bei exklusiven Nachrichten, und ich kannte die Journalisten dort seit Langem persönlich. Aber es hätte im WDR koordiniert werden müssen.

Die »Tagesschau« berichtete – anders als zuerst geplant – nicht schon um fünfzehn Uhr, sondern erst um sechzehn Uhr. Das wiederum wusste ich nicht und leitete den Text deshalb zu früh an die dpa weiter. Die Agentur gab ihre Meldung dann um 15.20 Uhr heraus. So verbreitete sie sich also, bevor die »Tagesschau« sie sendete. Das durfte natürlich nicht sein.

Die Kollegen bei dpa machten dann aus der vorsichtigen Formulierung »sollen in Anspruch genommen haben« auch noch ein »haben in Anspruch genommen«, eine Tatsachenbehauptung also. Dafür entschuldigte sich die Nachrichtenagentur später. Meine Fehler aber waren damit nicht aus der Welt. Ich war vorschnell gewesen, hatte nicht ausreichend nachgedacht. Beides geht gar nicht.

Der Deutsche Skiverband wehrte sich. Der Imageschaden sei »immens«, sagte sein Sprecher Stefan Schwarzbach und die Aktion »an der Grenze zum Rufmord«. Im ARD-Fernsehen distanzierte sich Michael Antwerpes, damals Sportchef des Südwestrundfunks, zwei Tage später mit deutlichen Worten von der Berichterstattung. »Es ist nicht vertretbar und mit unserer Berufsauffassung nicht vereinbar, wenn solche Pauschalverdächtigungen erhoben werden, ohne dafür belegbare und nachprüfbare Fakten zu haben«, sagte er am Rande der Übertragung des Biathlon-Weltcups in Antholz.

Ich fühlte mich, als stünde ich am Pranger. Es war eine herbe Erfahrung, wie ich sie in meinem Journalistenleben bis dahin nicht gemacht hatte.

Tage später schaltete sich der führende Investigativ-Journalist der »Süddeutschen Zeitung«, Hans Leyendecker, in die Debatte ein. »Handwerklich ist Seppelt vorzuwerfen, dass er sich von der Konkurrenz des Wiener Blattes ›Kurier‹ treiben ließ, dessen Doping-Berichterstattung er toppen wollte und deshalb eine Agenturmeldung zu früh auf den Weg brachte. Aber es passiert Tag für Tag Schlimmeres in der ARD und anderswo«, urteilte der erfahrene Aufdecker. »Nach den Kriterien der Verdachtsberichterstattung, die ein aus dem Artikel 5 des Grundgesetzes abgeleitetes Privileg der Medien ist, war seine Berichterstattung zulässig. Es bestand ein besonderes öffentliches Interesse, es gab einen Mindestbestand an Beweistatsachen, und die verdächtigen Athleten konnten aus dem Gemeldeten nicht identifiziert werden. Warum also stöhnt die ARD ausgerechnet bei einem wie Seppelt Mea culpa? Der Verdacht liegt nahe, dass man so einen, der im Schlamm wühlt, für ein Schmuddelkind hält. Man schmückt sich mit den Enthüllern, aber man misstraut ihnen. Kritischer Sportjournalismus lässt den üblichen Betrieb ahnen, dass er nur Teil der Unterhaltungsindustrie ist. Da beschädigt einer die Ware Sport, ist nicht teamfähig, krankhaft investigativ.«

2008 fühlte es sich tatsächlich noch weit häufiger als heute so an, als wäre investigative Arbeit im Sport von manchen Journalistenkollegen eher gefürchtet als geschätzt. Aber in diesem Fall half alles nichts: Hier hatte allein ich die Munition für die Kritik geliefert. Die Einsicht war da, bei allem Unverständnis darüber, dass in diesen Tagen niemand der ARD-Verantwortlichen auch nur ein Wort mit mir gesprochen hatte. Es sollte etwas dauern, bis sich die Wogen glätteten.

Schließlich folgten aber auch gute Nachrichten. Sie rückten meine Berichterstattung zur Wiener Blutbank in etwas besseres Licht. Radprofis gestanden, gedopt zu haben. Damit bestätigte sich der erste Absatz meiner Verdachtsmeldung im Kern. Prozesse und

Verurteilungen folgten. Der Deutsche Skiverband scheiterte zudem mit einer Klage gegen die ARD vor dem Hamburger Oberlandesgericht. Der Tenor der Entscheidung: Von der anonymisierten Berichterstattung in dieser Form sei der Verband nicht betroffen gewesen. Mein Anwalt nannte es ein »Grundsatzurteil in Sachen Pressefreiheit«.

In jenen Tagen im Januar 2008 fühlte ich mich also nicht gerade, als könnte ich übers Wasser laufen. Und genau jetzt sollte ich in die Black Box China hineinleuchten. Motivation hatte ich erst mal kaum. Doch dann fand ich, so ist es ja öfter mal im Leben, doch noch Gefallen an dem neuen Projekt. Das lag insbesondere an öffentlichen Verlautbarungen zum Thema Doping in China, mit denen Vertreter des Staates ihrem Land im Olympiajahr wohl ein gutes Image verschaffen wollten. Das mal näher zu betrachten fand ich spannend.

Vertreter mehrerer Ministerien verkündeten in Peking, vor Beginn der Olympischen Spiele seien in China 2739 Großhändler und 340.000 Kleinhändler von Dopingmitteln inspiziert worden, dazu noch Hunderte Produzenten. In dreißig Unternehmen habe man danach die Herstellung gestoppt. Fünfundzwanzig Händler dürften nun nicht länger Mittel vertreiben, die zu Dopingzwecken missbraucht werden könnten. Und dann gehe der chinesische Staat auch noch gegen Hunderte Websites vor, auf denen man sich schlau machen konnte über den Verkauf von Anabolika. »Wir haben Strafen gegen die verhängt, die die Regeln nicht beachtet haben«, sagte Yan Jiangyung, Sprecherin der staatlichen Nahrungs- und Arzneimittelaufsicht.

China greift hart durch, diesen Eindruck konnte man gewinnen bei all den Zahlen und Behauptungen. Aber stimmte das auch?

Das Internationale Olympische Komitee hatte die Spiele an ein Land vergeben, das mir aus vielerlei Gründen ungeeignet erschien – nicht zuletzt aufgrund der Tatsache, dass von dort aus Sportler rund um den Globus mit Dopingmitteln versorgt wurden. Auch etliche Spitzenathleten aus China nahmen fast schon traditionell verbotene Medikamente. So erhielten Mittelstreckenläuferinnen nach Auskunft ihres Trainers in den Neunzigerjahren Schildkrötenblut verabreicht, in Wirklichkeit aber EPO. Bei der Schwimm-WM 1998 in Perth wurde der australische Zoll bei einer Athletin fündig. Sie hatte, aufbewahrt in einer Thermosflasche, so viel Wachstumshormon dabei, dass sie auch noch manche Kollegin mit dem Mittel hätte versorgen können.

Mit meinem Kollegen Jo Goll, Kameramann Manfred Pelz und wechselnden Assistenten flogen wir 2008 mehrmals nach Fernost. Stringer halfen uns vor Ort. Zunächst ging es nach Südkorea, wo wir eine ehemalige Athletin trafen, die China verlassen hatte. Die Schwimmerin Huang Xiaomin arbeitete nun als Trainerin in Seoul. Bei den Olympischen Spielen 1988 hatte sie für China eine Silbermedaille errungen. Jetzt erzählte sie erstmals, dass sie männliche Hormone genommen hatte, auch schon in jungen Jahren. »Wenn Kinder gedopt werden, bekommen sie immer stärkere männliche Züge. Nur mit einem solchen Körper können sie Medaillen gewinnen.«

Huang Xiaomin, so erzählte sie, bekam ihre Rationen im Zimmer ihres Wohnheims. Jeden Tag nahm sie die Hormone nicht. Sie wollte Nebenwirkungen vermeiden. Die kamen aber trotzdem. »Meine Stimme klang allmählich immer männlicher, und der Adamsapfel« – sie wies auf ihren Hals – »trat bei mir extrem hervor, wie das bei Frauen normalerweise nicht der Fall ist.« Sie habe später lange unter gesundheitlichen Beschwerden gelitten, sagte uns die Ex-Schwimmerin. »Ich veränderte mich total. Den Kopf konnte ich nicht heben, als wäre ich krank. Ich hatte ein Fiebergefühl, aber meine Körpertemperatur war gar nicht erhöht. Ich hatte überhaupt keine Energie, keine Lebenskraft mehr. Und das ging ziemlich lange so.«

Dass Athleten, die noch in China lebten, uns gegenüber ähnliche Erfahrungen schildern würden, hielt Huang Xiaomin für nahezu unmöglich. »Wenn ein chinesischer Sportler heute sagt, in China werden Dopingmittel eingesetzt, kann es schon Probleme geben. Sollte er aber diese Erklärung vor internationalen Journalisten abgeben, dann beschmutzt er damit die kommunistische Partei. Und das wird sie nicht zulassen. Die Folgen wären klar: Vielleicht wird der Sportler eingesperrt. Vielleicht wird man ihn auch umbringen. Dass so etwas passiert, ist sehr wahrscheinlich.«

Obwohl Huang Xiaomin China schon vor einigen Jahren verlassen hatte, verfolgte sie die Entwicklungen in ihrem Heimatland mit Sorge. Als wir vor Ort selbst zu recherchieren begannen, bemerkten wir eine Atmosphäre der Angst. Mit spontanen Dopingbeichten am Rande einer Sportstätte hatten wir aber auch nicht gerechnet.

Kollegen hatten uns im Vorfeld gewarnt. Recherchen zum Doping in China würden dem Staatsapparat gerade im Olympiajahr gewiss nicht gefallen. Und obwohl die Einreisebestimmungen in den Monaten vor den Spielen für Journalisten ein wenig gelockert worden waren, sollten wir uns darauf einstellen, von der Staatssicherheit akribisch überwacht zu werden. Wir waren skeptisch. Hatten die Kollegen zu viele Spionagefilme gesehen?

Es konnte nicht schaden, die Lage auszutesten. Gleich am ersten Tag nach meiner Ankunft in Peking installierte ich morgens dezent an einem Rucksack eine Minikamera und positionierte ihn in der Ecke des Hotelzimmers. Auf dem Schreibtisch hatte ich gut sichtbar Papiere platziert, keine Dokumente spektakulären oder verdächtigen Inhalts, aber doch solche, die womöglich Interesse weckten. Die Akku-Kapazität der Kamera war begrenzt, garantierte maximal eine Stunde Aufnahmezeit. Besser als gar nichts, dachte ich mir, schaltete auf »record« und verließ das Zimmer.

Als ich am Abend zurückkehrte, war ich neugierig, ob sich etwas Ungewöhnliches im Zimmer getan hatte in der Zeit, in der die Kamera gelaufen war. Die Aufnahmen schaute ich mir gleich am Laptop an. Tatsächlich sah ich dort, wie sich wenige Minuten, nachdem ich das Zimmer verlassen hatte, wie von Zauberhand die Zimmertür öffnete. Ein junger Mann in Hoteluniform kam herein. Er sah sich um. Dann ging er zielgerichtet zum Schreibtisch und überflog die

Dokumente. Offenbar ging es ihm nur darum. Ohne auch nur irgendein anderes Motiv für das Betreten meines Hotelzimmers erkennen zu lassen, verschwand er wieder. Die Aufnahmen zeigten wir später in unserem Film. Nach einem Mitarbeiter des Roomservice oder einer Reinigungskraft sah der diskrete Besucher nicht aus. Wir flogen für unsere Recherchen quer durch das große Land. Über einen britischen Kollegen bekam ich Kontakt zu zwei Westeuropäern, die in China lebten. Die wiederum wollten mir Zugang zu einer Sportlerin verschaffen. Sie würde uns vielleicht ihre Dopinggeschichte erzählen oder zumindest zugeben, dass sie gedopt hatte. In Schanghai sollte ich sie treffen. Ich wurde von den Männern, die am Telefon extrem nervös wirkten, zu einer Einkaufspassage gelotst. Dort holte mich einer von ihnen ab und führte mich in ein nahe gelegenes Restaurant. Am Tisch saß eine freundlich lächelnde Frau Mitte zwanzig.

Sie hatte nach eigenen Angaben ihre Karriere als Leistungssportlerin drei Jahre zuvor beendet und sprach Englisch. Zunächst wirkte sie zurückhaltend, was ich bald gut verstehen sollte. Denn es ging ja um ein hochsensibles Thema. Und wie sollte sie wissen, ob ich vertrauenswürdig bin? Nachdem ich ihr in groben Zügen das geplante Filmprojekt vorgestellt und ihr etwas mehr zu mir und der Arbeit der ARD-Dopingredaktion erzählt hatte, schien sie Vertrauen zu fassen. Allerdings war klar, dass ich ihr und dem Mann, der mich zu ihr geführt hatte, strengstes Stillschweigen zusichern musste.

Das Eis war dann gebrochen, und die Ex-Sportlerin erzählte ausführlich vom Leistungssport in China und wie sie ihn als junge Schwimmerin erlebt hatte. Es war schnell zu spüren, dass sie eine heftige Systemkritikerin war. Ihre Aussagen konnten den Machthabern in Peking im Olympiajahr 2008 nicht gefallen. Den beiden Europäern, die in einer der vielen chinesischen Millionenstädte lebten, hatte sie vorher den darwinistischen Leistungsdruck im chinesischen Sportsystem beschrieben. Diese Schilderung sollte in ein Buch einfließen, ein Rohmanuskript lag schon vor. Die Beschreibungen der ehemaligen Sportlerin lasen sich spannend, emotional und ziemlich anklagend. Mochten ihre Erfahrungen auch ein paar Jahre zurückliegen, sie beschrieben eine Kultur im chinesischen Hochleistungssport, die sich so schnell kaum verändert haben konnte.

Das Thema Doping sprach der Text nicht direkt an. Das sollte die Chinesin nun uns gegenüber tun. Sie machte dazu bei unserem ersten Treffen zunächst nur Andeutungen. Zwischen den vorsichtig formulierten Sätzen blitzte Angst durch. Die Angst einer Ex-Athletin vor ihrem eigenen Staat. Die emigrierte Schwimmtrainerin in Südkorea hatte recht gehabt.

Mir wurde klar, dass die Frau, die mir hier im Restaurant gegenübersaß, nicht in China bleiben könnte, wenn sie der ARD vom Doping in ihrem Land berichtete. Klar wurde aber auch: Sie wollte reden, wenn sie sich sicher fühlte.

Die junge Frau, die an einer chinesischen Uni studierte, wirkte auf mich mutig und klug. Sie plante, bald ein weiteres Studium aufzunehmen. Das würde nicht mehr möglich sein, wenn sie vor der Kamera über Doping in China sprechen würde. Solche Vorwürfe wären ein Affront gegenüber den Machthabern. Wir überlegten, wie wir sie für diesen Fall schützen könnten. Ich bot an, mich nach meiner Rückkehr mal in Deutschland umzuhören. Vielleicht gab es ja Stipendien für chinesische Studenten.

Einige Tage später – ich war inzwischen wieder in Berlin – nahm ich erneut Kontakt mit den beiden in China lebenden Europäern auf. Sie hatten inzwischen noch mal mit der jungen Frau geredet. Und ich hatte mit einer Berliner Professorin gesprochen, deren Vorlesungen ich Anfang der Achtzigerjahre selbst noch besucht hatte. Sie sagte zu, sich zu erkundigen. Es gäbe durchaus Möglichkeiten, die junge Frau erst mal zum Studium nach Deutschland zu holen.

Mit einem der beiden Europäer verabredete ich, dass er, sein Kollege und ich uns bald in Europa treffen würden. Der Aufwand für diesen Pfad der Recherche war nicht gering, aber er schien uns lohnend. Journalistisch hätte es eine hohe Relevanz besessen, wenn eine chinesische Sportlerin vor einer Fernsehkamera ihre Erfahrungen mit Doping schildern würde.

Umso größer war die Enttäuschung, als wir die beiden Europäer trafen. Das Projekt sei gescheitert, sagten sie uns. Die junge Frau habe nicht nur Angst um sich, sondern auch um ihre Familie. Die nämlich wolle China auf keinen Fall verlassen. Ich hielt diese Angst für gerechtfertigt. Mein Fernsehkollege Jo Goll und ich hatten diesen wichtigen Punkt im Vorfeld einfach ausgeblendet. Die beiden Europäer allerdings auch. Dennoch warfen sie uns jetzt vor, nicht sensibel genug vorzugehen. Es kam zu hitzigen Debatten. Wir wüssten, so sagten sie, überhaupt nicht zu beurteilen, wie gefährlich das alles in China werden könne. Jo Goll und ich boten nun an, den Fall anonymisiert zu erzählen, ohne jede Bezüge zum Umfeld der Sportlerin. So sei der Schutz der Frau doch zu hundert Prozent gewährleistet. Aber alles Reden half nicht. Wir gingen ohne Plan auseinander. Bald darauf zeigte sich allerdings, dass die beiden Europäer die Risiken in China offenbar tatsächlich nicht so falsch eingeschätzt hatten.

Denn kaum waren die beiden Männer zurück in China, meldete sich die Polizei bei ihnen. Die Sicherheitsbehörden schienen von ihrem Buchprojekt Wind bekommen zu haben. Einer der beiden bekam sogar eine polizeiliche Vorladung, hinter der wohl die Staatssicherheit steckte. Wenig später – er hielt sich gerade wieder in seiner Heimat auf – setzten die Behörden seine Aufenthaltsgenehmigung aus. Er konnte nicht mehr nach China zurückkehren.

Auch ein Mitglied unseres Rechercheteams, das sowohl die chinesische als auch die Staatsbürgerschaft eines westlichen Landes besaß, wurde von der Polizei einbestellt und verhört. Die Erkenntnis nach dem Termin: Chinas Stasi hat uns im Fokus.

Damit war auch klar, dass jeder weitere Kontakt zu der regimekritischen chinesischen Ex-Sportlerin diese in Schwierigkeiten gebracht hätte. Wir haben sie nie wiedergesehen. Monate später im Schneideraum entschieden wir uns, ihren Fall in der Filmfassung nicht mal vage anzudeuten. Damit war jedes Risiko für die Frau ausgeschlossen.

Unsere Dreharbeiten im Frühjahr 2008 setzten wir aber fort. In einer Provinz sahen und filmten wir bei einem Qualifikationswettbewerb für die Spiele eine vierzehnjährige Schwimmerin, die als Wunderkind galt. Sie hatte Konkurrentinnen hinter sich gelassen, die zehn Jahre älter waren. Nun riss sie in einer Woche bis zu hundertzwanzig Kilometer im Becken ab. Das Mädchen hieß Li Xuanxu.

Die Nachwuchsathletin zählte offiziell nicht zur Weltspitze, schwamm aber so schnell. Ihre enormen Zeiten gaben Rätsel auf. John Leonard, Direktor der Vereinigung der Weltschwimmtrainer, sagte uns:»Wenn im Jahr 2008 urplötzlich unbekannte Schwimmer egal aus welchem Land Höchstleistungen bringen, dann schauen wir da ganz genau hin. Häufig ist es Betrug.« Bei Li Xuanxu sollte Leonard recht behalten, acht Jahre später: Weil man ihr ein verbotenes Doping-Maskierungsmittels nachwies, wurde die Athletin 2016 vom Weltschwimmverband gesperrt. Vorher hatte sie noch eine olympische Bronzemedaille gewonnen.

Bei unseren Recherchen am Rande des Qualifikationswettbewerbs 2008 durften wir nicht mit Li Xuanxu sprechen. Dafür stand der Generaldirektor des chinesischen Sportministeriums zum Interview bereit. Wir fragten ihn, ob die Dopingbekämpfung Fortschritte mache. Große Fortschritte, antwortete er. Im vergangenen Jahr, 2007, habe man in China nur fünfzehn Dopingfälle gehabt. Das liege an der Abschreckung. Dopende Athleten seien jetzt eingeschüchtert.

Dopingtrainer nicht, stellten wir fest. Am Beckenrand hatten wir eine Frau gesichtet, die minderjährigen Nachwuchssportlern bekanntermaßen hochwirksame verbotene Präparate gegeben hatte. Dafür war sie gesperrt worden. Nun saß sie hier, beobachtete Chinas Olympiaqualifikation. Übungsleiter, die Kinder gedopt haben, seien nicht mehr zugelassen, sagte uns der Präsident des chinesischen Schwimmverbandes. Doch später, als wir in England bei der Kurzbahn-WM der Schwimmer drehten, war die Kinderdoperin auch wieder vor Ort, offenkundig als Teil der chinesischen Delegation. Als wir den Präsidenten erneut darauf ansprachen, wollte er nichts mehr sagen. Das war dann auch ein Teil der Wahrheit über den angeblich so harten Kampf Chinas gegen Doping.

Etliche Athleten gingen hingegen ausländischen Dopingfahndern ins Netz, etwa im Jahr 2000 die Schwimmweltmeisterin Wu Yanyan, deren positiver Anabolika-Befund zu einer Sperre geführt hatte. Sie war in China die einzige erwischte Sportlerin, die sich nach langem Nachdenken bereit erklärt hatte, mit uns vor der Kamera zu reden. Warum das so schwer für sie war, begriffen wir schnell: Ein Individuum zählt in einem Land wie China eher wenig. Der Einzelne geht unter im Kollektiv, in der Masse eines Milliardenvolks. Wird auch nur der Verdacht eines Fehlverhaltens bekannt, ist der Einzelne schnell stigmatisiert.

Dass Doping im chinesischen Leistungssport weitverbreitet und toleriert war, ließ sich nicht von der Hand weisen. Im Gespräch mit der Schwimmerin Wu Yanyan erlebten wir nun, wie massiv soziale Ächtung ausfallen kann. Etliche Menschen, erzählte uns die ehemalige Weltrekordlerin, hätten sich von ihr abgewandt, als ihr Fall bekannt wurde. Dass sie beteuerte, unschuldig und Opfer eines Irrtums gewesen zu sein, half ihr nicht. »Mein Ruf ist zerstört worden. Ich bin traurig, denn ich war unschuldig.« Aber es habe ihr alles nichts genutzt, erzählte Wu Yanyan weiter: »Wenn dein Ruf zerstört wird, ist das, als ob dein Leben zerstört wird. Alle in meinem Umfeld denken bis heute immer noch: Ich war die, die damals durch den Dopingtest gefallen ist.«

Die Gespräche mit Wu Yanyan zeigten uns, was es in diesem Land für den Einzelnen bedeutet, sein Gesicht zu verlieren. Das Gegenteil, nämlich stets ein gutes Bild abzugeben, erwartete China im Olympiajahr 2008 von seinen Athleten.

Wir wandten uns zunächst wieder der Grundfrage unserer Recherche zu, die uns die Vertreter der Ministerien mit ihren starken Anti-Doping-News ja geradezu vorgegeben hatten: Hatte die angeblich strenge Anti-Doping-Politik der Regierung tatsächlich Auswirkungen? Wir setzten einen Strohmann ein, der testen sollte, ob die harten Gesetze zum Verkauf verbotener Substanzen auch eingehalten werden. Weit fahren mussten wir dafür nicht. Bei einem Pharmahändler in der Nähe versuchte unser Strohmann, ein Anabolikum zu bestellen. Man habe das Produkt in der gewünschten Menge vorrätig, sagte man ihm am Telefon und nannte auch gleich den Preis. Allerdings gäbe es ein Problem. »Wir dürfen vor Olympia nichts verschicken«, sagte der Verkäufer. Wir sollten deshalb bitte selbst vorbeikommen. Na gut.

Unsere Legende: Händler aus Deutschland. Wir kamen mit Bargeld, einer versteckten Kamera und einem großen Van mit dunklen Scheiben. An einem Nachmittag fuhren wir zu der Firma in einem Industriegebiet am Rande einer Millionenstadt. Mit unserem chinesischen Stringer und Fahrer verließ ich auf dem Parkplatz direkt vor dem Eingang das Auto. Auf den hinteren Sitzreihen mussten sich Co-Autor Jo Goll, Kameramann Manfred Pelz und sein Assistent nun in Geduld üben. Ein Mann, der auf uns zukam, hatte die drei zum Glück nicht bemerkt und führte uns in eine dunkle Halle. Sie sah wie ein großes Lager aus. Das Gespräch führte er mit meinem sprachkundigen Teamkollegen. Wir saßen an einer Art Tresen, die versteckte Kamera hatte ich schon vorher im Auto aktiviert. Ich hörte zu, verstand natürlich nichts, war zum Warten verdammt. Und es dauerte.

Nach etwa dreißig Minuten, die sich anfühlten wie sechzig, erhob sich der Mann. Er wollte nun offenbar unsere Bestellung holen. Dabei war klar: Verkaufen durfte er Anabolika nicht, weder Landsleuten noch einem Ausländer wie mir.

Ich nutzte die Gelegenheit, um unsere Kamera zu kontrollieren, die unauffällig in meiner Nähe positioniert war. Sie hatte eine kleine Lampe, die man nur von meiner Seite des Tresens sehen konnte. Ihr rotes Licht hatte die ganze Zeit geleuchtet. Jetzt nicht mehr. Akku leer. Die Katastrophe! Und schon kam der Mitarbeiter an den Tresen zurück, die Dopingpräparate in der Hand. Lange hatte er nicht gebraucht. Ich konnte mich mit meinem Teamkollegen nicht einmal mehr verständigen.

Die Verkaufsszene würde für uns journalistisch nahezu wertlos sein, wenn wir sie nicht aufzeichneten. Wir machten ja Fernsehen. Außerdem brauchten wir die Bilder aus juristischen Gründen – sie sollten unseren Vorwurf belegen, dass in China illegal Dopingmittel verkauft werden.

Ich schaute meinen Teamkollegen an, sagte dann auf Englisch zu ihm: »Ach Mensch, blöd, jetzt hab ich mein Geld im Auto vergessen.«

Er schaute mich an. Kapierte nicht.

Ich, noch mal: »Ich habe das Geld vergessen.«

Sein Blick sendete weiter Unverständnis.

»Ich habe mein Geld vergessen!«

Jetzt stand ich auf, sagte, ich müsse schnell zum Auto, das Geld holen, er solle mal hierbleiben.

Ihm erschloss sich die Show wohl immer noch nicht. Aber egal. Schnellen Schrittes machte ich mich aus der Halle heraus, ging zum Parkplatz, wo unser Auto stand. Schiebetür auf, ich rein, ein neuer Akku, von Kameramann Manfred so schnell eingesetzt wie neue Reifen beim Boxenstopp in der Formel 1. Kaum war ich raus aus dem Wagen, holte ich gleich ein Bündel Bargeld aus meinem Portemonnaie.

Ein kurzer Check noch, Licht an, die Kamera lief wieder.

Die Geldscheine demonstrativ in der Hand kehrte ich in die Halle zurück. »Ich hatte das Geld im Auto vergessen«, rief ich meinem Teamkollegen auf Englisch zu. Vielleicht verstand der Chinese hinter dem Tresen das ja auch. Nachdem ich mich wieder hingesetzt hatte, richtete ich die Kamera möglichst unauffällig auf den Verkäufer. Der hatte das Geld ja nun schon gesehen. Jetzt zeigte er uns die Ware. Hundert Gramm eines anabolen Steroids, in Pulverform in einem Beutel und zur Weiterverarbeitung in Pillen vorgesehen. Wir stellten noch ein paar Fragen, etwa zu Qualität und Verarbeitung, die er geduldig beantwortete. Dann zahlte ich. Ein Schnäppchen, wie sich später zeigen sollte. Der Mann bedauerte noch einmal, dass wir die Substanz eigens abholen mussten. Nach den Spielen, sagte er, würde das Geschäft damit wieder einfacher. Dann werde er auch wieder verschicken.

An der Sporthochschule in Köln analysierte später der Biochemiker Mario Thevis das Pulver. Es handelte sich in der Tat um das Anabolikum, das wir bestellt hatten. Beliebt ist es vor allem bei Bodybuildern, denen es um einen schnellen Muskelaufbau geht. Für den Wissenschaftler trug das Produkt schon deshalb ein »unkalkulierbares gesundheitliches Risiko«, weil es mutmaßlich keine »pharmazeutischen oder klinischen Prüfungen bis zur Vollendung durchlaufen« habe. Daher könne es eben auch nur auf dem Schwarzmarkt bezogen werden. Thevis rechnete auch den Wert der hundert Gramm der Substanz hoch, wenn man das Pulver in Dopingpillen pressen würde: Sechs- bis siebentausend Euro. Wir hatten hundertfünfzig Euro bezahlt.

Genbehandlung, auch für Sportler

Für unseren China-Film, der später »Olympia im Reich der Mittel« heißen sollte, waren wir in mehreren Ländern unterwegs. In Kanada erzählte uns ein Sportarzt vom internationalen Geschäft mit Gendoping. Mauro di Pascuale hatte auch als Dopingkontrolleur gearbeitet und viele Athleten kennengelernt. Er wisse von mehreren Profifußballern und Footballern, sagte er uns, die nach China gefahren seien, um Gendoping-Behandlungen vornehmen zu lassen.

Gendoping. Dabei geht es vereinfacht gesagt darum, Teile von Erbgut mit biotechnologischen Verfahren in den menschlichen Körper einzubringen. So sollen in ihm Prozesse in Gang gesetzt werden, die zu höherer Leistungsfähigkeit beitragen können. Ein Beispiel: Der Körper könnte mithilfe solcher Verfahren mehr EPO produzieren. Das Hormon ist für die Produktion roter Blutkörperchen verantwortlich. Hat der Körper mehr davon, kann das Blut mehr Sauerstoff aufnehmen und der Sportler seine Ausdauerleistungsfähigkeit steigern.

Solche Methoden haben Wissenschaftler eigentlich nur für ernsthaft erkrankte Menschen entwickelt, sie sprechen dann von Gentherapie. Doch auch Gesunde interessierten sich offenbar für Eingriffe ins Erbgut. Ein Genforscher in Baltimore in den USA berichtete uns von Anfragen von Bodybuildern und Sportlern. Das gelobte Land all jener, die vor derlei Manipulationen nicht zurückschreckten, sollte China sein. Doch war Gendoping dort tatsächlich einfach so möglich? In Peking am Institut für Mikrobiologie erhofften wir uns nähere Auskünfte. Wir fragten nach, bekamen aber keine Antwort. Die Wissenschaftler dort lehnten eine Stellungnahme ab.

Vielleicht sprachen sich unsere Recherchen herum. Jedenfalls erhielten wir einen anonymen Hinweis auf ein chinesisches Krankenhaus, das Gendoping durchführe. Hier gehe es um Stammzellbehandlungen an Sportlern, mit denen man die Leistungsfähigkeit dauerhaft erhöhen könne. Das wäre ein anderer Eingriff als der, von dem wir bisher gehört hatten, der sich aber nicht weniger gruselig anhörte. Wir legten uns eine E-Mail-Adresse mit Fantasienamen zu. Eine Internetseite mit ausgedachten Wettkampfergebnissen und Sportlerfotos hatten wir schon vor unserer Abreise eingerichtet. Per Mail gaben wir uns nun als Trainer eines US-amerikanischen Schwimmers aus. Es gehe uns um eine Stammzellbehandlung zur Leistungssteigerung. Die Antwortmail kam schnell: Das würden Kollegen erledigen, in einem anderen Krankenhaus. Dort erhielten wir einen Termin für den kommenden Freitag, 10.30 Uhr.

Wir statteten uns wieder mit einer versteckten Kamera aus und begaben uns in dem Hospital in die Abteilung für Stammzellbehandlungen. Hier hofften viele Schwerstkranke auf eine letzte Chance, indem sie sich Stammzellen transplantieren ließen. Aber würde man diese Therapie auch bei einem kerngesunden Leistungssportler machen? Den Stationsarzt und seinen Assistenten konnten wir genau das fragen.

»Mein Sportler will seine Leistung verbessern. Können Sie bei ihm eine Stammzellbehandlung machen?«, fragte ich.

»Ja, ich kann Ihnen ein Angebot machen. Wir haben zwar keine

Erfahrung in der Behandlung von Sportlern. Aber die Behandlung ist sicher. Es kann nichts passieren.«

Ich glaubte den beiden nicht. Nicht, dass sie nicht mit Sportlern arbeiteten, denn dieser Hinweis hatte mich ja erst hierhergeführt. Und ebenso wenig, dass die Behandlung sicher sei. Wie wollten sie das garantieren? Gab es Langzeitstudien, die darüber Auskunft geben? Wohl kaum.

»Wie könnten Sie ihn unterstützen?«

»Es kann die Lungenfunktion stärken. Die Stammzellen gehen in den Blutkreislauf und gelangen dann in den Organismus.«

Der Arzt und sein Assistent waren bereit, daran ließen sie keinen Zweifel. Und sie wurden auch konkret.

»Wie läuft das ab?«, fragten wir.

»Es dauert zwei Wochen. Ich empfehle vier intravenöse Verabreichungen. Vierzig Millionen Stammzellen, vielleicht auch das Doppelte. Je mehr, desto besser. Wir nutzen auch Wachstumsfaktoren. Aber da müssen Sie aufpassen« – jetzt zeigte der Stationsarzt auf ein Papier, das er in seinen Händen hielt –, »die hier, die stehen auf der Dopingliste.«

»Was kostet die Behandlung?«

»Alles in allem kommen wir auf einen Betrag von vierundzwanzigtausend Dollar.«

Eine Genbehandlung für einen gesunden Menschen ohne medizinischen Befund. Man zeigte uns schon mal ein Zimmer. Dort könne der Sportler ab November zur Behandlung einziehen.

Als unser Film vor den Spielen in Peking im Sommer 2008 lief, sorgten vor allem die Szenen aus dem Krankenhaus für Entsetzen. Wir hatten alle Sequenzen im Schneideraum und mit Unterstützung von Grafikern so bearbeiten lassen, dass das Krankenhaus nicht zu identifizieren war, genauso wenig die Ärzte. Die Originalstimmen hatten wir durch Sprecherstimmen ersetzt. Wir ahnten, was den Ärzten sonst nach der Ausstrahlung blühen konnte.

Was diese beiden Mediziner uns vor laufender Kamera in Aussicht gestellt hatten und was des Öfteren schon in diesem Krankenhaus geschehen war, überschritt für uns in Mitteleuropa alle ethischen Grenzen. Sind skrupellose Ärzte, wenn sie auf solche Weise Geld verdienen, schlicht Kriminelle? Bei diesem chinesischen Krankenhaus war die Frage für meinen Kollegen Jo und mich eindeutig beantwortet. Die Olympia-Organisatoren hatten den Film offenbar auch gesehen. Auf einer internationalen Pressekonferenz in Peking zu Beginn der Spiele wurde der China-Korrespondent der ARD vom Podium herunter aufgefordert, das Krankenhaus zu nennen und die Namen der Ärzte herauszurücken. Abgesehen davon, dass er dazu nichts hätte sagen können, weil wir die Ergebnisse unserer Recherche nur mit den mit dem Film betrauten ARD-Redakteuren geteilt hatten, wies der Kollege das Ansinnen entschieden zurück. Er antwortete, dass Journalisten Berichterstatter seien und keine Polizisten oder Staatsanwälte. Auch ihm war klar, dass die Ärzte in dem Krankenhaus mit schlimmen Konsequenzen zu rechnen hatten.

So moralisch verwerflich wir das Verhalten der Mediziner auch empfunden haben: Sie dem Polizeiapparat einer Diktatur gewissermaßen auszuliefern, in der regelmäßig die Todesstrafe vollstreckt wird, wäre aus unserer Sicht nicht zu verantworten gewesen.

Etwa ein Jahrzehnt später ist der Stand der Forschung zum Gendoping übrigens deutlich weiter. So sehen es zumindest die deutschen Wissenschaftler Patrick Diel, Richard Zehner und Markus Parzeller. In ihrem Aufsatz für die Fachpublikation »StoffR, Zeitschrift für Stoffrecht« zogen sie Bilanz. Die Manipulationsmöglichkeiten bezüglich der körperlichen Leistungsfähigkeit, stellten der Biochemiker, der Molekularbiologe und der Rechtsmediziner fest, seien massiv erweitert worden. Der Grund seien neue Erkenntnisse in der Genetik und bei den zellulären Mechanismen ebenso wie die Entwicklung neuer Technologien in der Pharmazie und der Diagnostik. »Gendoping ist in diesem Zusammenhang der Begriff, der oft als Synonym für diesen Sachverhalt verwendet wird«, heißt es in ihrer Analyse. Entsprechend seiner Definition decke die Bezeichnung Gendoping aber »nur einen Bruchteil der aufgeführten Methoden« ab.

Dass auch gesunde Menschen neue Technologien, Medikamente und Methoden nutzten, die eigentlich zur Behandlung von Krankheiten entwickelt wurden, lasse die Grenzen zwischen Therapie, Leistungssteigerung und Doping zunehmend verschwinden. Entwarnung konnten die Forscher nicht geben, im Gegenteil. »Da eine Anwendung all dieser Methoden immer auch mit Nebenwirkungen und einem gesundheitlichen Gefährdungspotenzial verknüpft ist«, schrieben sie, »ergibt sich hieraus eine enorme Herausforderung für die Gesundheitsprävention der Zukunft.«

Es sieht also ganz danach aus, dass solche Praktiken die schlimmste Bedrohung für den Sport sind. Ethische Grenzen werden nicht überall gleich definiert. Die Skrupel, mit menschlichem Erbgut zu manipulieren – seit unseren Recherchen 2008 in China dürften sie kaum abgenommen haben.

DDR

Im Auftrag des Staates

Der Weg zu den Europameisterschaften in Bonn führte für die
Schwimmer der Deutschen Demokratischen Republik über Mexiko.
In Toluca, westlich der Hauptstadt, absolvierten sie ein Höhentrai-
ning, 2600 Meter über dem Meeresspiegel. Es war der Sommer 1989
und der ostdeutsche Staat wirtschaftlich schon ziemlich marode.
Aber die Flugtickets leistete sich die DDR noch – nicht nur für die
Mannschaft, Trainer und Betreuer.

Während der Vorbereitungen reiste auch Egon Müller an, der
Generalsekretär des Deutschen Schwimmsportverbands. Er hatte
den Langstreckenflug aus Ost-Berlin auf sich genommen, um seinen Schwimmerinnen und Schwimmern eine wichtige Mitteilung
zu machen. Müller trat dazu vor das komplette Team, wie sich einer
erinnert, der dabei war. Man habe erfahren, hob der Funktionär an,
dass bei der EM in Bonn alle Teilnehmer eine Erklärung gegen Doping unterzeichnen sollten.

Müller war gut informiert. In den Wochen zuvor hatten sich tatsächlich einige westeuropäische Athleten darüber ausgetauscht, wie
sie mit dem Thema Doping umgehen sollten. Bei den Olympischen
Spielen 1988 war der Sprinter Ben Johnson nach einem neuen Weltrekord über hundert Meter positiv getestet worden. Johnsons ge-
feierter »Jahrhundertlauf« schmolz zum Betrugslauf, seine Goldmedaille wurde ihm aberkannt. Vor der Europameisterschaft in
Bonn hatten sich nun einige Leistungsschwimmer auf eine Erklärung geeinigt. Sie wollten den Mund aufmachen, sichtbar Position
beziehen, sich öffentlich distanzieren von der Einnahme verbotener

Mittel. Die Funktionäre in den Verbänden hatten mit ihrer Aktion nichts zu tun. Es war, wie der deutsche Olympiasieger Michael Groß im Rückblick sagte, eine Graswurzelbewegung. Die Schwimmmannschaft der DDR geriet mit der Forderung, die Anti-Doping-Erklärung zu unterzeichnen, allerdings in eine schwierige Situation. Dopen würden natürlich alle, das sei ja klar, sagte der Generalsekretär Müller in Mexiko. Aber das dürfe man eben nicht so laut sagen. Nun, in Bonn, müsse man sich wie alle anderen auch dazu bekennen, dass die DDR-Mannschaft keine Dopingmittel verwende. Müller gab vor, wie mit der Erklärung umzugehen war: unterzeichnen. Bald darauf, erinnert sich der Teilnehmer des Trainingslagers, sei der Funktionär wieder zurück nach Ost-Berlin geflogen.

Der Schwimmverband der DDR wollte seine Athleten siegen sehen bei dieser EM in der Bundesrepublik. Es sollte eine Demonstration der Überlegenheit des ostdeutschen Schwimmsports werden, offiziell natürlich keinesfalls aufgrund von Doping. Einige Tage vor ihrer Abreise nach Bonn mussten die Sportler deshalb noch eine Urinprobe abgeben – eine Vorsichtsmaßnahme. Schwimmer mit allzu auffälligen Werten müssten zu Hause bleiben.

Ein »Analyseprotokoll« listet die Testergebnisse von jenem 7. August auf. »Wir untersuchten nachstehende Urinproben der Sportart Schwimmen auf anabole Steroide«, schrieb der Leiter des ZI, des »Zentralinstituts mit Rehabilitationszentrum und Dopingkontrolllabor« in Kreischa, Erzgebirge. Darunter steht eine Tabelle mit gemessenen Testosteronwerten. Die Namen der Sportler sind mit einem Code verschlüsselt. Der von Kristin Otto lautet 0708 104. Die ersten vier Ziffern stehen für das Datum der Probe.

Unter Resultat heißt es bei »Chr. Otto« – der Name wurde handschriftlich hinzugefügt und meinte wohl Kristin Otto, eine andere Schwimmerin mit dem Namen Otto gab es nicht – »positiv«. Der Institutsleiter, der 1990 die Echtheit der für Kristin Otto verwendeten Codenummer bestätigte, hatte im Urin der Schwimmerin einen enorm erhöhten Wert des männlichen Hormons festgestellt.

Kristin Otto durfte ungeachtet dessen zur EM nach Bonn reisen.

Sie kam als Favoritin, hatte bei den Olympischen Spielen in Südkorea 1988 sechs Goldmedaillen gewonnen. In Bonn waren ihre Werte vermutlich wieder so gesunken, dass sie bei Dopingtests vor Ort nicht mehr erwischt werden konnte. Oder man hatte – eher unwahrscheinlich – bei den Analysen in Bonn womöglich den Testosterongehalt im Urin gar nicht gemessen. Drei Jahrzehnte später lässt sich dies nicht mehr rekonstruieren.

Kristin Otto holte zweimal Gold und eine Bronzemedaille. Als Athleten in Bonn zu einer Pressekonferenz luden, um sich für einen sauberen Sport starkzumachen und etwa Michael Groß für die Bundesrepublik die Anti-Doping-Erklärung unterschrieb – da schickte die DDR Kristin Otto. Sie musste tun, was Generalsekretär Müller in Mexiko vorgegeben hatte, musste sich zu der allgemeinen Erklärung bekennen, dass Schwimmer nicht dopen.

Nach der Wiedervereinigung wurde das Analyse-Protokoll des DDR-Labors mit den Testosteronwerten öffentlich. Kristin Otto zweifelte es an. 1997 sprach sie in einem Interview von »Vorverurteilungen, Häme und öffentlichen Hetz- und Verfolgungsjagden«. In einem Brief an den Präsidenten der »Gemeinschaft deutscher Olympiateilnehmer« schrieb sie: »Während meiner aktiven Zeit als Leistungssportlerin hatte ich keine verbotenen leistungsstimulierenden Medikamente bewußt eingenommen.«

Schade. Otto hätte ihren Beitrag leisten können, ein System zu enthüllen, das den Athleten nicht zuerst als Mensch sah. Womöglich hätten wir mit ihren Einblicken in die Strukturen des DDR-Sports manche Debatte später anders und vor allem ehrlicher geführt. Etwa über die Rolle des Athleten im System und über das Wesen der sportmedizinischen Betreuung. Gerade die Stimme einer herausragenden Sportlerin hätte da Gewicht gehabt. Einer ihrer Trainer gestand vor Gericht, Kristin Otto mit Dopingmitteln versorgt zu haben. Ein anderer führte sie auf einer Liste von neun jungen, teilweise minderjährigen Schwimmerinnen, die verbotene Präparate erhielten. Beide wurden verurteilt. Ein Coach, der sie gut kannte, bestätigte mir vertraulich, dass Otto wie andere Spitzenschwimmerinnen der

DDR-Auswahl ins Dopingprogramm eingebunden war. Er sagte, er habe Verständnis dafür, dass sie das alles abstreite.

Kristin Otto schaffte es, sich nach dem Mauerfall sowie dem Ende ihrer Laufbahn als Sportlerin eine zweite Karriere aufzubauen. Sie konnte nach ihrer Ausbildung beim Sachsenradio Leipzig als Sportreporterin beim ZDF Fuß fassen – eine erfolgreiche berufliche Entwicklung, die nicht vielen Spitzensportlern gelingt. Als junge Journalistin hing für Kristin Otto vermutlich viel davon ab, wie sie sich zu ihrer Rolle im DDR-Sportsystem verhielt. Anfang der Neunzigerjahre war die Zeit noch nicht reif dafür, die Grauzonen des Staatsdopingsystems in den Medien und in der Öffentlichkeit differenziert zu diskutieren. Auch für mich war Kristin Otto zunächst einfach nur der klassische Fall einer Dopingbetrügerin. Dass sie log, lag für mich auf der Hand. Über ihre möglichen Beweggründe machte ich mir damals wenig Gedanken.

Dass ich mich in jenen Jahren mit dem Thema Doping im DDR-Sport immer wieder mal befasste, schien mir selbstverständlich. Ich hatte die DDR ja Ende der Achtzigerjahre noch als junger Journalist bereist, von Schwimmwettkämpfen für den ARD-Hörfunk live berichtet. 1991 erschien dann das Buch »Doping-Dokumente: Von der Forschung zum Betrug« von Brigitte Berendonk, das sie mit ihrem Mann, dem langjährigen Dopingaufklärer Werner Franke, verfasst hatte. Es öffnete mir die Augen, denn die Autoren leisteten enorme Aufklärungsarbeit über Doping in der DDR wie auch im Westen Deutschlands. Für Journalisten war es eine wahre Fundgrube. Kollegen wie Herbert Fischer-Solms, Jens Weinreich und Thomas Purschke berichteten in den Folgejahren in deutschen Medien über den Stand der Aufarbeitung. All das verfolgte ich aufmerksam. Viel mehr tat ich noch nicht. Bis zum Jahr 1997.

Nun sollte eine Kollegin meinen journalistischen Ehrgeiz und mein Interesse beflügeln. Sie hieß Karin Helmstaedt, saß bei der Kurzbahn-WM der Schwimmer im April in Göteborg auf der Pressetribüne nicht weit von mir. Karin war in Kanada aufgewachsen und lebte jetzt in Paris. Ihr Vater war einst aus der DDR geflohen.

Karin war auch geschwommen, sogar für die kanadische Nationalmannschaft. Aus Göteborg berichtete sie nun für ein kanadisches Fachmagazin. Ich sprach sie einfach an. Wir verstanden uns gut und beschlossen, gemeinsam zu arbeiten.

Mit Karin wurde zu meinem Thema, was der DDR-Sport neben Medaillen und Rekorden hinterlassen hatte: körperliche Schäden und gebrochene Lebensläufe, verbitterte Ex-Sportler, Trainer ohne Schuldbewusstsein und Funktionäre, die jede Realität leugneten. Akten halfen uns zu verstehen und darzustellen, was der SED-Staat sich geleistet hat. Als »Diplomaten im Trainingsanzug« bezeichnete die DDR ihre Leistungssportler. Behandelt hat sie ihre Athleten zuweilen wie wertlose Diener des Systems.

Tot auf dem Beckenboden

Jörg S. schaffte es gar nicht erst bis an die Spitze. Er wurde 1956 geboren und lebte mit seinen Eltern in Magdeburg. Karin war über einige Ecken mit der Familie verwandt, daher kannten wir Jörgs Geschichte in groben Zügen.

Jörg S. schien sich bereits als Kind zu einem hoffnungsvollen Schwimmer zu entwickeln. Als Jugendlicher habe Jörg so hart trainiert, erzählte uns seine Mutter Annemarie, »dass er Treppen rückwärtsging, weil er solch einen Muskelkater in den Beinen hatte, dass er nicht vorwärts runterkam«. Der Sport bestimmte sein Leben, seit er in die fünfte Klasse kam. Jörg verbrachte täglich Stunden in der Elbe-Schwimmhalle. Er startete für den SC Magdeburg.

Sein Trainingsbuch hielt fest, wie sehr er angetrieben wurde. Zu Beginn jedes Schuljahrs legten die Trainer die Leistungsziele für jeden Schwimmer fest und trugen sie in roter Schrift ein. Die erreichten Zeiten waren dann vom Athleten laufend hinzuzufügen. Der Trainer konnte die Zeiten des Nachwuchses dadurch jederzeit einsehen, sie vergleichen und die Trainingsintensität steigern, wenn er das für notwendig hielt. An der Hantel ließ er junge Schwimmer ohnehin schon früh trainieren. Jörg S. begann damit, als er zehn Jahre alt war. In diesem Alter Gewichte zu stemmen, kann das Wachstum beeinträchtigen.

Die für den Leistungssport Erwählten hatten aber auch Privilegien, bekamen einen Liter Milch täglich und pro Woche eine Tafel Schokolade. Am Beckenrand hingegen erhielt Jörg abgezählte Pillenrationen. Vitamine, sagten die Trainer.

Im Alter von fünfzehn Jahren absolvierte Jörg S. elf Trainingseinheiten pro Woche, in bestimmten Phasen waren es auch achtzehn Einheiten. An Wochenenden startete er zudem oft auf Wettkämpfen. Am 28. Juli 1972 führte er bei der Kinder- und Jugendspartakiade die 4x100-Meter-Staffel seines Vereins an. Das Quartett des SC Magdeburg stellte einen neuen Altersklassenrekord auf. Jörg war jetzt sechzehn Jahre alt.

Sieg und Rekord wirkten gut, doch die Trainer schauten auch in sein Trainingsbuch. Die Zahlen dort sagten ihnen, dass Jörg es mit sechzehn Jahren nicht zu den Olympischen Spielen schaffte. Im zweiten Halbjahr 1972 stagnierten seine Leistungen sogar. Aus Trainersicht hätten sie steigen sollen.

Dann teilte ein Arzt seiner Mutter mit, Jörg leide an einer anormalen Herzvergrößerung. Das Ausmaß der Vergrößerung sei bedrohlich, besser höre der Junge mit dem Leistungssport auf. Der Trainer äußerte sich anders – Jörg, nicht der Mutter gegenüber. Er sagte, seine Leistungen seien zu schwach. Jörgs Zeit im Kader endete jedenfalls abrupt. Er sollte jetzt nur noch abtrainieren, das Pensum langsam herunterfahren und seinen Körper so an weniger Belastung gewöhnen.

Athleten, die abtrainierten, taten das beim SC Magdeburg allein. Jörg S. musste zusehen, dass er im Schwimmbad eine freie Bahn fand. Die Trainer schenkten ihm keine Aufmerksamkeit mehr.

Am Nachmittag des 17. Januar 1973 fuhr er wie gewohnt mit dem Fahrrad zur Elbe-Schwimmhalle. Es gelang ihm, für kurze Zeit eine Bahn zu belegen. Danach wollte er an einem Kurs für Lebensretter teilnehmen. Es dauerte noch, bis der Kurs begann. Jörg S. setzte sich auf einen Startblock und wartete. Um siebzehn Uhr dreißig sah ihn dort ein Bademeister und fragte, ob ihm etwas fehle. Der Junge trug einen Trainingsanzug, hatte aber blaue Lippen. Jörg S. antwortete, ihm sei schlecht. Da ging der Bademeister wieder seiner Wege. Der Schwimmer blieb allein zurück. Gegen achtzehn Uhr muss er in das Wasser der Elbe-Schwimmhalle gefallen sein. Niemand bemerkte etwas. Erst zwei Stunden später vermisste man ihn. Nach einer weiteren Stunde fand man Jörg S. im Wasser unter dem Sprungturm. Er lag im Trainingsanzug auf dem Boden des Schwimmbeckens, tot.

Es war ein Mann vom SMD, dem Sportmedizinischen Dienst, der Fred und Annemarie S. aufsuchte und kondolierte. Der SMD verantwortete das Doping in der DDR. Es wurde gesagt, Jörg sei an einer Grippe gestorben. Die Eltern wussten, dass dies eine Lüge war. Ihr Junge war nicht krank gewesen und gegen Grippe sechs Wochen zuvor geimpft worden. Jetzt war er tot. Die staatliche Versicherung zahlte keinen Pfennig. Den Eltern und auch Jörgs Mitschülern legte man nahe, nicht weiter über den Tod zu sprechen. Die Mutter vertraute ihre Gedanken und Gefühle über den Verlust ihres Sohns ihrem Tagebuch an. Dass sie die wahre Todesursache nicht erfahren durfte, empfand sie als zusätzliche Belastung.

»Ich denke, ein Schwimmer fällt nicht ins Wasser und stirbt, wenn er Jahre trainiert hat«, sagte uns Annemarie S. 1997, zweieinhalb Jahrzehnte später. »Ich bin losgerannt, von Pontius zu Pilatus, habe versucht zu erfahren, woran er gestorben ist. Es war nicht möglich«, sagte uns der Vater Fred S. »Dr. K. [Name abgekürzt] erzählte, er sei an einer Grippe gestorben.«

Dr. Eberhard K.: Dieser Sportmediziner hatte sich in den Siebzigerjahren in Magdeburg um Athleten gekümmert, auch um die Schwimmer. Er war »Abteilungsleiter Leistungssport« des SMD und stellvertretender Bezirkssportarzt. Leute wie K. hatten die Dopingvorgaben im Alltag umzusetzen. K. diente der DDR auch als inoffizieller Mitarbeiter (IM) des Staatssicherheitsdienstes. Nach der Wiedervereinigung hatte er sich in Leipzig niedergelassen. Ein Kollege suchte ihn in seiner Praxis auf, mit Kameramann, ohne Anmeldung. K. saß in seinem Arztzimmer hinter einem Schreibtisch. Dass ein Fernsehteam auftauchte und Fragen zur Vergangenheit stellte, irritierte ihn.

Dr. K. bestätigte, 1973 Sportmediziner in Magdeburg gewesen zu sein. »Aber ich habe jetzt wirklich keine Zeit. Und ich habe auch zukünftig keine Zeit.« Damit erhob er sich, kam hinter seinem Schreibtisch hervor und ging zur Zimmertür. »Es hat damals einen Todesfall gegeben«, sagte der Reporter, der für uns vor Ort war. Er fragte K., ob er Jörg S. kenne. Die Antwort von K.: »Ich kenne ihn nicht. Ich weiß es nicht. Ich kenne ihn nicht.« Dann wies er meinen Kollegen den Weg zur Praxistür.

Wir konnten Dr. K. nicht mehr damit konfrontieren, dass der Pathologe das Herz des toten Nachwuchsschwimmers später untersucht und eine »starke muskuläre Wandverdickung der linken (19 mm) und der rechten (7 mm) Herzkammer mit deutlicher Ausweitung« festgestellt hatte. Allein mit intensivem Training war solch eine Wandverdickung nicht zu erklären. Mitte der Neunzigerjahre stellte man bei mehreren Spitzensportlern, die plötzlich verstarben, eine solche Herzerweiterung fest. Bei diesen Athleten bestand der Verdacht, dass sie anabole Steroide genommen hatten.

Das traurige Schicksal des jungen Leistungsschwimmers schilderten Karin Helmstaedt und ich in unserer Fernsehdokumentation und auch in dem Buch »Anklage: Kinderdoping«, das ich mit meinem leider früh verstorbenen Freund und Kollegen Holger Schück herausgab. Der Sportarzt Eberhard K. ließ es sich nicht nehmen, uns zu verklagen. Er wollte, dass das Buch nicht weiter verkauft werden durfte. K. konnte sich jetzt offenbar doch wieder an Jörg S. erinnern. Zumindest behauptete er, dass er selbst nichts mit dessen Tod zu tun hatte. Das hatten wir so direkt auch gar nicht geschrieben. Es ging trotzdem vor Gericht.

Dort, in einem Verhandlungssaal des Landgerichts Leipzig, zog K.s Anwältin ihren Antrag, die Verbreitung unseres Buches zu verbieten, aber auch gleich wieder zurück. Es gehe ihrem Mandanten um die Aussage, dass er nichts mit dem Tod des Schwimmers zu tun habe. Das stehe jetzt schwarz auf weiß im Protokoll, sagte sie Journalisten. K. musste die Kosten des Verfahrens tragen. Unser Buch blieb am Markt. Das freute uns, wenn es damals auch nur in kleiner Auflage erschienen war.

Die Fernsehdokumentation zum Kinderdoping in der DDR, die im September 1997 lief, erreichte mehr Menschen. Karin und ich hatten während der Recherchen einfach drauflosgedreht, ohne Bedenken, aber auch ohne detailliertes Konzept. Irgendwie und mit Hilfe meiner Kollegen beim SFB ist daraus dann ein dreißigminütiger Film geworden. Die ARD nahm ihn kurzfristig ins Programm, direkt nach den »Tagesthemen« und noch bevor die großen Dopingprozesse am Kriminalgericht in Berlin-Moabit begannen.

Männliche Sexualhormone für Mädchen

Gefühlt hatten wir Material für einen Neunzigminüter. Allein die Ausschnitte aus dem DDR-Fernsehen mit den sogenannten Wundermädchen aus den Siebziger- und Achtzigerjahren: Diese Athletinnen schwammen der Konkurrenz so oft davon, dass schon getuschelt wurde und das Fernsehen Erklärungen sendete. Zu den Bildern der Berlinerin Barbara Krause etwa, die im Schmetterlingsstil weit ausholend durch das Becken pflügte, sprach der Kommentator: »Worauf beruht ihre Ausnahmestellung? Auf Talent, so vermuten ihre Bewunderer. Auf Fleiß, so beweisen ihre Trainer. Auf Manipulation, so behaupten ihre Neider. Ihre Kraultechnik ist perfekt. Das richtige Atmen lernte sie am Beginn ihrer Laufbahn zu Hause in einer Waschschüssel. Vor dem Rennen aß sie ihr Lieblingsgericht: tschechische Knödel und Puffreis zum Dessert.«

Die Realität schildert das Onlinelexikon Wikipedia. Unter dem Stichwort Barbara Krause werden dort zuerst Medaillen und Rekorde referiert:

»Ihren ersten Titel gewann sie bei den Schwimmweltmeisterschaften 1975 in Cali mit der 4×100 m Freistilstaffel«, heißt es darin, bevor auf Siege bei Europa- und Weltmeisterschaften eingegangen wird. Der Abschluss und Höhepunkt ihrer Laufbahn sei dann bei den Olympischen Sommerspielen 1980 in Moskau erfolgt, wo sie drei Goldmedaillen gewann.

Die Olympischen Spiele 1976 verpasste Barbara Krause, offiziell aufgrund einer Erkrankung. Tatsächlich verweigerten die Mannschaftsärzte der DDR ihr den Start, wie das Onlinelexikon hinzufügt,»aufgrund einer falsch kalkulierten Dopingdosis und einem damit verbundenen befürchteten positiven Dopingtest«.

Barbara Krause erhielt in der DDR mehrmals den »Vaterländischen Verdienstorden«. Am Ende blickt ihr Wikipedia-Artikel in einem Satz auf die Folgen eines Lebens als gefeierte Sportlerin. Nüchtern heißt es:»Barbara Krause erlebte eine besondere Form der Auswirkungen als höchst wahrscheinliche Folge der Einnahme von anabolen Steroiden, indem sie zwei schwer behinderte Kinder zur Welt brachte.« Dieses Schicksal teilt sie mit anderen Athletinnen der DDR.

Als aus Ost und West ein Deutschland wurde, arbeiteten viele ehemalige DDR-Trainer erst einmal weiter. Bei den Deutschen Schwimmmeisterschaften 1997 in München standen einige solcher Übungsleiter am Becken. Sie coachten noch, doch die Staatsanwaltschaft ermittelte bereits gegen sie. Die Strafverfolger verdächtigten die Trainer, Kinder und Jugendliche zu DDR-Zeiten gedopt zu haben, ohne deren Einwilligung, ohne deren Wissen und ohne die Eltern einbezogen zu haben. Die Vergabe anaboler Steroide erfüllte nach dem Einigungsvertrag zwischen DDR und Bundesrepublik den Straftatbestand der Körperverletzung.

Oral-Turinabol hieß das Standardmedikament, ein synthetisches männliches Sexualhormon, das etliche Schwimmerinnen schon als Jugendliche, manche sogar im Kindesalter erhielten. Das Steroid ließ die DDR im Volkseigenen Betrieb Jenapharm produzieren, in Tablettenform in Rosa und Blau. Die blauen Pillen enthielten einen höheren Wirkstoffanteil, unter Sportlern wurden sie auch »blaue Blitze« oder »blaue Bohnen« genannt.

Bei unseren Recherchen trafen wir frühere Leistungsschwimmerinnen, die es Überwindung kostete, über ihre Erfahrungen zu sprechen. Einige trauten sich, vor der Kamera ihre gesundheitlichen Schäden zu beschreiben. Sie berichteten von Muskelschmerzen und chronischer Entzündung der Eierstöcke, von ausbleibenden Regelblutungen, Vertiefung der Stimme und Verbreitung des Kreuzes. Vor ihren einstigen Trainern hatten die Frauen jetzt keine Angst mehr. Sie sahen auch keinen Grund, die Männer zu decken. Männer wie den inzwischen verstorbenen Dieter Lindemann. Der Trainer, der direkt nach der Wende auch Franziska van Almsick betreute, stritt kühl ab, zu DDR-Zeiten Schwimmerinnen gedopt zu haben. In unserem Film sagte nun Dagmar Schoeler, die für den Verein Dynamo Berlin gestartet war: »Ich war von der fünften bis zur siebten Klasse bei Dieter Lindemann in der Trainingsgruppe. Er hat uns mit Beginn der fünften Klasse Tabletten gegeben, die er höchstpersönlich in Becherchen eingefüllt hat und wo er selber drüber gewacht hat, dass wir die auch nach jeder Trainingseinheit schlucken. (...) Es wurde gesagt, es wären Vitamine und laktatwertverbessernde Medikamente. (...) Wir durften nicht darüber reden. Wir waren angewiesen, unseren Eltern und auch sonst draußen niemandem etwas davon zu erzählen.«

Tatsächlich achteten die Betreuer darauf, dass ihre Athleten am besten selbst nichts von den Mitteln wussten, auf jeden Fall aber nicht darüber sprachen. Das Wort Doping fiel eher selten. Die Funktionäre, Trainer und Ärzte sprachen stattdessen von UM, was für »Unterstützende Mittel« stand. Der Dresdner Schwimmtrainer Uwe Neumann, später wegen Körperverletzung verurteilt, hielt laut Stasiunterlagen fest: »Der verantwortliche Trainer dafür gibt entsprechend der Dosierungsvorschrift die UM-Mittel aus. Die Aktiven erhalten (...) keine UM-Mittel in die Hand und sind, (...) auch nicht differenziert aufgeklärt.« Und Manfred Höppner, der als Stellvertretender Direktor des Sportmedizinischen Dienstes die Dopingsystematik überwachte, notierte unter dem Punkt »Vergabe von Anabolika«: »Die Vergabe der Präparate an die Athleten hat entweder in Fremdpackungen bzw. ohne Packung zu erfolgen, keinesfalls dürfen die Athleten in den Besitz der Originalpackung gelangen.«

Manfred Höppner: Seine Stasiakte – der DDR-Geheimdienst führte ihn als Inoffiziellen Mitarbeiter, als IM mit dem Decknamen Technik – ließ uns in Abgründe blicken. Die rund tausend Seiten sind die bedeutendste Quelle, um Ausmaß und Skrupellosigkeit des staatlich verantworteten Medikamentenmissbrauchs im Sport zu verstehen. Karin Helmstaedt und ich studierten diese Akten über Wochen.

»Die Anwendung erfolgt eigenverantwortlich (...), ohne daß bekannt ist, welche möglichen Nebenwirkungen bei den Sportlern in zehn oder zwanzig Jahren auftreten«, notierte Höppner. Es braucht wohl einiges an Zynismus, um von Eigenverantwortung zu schreiben, wo doch Athleten gar nicht wissen sollten, was sie da einnehmen sollten. Bei einer Sportlerin stellten Ärzte laut Stasiakte fest, »dass diese zum Rasieren gezwungen ist, die Oberschenkel an der Innenseite stark behaart sind und die Schamhaare bereits bis in die Nabelgegend reichen«. Das männliche Sexualhormon hatte kräftig angeschlagen bei dieser Sportlerin. Höppner zufolge verantwortete die junge Frau das aber eben selbst.

Dopingorganisation als Beruf

Höppners Stasiakte liest sich in manchen Passagen wie ein Krimi. Kühl und sachlich sind Wirkungen und Nebenwirkungen von Dopingmitteln insbesondere bei jungen Frauen notiert. Je mehr ich mich in die Akten vertiefte, desto mehr ergriff mich Fassungslosigkeit. Ich fragte mich, wie erwachsene Menschen mit Kindern und Jugendlichen nur so umgehen können? Offenbar völlig skrupellose Funktionäre, Ärzte und Trainer spielten mit der Gesundheit junger Menschen, scherten sich einen Teufel um deren Wohlergehen. Die jungen Athleten waren nichts anderes als Versuchsobjekte – Instrumente eines rücksichtslos operierenden Systems in einer Diktatur. Immer wieder wird auch die politische Dimension des DDR-Sports deutlich. Ein Leistungssportler rangierte in der Wahrnehmung der Machthaber an hoher Stelle, war zugleich aber nur ein Werkzeug in den Händen des Apparats.

Internationalen Medaillen maß man in der Staats- und Parteiführung höchste Bedeutung bei. Gleichzeitig mussten die Sportfunktionäre jederzeit fürchten, dass Dopingfälle bekannt würden. Schon 1978 ging es bei einem Treffen des Dopingorganisators Manfred Höppner mit einem Stasimann darum. Sie unterhielten sich über eine verfeinerte Untersuchungsmethode der Dopinganalytiker des Zentralinstituts (ZI) in Kreischa. Die Überschrift des Eintrags: »Anwendung unterstützender Mittel«. Es sei festgestellt worden, dass »das Ausscheiden von Depot-Turinabol (gespritzt) in verschiedenen Fällen bis zu 60 Tage andauert. Die bisherigen Erkenntniswerte lagen bei 30 Tagen und darauf waren alle Maßnahmen abgestimmt.«

Ein synthetisches Sexualhormon, das sich langsamer als gedacht im Körper der Athleten abbaut, also bei Dopingtests länger als angenommen festzustellen ist – das war keine gute Nachricht für die DDR. Höppner konnte seinem Gesprächspartner bei der Stasi aber mitteilen, dass er bereits reagiert hatte. Zum einen würden Sportler vor Wettbewerben im Ausland untersucht, und nur bei negativer Dopingprobe würde eine Ausreisegenehmigung erteilt. Zum anderen würden die Sportärzte das Mittel Depot-Turinabol, das der menschliche Körper langsam abbaut, bis auf Weiteres nicht verabreichen. Man weiche nun komplett auf Oral-Turinabol aus, steht in der Akte. Höppner halte Hormone in Pillenform für ebenso wirksam.

Der Sportmedizinische Dienst mit seinem Vizedirektor Höppner ging tatsächlich erst einmal kein Risiko ein. Sicherheit vor Siegen, das war die Maßgabe. Die Stasiakte hält dazu fest: »Am 16. 8. 1978 sollten sechs Leichtathleten zu einem Internationalen Wettkampf nach Zürich ausreisen. Die Meldungen sind bereits erfolgt und die Flugtickets gebucht. Nunmehr wurde bekannt, daß mit Anabolika-Kontrollen zu rechnen ist, so daß einer Ausreise nicht stattgegeben werden kann. Alle vorgesehenen Athleten befinden sich in der Vorbereitung auf die EM und sind demzufolge zu diesem Zeitpunkt noch positiv.«

Höppner war klar, wie ernst die Lage war – nicht nur für die Sportler, denen man die Hormone verabreichte. Der hohe Funktionär musste auch damit rechnen, dass positive Dopingproben Folgen für ihn persönlich haben könnten.

Er hatte darüber schon mit Horst Röder gesprochen, der als Vizepräsident des Deutschen Turn- und Sportbundes (DTSB) amtierte. Auch Manfred Ewald wusste Bescheid, Präsident des DTSB, Mitglied im Zentralkomitee der Staatspartei SED, der oberste und einflussreichste Sportfunktionär der DDR. In Höppners Stasiakte heißt es dazu, Horst Röder habe erklärt, »daß weder er noch Gen. EWALD einen weiteren positiven Fall, der international nachgewiesen wird, überleben würden«.

Im Jahr zuvor hatten Kontrolleure nach einem Wettkampf in Helsinki die DDR-Kugelstoßerin Ilona Slupianek positiv auf das anabole Steroid Nandronolon getestet und für ein Jahr gesperrt. Bei einem weiteren solchen Dopingfall, so sah es Horst Röder, würde fast die komplette Führungsspitze des DDR-Spitzensports ausgetauscht. Der Druck, als erfolgreiche, zugleich aber saubere Sportnation dazustehen, muss für die Sportfunktionäre gewaltig gewesen sein.

Sauber und siegreich, dieses Image wurde kultiviert. Wenige Wochen später hatte der DTSB in einer »umfassenden Analyse« die Leistung der eigenen Athleten international verortet. »Im Ergebnis mußte festgestellt werden, daß erstmals seit 1964 von 1977 zu 1978 keine steigende Tendenz eingetreten ist.« Der DDR-Sport, exakt vermessen durch die Funktionäre und ihre Helfer, trat demnach auf der Stelle. »Nach dem gegenwärtigen Stand und der möglichen perspektivischen Einschätzung wird die DDR zu den OS hinter den

USA nur einen dritten Platz erreichen können.«OS steht für Olympische Spiele.

Die Erkenntnis hatte Konsequenzen. Eine war, dass das »Dopinglabor am ZI in Kreischa« einen Neubau bekam, dafür wurde eine halbe Million Mark bewilligt. Auch die »Anschaffung weiterer Importgeräte« zur Dopinganalyse wurde »durchgesetzt mit der aufgestellten These, daß ein weiterer positiver Fall ausschließlich in den ungenügenden Untersuchungsmöglichkeiten gesucht werden müsse«. Die DDR nahm also Geld in die Hand, um künftig perfekt zu vertuschen. Das Zentralinstitut in Kreischa wurde noch wichtiger, seine Arbeit »sehr hoch eingeschätzt«. Die Analytiker dort bildeten eine Art Speerspitze nicht im Anti-Doping-Kampf, sondern im Kampf darum, nicht aufzufliegen. Der Spitzenfunktionär Manfred Ewald sagte, »dass wenn zu den Olympischen Spielen bei den DDR-Sportlern keine positiven Fälle nachgewiesen werden können, die Mitarbeiter des ZI Kreischa mit hohen staatlichen Auszeichnungen geehrt werden«.

Ein Täter als Aufklärer

Man tritt Manfred Höppner wohl nicht zu nahe, wenn man ihn als einen Menschen beschreibt, der seinem Land voller Überzeugung diente. Parteispitze und Stasi vertrauten ihm und schickten ihn regelmäßig ins westliche Ausland. Von seinen Reisen berichtete der Arzt anschließend detailliert. Im Frühjahr 1979 besuchte er demnach den Dopinganalytiker Manfred Donike in der Bundesrepublik. Vorher hatten die beiden sich schon in Ost-Berlin getroffen und auch zusammen das Dopinginstitut in Kreischa in Sachsen besucht. Donike habe damals bereitwillig Auskunft gegeben »zu Fragen der von ihm angewandten Untersuchungsmethoden« und dazu auch Fotos mit dem Diaprojektor an die Wand geworfen. Der Westdeutsche habe »gegenwärtig noch einen nicht unwesentlichen Vorsprung«, urteilte Höppner später.

Für seinen Gegenbesuch schlug Höppner nun Aufenthalte in Donikes Dopinglabor in Köln und im Institut der Kernforschungsanlage Jülich vor. »Der Aufenthalt im Dopinglabor des DONIKE soll dazu genutzt werden, um Untersuchungen durchzuführen, da es gegenwärtige Dinge gibt, die uns noch nicht bekannt sind sowie Donike spezielle Präparate bei der Untersuchung anwendet, die uns ebenfalls noch nicht bekannt sind.« Höppner wollte Wissenslücken in der Dopinganalyse schließen.

Nebenbei betätigte er sich als Spion. Er berichtete der Stasi, dass Donike in einem Zweifamilienhaus in Düren lebe, »Eigentum seiner Schwiegereltern, die ebenfalls noch dort wohnen«. Donike fahre einen Porsche und »beabsichtigt in absehbarer Zeit, ein Turbinenauto gleichen Fabrikats anzuschaffen«. Täglich fahre Donike hundertsechzig Kilometer zur Arbeit, die er jedoch voll von seiner Steuer absetzen könne. »Das gesamte Auftreten von DONIKE ist äußerst legär«, fand Höppner laut des Stasiprotokollanten, der das aus dem Französischen stammende Wort etwas leger wiedergab. Mit seiner Ehefrau verbinde Donike ein gutes Verhältnis, »vornehmlich dadurch, daß sie den Haushalt in Ordnung hält und sich der Erziehung der Kinder widmet«. Für Donike gelte »in erster Linie die Durchführung seiner fachlichen Tätigkeit und das Geldverdienen«.

In der DDR war Kontakt mit Westdeutschen nicht gern gesehen. Dass Höppner den Kollegen aus Westdeutschland traf, wussten Vorgesetzte und das Ministerium für Staatssicherheit aber natürlich. Von oben hatte Höppner also Rückendeckung. Doch dem DDR-Arzt war offenbar ebenfalls wichtig, dass andere Menschen nichts von seinem Kontakt nach drüben erfuhren. Bei dem Treffen in Ost-Berlin, berichtete Höppner seinem Stasimann, habe ihn Manfred Donike noch nach Hause begleiten wollen. Er sei auf diese Äußerung nicht eingegangen, um zu verhindern, dass die »Familie mit einem Bürger der BRD konfrontiert wird«. Dies sei nämlich schon einmal vorgekommen, als ein anderer westdeutscher Sportmediziner in Höppners Wohnung angerufen habe, um sich für die Zusammenarbeit bei einer Tagung zu bedanken. Höppners Sohn habe damals den Anruf entgegengenommen und so von der Verbindung seines Vaters zu einem Arzt aus dem Westen erfahren. Daraufhin habe der Sohn erklärt, der Vater müsse »darüber eine Meldung bei seiner Dienststelle machen«. Offenbar war sich die ganze Familie der Pflichten bewusst, welche die sozialistische Parteidiktatur namens DDR ihren Bürgern auferlegte. Das zeigt dieses kleine Detail aus Höppners Stasiakte: Der hundertprozentig linientreue Vater wird von seinem offenbar nicht minder überzeugten Sohn aufgrund eines Westkontakts ermahnt.

Dabei konnte sich die DDR auf ihren Dopingorganisator verlassen. Aus den vielen Seiten von Höppners Stasiakte quellen die Folgen der Anabolikaverabreichung regelrecht hervor. Höppner berichtete seinem Stasioffizier von Stimmveränderungen der jungen Schwimmerinnen. Er stellte die Zunahme der Körperbehaarung von Sportlerinnen fest, das »Zurückgehen der Brüste«, erzählte von Triebstörungen, Beeinflussung des Geschlechtstriebs und von »Scheinzwittern«.

Im Mai 2000 wurde Manfred Höppner gemeinsam mit seinem Vorgesetzten Manfred Ewald der Prozess gemacht. Am 18. Juli 2000 verurteilte das Amtsgericht in Berlin-Moabit Höppner wegen Beihilfe zur Körperverletzung in zwanzig Fällen zu achtzehn Monaten Haft auf Bewährung. Ewald, Sportchef der DDR bis zu ihrem Zusammenbruch, erhielt zweiundzwanzig Monate auf Bewährung. Das Besondere: Höppner half den Ermittlern zuvor bei der Aufarbeitung des Unrechts. Mit seinem Insiderwissen dechiffrierte er Akten und sagte zu Ärzten und anderen Funktionären aus.

Ein Jahrzehnt zuvor, 1990, hatten Reporter des »Stern« Höppner interviewt und ihm am Ende des Gesprächs den Titel »Je ne regrette rien« der französischen Sängerin Édith Piaf genannt, »ich bereue nichts«. Höppner hatte trocken geantwortet: »Da könnte ich mitsingen.« Und er sagte auch: »Daß die bundesdeutschen Sportfunktionäre uns nicht hochgehen lassen würden, dessen waren wir uns sicher. Die wollten doch nur ihr eigenes Wissen verfeinern.«

Auch ich versuchte 1990, an Höppner heranzukommen, wollte ihn vors Mikrofon holen. Der Chefdoper des DDR-Sports im Interview, das wäre doch spannend. Trotz der damals noch miserablen Telefonverbindungen in den Ostteil Berlins gelang es mir, ihn zu erreichen. Höppner sagte zu. Ich fragte ihn in einem Studio des SFB in Charlottenburg, ob er sich in der Vergangenheit auch schon über die moralische Komponente seines Tuns Gedanken gemacht habe. Höppner antwortete:»Die Moral wird natürlich sehr unterschiedlich definiert. Ich möchte noch mal sagen, es war eine schwierige Situation, mit der ich lange leben musste. Und ich denke doch, dieser Weg, den wir jetzt gehen, ist der bessere Weg.«

Nun im Jahr 2000, nach seiner Verurteilung, gab er sich in einem Gespräch mit dem»Tagesspiegel« differenzierter. Er habe sich»gestellt«, den Prozess trotz einer Krankheit durchgehalten, das war Höppner jetzt wichtig. Ihm sei klar gewesen:»Du musst dich bekennen.« Er habe Schuldgefühle gehabt,»als die beiden Frauen aussagten, deren Kinder entweder Klumpfüße haben oder auf einem Auge fast blind sind. Der Gutachter hat zwar gesagt, dass es keinen Hinweis gibt, dass diese Schädigungen ausschließlich von Anabolika kommen, aber ich dachte mir: Du kannst nicht sicher sagen, dass es nicht doch damit zu tun hat.«

Höppner bedauerte in dem Interview auch, dass er es»nicht geschafft habe, die Leistungssteigerung ohne gesundheitliche Schädigungen zu erreichen«. Dass Kinder und Jugendliche Anabolika erhielten, nannte er»zu leichtfertig«. Man habe damals gesagt,»die sind zwar erst 14 oder 16 Jahre alt, aber biologisch sind die ja schon wie Erwachsene. Das war natürlich nicht richtig. Wir haben nur die großen, breiten Mädchen gesehen. Das Leistungskriterium hat uns ein bisschen in die Irre geführt.«

Höppner wirkte in dem Gespräch dennoch nicht immer schuldbewusst. Es gebe von ihm»keine Unterschrift auf einem Schreiben, in dem ich angeordnet habe, dass Sportler nicht informiert werden dürfen«, versuchte er sich herauszureden vor dem Hintergrund, dass viele Athleten und ihre Eltern hintergangen wurden. Doch

Höppner klang, als hätte bloß die Hierarchieebene unter ihm hinterhältig gehandelt, selbstbestimmt und ohne sein Wissen. Dass er selbst seinem Stasioffizier zur Vergabe der Dopingmittel erklärt hatte, »keinesfalls dürfen die Athleten in den Besitz der Originalpackung gelangen«, verdrängte Höppner wohl. Er argumentierte auch wie viele Dopingärzte, dass seinen Job andere gemacht hätten, wenn er sich verweigert hätte.

Die DDR wollte er im Nachhinein nicht verdammen. »Es gab in diesen 40 Jahren keinen Krieg«, sagte der Sportarzt und Dopingorganisator Manfred Höppner. »Das ist für mich das Wichtigste.« Einmal gab er sich in dem Interview sogar angriffslustig. Im Prozess habe er die meiste Kraft »gebraucht, um nicht gegen einige Journalisten handgreiflich zu werden«. Wen genau er meinte, ließ er offen.

Sein Mitangeklagter Manfred Ewald starb zwei Jahre nach dem Urteil. Höppner lebte im Frühjahr 2019 noch. Mein Kollege Moritz Radecke klingelte bei ihm, an seinem Haus in Grünheide, östlich von Berlin. Das Grundstück, einen Steinwurf von einem kleinen See entfernt, war Höppners Zuhause schon seit vielen Jahren. Im Garten steht ein Baum, groß und kräftig, mit einer blauen Tafel versehen, auf die goldgestrichene Buchstaben geklebt sind: »Kanadischer Ahorn. Olympiabaum. Geschenk der Stadt Montreal 1976«. Das A von Ahorn ist abgefallen. Fünfundachtzig Jahre war Höppner nun alt, der Baum dreiundvierzig. Als sein Samen gesät wurde, stand der DDR-Sport in voller Blüte, genau wie das Dopingsystem unter seinem Chefplaner.

Höppner öffnete meinem Kollegen und trat vor die Tür. Er war freundlich. Zeit habe er nicht, da er zum Arzt nach Berlin müsse, sagte er. Er sei schwer erkrankt, seine Frau leide an Alzheimer. Aber ein paar Minuten nahm er sich doch.

Noch immer bekomme er Anfragen, gebe aber keine Interviews mehr. Er wolle jetzt seine Ruhe haben. Lange Gespräche mit Journalisten über die Vergangenheit würden ihn doch sehr aufwühlen. Und er wolle auch, fügte Höppner hinzu, »niemanden mehr in die Pfanne hauen«. Er sei ja der »letzte Überlebende« seiner Riege und sehe auch deshalb keinen Grund dafür, alte, längst verstorbene Kollegen zu belasten.

Über sich selbst sagte Höppner, er habe niemanden umgebracht und sei stets bemüht gewesen, sich gegen »das Ganze« zu stellen. So etwas sei aber im System der DDR kaum möglich gewesen. Er stehe zu seinen Taten, habe für seine »Sünden gebüßt« und seine »Schulden bezahlt«. Er sei deshalb mit sich selbst im Reinen. In Westdeutschland habe sich ja kaum jemand zum Doping bekannt, sagte Höppner. Die Telekom-Prozesse seien ein Witz gewesen, es gebe mit Sicherheit noch viele weitere Freiburger Ärzte, die nie belangt wurden. Er frage sich, wann es dem westdeutschen Dopingsystem endlich an den Kragen gehe.

Zu den aktuellen Enthüllungen Anfang 2019 rund um den Erfurter Arzt Mark Schmidt äußerte sich Höppner auch. »Eine schlimme Sache« sei das, die er nicht geahnt habe. Besonders verwerflich fände er, dass Mark Schmidt für seine Blutbehandlungen so viel Geld genommen habe. Ihm sei es in der DDR dagegen stets um Chancengleichheit gegangen und nicht darum, dass die Sportler mit dem dicksten Portemonnaie das bestmögliche Doping erhielten.

Der frühere Chefdoper der DDR wünschte viel Glück bei weiteren Dopingrecherchen und ließ mich grüßen. Damals, Anfang der Neunzigerjahre im Fernsehstudio, klang er noch anders. Jetzt sagte er, er habe einen Schlussstrich gezogen. Einen betrugsfreien Sport halte er für eine nette Utopie.

Ohne Höppners Stasiakte und viele andere Quellen aus DDR-Archiven hätte es die TV-Dokumentation »Staatsgeheimnis Kinderdoping« im Jahr 1997 jedenfalls wohl so nicht gegeben. Der Film war mein erster, der sich mit Betrug im Sport und mit der systematischen Schädigung der Gesundheit von Athleten befasste. Aufregend verliefen schon die Tage vor der Sendung. Während Karin Helmstaedt und ich noch im Schneideraum saßen, wollte die ARD unseren Film schon im Programm bewerben. Die Kollegen der Trailerredaktion schnitten ein kurzes Stück zusammen, eine Art Programmhinweis in Bildern. Dabei verwendeten sie Sequenzen, die ihrer Ansicht nach die größte Aufmerksamkeit erzielten. Und das waren die Passagen, die sich mit Kristin Otto befassten.

Kristin Otto hatte ich im Sommer 1997 bei den Schwimmmeisterschaften in München noch angesprochen. Sie war als ZDF-Redakteurin vor Ort. »Lass uns reden«, schlug ich ihr in der Olympiaschwimmhalle vor, »du sollst auch in dem Film vorkommen.« Kristin Otto reagierte darauf, indem sie nicht reagierte. So blieb es beim Versuch, mit ihr über die Vergangenheit zu sprechen.

Ich fand bedauerlich, dass sie nicht die Chance ergriff, vor unserer Kamera ihre Sicht der Dinge darzulegen. So mussten wir uns anders behelfen. Wir sendeten unter anderem Bilder des DDR-Staatsfernsehens, die Kristin bei einer Ehrung an der Seite Erich Honeckers zeigten, hinter einem Stehpult, ein Versprechen vortragend: »Auch künftig werden die Sportlerinnen und Sportler der Deutschen Demokratischen Republik alles tun, um unser sozialistisches Vaterland allseitig zu stärken.« Zeitzeugen kamen ebenfalls zu Wort. Das Dokument mit Ottos drastisch erhöhtem Testosteronwert, das der Leiter des Dopingkontrolllabors als positives Dopingtestergebnis gewertet hatte, zeigten wir in dem Film ebenfalls.

Aber erst einmal lief einen Tag vor der Ausstrahlung am Rande einer Fußballübertragung der Trailer. Durch ihn konnte man den Eindruck gewinnen, dass es in unserer Dokumentation zu einem guten Teil um Kristin Otto gehen würde. So war es keineswegs. So wirkte es aber.

Der Film ging am nächsten Morgen in die Endproduktion, also erst an dem Tag, für den ihn die ARD ins Programm genommen hatte. Nachmittags um 15.30 Uhr rief mich das Sekretariat meines Senders an. Man habe den Vater von Kristin Otto in der Leitung. Ich übernahm den Anruf. Herr Otto brüllte mich an, was mir einfalle, was ich mit seiner Tochter machen würde. Er würde mit einem Anwalt vorm Fernseher sitzen und ganz genau zuschauen. Ich arbeitete da gerade mit Karin an den finalen Textpassagen. Wir waren verunsichert.

Ich fragte mich noch einmal, ob es grundsätzlich in Ordnung war, Kristin Otto in dem Film vorkommen zu lassen. Schließlich war es ja eine Kollegin, die ich schon Jahre kannte und für die womöglich viel auf dem Spiel stand. Doch ich kam zu dem Schluss, dass es okay war. Ich hatte ihr ja die Möglichkeit gegeben, sich vor der Kamera zu äußern. Zudem würden wir in dem Film eine Aussage von Kristin Otto zitieren, ihre Sicht der Dinge, nämlich dass sie ein Opfer einer Kampagne sei. Wir hatten uns also nichts vorzuwerfen. Und trotzdem, die leisen Zweifel ließen sich nicht gleich wieder verscheuchen. Karin und mir fehlte wohl schlicht die Erfahrung mit solchen Anrufen.

Zu ändern war zu diesem Zeitpunkt allerdings ohnehin nicht mehr viel. Am Abend, als wir endlich fertig geschnitten hatten, erschienen die leitenden SFB-Redakteure Jochen Sprentzel und Hans-Jürgen Pohmann gemeinsam mit der Justiziarin des Senders. Wir sprachen über die Regeln der Verdachtsberichterstattung und ob wir unsere Behauptungen belegen könnten. Die Justiziarin hielt es für besser, alle in dem Film gezeigten Schwimmerinnen unkenntlich zu machen. Das sahen Karin und ich völlig anders. Sämtliche im Bild gezeigten Personen waren als erfolgreiche DDR-Sportlerinnen sogenannte Personen der Zeitgeschichte. Und dass sie gedopt worden waren, ließ sich belegen – allein schon durch Dokumente aus der prallen Stasiakte Manfred Höppners.

Wir diskutierten lange. Dann sendeten wir. Alle Gesichter waren zu erkennen.

Ich hörte danach nichts mehr, weder vom Vater noch vom Anwalt Kristin Ottos. Kristin selbst sah ich in den nächsten Jahren immer wieder auf Schwimmmeisterschaften. Sie sprach nie wieder ein Wort mit mir.

Eine Woche nachdem die ARD gesendet hatte, lief unsere Dokumentation noch einmal im Dritten Programm des SFB. Wir hatten dazu Gäste ins Studio geladen, unter anderem Jörg Hoffmann. Der Schwimmer hatte 1991 zweimal WM-Gold geholt und gewann bei den Olympischen Spielen 1992 in Barcelona Bronze über fünfzehnhundert Meter Freistil. Nun gab Hoffmann in der Livesendung zu, dass auch er zu DDR-Zeiten die blauen Anabolika-Pillen geschluckt habe, eine kurze Zeit lang, wie er sagte.

Hoffmanns Geständnis ging um die Welt und kam auch in Australien an. Dort ärgerte sich der Nationaltrainer Don Talbot, zu dessen besten Athleten der Freistilschwimmer Kieren Perkins gehörte. Perkins war der Ausnahmekrauler der Neunzigerjahre, zweimal Olympiasieger, Weltrekordhalter. Aber bei der WM 1991 hatte er gegen Jörg Hoffmann verloren. Perkins sei von einem gedopten Deutschen um den WM-Titel betrogen worden, behauptete nun Chefcoach Talbot.

Wilde Diskussionen waren die Folge, auch in Deutschland wurde darüber berichtet. Das ZDF griff das Thema Doping im DDR-Schwimmsport auf. Im »Aktuellen Sportstudio« am Samstagabend wurde darüber berichtet, und man ließ noch eine Studiodiskussion dazu folgen. Günther Jauch, der damals auch Sportsendungen moderierte, befragte Kristin Otto live. Jauch gab sich Mühe, aber Otto zog es auch in ihrem eigenen Sender vor, nicht viel zu sagen. Die Sätze wirkten auf mich wie einstudiert und auswendig gelernt. Der Kernsatz lautete: Wissentlich habe sie keine Dopingmittel genommen. Ich fragte mich, ob sie anwaltlich beraten worden war.

Ich verfolgte die Sendung, dachte an die DDR-Schwimmerin Karen König, die über Kristin gesagt hatte, »sie war offensichtlich gedopt, das ist allgemein bekannt, sie leugnet es seit Jahren«. Ottos früherem Kollegen Raik Hannemann, einst Schwimmer bei Dynamo Berlin, hatte es fast leidgetan, »dass Kristin verpasst hat, den Schlussstrich unter diese Zeit zu ziehen«. Es sei doch gar nicht weiter schlimm für sie zu sagen, dass sie mit Doping in Berührung gekommen ist. »Sie hatte keine andere Chance in der DDR.« So sahen es diese beiden ehemaligen Teamgefährten von Otto.

Aber es gab noch andere Stimmen. Am späten Samstagabend klingelte das Telefon in meiner Wohnung in Berlin-Steglitz. Am Apparat war die langjährige Sekretärin des DDR-Dopingorganisators Manfred Höppner. Sie hatte das »Sportstudio« auch gesehen. »Sehen Sie, Herr Seppelt«, sagte die Ex-Mitarbeiterin des Chefdopers triumphierend, »hab ich doch gesagt. Was Sie da immer behaupten über Kristin Otto, stimmt ja gar nicht.« Sie wirkte auf mich so, als wäre sie noch immer voller Bewunderung für das, was die DDR im Sport zuwege gebracht hatte. Der ostdeutsche Staat war zwar schon längst Vergangenheit. Der Stolz war geblieben.

Es waren aufregende Wochen damals. Karin Helmstaedt und ich reden manchmal noch darüber, wenn wir ab und an telefonieren. Hätte ich sie 1997 nicht spontan angesprochen, wäre es nie zu diesen intensiven Recherchen gekommen. So aber wurde mir endgültig klar, dass das Thema Doping im Spitzensport meines ist und bleiben soll. Karin zog Anfang 1998 von Paris nach Berlin und stieg hier komplett in den Fernsehjournalismus ein. Es dauerte nicht lange, und Karin wurde zu einem der Gesichter des englischsprachigen Programms der Deutschen Welle. Die Debatten um den DDR-Sport, um Opfer und Täter, verfolgt sie wie früher.

Und diese Debatten werden auch heute oft noch mit Leidenschaft geführt. Obwohl oder vielleicht gerade weil es in Deutschland mehr als in jedem anderen Land der Welt zu einer intensiven Beschäftigung mit den Folgen von systematischem Doping gekommen ist. Die Stasiakten haben entscheidend zur Aufarbeitung beigetragen und stützten die Strafprozesse. Viele frühere Verantwortliche sind allerdings wegen Verjährung und Überlastung der Justiz nie belangt wurden.

Der Verein Doping-Opfer-Hilfe (DOH), Ende der Neunzigerjahre gegründet, gibt den gesundheitlich geschädigten Athleten aus dem DDR-Sport eine Stimme. Er betreibt wichtige Lobbyarbeit in Sport und Politik. Dopingopfer-Hilfegesetze wurden verabschiedet, Gelder für die Geschädigten bewilligt. Und auch der lange Zeit eher zurückhaltend agierende Deutsche Olympische Sportbund stellte Mittel bereit. Er unterstützt inzwischen regelmäßig die Berliner Geschäftsstelle des Vereins der Dopingopfer.

Leider überlagerten zuletzt über Monate Grabenkämpfe das

wichtige Anliegen des Vereins. Man wirft sich gegenseitig öffentlich vor, mit falschen Fakten zu operieren. Die Diskurse haben sich dreißig Jahre nach dem Mauerfall verschoben.

Doch um eine Frage wird weiterhin mit großer Vehemenz gerungen: ob Sportler, die dopen, Betrüger sind – oder Betrogene. Oder beides.

Fußball

Abwehrlücken

Aus deutscher Sicht lief der Confed-Cup im Sommer 2017 wunderbar. Bundestrainer Joachim Löw schickte eine stark verjüngte Fußballmannschaft zu dem Kurz-Turnier nach Russland. Es gab neue Gesichter im Nationaltrikot zu sehen, Spielfreude und reichlich Tore. Am Ende holte Deutschland den Pokal. Die ARD sendete aus Baden-Baden. Im Studio dort bewertete der frühere Europameister Mehmet Scholl das sportliche Geschehen. Seit neun Jahren machte Scholl den Job als Fußballexperte. Als am 28. Juni das erste Halbfinale anstand, machte Scholl allerdings gar nichts mehr. Er weigerte sich, seinen Job auszuführen.

Den Grund dafür verriet er wenige Wochen später im Radioprogramm des »Bayerischen Rundfunks«, wo er die Sendung »Mehmets Schollplatten« moderiert. Es sei damals um eine Dopingrecherche über den Turniergastgeber Russland gegangen, die am selben Tag ins Programm genommen werden sollte.

Der WADA-Sonderermittler Richard McLaren hatte der ARD-Dopingredaktion gesagt, er vermute positive Dopingbefunde bei russischen Fußballern oder manipulierte Proben. Seine Schlussfolgerung nach Auswertung zahlreicher interner Dokumente: »Es ist ein Vertuschungssystem entdeckt worden, es muss aber ein zweites im Fußball gegeben haben.« Über diese bemerkenswerte Aussage hatte der WDR die Nachrichtenagenturen vor Ausstrahlung des Beitrags in Kenntnis gesetzt.

Scholl blickte in seiner Radiosendung auf den Konflikt zurück, der am Tag des ersten Halbfinales zwischen ihm und der ARD entstanden war: »Ich möchte, dass diese Story für diesen schönen Tag draußen bleibt. Da haben die gesagt, die bleibt nicht draußen, und ich darf mich nicht ins Programm einmischen. Da habe ich gesagt: Ich gehe. Und dann bin ich gegangen.« Der Beitrag habe »in dem Moment überhaupt keine Relevanz« gehabt, sagte Scholl noch und erklärte, was ihm in den letzten zwei Jahren bei der Sportberichterstattung der ARD aufgefallen sei: »Immer, wenn ein bestimmter Sender das Programm macht, fangen wir grundsätzlich mit negativen Storys an.« Es war klar, welchen Sender er meinte: den WDR, unter dessen Dach die ARD-Dopingredaktion arbeitete.

Kurz nachdem der ARD-Fußballexperte Mehmet Scholl sich so geäußert hatte, lösten er und die Programmverantwortlichen den Vertrag auf. Ich fand das von beiden Seiten konsequent. Scholl hatte sich beim Confed-Cup zur besten Sendezeit als Kritiker von Dopingrecherchen geoutet. Er hatte geredet, wie ich schon viele Sportler und noch mehr Funktionäre habe sprechen hören, hatte für eine saubere Trennung plädiert: hier der Sport, dort das Doping. Aber bitte nicht beides nebeneinander.

Dass Fußball und Doping nicht zusammenpassen würden, hatte Mehmet Scholl schon zwei Jahre zuvor bei der Analyse eines Pokalspiels behauptet. Da sagte er klipp und klar, Doping würde im Fußball nichts bringen. Er wurde dafür hart kritisiert. Dass Doping ausgerechnet Fußballspielern, die ja nicht nur taktisch und technisch exzellent sein müssen, sondern auch Ausdauer und Kraft brauchen, nicht weiterhelfen kann, ist natürlich Nonsens. Doch Scholl steht mit seiner Ansicht nicht allein da. Hans-Wilhelm Müller-Wohlfahrt etwa, über viele Jahre Mannschaftsarzt des FC Bayern München und der deutschen Fußballnationalmannschaft, sagte im April 2018 in einem Interview mit der »Zeit«, es brächte Fußballprofis nichts, sich Muskelmassen anzutrainieren. Die Begründung des renommierten Mediziners: »Dann würden sie zu schwer werden« und Elastizität, Flexibilität und Leichtigkeit gingen verloren. Müller-Wohlfahrt sagte auch: »Wenn ein Spieler Stimulanzien nimmt, dann ist der Akku anschließend leer, und er erleidet im nächsten Spiel einen

Leistungsabfall.« Auch diese Aussagen zeigen, wie dringend es nötig ist, sich mit dem Thema Doping im Fußball noch intensiver zu befassen.

Viele Fußballfans sehen die Sache allerdings anders als Mehmet Scholl und der Bayern-Arzt Müller-Wohlfahrt. Sie können sich durchaus vorstellen, dass auch in der weltweit beliebtesten Sportart unerlaubte Hilfsmittel genutzt werden. Bei Vorträgen und Diskussionen werde ich zumindest oft gefragt, warum die ARD-Dopingredaktion sich denn eigentlich nicht mal die Fußball-Bundesliga als Thema vornehme. Manchmal wirft man uns dann vor, dass Dortmund, Schalke, der FC Bayern und die anderen Klubs von uns geschont würden, weil die ARD viel Geld für die Senderechte ausgibt.

Dass wir bisher keine systematische Dopingrecherche im deutschen Spitzenfußball geschafft haben, stimmt. Das liegt allerdings nicht an Senderechten der ARD oder an vermeintlichen Vorgaben von höheren Stellen. So etwas hat es nie gegeben. Der Grund war schlicht, dass die Zeit fehlte. Allein die Russlandrecherchen haben sich nach 2014 noch Jahre hingezogen. Aber immerhin haben sie auch einige weitere Erkenntnisse über den Fußball gebracht. Die haben wir dann vor und während der Weltmeisterschaft 2018 veröffentlicht.

Die »Positiv-Vertuschungsmethode«

»Hier steht die Sportart. Fußball. Hier steht die Proben-Nummer. Und das ist die verbotene Substanz. Aber gegenüber der WADA wurde die Probe als sauber gemeldet«, sagte mir WADA-Sonderermittler Richard McLaren. Er hatte weitergemacht mit seiner Aufarbeitung des russischen Dopingskandals – und war wieder bei den Kickern angekommen. Ich traf ihn im Frühjahr 2018, als er gerade in Deutschland unterwegs war.

»Im Fußball«, erklärte er, »gab es ein Muster, das ähnlich war wie in anderen Sportarten, wenn auch weniger deutlich. [...] Wir nannten es die Positiv-Vertuschungsmethode. Das Labor meldete einfach falsche Testergebnisse an die WADA.«

Mit dem »Labor« war das Dopingkontrolllabor in Moskau gemeint, das lange Grigori Rodtschenkow geleitet hatte. Rodtschenkow sagte mir später, als er unter Zeugenschutz in den USA lebte, dass er beim Fußball keineswegs autonom gehandelt habe. Hier habe er sich mit dem damaligen Sportminister Witali Mutko abgesprochen. »Er sagte mir: ›Wir haben so viele Probleme im Fußball, Wett- und Spielmanipulation, und dann kommst du noch mit Dopingfällen. Hör bitte auf damit.‹ Mutko war mein Vorgesetzter, also habe ich den Befehl befolgt.«

Von 2008 an sei das so gelaufen, sagte Rodtschenkow. Konkret habe er von Mutko »die Anweisung erhalten, dass wir im Fußball keine positiven Tests brauchen können. [...] Meist ging es um Kortikosteroide, wegen all der Verletzungen in einem so gefährlichen Sport wie Fußball. Es gab eine generelle Garantie im Fußball: Die Sportler wurden nicht disqualifiziert. Ich habe mir nicht sämtliche Namen der Spieler gemerkt, da Mutko ohnehin sagte: ›Finger weg!‹«

Witali Mutko war demnach in seiner Zeit als Sportminister die Schlüsselfigur des Vertuschungssystems im Fußball. Er bestritt alle Vorwürfe gegen seine Person und überhaupt jegliches Doping in seinem Lieblingssport. »Heute sind Sportarten wie Biathlon, Leichtathletik, Radsport vom Dopingthema betroffen«, sagte der Putin-Vertraute. »Im Fußball gibt es so etwas nicht.«

Der WADA-Ermittler McLaren sah das ganz anders, vor allem die Rolle Mutkos. Der Kanadier hatte internen Mailverkehr ausgewertet, in dem es um den heimlichen Umgang mit verdächtigen und positiven Dopingtests ging. »Der größte Teil meines Berichts basiert auf dem Informationsfluss zwischen dem Sportministerium und dem Labor, hauptsächlich vom Labor zu Nagornych, dem damaligen stellvertretenden Sportminister«, sagte der Kanadier uns. »Wir kamen aber zu dem Schluss, dass, wenn es um Fußball ging, die

Kontrolle nicht in Nagornychs Händen lag. Sie lag bei Mutko. Das geht klar aus unseren Informationen hervor.« Wir erfuhren, dass die FIFA all die Erkenntnisse der WADA zu Doping im russischen Fußball erhalten hatte. Dieses Wissen hielt allerdings den FIFA-Präsidenten Gianni Infantino nicht davon ab, diesen Satz zu sagen: »Hätten wir ein ernsthaftes Dopingproblem im Fußball, würden wir das längst wissen, egal ob in Russland oder irgendeinem anderen Land.«

Hätte Infantino ein Gewissen, träte er ab, dachte ich. Tatsächlich konnte der Präsident aber dabei zusehen, wie einige andere Personen ihre Posten verloren, Leute, die Russland keinen Persilschein ausstellten. Einer von ihnen war Miguel Maduro. Der Jurist aus Portugal hatte als Generalanwalt am Europäischen Gerichtshof gearbeitet. 2016 übernahm er die Leitung der Governance-Kommission der FIFA, um nach diversen Skandalen für mehr Glaubwürdigkeit und Ordnung zu sorgen. Im März 2017 beschäftigte er sich auch mit den Vorwürfen gegen Witali Mutko, der außer Sportminister damals zugleich Chef des Organisationskomitees der WM 2018 in Russland war. Zwei Monate später wurde Maduro plötzlich abgewählt.

Maduro packte dann allerdings aus. Vor dem britischen Unterhaus berichtete er von einem denkwürdigen Auftritt von Infantinos Generalsekretärin Fatma Samoura. Es sei um die Wahl des russischen Sportministers in den FIFA-Rat gegangen. »Die Generalsekretärin sagte, [...] dass wir eine Lösung finden müssen, um Herrn Mutko für wahltauglich zu erklären. Denn sonst stünde auch der FIFA-Präsident infrage und die WM 2018 könnte zum Desaster werden.«

Auch der FIFA-Ethik-Kommissar Cornel Borbely war im Mai 2017 nicht mehr erwünscht. »Ich habe keinen Grund gehört, warum das Ethik-Komitee abgelöst werden sollte. Das lässt für mich nur den Schluss zu, dass es politische Gründe dafür geben muss«, sagte der Schweizer Jurist. Er hatte sich gerade eingehend mit der Rolle Witali Mutkos im russischen Dopingskandal befasst.

Der FIFA-Medizinchef Jiri Dvorak wiederum ging dem Doping-verdacht gegen russische Fußballspieler nach. Ende 2016 wurde er nach zweiundzwanzig Jahren urplötzlich ersetzt. Die FIFA erklärte seinen Abgang: »Leute kommen, Leute gehen, erst recht in einer Phase der Neuausrichtung unter einer neuen Präsidentschaft mit einer neuen Vision.«

Ob diese Vision darin besteht, es sich um Himmels willen nicht mit den Russen zu verscherzen, deshalb nichts Kritisches gegen das Land, seinen Sport und seine Funktionäre zu sagen und dafür rus-sische staatsnahe Unternehmen als Sponsoren zu gewinnen? So in etwa schilderte es ein FIFA-Insider, der in unserem Film unerkannt bleiben musste, weil er Angst vor Repressalien hatte.

Die FIFA wollte sich zu dieser Einschätzung nicht äußern. Vor der Fußball-WM 2018 brüstete sich der Weltverband, deutlich mehr als zehn Prozent aller Fußballer würden bei dem Turnier auf EPO getestet. Allerdings wurde nur jede zehnte Probe auf Wachs-tumshormon und auf Peptide untersucht. Neunzig Prozent aller Spieler blieben damit auf diese hochwirksamen Mittel unkontrol-liert.

Bei Dopingkontrollen im Sport wird grundsätzlich nicht nach jeder verbotenen Substanz gesucht. Als Zuschauer mag man einen anderen Eindruck vermittelt bekommen, doch es gibt ein Papier, das den schönen Schein entlarvt. Es hat den etwas sperrigen Namen »Technisches Dokument für sportspezifische Analysen« und arbei-tet den Widerspruch heraus zwischen der Wirklichkeit und dem, was Lobbyisten des organisierten Sports suggerieren, wenn sie zu Unrecht von umfassenden Dopingtests sprechen.

Wer das Dokument liest, erkennt schnell, dass Lücken im System normal sind und es im Regelfall noch deutlich weniger Kontrollen auf bestimmte Substanzen gibt als bei der Fußball-WM 2018. In etlichen dopinganfälligen Sportarten wird in der Regel nur jede zehnte Probe auf Substanzen wie etwa Wachstumshormon getestet, die wirkungsstark und zugleich schwer nachweisbar sind. Solche Mittel zählen deshalb zu den Klassikern der Betrugsbranche. Manche dieser Pharmaka sind längstens achtundvierzig Stunden nach ihrer Verabreichung im Körper aufzuspüren. Verteidiger des Status quo verweisen gern auf den abschreckenden Effekt der Dopingtests. Den gibt es sicherlich auch. Letztlich hängt es aber an den Anti-Doping-Organisationen, die Tests im Alltag gründlich und möglichst oft durchzuführen. Mit Alltag meine ich nicht das Bundesligaspiel einer Fußballmannschaft. Bei Spielen oder Wettbewerben müssen die Sportler mit Kontrollen rechnen. Sportler nehmen Dopingmittel aber üblicherweise in den Phasen vor Wettkämpfen oder an entlegenen Orten, wo sie kaum Tests befürchten müssen.

Natürlich wäre es sinnvoll, Fußballprofis im Wintertrainingslager in Doha oder Dubai zu testen, in Marbella oder La Manga. Und natürlich hätte der Profifußball genug Geld, um regelmäßig Tester an diese immer gleichen Orte der Saisonvorbereitung zu schicken. Das ist der große Vorteil dieser Branche mit Milliardenumsatz: Sie könnte den Kampf gegen Betrug aus der Portokasse bezahlen. König Fußball könnte vorangehen und ein engmaschiges Kontrollnetz spannen.

Manchmal erlebt man solche Vorstöße, der einstige Chefmediziner der FIFA etwa forderte mehr Kontrollen mit höheren Standards ein. Aber der wurde dann ja ausgewechselt, als die FIFA einen neuen Präsidenten und eine neue »Vision« erhielt. Und so redet der mächtigste aller Fachverbände die Probleme, die auch der Fußball mit dem Doping hat, lieber klein. Als hätte es nicht große Dopingskandale in Italien, Spanien und Frankreich gegeben, in Russland und Brasilien. Und in Deutschland, wo Toni Schumacher in seinem Buch »Anpfiff« schon vor drei Jahrzehnten offen Doping in der Bundesliga beschrieb. Das Manuskript des Bestsellers steht im Fußballmuseum des DFB in Dortmund hinter Glas. Dass die Schilderung letztlich folgenlos blieb, lassen die Macher der Ausstellung unerwähnt.

Ein Lockvogel in London

Ältere oder gar alte Kamellen? Stimmt. Nur hat noch keine Sportart beim Doping bislang Selbstheilungskräfte entwickelt. Der Fußball ist da keine Ausnahme. Natürlich kommen auch in dieser Sportart in den Zehnerjahren des 21. Jahrhunderts verbotene Substanzen zum Einsatz. Das hat Thomas Kistner in seinem Buch »Schuss« ausführlich dargelegt. Das zeigten auch unsere verdeckten Recherchen in Brasilien bei Doktor B., die ich in dem Kapitel »Gegenwind« beschrieben habe. Und dann waren da die Einsätze eines Lockvogels 2015 in London. Sie rückten sogar die prominente Premier League ins Zwielicht.

Im Jahr zuvor war ein britischer Sportler beim Dopen erwischt worden. Der Athlet wollte seine Sperre verkürzen und ging dafür im April 2014 zur Nationalen Anti-Doping-Agentur Großbritanniens, UKAD. Er packte aus, erzählte viel, auch von dem Arzt, der ihn mit Dopingmitteln versorgt habe. Dann hörte er lange nichts. Anfang 2015 meldeten sich die Dopingbekämpfer dann bei seinem Anwalt. Eine Verkürzung der Sperre des Athleten lehnten sie ab. Zum beschuldigten Arzt teilten sie trocken mit, auf Basis der Informationen könne diesem kein Verstoß gegen die Anti-Doping-Regeln nachgewiesen werden. Man sehe daher auch keinen Anlass für weitere Maßnahmen.

Jetzt ärgerte sich der Athlet, fühlte sich ausgenutzt. Er hatte geliefert, fand er, aber nichts bekommen. Er nahm Kontakt zu Reportern der »Sunday Times« auf und berichtete ihnen von seinen Erfahrungen. Diese wiederum erzählten mir von dem Fall und boten eine Kooperation an.

In London trafen wir den Sportler, der nun auch Whistleblower war. Vor der Kamera mochte er nicht reden. Als wir versprachen, ihn unkenntlich zu machen und auch seine Stimme zu verfälschen, willigte er ein.

Der Athlet verglich seinen ehemaligen Arzt mit dem legendären italienischen Arzt Dr. Ferrari, der den amerikanischen Radprofi

Lance Armstrong behandelt hatte. Er habe ihn zu Testosteron und anderen Substanzen gebracht. »Er fragte mich, hast du schon mal EPO probiert oder Wachstumshormon?« Sein Name sei Dr. Mark Bonar.

Wir brauchten einen Lockvogel, um uns dem Mediziner zu nähern. Ein Leistungssportler, den ich schon lange kannte, erklärte sich dazu bereit. Begleiten würde ihn ein englischsprachiger Reporter, der sich als Sportmanager ausgab. Dr. Mark Bonar hatte sich inzwischen als Arzt in einer Wellness- und Beautyklinik niedergelassen. Unseren Lockvogel und dessen angeblichen Sportmanager empfing er in Behandlungsräumen im Keller. Bonar machte erst mal einen Bluttest beim Athleten. Dann kam er zur Sache.

»Natürlich sind einige der Behandlungen, die ich mache, im Profisport verboten. Das muss Ihnen klar sein. Aber ich habe das schon mit vielen Sportlern gemacht, jahrelang, so ziemlich aus jedem Sport. Die konsultieren mich diskret, schließlich steht ihr Ruf auf dem Spiel. Und meiner auch.«

Beim nächsten Termin schlug der Arzt Anabolikakuren vor, jeweils achtwöchig, dreimal im Jahr. Er verschrieb auch ein sogenanntes Prohormon für den Muskelaufbau und dazu Genotropin, ein Wachstumshormon. Für die halbstündige Behandlung berechnete er umgerechnet zweihundert Euro. Daneben war er auch noch am Erlös der Dopingsubstanzen beteiligt. Die sollten wir in der angeschlossenen Apotheke erstehen. Bonar bot eine Art Doping-Komplettpaket.

»Es kommt darauf an, wie du es machst. Mikro-Dosierungen zu bestimmten Zeiten in der Nebensaison. Bei EPO wird das Blut zu dick, da müssen wir einen Blutverdünner nehmen«, erklärte er unserem Lockvogel – und erwähnte dann noch schnell, dass er als Dopingarzt kein Anfänger sei: »Ich arbeite übrigens mit vielen Elitesportlern. Auf dem Niveau geht es ohne Doping gar nicht. Doping ist eine Tatsache im Sport. Die Sportler wollen einen Fachmann dafür, und ich mache es verantwortungsvoll.«

Jetzt wurde es spannend – und Dr. Bonar immer offener. Er schien Vertrauen zu haben zu unserem Lockvogel und dessen angeblichem Manager.

»Wenn mich jemand fragen sollte, warum gibst du diesem Sportler Testosteron, dann sage ich, der hat Anzeichen eines Testosteronmangels. Der Level muss erhöht werden.« Als er das sagte, fragte der angebliche Sportmanager mit Blick auf seinen Athleten: »Aber medizinische Probleme hat er nicht, oder?« Bonar verneinte. »Also geht es nur darum, die Leistung zu steigern?«, fragte der Journalist nach. »Ja, schon. Aber das sagt man ja nicht so. Man verkauft das halt anders.«

Es schien ihm ein Bedürfnis zu sein, seinen Kundenstamm darzustellen, zumindest zu umschreiben. Die Botschaft: Ich bin kein Kleiner im Geschäft. »So um die hundertfünfzig Sportler waren in den letzten sechs Jahren bei mir. Dafür werbe ich nicht offen, sonst interessieren sich vielleicht noch Journalisten dafür.« Er sprach von Cricketspielern aus dem Ausland, von Tour-de-France-Teilnehmern, von Tennisspielern. Und von Fußballern.

Der Whistleblower ärgerte sich angesichts dieser Aussagen umso mehr, dass Großbritanniens Nationale Anti-Doping-Agentur der Angelegenheit nicht umfassend nachgegangen war, dass man sie, wie er es ausdrückte, unter den Teppich gekehrt hatte. »Sie hatten kein Interesse, den Fall zu verfolgen. Sie haben ihren öffentlichen Auftrag nicht erfüllt und zugelassen, dass die Gesundheit von Athleten aufs Spiel gesetzt wurde.«

Im Januar 2016 trafen die Undercover-Reporter Dr. Bonar zum Dinner in einem Luxushotel in London. Sie erfuhren nun, dass der Mediziner auch mit Fußballern der Premier League zusammengearbeitet hatte, vom FC Chelsea, vom FC Arsenal und von Birmingham City war die Rede. Und, auch das erwähnte er: mit Spielern aus dem Ausland. Darunter sei sogar einer der ganz Großen gewesen. »Dem habe ich mal EPO, Testosteron und Wachstumshormon gegeben. Fußballer werden ja sowieso kaum getestet«, berichtete der Arzt am fein gedeckten Tisch.

Dr. Bonar behielt für sich, welche Spieler er behandelt habe. Das war auch zu erwarten. Zu viel Redseligkeit hätte den angeblichen Leistungssportler und seinen vermeintlichen Manager ja misstrauisch gemacht.

Einen Namen allerdings nannte der Arzt: Rob Brinded, ein früherer Fitnesscoach des FC Chelsea. »Mit dem mache ich viele Geschäfte.«

Dr. Bonar sagte das nicht etwa nach dem vierten Glas Rotwein. Er wirkte aufgeräumt und nüchtern. Schnitt er nur auf? Um sein Gegenüber zu beeindrucken, hätte er aber eigentlich mit Spielernamen prahlen müssen.

Auf uns wirkte Bonar glaubwürdig, und die Kollegen der »Sunday Times« reisten nach Barcelona, wo der Fitnesscoach Brinded inzwischen lebte. Kontakt zu ihm herzustellen war nicht schwierig. Bald schon saß ein Undercover-Team in einem Restaurant mit ihm zusammen. Die Legende: ob er nicht helfen könne, einige Leichtathleten aufzupäppeln.

»Ja, das kann ich gern machen. Unethische Sachen mache ich aber nicht«, sagte der Fitnesstrainer Brinded und ergänzte: »Um die anderen Sachen kümmert sich Dr. Bonar.«

Auch Brinded war kein schweigsamer Typ. »Bonar hat mit etlichen Fußballern zusammengearbeitet«, erklärte er uns und dass er erst kürzlich einen Spieler eines Spitzenklubs zu Bonar empfohlen habe, »für eine Testosteronbehandlung«. Der Fitnesstrainer hatte offenbar einiges mitbekommen im Profifußball. »Ein Teamarzt hat mir schon vor Jahren erzählt, ältere Spieler bekämen Anabolika für eine bessere Regeneration.«

Mit Brinded und Bonar hatten nun vor versteckter Kamera zwei Insider aus dem Nähkästchen geplaudert. Bevor wir unsere Aufnahmen sendeten, konfrontierten wir den Arzt und den Trainer offiziell und schriftlich damit. Jetzt behauptete Brinded, Dr. Bonar nicht zu kennen. Der FC Chelsea und Arsenal London bestritten jegliche Verbindungen zu Dr. Bonar. Und Dr. Bonar selbst gab an, niemals Athleten gedopt zu haben. Was er getan habe, seien bloß medizinisch notwendige Behandlungen gewesen. Das hatte er in all den Gesprächen vor versteckter Kamera stets anders dargestellt. Großbritanniens Nationale Anti-Doping-Agentur immerhin räumte ein, im Fall Bonar nicht ausreichend ermittelt zu haben. Die Doping-Bekämpfer hatten zunächst nicht einmal die Ärztekammer eingeschaltet. Das britische Sportministerium erklärte, man sei schockiert und tief betroffen. Es sollte zwei weitere Jahre dauern, bis die überfälligen Konsequenzen folgten. Im März 2018 wurde Dr. Bonar, der nach eigenen Angaben zu dem Zeitpunkt nicht mehr als Arzt tätig war, von einem Disziplinargericht die Zulassung entzogen. Die Richter der Ärztekammer urteilten, Bonar habe »eine unverantwortliche Missachtung der Patientensicherheit« gezeigt und »den Ruf eines ganzen Berufsstandes in Misskredit gebracht«. Während des Verfahrens wurde bekannt, dass Bonar nun im Ausland lebe und nicht vorhabe, nach Großbritannien zurückzukehren. Seine vom Lockvogel in der Praxis aufgezeichneten Aussagen, ließ er noch mitteilen, seien von der Öffentlichkeit missverstanden worden. Wer die Fußballer waren, mit denen Bonar angeblich zu tun gehabt hatte, blieb ungeklärt.

Nordkorea

Herr Kim und Herr O

Der Innenhof, den wir durchschritten hatten, wirkte wie aus einem Film der späten DDR-Zeit, die Couchgarnitur drinnen mochte in den Fünfzigerjahren gefertigt worden sein. Der Mann, der uns gegenübersaß, verhielt sich höflich bis freundlich. Schwer zu sagen, wie alt er war, vielleicht Mitte dreißig. Er bot einen Instant-Kaffee an, hörte zu und sagte wenig. Ein Plattenbau in der Glinkastraße in Berlin-Mitte. Die Botschaft der Demokratischen Volksrepublik Korea. Es empfing der Kulturattaché. Erwartungen wollte er keine wecken. Er nahm hier ein Anliegen entgegen, mehr nicht. Entschieden würde ohnehin nicht hier, weder von ihm noch vom Botschafter. Die Frage, ob ein Reporterteam aus Deutschland Nordkorea besuchen und dort drehen dürfe, beantwortete irgendein Machthaber in der Hauptstadt Pjöngjang.

Im Frühjahr 2009 war das, und mein Kollege Robert Kempe und ich hörten dann erst mal nichts. Wir sprachen noch mehrmals in der Botschaft vor, jedes Mal gab's Kaffee, jedes Mal keine Ansage. Wir schrieben auch einen Brief, in dem wir unser Vorhaben genauer skizzierten. Keine Reaktion. Eine kleine Reise nach Nordkorea, trösteten wir uns, hätten wir mit unseren Botschaftsbesuchen ja immerhin unternommen.

Die Idee, ins Land des real existierenden Stalinismus zu reisen, war schon zehn Jahre alt. 1999 hatte ich einen Kongress des Internationalen Olympischen Komitees besucht, in Seoul, Südkorea. Ich war damals auch an die Grenze der geteilten Nation gefahren, hatte auf der Nordseite schwer bewaffnete Soldaten und Wachhäuser gesehen. Der Wunsch, in dieses mysteriöse Land nicht nur von außen zu schauen, war seitdem nicht vergangen. Doch aus Pjöngjang nichts Neues.

Dafür eine Fußball-WM der Frauen in Deutschland, im Sommer 2011. Qualifiziert und sogar als Geheimfavorit gehandelt: Nordkorea. Kein Elfmeter vielleicht, dachten wir, aber eine gute Chance, doch noch einen Treffer zu landen.

Tatsächlich reichte auch das Ereignis Frauen-WM nicht aus, um uns Zugang zu dem abgeschotteten Land zu gewähren, das seit seiner Gründung 1948 von der Familie Kim regiert wird, sechsundvierzig Jahre lang vom Staatsgründer, dann bis Ende 2011 von seinem Sohn Kim Jong-il und heute von seinem Enkel Kim Jong-un. Die Staats- und Parteiführung der Volksrepublik nannte zu meiner Überraschung aber ein anderes Datum, an dem man unseren Besuch festmachen könne und das ich nicht auf dem Schirm hatte: 2001 habe das Land diplomatische Beziehungen zur Bundesrepublik Deutschland aufgenommen. Das Datum jähre sich also zum zehnten Mal.

Anfang 2011 erreichte Robert mitten in der Nacht ein Anruf. Die Volksrepublik meldete sich und wollte wissen, wann wir denn kommen wollten. Man würde uns die Sportnation Nordkorea präsentieren.

Dass es auf eine Art Präsentation hinauslaufen würde, war uns klar: Nordkorea würde sich vor unserer westlichen Kamera bestmöglich in Szene setzen. Unsere Bewegungsfreiheit würde eingeschränkt sein, die Drehgenehmigung nicht Tag und Nacht gelten. Aber dafür würden wir es nach langem Warten endlich ins Land schaffen.

Mein langjähriger Kameramann Manfred Pelz sagte zu, der WDR ebenfalls, und so landeten wir Anfang Mai zu dritt auf dem Internationalen Flughafen Sunan, der zwanzig Kilometer vom Gelben Meer und zwanzig Kilometer von Pjöngjang entfernt liegt. Unsere erste Aufnahme, direkt nach der Landung und noch aus dem Flieger heraus: das Flughafengebäude mit einem großen Bildnis des ersten Präsidenten Kim Il-sung auf dem Dach.

Architektonisch wirkte der Sunan-Airport ein bisschen wie der alte Berliner Flughafen Tempelhof, nur war er weitaus kleiner und sehr viel besser bewacht. Schon auf dem Rollfeld schwirrten Polizisten herum. Drei von ihnen – vielleicht waren es auch Soldaten oder Agenten, ihre wahre Identität haben wir nie erfahren – kamen auf uns zu. Sie erklärten uns, dass sie unseren Aufenthalt begleiten würden. Unsere Mobiltelefone hatten wir da bereits bei einem Posten der Grenztruppen abgegeben. Bei der Abreise würden wir sie wiederbekommen, hieß es.

Nordkorea ist kein Land, um zu widersprechen, nicht für die Einheimischen, nicht für Ausländer. Wir fügten uns und wurden nach draußen zu einem Kleinbus begleitet. Den Fahrer, der einer unserer drei Begleiter war, würden wir in den nächsten sieben Tagen nicht ein einziges Wort sagen hören. Er führte das Fahrzeug stumm, bedurfte offenbar dabei auch keines Austausches mit seinen beiden Kollegen. Die immerhin stellten sich uns freundlich vor. Herr Kim gab an, der koreanisch-österreichischen Freundschaftsgesellschaft vorzusitzen. Er behauptete, niemals in Europa gewesen zu sein, sprach aber fließend Deutsch. Sein Kollege nannte sich O, ein Buchstabe, länger sei sein Name nicht. O sprach ein Deutsch mit typisch asiatischem Akzent, die Sprache habe er sich bei einem längeren Aufenthalt in der DDR angeeignet. Im Übrigen leite er die koreanisch-deutsche Freundschaftsgesellschaft. Von beiden Organisationen hatten wir nie gehört.

Beobachten unter Beobachtung

Nordkorea berechnete uns für eine einwöchige Unterbringung, Begleitung und Drehgenehmigung dreitausend Dollar. Dafür bekamen wir drei Zimmer im 42. Stock des Yanggakdo International Hotel. Nur wir drei Deutschen residierten hier, neben unseren drei Begleitern natürlich, die sich für die Dauer unseres Aufenthalts ebenfalls dort einquartiert hatten. Auch die einundvierzig Etagen unter uns schienen nicht belegt zu sein. Von außen sah man dort zumindest niemals Licht.

Was ist das für ein Ort, den Nordkorea für ein Fernsehteam aus dem Westen auswählt? Der riesige Komplex war nicht nur auf unserer Etage von Leere geprägt. Auch beim Frühstück, im Foyer, im Aufzug sahen wir fast nie Menschen. Gebaut hatte man das Hotel in Insellage, an beiden Seiten die Wasser des Taedong-gang-Stroms, der mitten durch Pjöngjang fließt. Nur ein anderes Gebäude in der Hauptstadt ragt höher empor, ebenfalls ein Hotel. Unseres hatte rund tausend Zimmer und eine geheimnisvolle fünfte Etage, in der die Gästeaufzüge nicht hielten. In dem Stockwerk soll angeblich ein Raum voll mit Monitoren eingerichtet sein, eine Art Kontrollstation, wie westliche Journalisten berichteten. Klingt ein bisschen nach Agententhriller, würde aber zu den vielen Kabeln passen, auf die wir in unseren Zimmern stießen. Sie quollen aus einer Öffnung in der Rückwand eines Nachttisches. Ob wir abgehört wurden, haben wir nicht erfahren.

Im Blick hatten die beiden Männer von den Freundschaftsgesellschaften uns die meiste Zeit ja ohnehin. Tag für Tag führten sie durch ein Programm, das uns das Sportsystem des Landes vorstellen sollte. Die Botschaft der vielen Besuche: Dem Sport kommt höchste Bedeutung zu. Interviewpartner, die vor Ort ausgewählt wurden, allerdings nicht von uns, sollten das unterstreichen.

Ein Training des Nachwuchsteams der Fußball-Nationalmannschaft der Frauen. Aus den Lautsprechern dröhnte ein Lied mit dem Titel »Frauen sind Blumen«. Auf der Stadionleinwand lief, stummgeschaltet und voller Kriegsszenen, ein Propagandafilm. Die Spielführerin der Juniorinnen, siebzehn Jahre alt und Verteidigerin, sagte uns wörtlich übersetzt diese Sätze, als wir sie auf ihren Sport ansprachen: »Ich möchte bei jedem Spiel wie ein Soldat spielen, der die Ehre des Vaterlandes schützt, und meinen Körper zur menschlichen Bombe machen, die das Tor verteidigt. Mit dieser Entschlossenheit und diesem Pflichtgefühl führe ich das Spiel an.«

Die Sportlerin lebte wie ihre Kolleginnen im Internat des nordkoreanischen Fußballverbandes. Die erste Trainingseinheit begann morgens um sechs Uhr dreißig. Die jungen Frauen legten sich Gewichte an und liefen ihre Runden. Danach gab es Frühstück. »Nach gewonnenen internationalen Spielen bekommt jeder vom Staat eine signierte Uhr«, erklärte uns ein Trainer und zeigte sein Handgelenk. Signiert war die Uhr vom damaligen Machthaber Kim Jong-il, den alle Sportler und Sportfunktionäre, mit denen wir sprachen, nur den General nannten. Der General, fuhr der Trainer der Fußballerinnen fort, sorge für alles: für Wohnungen, Kranken- und Rentenversicherungen. Und: Siege im Fußball seien 2011 ein wichtiges Staatsziel. Die politische Führung interessiere sich neben der Landesverteidigung vor allem für den Fußball.

Das größte Stadion der Stadt, des Landes und wohl auch der Welt – die Zahl der Plätze wird mal mit hundertvierzehntausend, mal mit hundertfünfzigtausend angegeben – durften wir nicht betreten. Zu einem Spiel der ersten nordkoreanischen Fußballliga der Männer allerdings erhielten wir Zugang. Dieses Stadion fasste siebzigtausend Zuschauer. Etwa dreitausend Plätze waren besetzt.

Ich bin kein Fußballexperte, aber das Spiel ließ sich gut anschauen. Wir hatten dann die Idee, uns im Publikum umzuhören, was die Menschen am Fußball interessiere, eine Spontanbefragung der Fans. Doch unsere Begleiter senkten den Daumen. Sie beschafften allerdings Ersatz. Es dauerte etwas, dann hatten sie auf den Rängen zwei aus ihrer Sicht geeignete Gesprächspartner gefunden. Ein Universitätsdozent, der wie nahezu alle Stadionbesucher die landestypische dunkle Einheitskluft trug, erklärte, an freien Tagen genieße er den Fußball im Stadion. Von einem Funktionär des sozialistischen Jugendverbandes erfuhren wir, dass er den Fußball ebenfalls liebe, als Spieler aber habe aufhören müssen, weil er Probleme mit den Augen bekommen habe.

Beeindruckend: Die Masse an Kindern und Jugendlichen, die der Staat in Sportinternate steckt und zu Spitzensportlern ausbildet. Wie viele auf dem Weg zur Profikarriere durch den Rost fallen, nicht gut genug sind und zurück zu ihren Familien müssen, darüber verloren all die Trainer und Funktionäre, die uns das Sportministerium zur freundlichen Befragung organisiert hatte, kein Wort. Immer wieder erlebten wir Drill und Perfektionsdrang. In einem Turnsaal warfen sich Dutzende Judoka gegenseitig nahezu synchron auf die Matten. Achtjährige schmetterten an Tischtennisplatten Bälle hin und her, einmal, dreimal, zehnmal, hundertmal, ihre Bewegungen gleichmäßig und geradezu vollkommen, wie bei einem Computerspiel. In der Fußballhalle hatte uns ein Zehnjähriger zur Verfügung zu stehen, er trainierte sechsmal die Woche zweieinhalb Stunden und sagte, »danach trainiere ich mich selbst«. Wir wollten wissen, wie er die Chancen der Fußballfrauen bei der WM in Deutschland einschätze. Unser Begleiter übersetzte unsere Frage nicht, gab dem Jungen stattdessen aber eine Antwort vor, wie wir später bei der Übersetzung in Deutschland feststellten: »Sag bitte, dass du dir wünschst, dass unsere Mannschaft bei der WM in Deutschland unbedingt gegen die USA gewinnen soll.« Der Junge sagte: »Ich wünsche mir, dass die Fußballspielerinnen beim Spiel gegen die USA siegen und die Fahnen der Republik in der Welt hochhalten.«

Wir hätten gern einen der jungen Fußballer nach Hause begleitet, in einen der Wohnblöcke im landestypischen Grau, zweiunddreißig Stockwerke zählten wir vor der Tür der Fußballschule. Ein Besuch in einer Privatwohnung wurde uns nicht gestattet.

Es wurde uns einiges nicht gestattet. Unser Hotel auf der Insel im Fluss durften wir nicht allein verlassen. Weite Teile Pjöngjangs durften wir nicht sehen. Das geht vielen Einheimischen ähnlich. Die blauen Armbinden wiederum mussten nur wir tragen. »Journalist« stand darauf, wohl damit die Menschen uns zuordnen konnten. Nordkoreanern, lernten wir, ist es unter Strafandrohung untersagt, selbstständig mit Ausländern in Kontakt zu treten. Eine technische Möglichkeit, ins globale Netz zu gelangen, haben sie nicht. Ausländische Sender zu sehen oder zu hören, steht unter Strafe.

Doch trotz unserer Armbinden und der eingeschränkten Bewegungsfreiheit sammelten wir unsere Eindrücke, etwa wenn unser Fahrer uns über die breiten Straßen kutschierte. Hinter fast ebenso breiten Gehsteigen standen Hochhäuser mit Ladenlokalen im Erdgeschoss. Die Auslagen waren leer. Wir fuhren auch U-Bahn, in Waggons aus dem alten West-Berlin übrigens, die in den Neunzigerjahren nach Nordkorea verschifft worden waren und hier – natürlich frei von Graffiti – ihren Dienst taten. Eine Station U-Bahn-Fahren gestatteten uns unsere Betreuer, von der Haltestelle »Wiederauferstehung« zur Haltestelle »Blühendes Licht«. Später erfuhren wir, dass dies die Vorführstrecke für Ausländer war. An den Wänden sahen wir Porträts der nordkoreanischen Dynastie und politische Parolen. Führerkult und Propaganda reichen in Nordkorea bis tief unter die Erde.

An diesem Abend versuchten wir, unser Riesenhotel ein bisschen genauer zu erkunden. Herr Kim und Herr O waren außer Sichtweite. Wir nahmen uns heraus, unsere Zimmer zu verlassen. Ganz unten im Komplex gab es nämlich eine kleine Shoppingzeile mit Kosmetikläden und Friseursalon. Wir interessierten uns auch für die Hoteldiskothek. Die sollte eigentlich geöffnet haben, lag aber fast völlig im Dunkeln. Als wir eintraten, blickten uns zwei Frauen hinter der Theke an. Wie auf Befehl gingen nun etliche Lichter an, westliche Musik krachte durch die Boxen. Ich meine, mich an Modern Talking zu erinnern. Die Frauen servierten uns drei Bier. Wir waren die einzigen Gäste. Als wir die Disco wieder verlassen hatten, gingen hinter uns auch Musik und Licht gleich wieder aus.

Am Energieverbrauch wird gespart in Nordkorea. Wenn wir abends aus unserem Fenster im 42. Stock schauten, sahen wir große Teile der Hauptstadt im Dunkeln liegen. Stromsperren. Überrascht hat mich, dass ein Funktionär den Engpass in der Lebensmittelversorgung thematisierte. Er berichtete uns nicht von hungernden Massen, schimpfte auch nicht auf die Rationierung der Nahrung, die mit Lebensmittelkarten organisiert ist. Als Direktor einer Sportschule wollte er eigentlich die Sportförderung loben. Dabei konnte er aber die Realität im Rest des Landes nicht außer Acht lassen.

»Selbst in einer schwierigen Situation wie der derzeitigen Nahrungsmittelproblematik«, sagte er, »kümmert sich die Partei um alles. Zwar geht es allen Bereichen schlecht, aber bei den Zukunftsprojekten, insbesondere der Nachwuchsförderung im Sport für die Ehre des Vaterlandes und der Förderung der Jugend, da ist der Staat großzügig.«

Großzügigkeit, für die Athleten, Trainer und Funktionäre wohl liefern müssen, Siege, Titel und Medaillen. Ich dachte an die Fußballfrauen, die Nationalelf, die während unseres Aufenthalts in Pjöngjang bereits durch Europa tourte und bald ihr WM-Quartier in der Sportschule Leipzig aufschlagen würde.

Die geheimnisvolle Nationalelf

Man wolle in Deutschland gewinnen, »um unserem General Freude zu bereiten«, sagte uns in Nordkorea ein anderer Sportfunktionär. In der Gruppenphase warteten Kolumbien und Schweden auf die Volksrepublik – und die im Land verhassten USA. Keine leichten Aufgaben, das sagte uns auch der Abteilungsleiter Fußball im Sportministerium. Er fügte aber hinzu, »dass wir gut ideologisch-geistig und körperlich-technisch auf die Gegner vorbereitet sind. Unsere Mannschaft wird am Ende zu den Besten gehören. Dadurch wird sie unserem Volk und unserem General Freude bereiten. Ich vertraue den Spielerinnen, dass sie den Erwartungen unseres Volkes entsprechen.«

Die Sportlerinnen müssen liefern – wir verließen Pjöngjang auch mit diesen Eindrücken. Auf dem Weg zum Flughafen versuchten wir noch einmal zu drehen, was uns vorher nicht erlaubt gewesen war. Es ging ja über Land jetzt, und am Straßenrand tauchten immer wieder Grüppchen von Landarbeitern auf. Sie mähten mit Sensen. Unser Kameramann Manfred saß in der Mitte des Wagens, tat so, als ob er nicht drehe, hielt das Objektiv unauffällig in Richtung Fenster. Doch der Wagen fuhr mindestens achtzig Stundenkilome-

Herr Kim und Herr O. Welchen Job unsere beiden Begleiter in Nordkorea wirklich hatten, haben wir nie erfahren.

ter. So verwischten die Aufnahmen. Ich täuschte kurzerhand ein plötzliches Übelgefühl vor und bat anzuhalten. Unsere Begleiter achteten jetzt auf mich, nicht aber auf Manfred. Unbemerkt konnte der so die Bauern aufnehmen. Mit solchen kleinen Tricks kamen wir manchmal zu Bildern, die Aufpasser verhindern sollten.

Am Flughafen erhielten wir von den Grenzsoldaten unsere Smartphones zurück und verabschiedeten uns von den beiden Vorsitzenden der Freundschaftsgesellschaften Österreich und Deutschland. Herr Kim und Herr O hatten uns als Reiseleiter, Betreuer und Bewacher gedient.

Und sie hatten viel vom General gesprochen, dem nordkoreanischen Staatschef Kim Jong-il, der den Sport so tatkräftig unterstütze. Weil wir ja über die Sportnation Korea berichten wollten, hatte ich einfach Herrn Kim gefragt, ob sich der General nicht vielleicht mal persönlich vor der Kamera der ARD zu seiner Sportnation äußern würde. »Wie soll denn das gehen?«, fragte Herr Kim zurück. »Unser Führer ist wie Gott, und mit Gott macht man doch keine Interviews.«

Da hatte er auch wieder recht. Ich flog nach Hause mit dem Gefühl, dass Kim und O die Macht des Generals so schnell nicht infrage stellen würden.

Als wenig später die besten Nationen im Frauenfußball nach Deutschland kamen, hallten all die großen Worte über die Bedeutung des Sports in Nordkorea noch in mir nach. Wir fuhren nach Leipzig, um dem Auswahlteam, das den General erfreuen sollte, beim Training zuzuschauen. Die Nordkoreanerinnen galten als geheimnisvollste Mannschaft des Turniers. Während der Einheiten in der Sportschule ließ die Teamleitung gewöhnlich niemanden zusehen, Einladungen des Gastgebers zu Veranstaltungen schlug sie aus. Volle Fokussierung, dieser Begriff hatte sich damals schon in der Sprache der Sportler und Sportjournalisten etabliert. Tatsächlich schien der Trainer Kim Kwang-miu seine Schützlinge durch nichts von der großen Aufgabe ablenken zu wollen. Er selbst immerhin ließ sich kurz von uns befragen – und wiegelte in seiner Antwort sogleich ab. Seine Mannschaft verfolge bei dieser Weltmeisterschaft »kein politisches Ziel«, sondern trachte nach einem »Sieg mit Sportsgeist und Fair Play«.

Auf einer Tafel an einer Sportstätte in Pjöngjang hatte es noch anders geklungen, politischer, martialischer. »Vergesst nicht die US-imperialistischen Schakale«, stand da in Anspielung auf den Koreakrieg. Damals, zwischen 1950 und 1953, hatte Nordkorea an der Seite Chinas gegen Südkorea gekämpft, das von den Vereinten Nationen und vorneweg von den USA unterstützt wurde. Nun trat die Nordkorea-Auswahl gegen die Amerikanerinnen an – und verlor 0:2. Auch das zweite Spiel des Turniers gegen Schweden ging mit 0:1 daneben. Im Ruhrstadion in Bochum trafen die Spielerinnen von Kim Kwang-miu dann im letzten Vorrundenspiel auf Kolumbien. Die Partie endete 0:0.

Was die Öffentlichkeit nicht wusste: Zwei Nordkoreanerinnen waren bereits im Vorfeld positiv getestet worden. Kontrolleure der FIFA hatten in ihrem Urin ein anaboles Steroid nachgewiesen. Fünfzehn Minuten vor dem Schlusspfiff des Kolumbienspiels hatte die FIFA der Mannschaft Nordkorea nun eröffnet, dass sich das komplette Team Dopingtests zu unterziehen habe. Alle Spielerinnen auf einmal – eine Dopingkontrolle solchen Ausmaßes ist ungewöhnlich.

Mein Kollege Robert Kempe war in Bochum, gemeinsam mit einem Kameramann. Die beiden warteten nach der Partie auf die Spielerinnen, um ihre Abreise festzuhalten. Andere Journalisten hatten das Stadion inzwischen verlassen. Doch die Mannschaft erschien nicht am Bus.

Ein Ordner sagte Robert schließlich, die Spielerinnen seien noch bei der Dopingkontrolle. Es dauerte. Tief in der Nacht konnten Robert und der Kameramann die Mannschaft dann aufnehmen. Die Spielerinnen wirkten völlig konsterniert. Gegen zwei Uhr dreißig in der Frühe hatte die letzte von ihnen ihre Urinprobe abgegeben. Die Polizei eskortierte die Spielerinnen und ihre Betreuer ins Hotel. Dort lief Robert der Chefmediziner der FIFA über den Weg, der sich wunderte, dass um diese Uhrzeit noch ein Fernsehteam der ARD zugegen war. Der Arzt sagte, es habe tatsächlich eine umfangreiche Kontrolle beim Team Nordkorea gegeben. Mehr wollte er nicht verraten.

Im Hotel blieb die Mannschaft in dieser Nacht nur kurz. Um drei Uhr dreißig schon stieg sie erneut in den Bus, der sie zum Flughafen brachte. Nordkorea war ausgeschieden, zwei Nationalspielerinnen des Dopings überführt, weitere Testergebnisse standen aus. Die Mannschaft der Volksrepublik machte sich noch in stockdunkler Nacht auf den Weg zurück in die Heimat. Alle schwiegen.

Geschichte schrieb die Mannschaft aber doch noch – Dopinggeschichte. Denn niemals zuvor hat ein Sportverband positive Proben so aberwitzig erklärt: Grund für die positiven Befunde bei am Ende fünf Spielerinnen seien die Folgen eines Blitzschlags gewesen. Der habe die ganze Mannschaft bereits in der Vorbereitung auf die WM getroffen. Die Frauen seien daraufhin mit den Mitteln der traditionellen chinesischen Medizin behandelt worden: mit einem Drüsenextrakt einer Hirschart, die in der Region von Sibirien, Nepal, Mongolei bis Korea lebe. Diese Tiere würden wegen der Wirkung ihres Drüsenextrakts sogar auf Farmen gezüchtet.

Den Blitzschlag habe die Delegation aus Nordkorea der FIFA vorab gemeldet, hieß es. Behandlungen im Krankenhaus seien notwendig gewesen, dort aber keine Substanzen verordnet worden, die auf der Dopingliste standen. Doch die Dopingtests ergaben bei den fünf positiv getesteten Fußballerinnen eine jeweils identische Kombination aus vierzehn verschiedenen Steroiden.

Nach ihrer bizarren Erklärung beantwortete die Delegation Nordkoreas auch noch die Frage, warum nicht die ganze Mannschaft positiv getestet wurde, wenn doch angeblich alle vom Blitz getroffen und mit Extrakt aus der Hirschdrüse behandelt worden waren. Der Extrakt sei nicht in ausreichender Menge vorhanden gewesen und während der Vorrunde ausgegangen, lautete die Antwort.

Breiten Raum hatte die Dopingproblematik in unserem Film über die Sportnation Nordkorea eigentlich nicht einnehmen sollen. Nun holte uns unser Kernthema aber ein.

Mit den Dopingfällen bekam unsere Reportage aus einem fernen, verschlossenen Land unerwartet eine weitere, sportpolitische Facette. Mich persönlich machte der Zwischenfall bei der Frauen-WM aber auch nachdenklich.

Ihre Niederlage gegen den Erzfeind USA, ihr Ausscheiden in der Gruppenphase, ihr insgesamt dürftiges Abschneiden bei der Weltmeisterschaft – all das konnte den Spielerinnen zu Hause in Nordkorea Probleme bereiten. Sie hatten dem General definitiv keine Freude gemacht. Nun waren fünf von ihnen auch noch des Dopings überführt.

Was passiert mit gedopten Verliererinnen in einem Regime, das den Sport in seiner Bedeutung gleich nach der Landesverteidigung nennt? Recherchejournalismus stößt hier an die Grenzen, welche die nordkoreanische Diktatur setzt. Die gedopten Frauen hat die FIFA für bis zu eineinhalb Jahre gesperrt. Danach wurden vier von ihnen wieder in die Nationalmannschaft berufen. Drei zählten zur Auswahl, die 2014 die Asienspiele gewann. Wie es ihnen ansonsten ergangen ist, weiß wohl außerhalb Nordkoreas niemand.

Fakes

Falsche Fährten

Die Stepanows, das Urteil würde ich mir zutrauen, sind aufrichtig. Spitzensport soll ohne Betrug möglich sein, darum ging es ihnen, als sie sich nach langer Überlegung entschieden, als Protagonisten und Kronzeugen an unserem Filmprojekt zu Russland mitzuwirken. Sie lehnten sich gegen die Dopingmacht auf. Und riskierten, ihre Heimat niemals wiederzusehen.

Auch Andrej Dimitrijew, jenen Whistleblower, den ich im Januar 2017 traf, trieb der Kampf um die Wahrheit an. Er beklagte die Verlogenheit in der russischen Leichtathletik und belegte die allgegenwärtige Betrugsmentalität ebenfalls mit Videoaufnahmen. Dimitrijew habe ich als mutig und begeistert kennengelernt, er wollte seine Sportart aus dem Sumpf ziehen. Dadurch allerdings, das wurde ihm klar, machte er sich in Russland keine Freunde. Er galt als Verräter und verließ sein Land.

Andrej Dimitrijew hat eine lange Reise hinter sich, er ging nach Südkorea, auf die Philippinen und in den Libanon, als Russe benötigte er in keinem der Länder ein Visum. Heute lebt er auch dank eines stillen Helfers in einer deutschen Großstadt. Seine Heimat hat er verloren, vielleicht für immer. Doch er scheint mit sich im Reinen zu sein. Das ist auch für mich schön zu wissen. Manchen Whistleblowern fühlt man sich doch verpflichtet, ob man möchte oder nicht.

Menschen, die Interna verraten, die dadurch mitunter anderen schaden, haben natürlich nicht immer nur hehre Interessen. Manche versuchen, ihr Insiderwissen an Journalisten zu verkaufen (womit sie bei uns falsch sind), einige wollen Konkurrenten ausschalten, einige schlicht und einfach Rache üben. Manchmal haben sie persönliche, nicht allzu freundliche Motive. Einem Journalisten muss das im Zweifel egal sein, solange der Hinweisgeber substanzielle Informationen gibt.

Grigori Rodtschenkow ist auch ein Whistleblower, der frühere Leiter des Anti-Doping-Zentrums in Moskau. Ich hatte einen guten Draht zu ihm. Was er mir vor der Aufdeckung des russischen Dopingskandals sagte, stimmte. Doch irgendwann spürte ich auch, dass er mir nicht alles verriet. Ich sagte ihm das auf den Kopf zu. Dass er mir gegenüber nicht alles preisgeben würde, was er erlebt hatte oder wisse, könne ich akzeptieren. Wenn er mich allerdings belüge, zerstöre das unsere Basis. Das war keine Beschwerde, nur eine Klarstellung.

Insgesamt kann man sich als Journalist gar nicht genug in den Hinweisgeber einfühlen. Wir versuchen das immer, wenn sich Leute an uns wenden. Und es gehört dann auch zur Sorgfaltspflicht einzuschätzen, welches Risiko der Informant eingeht. Was kann alles nach einer Veröffentlichung geschehen? Wird es möglicherweise gefährlich für den Whistleblower? Müssen wir die Quelle anonymisieren? Und wäre sie nicht auch dann noch für einige identifizierbar? Wenn wir nicht weiterwissen, holen wir uns den Rat von Juristen.

Manche Informationen, Aufnahmen, Dokumente sind aus diesen Erwägungen heraus nicht zu verwenden. Ganz unabhängig von seinen Motiven und seinem Charakter hat der Informant erst einmal Schutz und Vertrauen verdient.

Täuschen kann man sich als Journalist trotzdem noch. Der österreichische Skilangläufer Johannes Dürr packte für eine im Januar 2019 ausgestrahlte ARD-Dokumentation vor der Kamera aus. Seine Aussagen führten zur Aufdeckung eines der größten bisher bekannten Dopingnetzwerke in Europa. Dürrs Schilderungen beruhten auf der Wahrheit. Aber wer hätte geglaubt, dass er uns, während er mit uns drehte, einen wichtigen Teil seiner Geschichte vorenthielt, der ihn und seine Glaubwürdigkeit unmittelbar betraf?

Der angeblich geläuterte Saubermann dopte nämlich in der Zeit der Filmaufnahmen munter weiter.

Das kann in der Zusammenarbeit mit Informanten passieren, auf unterschiedliche Weise und im Grunde immer. Der Vertrauensvorschuss ist etwa dann ganz schnell aufgebraucht, wenn dem Journalisten der Verdacht kommt, dass der Informant ihm manipuliertes Material unterschieben will. Jeglicher Kredit ist sofort verspielt, der Ärger groß. Zugleich wächst die Motivation, das dubiose Spiel zu durchschauen.

Lange habe ich dafür bei einem Kenianer gebraucht, den wir auf unseren Recherchen in Ostafrika kennen- und auch schätzen gelernt hatten. Der Mann agierte verlässlich, seine Kontakte in die Laufszene halfen uns, leere Versprechungen machte er nicht. Und er schien auch nichts zu verbergen zu haben. Er hieß Elias.

Elias lud uns sogar zu sich nach Hause ein, in sein kleines Häuschen in der Nähe von Eldoret, erwies sich dort als gastfreundlich und offen. Wir saßen am Tisch, seine Kinder schwirrten um uns herum, mit uns sprach er Englisch, mit seiner Familie in seiner Stammessprache. Früher, erzählte er, sei er selbst Langstrecke gelaufen. Er zeigte uns gerahmte Fotos, auf denen er in Europa bei Stadtläufen ganz vorn mitlief. Jetzt sei er über dreißig Jahre alt und betreue Athleten.

Wir engagierten Elias für ein paar Tage als Helfer vor Ort. Er war, das merkten wir schnell, in Kenias Läuferszene bekannt. Er berichtete uns, dass einige Ärzte skrupellos Athleten dopten. Und er könne das belegen. Videomaterial mit eindeutigen Szenen, die Ärzte in Bild und Ton als Dopinghelfer zeigten, hatten wir zu dem Zeitpunkt schon. Ärzte, die erzählten, welche Athleten sie schon gedopt hatten, hätten die Recherche gut ergänzt. Elias versprach uns, er würde solche Undercover-Aufnahmen liefern, vielleicht nicht als Videos, aber zumindest als Audiomitschnitte. Das Problem: Bis zu unserer Abreise lieferte er nichts.

Wir hielten aber in Deutschland weiter Kontakt zu ihm, auch weil er beteuerte, die Ärzte würden schon noch reden. Letztlich hatten wir wirklich sehr viel Geduld. Weil die Ausstrahlung des Films sich aus anderen Gründen verschob, hatten wir länger als gedacht die Möglichkeit, auf das Material unseres lokalen Mitarbeiters zu warten.

Und irgendwann, vielleicht drei Wochen vor dem Sendetag, kamen bei uns tatsächlich Audiodateien an. Wir hatten zu dem Zeitpunkt nicht mehr damit gerechnet, aber durchaus noch Zeit, um die O-Töne zu verwenden. Die Aufnahmen hatten eines gemeinsam: Man hörte Menschen, die in Stammessprache redeten.

Elias schickte eine Übersetzung der O-Töne ins Englische mit und fasste auch zusammen, was zu hören sei: Ein Lockvogel habe sich in eine Arztpraxis begeben, habe den Mediziner auf dessen prominente Patienten in der Läuferszene verwiesen und ihm eine Bestätigung der Namen entlockt. Insgesamt drei solcher Aufnahmen gingen uns zu, die mitgelieferten Gesprächsübersetzungen wirkten authentisch. Nur entdeckte ich meine eigenen Worte darin. Ich hatte vorher mit Elias durchgesprochen, was ein Lockvogel fragen könnte und wie ein Arzt dann möglicherweise antworten würde. Der Inhalt unseres Gesprächs fand sich nun in den Abschriften ziemlich genau wieder.

Das machte mich stutzig. Hatte der Lockvogel manche Formulierung, die ich Elias gegenüber gebraucht hatte, wörtlich übernommen? Konnte das sein? Andererseits dachte ich mir: Für Fake-Aufnahmen und Fantasie-Übersetzungen hätte Elias nicht etliche Wochen brauchen müssen. Die hätte er früher schicken können.

Ich konnte mir kaum vorstellen, dass Elias uns Fälschungen gemailt hatte. Aber einer Überprüfung der Mitschnitte bedurfte es auf jeden Fall. Sie war nur nicht leicht zu machen. Im WDR zum Beispiel fiel mir niemand ein, der die verschiedenen kenianischen Stammessprachen beherrschte. Und auch zu Hause in Berlin konnte ich auf die Schnelle niemanden finden, der die Sprache des Stammes der Kalendschin verstand.

Geholfen hat uns schließlich die Afrika-Redaktion der Deutschen Welle in Bonn. Dort arbeiteten auch Kenianer. Einem Mitarbeiter,

Geoffrey, ließen wir die Audiofiles zukommen. In den Film hatten wir vorher einen sogenannten Platzhalter geschnitten, einige Passagen, die man schnell und unkompliziert gegen das neue Material tauschen konnte. Das wollten wir, sofern es substanziell wäre und der Wahrheit entsprach, ja unbedingt senden. Und so zeigen, dass sich Dopingärzte mit ihren Kunden brüsteten, die international bekannte Langläufer waren. Wir hätten dann noch Stimmenvergleiche der Ärzte vor Ort in Kenia anstellen müssen, um ganz sicher zu sein. Dazu allerdings sollte es nicht mehr kommen.

Die Betreffzeile der E-Mail, die ich an einem Samstagnachmittag von der Deutschen Welle erhielt, lautete:»ALERT!«

Alarm schlug der Mitarbeiter Geoffrey. Er schrieb, er sei»SEHR sicher«, dass mit den Aufnahmen etwas nicht stimme. Mal höre es sich authentisch an, mal nicht. Bis morgen früh werde er Auszüge der Audios mit den Übersetzungen vergleichen, die Elias uns geschickt hatte.

Der Sonntagmorgen kam. Geoffrey meldete sich. Der entscheidende Satz in seiner Mail lautete:»Nach Übersetzung und mehrfachem Anhören der Clips stelle ich mit Nachdruck fest, dass einige von ihnen Fake sind.«

Geoffrey konnte immerhin alle Stimmen Menschen vom Stamm der Kalendschin zuordnen, aber das half uns auch nicht weiter. Doch die Enttäuschung, dass starke O-Töne erfunden und deshalb nicht verwertbar waren, wich bald Erleichterung: Es wäre ein Fehler gewesen, und zwar kein kleiner. Und er hätte fatale Auswirkungen für unsere TV-Doku gehabt, in der der Kenia-Teil eine tragende Rolle spielen sollte.

Wir versuchten, Elias damit zu konfrontieren, am Telefon, dann per E-Mail. Doch jetzt war er plötzlich nicht mehr erreichbar. Jahre später meldete er sich per Mail. Fragte, wie es mir gehe. Als sei nie etwas gewesen. Diesmal erhielt er keine Antwort.

Dass wir ihm auf die Schliche gekommen waren, hatte uns kurz nachdenklich gemacht. Wenn dieser Kenianer Leute gefunden hatte, die ihm für Journalisten aus Europa irgendetwas in sein Mikro sprachen, würden dann vielleicht auch andere Kenianer nicht die Wahrheit gesagt haben? Leichtathletik-Funktionäre haben so etwas immer mal wieder verkündet: dass ihre Landsleute für ein bisschen Kleingeld Ausländern alles Mögliche erzählen. Kronzeugen des Dopings werden durch solche Behauptungen zu käuflichen Lügnern. Aber funktioniert hat der Trick nicht. Die Frage, ob unter Kenias Spitzenläufern unerlaubte Mittel angewandt werden, wurde durch die Zahl positiver Dopingproben bei ihnen eindeutig beantwortet.

Was wiederum nicht heißt, dass man als Journalist nicht immer auch misstrauisch sein sollte, quellenkritisch, wie es Historiker ausdrücken würden. Ich habe das nicht nur bei Elias erlebt.

Ein Funktionär spricht mit sich selbst

Mit einem Sportler in England hatten wir bereits mehrfach zusammengearbeitet. Der Junge, nennen wir ihn Charles, besaß die nötige Ruhe und Gelassenheit, wenn die Kamera lief. Ansonsten schimmerte aber manchmal auch der Hallodri in ihm durch. Es kam vor, dass in seinem Hotelzimmer die Minibar komplett leer getrunken war. Wir bemerkten das, als die Rechnung zu begleichen war, und sprachen ihn darauf an. Charles stritt lauthals ab, etwas damit zu tun zu haben. Die Summe, die ausstand, zahlten wir. Was blieb uns schon übrig.

Irgendwann ließ Charles uns wissen, ein Freund von ihm und er selbst hätten Zugang zu E-Mails eines Stars des internationalen Sports. Der Mann sei Medaillengewinner bei Olympia, ein Weltstar, der Kontakt laufe über einen Trainingskollegen. Über diesen Kollegen habe er nun E-Mails, die den Spitzensportler ziemlich in die Bredouille brächten, sagte Charles. Er nannte den Namen des Athleten und leitete mir eine erste E-Mail weiter. Darin wandte sich der Trainer dieses Sportlers an einen Arzt – mit Fragen zur Abbauzeit eines EPO-Präparats.

293

Unsere Neugier war geweckt. Kollegen von der englischen Zeitung »Sunday Times«, mit denen wir schon zusammengearbeitet hatten, zeigten sich ebenfalls interessiert. Wir vereinbarten, auch in dieser Sache zu kooperieren.

Gewundert hatten wir uns tatsächlich schon, dass der bekannte Sportler der Konkurrenz immer wieder voraus war, und zwar pünktlich zu den Saisonhöhepunkten. Wir wollten möglichst schnell Charles' Kumpel treffen, der den Trainingspartner des Medaillengewinners kannte. Das war auch möglich und geschah in einem Pub in einer Stadt im Norden Großbritanniens. Charles und sein Kumpel machten einen aufgeräumten Eindruck. Ein wenig geheimnisvoll taten sie vielleicht, aber derlei Verhalten ist nicht ungewöhnlich in solchen Fällen. Man schöpft dann nicht gleich Verdacht.

Wir sprachen über weitere Schritte. Würde sich jemand in das Umfeld des vermeintlichen Dopers einschleusen können? Oder war das gar nicht mehr nötig, weil wir ja nahe am Trainingskollegen waren? Gab es noch weitere Insider mit engem Kontakt zu ihm?

Charles und sein Freund vermittelten uns, sie würden die Sache verfolgen und dann noch näher an den Trainingspartner und somit an den Spitzenathleten heranrücken. Die Kollegen der »Sunday Times« und ich wiederum stellten klar, dass wir weitere E-Mails und zudem weitere Belege benötigten.

Alle paar Tage fragten wir fortan Charles, wie die Sache sich entwickle. Wir nervten ihn wahrscheinlich, wirkten ungeduldig und vielleicht auch penetrant. Aber zuweilen kommt man nicht weiter, ohne Leute zu nerven.

Es hinge ja nicht nur von ihnen ab, bekamen wir zur Antwort und konnten das natürlich nachvollziehen. Außerdem würde es einiges an Arbeitszeit kosten, es seien ja weitere Belege zu organisieren, gab Charles zu bedenken. Ob denn Budget da wäre, diese Arbeit angemessen zu honorieren. Diese Frage war legitim. Sollten die beiden tatsächlich länger für uns tätig sein, mussten wir sie dafür auch bezahlen. Doch hellhörig wurden wir trotzdem. Charles und sein Kumpel hatten zuerst immer betont, es gehe ihnen vor allem um die Sache. Dass es ein langwieriger und komplizierter Akt werden würde, weitere Belege beizubringen, hatten sie nicht angedeutet. Es gehe um Telefonate, bei denen sich der Athlet eindeutig äußern und damit verraten solle, sagten sie uns, der Athlet oder sein Umfeld. Und nun hieß es, das dauere eben. Es dauerte. Nur kamen keine Ergebnisse. Und Charles wurde am Telefon immer einsilbiger. Meine Zweifel wuchsen genauso wie die der Kollegen der »Sunday Times«. In meinen Telefongesprächen mit Charles drängte ich ihn nun. Doch auch das brachte uns nicht weiter. Allmählich verlor ich die Geduld und fragte mich, ob es überhaupt stimmte, was Charles und sein Freund uns erzählt hatten.

Irgendwann brach Charles am Telefon ein. Er gestand, gemeinsam mit seinem Kumpel die komplette Sache erfunden zu haben. Die E-Mails seien ausgedacht, es bestehe keinerlei EPO-Verdacht gegen den fraglichen Athleten. Charles zeigte sich reuig. Er befürchtete jetzt, dass sein betrügerisches Spiel auch strafrechtliche Konsequenzen für ihn haben könnte. Wir in unserem Rechercheteam waren hingegen einfach nur enttäuscht und sauer. Die beiden anzuzeigen, hatte ich nicht im Sinn.

Charles gab sich nun ganz reumütig, schickte uns sogar die Kommunikation mit seinem Komplizen. In Kurznachrichten hatten sie sich immer wieder abgesprochen und informiert, wie es laufe mit den Auftraggebern und was als Nächstes zu tun sei. Mal warteten sie auf Bezahlung, mal machten sie neue Pläne. Ich zitiere hier mal Teile des Chats.

Komplize: »Wenn sie denken, die Infos sind nicht authentisch, werden sie nicht zahlen. Ich denke, (Name eines Reporters der ›Sunday Times‹) glaubt, das ist real. Aber sicher kann ich nicht sein.«

(…)

Komplize: »Hajo rief heute an. Ich habe ihm gesagt, ich könne ihm ein Statement geben von (dem Trainingspartner des Medaillengewinners) zu

*all dem, was hier passiert. Das ist einfach zu erfinden. Er sagte, er hoffe,
bald mit Dir zu reden.«*

(...)

Komplize:»Glaubst Du, sie haben vielleicht die Schnauze voll von dieser
Geschichte und geben morgen auf? (...) Denn wenn sie wirklich weitermachen wollen, dann müssen wir uns hinsetzen, uns ein paar E-Mails ausdenken und ihnen Auszüge davon geben. Oder sie sagen vielleicht, es reicht
ihnen.«*

(...)

Komplize:»Ich werde in zwei Tagen sagen, dass (der Trainingspartner des
Medaillengewinners) nichts mehr rausgibt. Dann werden sie selbst darauf
kommen, dass sie mehr zahlen müssen, wenn sie mehr haben wollen. Ich
denke, das ist der beste Weg.«*

Charles:»Okay, cool. Sie müssen Dich auch für das bezahlen, was Du schon
gemacht hast. Sonst machst Du nämlich nicht weiter.«*

Komplize:»Sehe ich genauso. Hat alles mit Geduld zu tun. (Name eines
Reporters der ›Sunday Times‹) sagt, mit Quellen seien sie immer geduldig.
(...) Wir müssen sie nur hinhalten, dann kommt das Geld schon. (...) Ich
kann auch sagen, die Quelle geht zu US-Medien oder zur Anti-Doping-Agentur in den USA. Dann denken sie, nein, nimm das Geld, damit wir die Geschichte zuerst haben.«*

Charles:»(...) Eine gute Idee.«*

So bangten die beiden um Geld, wahrscheinlich ahnend, dass ihr
Lügengebäude irgendwann zusammenbrechen würde. Als das dann
allerdings passiert war, änderte sich ihre Beziehung. Charles hatte
alles gestanden. Der Komplize war sauer. Aus Freunden wurden
Feinde.

Komplize:»Ich wünsche, Dich niemals kennengelernt zu haben und dass Du
bei einem Autounfall stirbst.«*

Charles:»Du bist ein krankes Individuum.«*

Komplize:»Ich hasse alles, was mit Dir zusammenhängt, und werde Dir
niemals vergeben.«*

Charles:»Du weißt, dass das, was Du sagst, eine Bedrohung ist. Ich kann
1. zur Polizei gehen und 2. das Hajo schicken.«
Komplize:»Hajo hasst Dich viel mehr als mich.«
Charles:»Ja, tatsächlich. Aber er würde mir niemals den Tod wünschen.
Und in gewisser Weise schätzt er mich noch.«
(...)
Charles:»Ich habe ihm gerade all diese Nachrichten geschickt.«
Komplize:»Da bin ich froh. Schick ihm diese hier auch noch. Dass Du ein
toxisches Individuum bist, das den Leuten immer nur Schmerzen und Ärger
zufügen wird.«

Die Jungs hatten uns betrogen. Sie hatten kriminelle Energie bewiesen. Natürlich ärgerte mich das. Aber ich habe über die Jahre
mit vielen Menschen zusammengearbeitet, von denen ich manche
weitaus weniger kannte als Charles. Meistens, eigentlich fast immer
habe ich dabei gute Erfahrungen gemacht. Hier war es nun einmal
danebengegangen. So etwas muss man sportlich nehmen.

Dass ich noch eine gewisse Wertschätzung für Charles verspürte,
wie dieser seinem Komplizen gegenüber beschworen hatte, das allerdings war falsch. Charles mochte uns früher ein guter Mitarbeiter gewesen sein. Mit diesem krummen Ding aber hatte er jeden
Kredit verspielt. Das änderte auch ein einseitiges Schreiben nicht,
das er mit dem Betreff »to whom it may concern« an uns richtete.
Es ging ihm offenbar darum, ein juristisches Nachspiel zu vermeiden. Ich las seine Zeilen nicht ohne Belustigung.

»Bitte akzeptieren Sie diese Entschuldigung für die gefallenen Kommentare.
Sie beruht auf echter Reue für die Verletzungen, die Hajo Seppelt und Ihrer
Abteilung zugefügt wurden. Manchmal sagen Leute im Privaten Dinge, die
öffentlich nicht zu akzeptieren sind. (...) Ich fühle, dass ich Ihre Abteilung
erzürnt habe mit meinen als krank zu bezeichnenden Taten, und Sie können
nach Entschädigung oder einer Form von Vergeltung trachten. Ich bedauere
zutiefst, was passiert ist.«

Entschädigung. Vergeltung. Da, dachte sich Charles wohl, käme jetzt eine Ausrede gut. Uns hat die Aktion der beiden Gauner Reisekosten beschert und vor allem viel Arbeitszeit gekostet. Immerhin aber waren die Schuldigen ausgemacht. So ist es, lernte ich etwas später, nicht immer.

Im Dezember 2017 saß ich am Schreibtisch in meiner Produktionsfirma in Potsdam, als mein Handy klingelte. Es meldete sich, und zwar persönlich, Sir Philip Craven. Wie viele Sportfunktionäre war Craven einst selbst Athlet gewesen, er spielte Rollstuhl-Basketball. Nun führte er als Präsident das IPC, das Internationale Paralympische Komitee. Dass Craven mich anrief, war nicht völlig abwegig. Mit dem IPC hatte ich Kontakt gehabt, anders als das IOC hatte die Organisation in der Dopingfrage einen durchaus scharfen Kurs gegen Russland eingeschlagen. Direkt gesprochen hatte ich den Präsidenten aber nie. Vielleicht wollte er mir jetzt etwas erzählen.

Wir hielten uns ein wenig mit Small Talk auf, doch dabei fragte ich mich, warum nicht Craig Spence das Gespräch mit mir verabredet hatte, Phil Cravens Pressesprecher. Spence, der wie die ganze IPC-Zentrale in Bonn saß, kannte ich. Die ganze Sache kam mir jetzt doch etwas komisch vor. Ich beendete das Telefonat und sagte, ich würde später zurückrufen. Die Nummer, britische Landesvorwahl, hatte ich ja im Telefon.

Als ich aufgelegt hatte, kam ich auf die naheliegende Idee, meine Zweifel direkt bei Cravens Sprecher zu zerstreuen. Ich rief ihn im Büro an. Er nahm ab, erfuhr von mir, dass sein Chef mich gerade aus London angerufen habe. Ich wollte von ihm hören, ob er davon wisse und, wenn ja, worum es denn eigentlich gehe.

Das könne alles nicht sein, antwortete mir Spence halbwegs amüsiert. Sein Chef halte sich gerade im IPC-Büro in Bonn auf. Er sitze ihm direkt gegenüber.

Dass sich hier jemand bloß einen harmlosen Scherz erlaubte, glaubten wir beide nicht, zumal ich mitbekommen hatte, dass ein russischer Aktivist sich einige Monate vorher in einem Telefonge-spräch mit Craven als der frühere Hürdenläufer Edwin Moses aus-gegeben hatte, der inzwischen ehrenamtlich für die WADA arbeitete. Der mutmaßliche Aktivist hatte Phil Craven in ein Gespräch über Thomas Bach verwickelt und ihm dabei entlockt, was er öffentlich wohl nie über den IOC-Boss gesagt hätte. Craven äußerte sich un-gehalten darüber, wie Bach mit den Dopingenthüllungen im russi-schen Sport umging. Wir wollten jetzt gern wissen, wer eben bei mir angerufen hatte. Ich wählte die Londoner Nummer an, kam aber nicht durch. Dann versuchte Craven es von Bonn aus. Bei ihm stand die Leitung. Sir Philip Craven sprach jetzt mit – Sir Philip Craven.

»That's definitly my voice«, es ist definitiv meine Stimme, ließ mir Craven später über seinen Pressesprecher mitteilen. Wie die Anrufer die Stimme hinbekommen haben – mit einem begnadeten Imitator oder mit neuester Computertechnik –, war Craven und sei-nem Sprecher nicht klar. Mir auch nicht.

Die britische Zeitung »Guardian« berichtete dann, dass wohl auch hinter dieser Aktion Russen gestanden hätten. Wahrscheinlich haben sie sich erhofft, dass ich ihnen in die Falle gehe und sie mir ein paar deftige Äußerungen entlocken können. Welche Personen genau dahintersteckten, habe ich nie erfahren. Kreativ vorgegan-gen, das muss man ihnen lassen, waren sie.

Mit der Nadel im Arm

Es muss wohl einiges passieren, damit Sportfunktionäre so tief blicken lassen. Dieser hier hieß Markus Gandler. Als Skilangläufer hatte er eine Weltmeisterschaft und olympisches Silber gewonnen, war dann 2003 beim Österreichischem Skiverband (ÖSV) Rennsportdirektor für Langlauf und Biathlon geworden. Nun, im März 2019, saßen wir zusammen in einer Runde im zweiten TV-Programm des Österreichischen Rundfunks in Wien, um uns herum zwei weitere Talkgäste, zwischen uns die Moderatorin Claudia Reiterer. Sonntagabend, beste Sendezeit.

Markus Gandler hatte ein paar Tage zuvor erfahren, dass er seinen Job in der kommenden Saison nicht weitermachen würde. Während der Ski-WM in der Tiroler Gemeinde Seefeld hatten Ermittler einen Dopingring ausgehoben und bei einer Razzia auch Langläufer des Gastgeberlandes Österreich überrascht. Als Konsequenz verkündete ÖSV-Boss Peter Schröcksnadel kurzerhand die Trennung von seinem Rennsportdirektor.

Gandler stand noch unter der Wirkung der Ereignisse in Seefeld, die Folgen eines wenige Wochen zuvor ausgestrahlten Films der ARD-Dopingredaktion waren. Wir hatten ihn »Geheimsache Doping: Die Gier nach Gold« genannt. »Der Schock sitzt so tief«, sagte er nun im Fernsehstudio, »weil ich nicht daran geglaubt habe, dass so etwas jetzt noch möglich ist.«

Die große Ahnungslosigkeit also.

Ich sprach Gandler an und sagte ihm: »Ich glaube, dass Sie wegschauen.«

Jetzt wurde der Funktionär forsch. Er selbst habe doch nichts mit dem Training zu tun gehabt, verteidigte er sich. Und außerdem könne ich da gern zweihundert Sportler fragen. Niemand würde sagen, der Gandler habe zu dopen aufgefordert.

Der Talk lief ein wenig weiter, als wir den Seefeld-Skandal zurückließen und auf das Thema Leistungssport im Ganzen zu sprechen kamen.

»Hochleistungssport funktioniert dann immer am allerbesten, wenn er erfolgreich ist«, sagte ich erst mal ganz allgemein.

»Nein«, widersprach Gandler und holte einige Zettel hervor; Ausdrucke, deren Inhalt sich so schnell niemandem erschloss. »Es funktioniert dann, wenn es um Freude geht. Um das geht's. Und wenn wir das nicht vermitteln, dann werden wir es nicht schaffen. Mit Ihren Sendungen, mit Ihren Sachen, mit Ihrem Job ...«

Der Rest ging für das Publikum unter, weil irgendjemand in der Talkrunde Gandler übertönte. Ich allerdings saß kaum einen Meter von ihm entfernt und hatte das Ende seines Satzes mitbekommen.

»Habe ich Sie gerade richtig verstanden?«, fragte ich den Ski-Funktionär, jetzt wohl nicht mehr allzu freundlich. »Sie sagen, mit den Sachen, die in der ARD laufen, werden wir es nicht schaffen? Haben Sie das gesagt?«

Die Moderatorin machte das Richtige und griff nicht ein.

»Das ist ein Teil«, erklärte sich Gandler. »Ich hab Ihnen beim Hereingehen gesagt, dass ich Ihre Arbeit für sehr wichtig halte. Aber die gehört ins Bundeskriminalamt, nicht in einen öffentlich-rechtlichen Sender. Aber das ist meine persönliche Meinung.«

Recherchen, die eine gewisse Auswirkung haben. Nicht ins öffentlich-rechtliche Fernsehen. Fand ein wichtiger Sportfunktionär. Als Journalist kann man sich durch eine solche Aussage nur herausgefordert fühlen.

»Sie wollen wirklich sagen, dass Recherchen zum Doping nicht ins Fernsehen gehören?«, fragte ich, jetzt in scharfem, wahrscheinlich auch anklagendem Ton.

»Nicht ins öffentlich-rechtliche«, beharrte Gandler. »Aber sie gehören zum BKA.«

Eine Talkshow kommt selten ohne Empörung aus, manchmal nervt das auch. Aber ich fühlte jetzt genau das: Empörung. Waren wir hier in Russland? Hier vertrat ein hoher Funktionär des wohl wichtigsten Sportverbands Österreichs öffentlich und selbst auf Nachfrage die Meinung, Journalisten hätten sich um Dinge wie Doping nicht zu kümmern.

»Was ist das denn für eine Haltung?«, empörte ich mich also. »Sie wollen, dass Journalismus im Fernsehen nicht Dinge aufdecken kann? Sagen Sie das gerade?«

Gandler ruderte zurück, ein paar Zentimeter, um dann weiter durchzuziehen.

»Nein, das sage ich nicht. Es gehört gezeigt, wo die Probleme sind, aber bitte, wie viel mehr Schlagzeilen sollen wir jetzt noch produzieren, die wir jetzt seit zehn Tagen haben? Ist das gut für den Sport?«

Daher wehte also der Wind. Journalisten als Freunde, als Unterstützer des Sports. Nun ist es so, dass Journalisten wenn irgendwie möglich niemals irgendeine Sache unterstützen sollten, über die sie berichten. Journalisten sind nicht Freunde der CDU noch Helfer der Grünen, nicht Unterstützer der Bundesregierung oder des FC Bayern oder eines Skiverbands. Noch viel weniger sind sie Freunde organisierten Sportbetrugs und schweigen über Ärzte, die ihre Kompetenzen und ihren Zugang zu Medikamenten missbrauchen und zudem die Gesundheit der Athleten gefährden.

»Sie haben gerade gesagt, das ist nicht gut für den Sport«, blaffte ich. »Ist es meine Aufgabe, Dinge zu machen, die gut für den Sport sind? Ja oder nein?«

Gandler, das muss man ihm zugestehen, blieb standhaft. Er sah das eben so. »Ja«, antwortete er, »irgendwo sag ich: schon.«

Gandler hatte als Athlet große sportliche Erfolge in einer Ära erreicht, in der Doping im Ausdauersport weitverbreitet war. Er hatte Ende der Neunzigerjahre mit Sportlern im Langlauf-Staffelteam gestanden und WM-Gold gewonnen, die später des Dopings oder der

Falschaussage bezüglich Kontakten ins Dopingmilieu wurden. Vor laufenden Kameras fragte ich Gandler nun, was sich geradezu aufdrängte: ob er in seiner Karriere selbst gedopt habe. Gandler verneinte auch auf mein mehrfaches Nachhaken. Und schien nun erst recht richtig sauer zu werden.

Als die aus meiner Sicht außergewöhnliche Talkshow geendet hatte, verschwand Gandler schnell aus dem Studio. Jemand im Studio sagte, er habe sehr erregt gewirkt. Der Dopingskandal hatte den Österreichischen Skiverband und Leute wie Gandler offensichtlich empfindlich getroffen. Und vieles war zu dem Zeitpunkt noch gar nicht bekannt.

Der Skandal war auch noch nicht komplett aufgearbeitet, als dieses Buch gedruckt wurde. Begonnen hatte die ganze Sache ein Dreivierteljahr zuvor völlig unspektakulär. Skeptisch hatte ich mich zunächst dem Thema genähert, kein Gedanke an Ermittlungen und Razzien, Festnahmen und Geständnisse, verärgerte Verbandspräsidenten und Rauswürfe langjähriger Funktionäre.

Ein Sportler und ein Schriftsteller

Im Frühsommer 2018 berichtete mir eine Kollegin aus Österreich von einem Comebackversuch. Johannes Dürr, ein Langläufer, wegen Dopings 2014 gesperrt, trainiere für einen Neustart ohne verbotene Hilfsmittel. Auch ein Buch werde dazu erscheinen, Dürr habe sich mit einem Schriftsteller zusammengetan. Ob das nicht spannend wäre für mich.

Geht so, dachte ich, bedankte mich aber für den Hinweis.

Dass ein Sportler nach seiner Strafe wieder zurückwollte, fand ich nicht allzu bemerkenswert. Außerdem steckte ich gerade in anderen Themen. Und Athleten, die aktiv auf einen Journalisten oder gar Buchautor zukommen, haben meistens auch ein konkretes Interesse. Zur Aufklärung jedenfalls wollen sie in der Regel eher nicht beitragen.

Nach ein paar Wochen allerdings meldete sich ein Mann bei mir, auf Vermittlung der österreichischen Kollegin, die mir riet, mir die Idee doch zumindest einmal anzuhören. Er hieß Martin Prinz und war der Schriftsteller an Dürrs Seite. Prinz hatte einige Bücher veröffentlicht, Romane, zuletzt beim Insel-Verlag, der zum äußerst renommierten Suhrkamp-Verlag gehört. Ich kannte Prinz allerdings nicht. Am Telefon stellte er mir das Projekt noch einmal vor, seines und Dürrs. Wo meine Rolle liegen könnte, blieb mir unklar. Dass Prinz mich nach Österreich einlud, überzeugte mich auch nicht. Doch der Autor blieb hartnäckig. Und so saß ich ihm, dem Sportler und einem Vertrauten von ihnen wenig später in Berlin in einem Restaurant in Prenzlauer Berg gegenüber. Sie hatten die Reise nicht gescheut, nahmen die Sache offenkundig ernst. Ernster als ich.

Johannes Dürr, damals einunddreißig Jahre alt, hatte zweimal eine österreichische Meisterschaft gewonnen, es aber international nie ganz nach oben geschafft. Bei den Olympischen Winterspielen 2014 in Sotschi erreichte er Rang acht in der Langlauf-Disziplin Skiathlon, flog dann nach Österreich zurück, um sich auf das Fünfzig-Kilometer-Rennen vorzubereiten. Vor seinem erneuten Abflug zum Olympiaort kontrollierten ihn Dopingfahnder. Als er in Russland landete, erfuhr er, dass er aufgeflogen war.

Dürr erzählte an diesem heißen Juli-Tag in Berlin in bester Stimmung von seinem Weg zurück. Er finanziere sich zum Teil über Crowdfunding. Ein kleines Team helfe ihm. Jetzt erst sei ihm klar, was ein Verband seinen Sportlern alles abnehme.

Mir aber war immer noch nicht klar, worauf Dürr und der Autor Prinz hinauswollten. Ihm und vor allem dem Schriftsteller musste doch bewusst sein, dass die ARD-Dopingredaktion sich nicht am Marketing für ihr Buch beteiligen würde.

In ihrem Buch beschrieben die beiden später ihr Treffen mit mir – und schilderten auch ihre eigenen Vorbehalte. »Zwei Tage später flogen wir nach Berlin, um Hajo Seppelt zu treffen. Hinflug morgens, Rückflug abends, so musste nur ein Trainingstag gestrichen werden. Im Hinblick auf eine Zusammenarbeit überwogen bei uns immer noch Vorsicht und Skepsis, zu mächtig war das Medium. Fernsehen spitzte zu, die dem innewohnende Gefahr war groß: Bliebe am Ende doch wieder nur die übliche Doping-Geschichte übrig, die anhand eines Einzeltäters auf der großen Gefühlsklaviatur zwischen Schuld, Scham, Reue und Verzweiflung spielte, bliebe erneut übersehen, dass so gut wie alle Diskussionen über Doping stets nur die Spitze eines Eisbergs waren, der im Grunde keinen anderen Namen als Hochleistungssport selbst trug? Den falschen Weg, den Johannes damals eingeschlagen hatte, sollte das weder entkräften noch entschuldigen. Stattdessen ließe sich gerade anhand seiner Geschichte, nahm man sie ernst, individuelles Versagen in der Verzahnung mit den Strukturen des Hochleistungssports zeigen.«

Dürr und Prinz zufolge habe ich bei unserem Treffen in Berlin dann irgendwann genickt und mich für die Geschichte erwärmt. Die Verantwortung des Einzelnen im System Hochleistungssport, wo sie anfängt und wann sie an ihre Grenzen stößt – das Thema reizte mich tatsächlich.

»Ausführlich und ernsthaft, ohne zu verschweigen, was am Ende der Geschichte stand, nämlich Doping«, so sollte ein Film nach den Vorstellungen von Prinz und Dürr ausfallen. »Es durfte keine Rechtfertigungsgeschichte werden, keine von Schuldabwälzung, trotzdem musste vom System Hochleistungssport erzählt werden, von der Ausgeliefertheit der Athleten, von den vielen Stummheiten, vom ständigen Unernst, mit dem die Scham verdeckt wurde, von Einsamkeit und Scheuklappen, von Verbohrtheit und einer Parallelwelt, die man vielleicht gerade deshalb so leicht mit der wirklichen verwechselte, da sie ihr in den dunklen, nie eingestandenen Momenten derart ähnelte.«

Folgt man ihren weiteren Ausführungen im Buch, so wogen der Schriftsteller und der Langläufer sorgsam ab. »Es war natürlich ein Risiko, geriete die nunmehr so konkret überlegte TV-Dokumentation in die falsche Bahn einer bloßen Opfergeschichte, hinge sie als schwerer Schatten über unserem zeitgleich erscheinenden Buch, überschattete am Ende vier Jahre Arbeit. Stimmten die Voraussetzungen, wollten wir es riskieren. (...) Einer der wichtigsten Punkte war, dass Johannes die Verantwortung über sein Dopingvergehen weiterhin selbst tragen musste und dass er in der Öffentlichkeit keine Namen von Mitwissern nennen würde. Das bedeutete die falsche Aufmerksamkeit, erzeugte nur die falschen Schlagzeilen. Es stellte lediglich Einzelne an den Pranger und lenkte damit von jenen Strukturen und Zusammenhängen, die Doping und Hochleistungssport so fest im Griff hatten, nur ab.«

Dürr wollte nicht das Bild des schwarzen Schafes malen, steht in dem Buch: »Diese Rolle kannte Johannes mittlerweile nur zu gut, seit Sotschi trug er sie. Er hatte seine Schuld übernommen und bewusst niemand anderen hineingezogen. Schlammschlachten, Schuldzuweisungen halfen keinen Schritt weiter. Wenn er sich noch einmal in einem öffentlichen Rahmen wie dem Fernsehen in Sachen Doping exponierte, dessen Dynamik nicht nur ein größeres Eigengewicht als jede andere öffentliche Erzählung entfalten, sondern auch zu einer eigenen Wirklichkeit werden konnte, mussten die Grenzen des Möglichen umso genauer bestimmt werden.«

Diese Gedanken machte sich Johannes Dürr dem Buch zufolge also, als er mir das Filmprojekt vorschlug. Heute muten sie einigermaßen absurd an, aber dazu später. Ich fand es damals tatsächlich irgendwann spannend, dass ein Hochleistungssportler mal erklärte, wie man von Kindesbeinen an immer tiefer in das Geflecht von Abhängigkeiten des Profisports bis hin zum Doping hineingerät. Kein investigativer Film schwebte mir vor, sondern eine Milieustudie. So etwas hatte ich bis jetzt noch nicht gemacht und konnte mich auch an keine Fernsehdokumentation dieser Art erinnern. Ihr Buchprojekt allerdings, teilte ich Dürr und Prinz noch mit, interessiere mich dabei überhaupt nicht. Das Buch und auch das Comeback würden in dem Film nicht vorkommen und von meinem Sender auch nicht an anderer Stelle thematisiert werden.

Die Verantwortlichen in der ARD zeigten Interesse, als ich ihnen die Idee erstmals vorstellte: ein persönlicher Film, porträthaft, mit

Doper und Whistleblower. Die Aussagen des österreichischen Skilangläufers Johannes Dürr in der ARD und bei den Strafverfolgern haben geholfen, ein internationales Dopingnetzwerk aufzudecken.

eindringlichen Bildern, diesmal ohne investigativen Ansatz. Damit die Hauptperson nicht nur im aufgebauten Licht vor dunklem Hintergrund sitzen und erzählen würde, mussten wir beim Drehen einen größeren Aufwand betreiben. Dass der Dürr-Film sich allerdings zu einem der größten und vor allem wendungsreichsten Projekte meiner Karriere auswachsen würde, ahnten unterdessen weder der Sender noch ich.

Johannes Dürr hatte sich in Berlin als offener Mensch präsentiert. Der Schriftsteller Martin Prinz wirkte sehr motiviert. Vermeiden wollte ich aber, dass wir uns am Ende als ein Team begriffen, Dürr und seine Leute und ich und meine Co-Autoren. Zu viel Nähe tut nie gut. Und identisch sind die Interessen ohnehin nie.

Das Hauptinterview drehten wir im Herbst 2018 in dem Thüringer Skiort Oberhof, in einem abgelegenen Raum eines kleinen Hotels und mit sechs Kameras. An mehreren Tagen und insgesamt neun Stunden lang beantwortete Johannes Dürr unsere Fragen. Die

Tragweite schien ihm zu Beginn noch nicht ganz klar zu sein. Er wirkte heiter und sehr lebendig, obwohl das, was er erzählte, mitunter Abgründe offenbarte. Immer wieder stand sein Gesichtsausdruck im Kontrast zum Inhalt seiner Schilderungen. An manchen Punkten, das merkte man bald, blieb er bewusst unpräzise.

Wir hatten schon einen Teil der Aufnahmen gemacht, als das Projekt sich verkomplizierte. Der Grund war eine Begebenheit ein paar Wochen zuvor, damals kannten wir uns noch nicht. Johannes Dürr war in Österreich auf einer Veranstaltung aufgetreten, einer sogenannten Fuck-up-Night, bei der Menschen über ihr berufliches Scheitern bzw. ihre Rückschläge sprechen. Dort hatte er von seiner Geschichte erzählt und dabei auch den Österreichischen Skiverband erwähnt. Nicht nur erwähnt.

Auf die Frage eines Zuschauers, wie der ÖSV zu ihm gestanden habe, hatte Dürr geantwortet, der ÖSV schaue weg: »Na, das ist genau das, was ich damit sagen will ... das ist jetzt nicht eine aktive Unterstützung, aber es ist ... mit dieser absolut totalitären Verneinung, mit dem Augen-Zuhalten vor dem ... ich empfinde es eher so, dass man sagt: Okay, also, bitte mach's, lass dich aber nicht erwischen ... so ungefähr ist das g'rennt. Ich will davon nichts wissen, weil dann kann ich so machen« – er hielt sich die Augen zu –, »aber uns wäre es schon lieber, wenn du etwas machst.«

Das mochte offen, ehrlich und seine Überzeugung gewesen sein, war aber nicht gerade geschickt. Dürr wollte nämlich zugleich auch wieder bei Wettkämpfen für den ÖSV starten.

Der Skiverband erwirkte im Oktober 2018 vor Gericht eine Einstweilige Verfügung, die Dürr untersagte, seine auf der Veranstaltung getätigten Aussagen zu wiederholen. Das hatte nun Folgen für unseren Film – wir wollten ja seinen Weg in die Dopingfalle schildern. Und natürlich sollte der Sportler auch über seine Erfahrungen mit ÖSV-Funktionären und -Trainern reden. Dürr hätte sich am liebsten juristisch gewehrt gegen die Verfügung, die ja nur einstweilig galt. Dafür hätte er allerdings ein Verfahren vor Gericht anstrengen müssen, mit finanziellem Einsatz und ungewissem Ausgang. Vor dem großen ÖSV, der ja in Österreich ein mächtiger Player in Sport und Gesellschaft ist, hatte Dürr außerdem durchaus gewissen Respekt. Im Kontakt mit uns wirkte er zunehmend gehemmt. Das war keine gute Voraussetzung für die weiteren Dreharbeiten. Wir mussten dringend darüber reden.

An einem Sonntag Mitte Oktober trafen wir uns am Münchner Flughafen zu einer Art Krisensitzung. Dürr brachte seinen Kollegen Harald Wurm mit, einen Langläufer, der mit Doping in Verbindung gebracht worden war, weil man bei ihm eine verbotene Substanz gefunden hatte. Auch der Schriftsteller Martin Prinz erschien. Wir hatten einen Konferenzraum gebucht und sprachen sechs Stunden lang. Die Frage war: Wie würde sich die Einstweilige Verfügung auf den Film auswirken?

Nichts anderes als die Wahrheit helfe, lautete unsere Botschaft. Wir machten Dürr klar: Sollte er vor unseren Kameras Unwahrheiten erzählen, würden wir das Projekt beenden, auch wenn darin schon recht viel Zeit und Geld steckte. Das schien er nicht zu wollen und der Autor Martin Prinz auch nicht.

Die erste Wendung

Der gut aufgelegte, fast ausgelassene Athlet aus den ersten Wochen des Projekts hatte sich zu einem angespannten, gehemmten, fast schon verkrampften Gesprächspartner gewandelt. Vielleicht fühlte er sich auch ein wenig bedrängt. Irgendwann jedenfalls zogen sich Dürr, Prinz und Harald Wurm für ein paar Minuten zurück. Als sie wiederkamen, baten sie um eine Unterredung nur mit mir allein. Ungewöhnlich.

Meine Kollegen verließen den Raum, und Dürr erzählte nun eine Geschichte, die er in den Jahren 2013 und 2014 verortete, vor der Zeit, als er mit EPO erwischt worden war. Er habe damals Blutdoping betrieben, auch und sogar vor allem in Deutschland.

Blutdoping. In Deutschland. Dürrs voller Ernst.

Er habe es zurückgehalten, um niemanden zu belasten, erklärte er. Leute aus seinem persönlichen Umfeld, Menschen, mit denen er eng sei, Helfer, fast schon Vertraute – die liefere er nicht ans Messer. Und öffentlich werde er auch die Personen im Hintergrund nicht nennen. Immerhin räumte er ein, auch ein deutscher Arzt sei beteiligt gewesen. Den Namen behielt er für sich.

Jetzt zog ich mich mit meinen Kollegen zurück.

Der Film, das war klar, würde sich ändern. Er würde News enthalten, weil der Sportler Unbekanntes offenbaren würde: Blutdoping in Deutschland, an verschiedenen Orten. Im Porträt Dürr würde auch der Fall Dürr stecken. Und im Fall Dürr würde es nach Ausstrahlung des Films auch um die Helfer gehen, um mindestens einen Arzt. Dürr wollte partout keine Namen preisgeben, nicht vor der Kamera und auch sonst nicht. Aufgrund seiner Schilderungen aber hatten wir einen Verdacht, welcher Mediziner ihm beim Dopen geholfen haben könnte.

Aus dem Protagonisten unseres geplanten Porträts wurde nun auch ein Informant. Damit, fanden wir, fiel uns auch eine gewisse Verantwortung zu. Dürr würde in den Mittelpunkt des Interesses rücken, nicht nur bei Journalisten und Wintersportfans. Seit 2006, als im Rahmen der Fuentes-Affäre durch ARD-Recherchen auch der deutsche Arzt Markus Choina aufflog, hatte man von Blutdoping in Deutschland wenig Handfestes gehört.

Das Projekt würde nicht schlechter, fanden wir, im Gegenteil. Nur so würde das Fernsehpublikum die brisante Neuigkeit erfahren können. Wir machten deshalb weiter, akzeptierten, dass Dürr die Namen seiner Helfer im Film nicht nennen wollte. Es war die Voraussetzung dafür, dass er vor der Kamera detailliert schilderte, wie das Blutdoping an verschiedenen Orten in Deutschland ablief. Wir interviewten Dürr dazu ausführlich und befragten auch seinen Vertrauten und Kollegen Harald Wurm, der schilderte, wie heuchlerisch er als Dopingverdächtiger die Skisportszene erlebt hatte. Wir drehten am Autobahnrasthof Irschenberg bei München, im Zimmer eines Motels an der A8, in dem Dürr fünf Jahre zuvor seinen Angaben zufolge abgezapftes Blut wieder zugeführt bekommen hatte.

Auf einem Parkplatz in Luisenthal in Thüringen, nicht weit von Oberhof entfernt, stellten wir nach, wie Dürr auch in einem Pkw Blut infundiert worden war. Er sei damals in einem Doppelzimmer mit einem Teamgefährten untergebracht gewesen, erzählte der Langläufer, und deshalb in ein Auto ausgewichen. Im Film ist die Rückführung des Bluts gezeichnet zu sehen, im Graphic-Novel-Stil. Johannes Dürr wirkte wieder offener, seit er uns vom Blutdoping erzählt hatte, zuweilen wie befreit. Wir flogen mit ihm nach Sotschi, wo er bei den Olympischen Spielen 2014 frisch gedopt hatte triumphieren wollen. Heute steht der Ort wie kein anderer für russisches Staatsdoping.

Auch Anwälte baten wir um Hilfe. Dürr hatte ja im Oktober die Einstweilige Verfügung erhalten, durfte also seine Aussagen zum ÖSV nicht wiederholen. Mit uns hatte er aber bereits im September gesprochen. Konnten wir seine Antworten also senden, ohne dass ihm und uns das zum Nachteil gereichen würde?

Unsere Arbeit verlagerte sich nach Potsdam, in die Produktionsfirma, die ich ein gutes Jahr zuvor gegründet hatte. Wir standen vor einer Masse an Rohmaterial, die uns zu überfordern drohte. Welche Szenen waren die richtigen, welche O-Töne sollten wir nutzen? Und in welcher Reihenfolge sollten wir sie montieren? Welche Musik würde die Bilder bestmöglich wirken lassen? Bei Filmen gibt es nie die eine Lösung. Man kann jedes Wort abwägen, und das taten wir auch. Würde unsere Darstellung zu tränenrührig? Zu trocken? Zu direkt? Würden wir dem Doper Dürr gerecht? Einer unserer Filmcutter, die an der Endfertigung des Projekts arbeiteten, in dem sie sich ohnehin schon stärker als gewöhnlich engagiert hatten, stornierte seine Urlaubsreise. Er saß selbst an Heiligabend im Schneideraum.

Die rechtliche Bearbeitung des Stoffs nahm Raum ein, wir rangen mit juristischen Beratern um Formulierungen. An bestimmten Sequenzen änderten wir meinen Off-Text, der sich durch den Film ziehen sollte. Wir tauschten auch ganze Szenen aus. Anfang Januar 2019 hatten wir das Gefühl, die Zeit laufe uns davon. Bis zum Sendetermin waren es nur noch zwei Wochen. Und manche Sequenzen gefielen uns da auch noch nicht. Wir drehten sie erneut, verloren so weitere Zeit.

So quälend und stressig wir die Produktion zum Schluss hin auch empfanden: Das Thema des Films hatte uns längst alle gepackt. Hinzu kam der News-Kern, Blutdoping in Deutschland: Wir rechneten mit dem, was im Journalismus seit einigen Jahren als »impact« bezeichnet wird – Auswirkungen.

Am Nachmittag des 17. Januar 2019 lief unser Film »Geheimsache Doping: Die Gier nach Gold« im Rahmen einer Biathlon-Übertragung der ARD. Dass der Protagonist Johannes Dürr war, hatten wir bis zur Ausstrahlung geheim gehalten.

»Sind Sie ein ehrlicher Mensch?«, fragte ich Dürr in dem Film gleich zu Beginn. Seine Antwort fiel eindeutig aus.

»Ich bin prinzipiell ein sehr ehrlicher Mensch. Für mich ist immer Ehrlichkeit die Basis für jede menschliche Beziehung, um auf Augenhöhe miteinander umgehen zu können.«

»Das, was Sie jetzt sagen, ist die Wahrheit?«

»Ja.«

Im Film sollte sich Dürr später an die Orte seiner größten Lügen begeben. Doch die Dokumentation fing vergleichsweise geruhsam an.

Als Sohn eines Schmieds war Johannes Dürr in einem Zweitausend-Einwohner-Dorf in Niederösterreich aufgewachsen, zwei Autostunden westlich von Wien. Der Skiverband, erzählten seine Eltern, hatte schon früh um ihn gebuhlt. Er war das größte Langlauftalent im Ort und bekam bald einen Platz im Ski-Internat Stams im fernen Tirol. Hier wurden Leistungssportler gemacht, hier wuchsen die Muskeln. Hier bekam der Junge auch seine ersten Pillen. Nahrungsergänzungsmittel. Jeder habe damals »auf eigene Faust ein bisschen ausprobiert«, erzählte Dürr im Film, »was ist das, interessant, brauch ich das auch?« Und: »Jeder hatte auf seinem

Nachttischchen ein Arsenal an Tabletten.« Die erste Infusion verabreichte ihm eine Ärztin, bevor er ins Trainingslager nach Finnland flog. Dort bereitete sich der Nachwuchskader auf die Junioren-WM in Italien vor. Dürr wurde dort überraschend Fünfter,»eine Sensation«. Eisen- und Vitaminspritzen hingegen wurden Alltag.

Dürr schilderte, wie ihm während einer sechsmonatigen Trainingspause wegen Pfeifferschen Drüsenfiebers klar geworden sei, was er jenseits seines Sports hatte:»Da war nichts. Für mich war dieser Langlaufsport so was Absolutes in meinem Leben, dass es da links und rechts nichts gegeben hat. Und vor diesem Nichts habe ich natürlich wahnsinnige Angst gehabt.«

Zurück im Alltag, stellte er sich irgendwann die Frage, ob er seinen Weg überhaupt ohne Doping würde gehen können. Am Rande des Trainings hörte er, wer alles Asthmaspray nehme, ohne an der Atemwegserkrankung zu leiden. Eine heikle Sache. Denn ohne medizinische Indikation gilt der Einsatz von Asthmamitteln als Doping, weil die Substanzen auch eine leistungssteigernde Wirkung entfalten können. Höher dosiert können solche Mittel stimulierend wirken und auch den Muskelaufbau zusätzlich unterstützen. Ein Betreuer, berichtete Dürr, habe ihm während einer Autofahrt mal nahegelegt, solche Mittel auch zu probieren. Es sei nicht sonderlich schwer, solche Mittel sogar»legal«einzunehmen. In der Tat ist es ein offenes Geheimnis in der Ausdauersportszene, dass einige Ärzte Sportlern auf merkwürdig großzügige Art Asthma attestieren.

Dürr berichtete, er habe damals Nein gesagt zu dem Betrug mit Asthma-Medikamenten. Und doch geriet er immer mehr in den Dunstkreis des Dopings, auch im Privaten, etwa als er in eine Südtiroler Wintersportfamilie einheiratete. Das Landgericht Bozen verurteilte seinen Schwager Daniel Taschler im April 2017 wegen Verstoßes gegen das Dopinggesetz zu einer Haftstrafe von neun Monaten auf Bewährung und einer Geldstrafe von dreitausendsechshundert Euro. Dürrs Schwiegervater Gottlieb erhielt wegen Beihilfe zum Doping eine Haftstrafe von einem Jahr auf Bewährung und eine Geldstrafe von viertausend Euro. Das Urteil basierte auf umfangreichen abgehörten Gesprächen Daniel Taschlers mit einem bekannten Dopingarzt, die Polizisten ausgewertet hatten. Im November 2018 allerdings entschied das Kassationsgericht in Rom als höchste Instanz, dass die Abhörmaßnahmen nicht zertifiziert waren und die daraus resultierenden Protokolle nicht hätten verwendet werden dürfen. »Damit gibt es keine Beweise mehr für ein mögliches Dopingvergehen«, wurde jetzt Taschlers Anwalt Flavio Moccia zitiert. Der Anwalt dürfte kaum geahnt haben, dass Daniel Taschlers Name wenig später erneut im Zusammenhang mit Dopingverdächtigungen auftauchte.

Helfen auch mit unerlaubten Mitteln – für Dürr war das Thema irgendwann allgegenwärtig. Und er kam immer mehr zu dem Schluss, anders gehe es am Ende eben doch nicht. »Man wirft alles von seinem Leben in eine Waagschale, und in letzter Konsequenz ist es eigentlich für nichts gut, wenn man den letzten Schritt nicht auch noch macht.«

Der letzte Schritt. Er sei ihm abgenommen worden, berichtete Dürr in dem Film. Einmal sei ein Betreuer in sein Zimmer gekommen und habe gesagt, »jetzt haben wir was. Jetzt gibt es Möglichkeiten, dass wir zu EPO kommen.«

Es war dann eine kleine weiße Schachtel, zwei oder drei EPO-Spritzen, zu vermischen mit einer Kochsalzlösung. Die Menge berechnen, die Spritze nehmen, aufziehen, mit dem Gürtel den Oberarm abschnüren, damit die Vene besser hervortritt. Und dann einfach reinstechen. So beschrieb Dürr sein erstes Mal. Neben EPO habe er noch Wachstumshormon genommen, nicht täglich, sondern in Blöcken, immer ein paar Wochen lang.

Wir schilderten in dem Film, wie Dürr die Einstweilige Verfügung erhielt und in den Gesprächen mit uns vorsichtiger wurde. Dann erfuhr der Zuschauer, was auch wir erst später erfahren hatten: Doping mit Eigenblut, eine der am schwierigsten nachweisbaren Methoden, hatte Dürr ebenfalls betrieben. Im Motel an der A8, in Hotelzimmern am Flughafen München, auch in der Münchner Innenstadt. Und in Thüringen.

Er wäre »am liebsten aus dem Fenster gesprungen«, sagte Dürr über den Moment, als er in Sotschi erfuhr, dass er überführt war. »Ich hab über die Brüstung rübergeschaut, dann ist mir aber mein Sohn in Erinnerung gekommen.« Seine Mutter erinnerte sich im Film an jene Tage im Februar 2014. Sie sagte: »Da war natürlich die Riesenangst, er könnte sich das Leben nehmen.«

Mancher Lehrmeister des Journalismus rät davon ab, bei Porträts mit einem O-Ton der beschriebenen Person den Film zu beenden. Das letzte Stückchen Deutung soll der Autor leisten. Wir haben uns diese Sichtweise in unserem Film über Johannes Dürr zu eigen gemacht. Im Laufe der Dreharbeiten hatten wir erlebt, dass der Langläufer nicht immer alles erzählt hatte. Das letzte Wort wollten lieber wir haben. »Die Gier nach Gold ließ Johannes Dürr in die Dopingfalle tappen«, sprach ich ein. »Er ist ein Sportbetrüger, einer von vielen. Wie viel Lüge, wie viel Ehrlichkeit verträgt ein Sportlerleben?«

Die Razzia

Gleich nach der Ausstrahlung meldeten sich Fernsehsender aus Norwegen und der Schweiz. Sie wollten den Film in ihr Programm nehmen. Das taten sie dann, jeweils am Abend zur besten Sendezeit. Österreichische Fernsehanstalten hingegen warteten erst einmal ab.

Der erste Kommentar bei uns in Deutschland war Magdalena Neuner vorbehalten. Die mehrfache Biathlon-Olympiasiegerin war an dem Nachmittag der Ausstrahlung als ARD-Expertin auf Sendung und kam gleich nach dem Abspann zu Wort. Opfer des Systems oder Einzeltäter, darum ging es. Stand der Fall Dürr beispielhaft für ein Systemproblem des Sports? Die langjährige Leistungssportlerin sagte: »Es gab so viele Generalverdachtsmomente, und so bin ich einfach so vorsichtig in diesen Aussagen, weil man sich nicht wehren kann als Sportler dagegen.«

Für Neuner war die Sache klar: Johannes Dürr gehörte einfach nur gesperrt, lebenslang. Für mich ist die Sache nicht so einfach. Ich finde, man kann das Dopingproblem nicht allein auf den Einzelnen reduzieren. Man muss sich auch das ganze System anschauen. Die im Profisport beliebte These vom schwarzen Schaf halte ich für falsch.

In Deutschland leitete noch am selben Tag die für Doping zuständige Staatsanwaltschaft München I ein Ermittlungsverfahren gegen Unbekannt wegen gewerbsmäßigen Anwendens nach WADA-Verbotsliste verbotener Methoden ein. »Die unbekannten Personen, die am Zeugen Johannes Dürr Dopingmethoden angewandt haben, können sich strafbar gemacht haben«, erklärte die Oberstaatsanwältin Anne Leiding. In Bonn versuchte die NADA, mit Johannes Dürr in Kontakt zu treten. »Es geht auch darum, ob es diese Handlungsstränge, ominösen Routen und konspirativen Kreise im Wintersport noch gibt oder es in anderen Sportarten ähnlich funktioniert«, sagte Lars Mortsiefer, Vorstand der Nationalen Anti-Doping-Agentur. Die NADA wolle an die Hintermänner herankommen. Sie stellte Anzeige gegen Unbekannt wegen möglicher Verstöße gegen das Arzneimittelgesetz und das Anti-Doping-Gesetz. Die Ermittlungen nahmen Zollfahnder aus Lindau auf.

Johannes Dürr selbst sagte uns, er habe durchweg »sehr schöne« Reaktionen erhalten. »Viele Leute haben sich bedankt für den Mut, viele ehemalige und noch aktive Kollegen haben sich gemeldet.«

Auf meine Frage, warum er bestimmte Dinge erst jetzt öffentlich gemacht habe, antwortete Dürr, er wisse erst jetzt, dass er seinem Sport auf diese Weise helfen könne. Es gehe ihm auch darum, »dass der Nächste nicht den gleichen Fehler macht wie ich und über diese Grenze des tatsächlichen Betrugs drübergeht. So viel ist der Sport, so viel ist nichts im Leben wert.«

Durchweg wohlwollend reagierten unterdessen nicht alle Athleten. Der deutsche Langläufer Jonas Dobler äußerte auf Facebook, »nur weil man Weltmeister wird, hat man nicht automatisch gedopt«. Es sei »unfair allen sauberen Athleten gegenüber, einen Generalverdacht im Langlaufsport allgemein zu schüren«. Dobler hielt fest, dass er »jahrelang von Dürr betrogen worden« sei. Doblers Kollege Lucas Bögl kritisierte Dürr ebenfalls – und unterstellte ihm niedere Beweggründe:»Ein überführter Doper versucht hier, Aufmerksamkeit zu bekommen und alle unter Generalverdacht zu stellen.« Es sei »ein klares Zeichen von Charakterschwäche, wenn man andere absichtlich betrügt und sich nicht eingestehen kann, dass es für einen persönlich trotz des vielen Trainings vielleicht nicht zum Weltmeister reicht«, schrieb er ebenfalls auf Facebook. Dass Dürr eine Plattform bekomme, sei »ärgerlich«.

Damit meinte der deutsche Langläufer die ARD-Dopingredaktion – und war da nicht der Einzige. Auch Tobias Angerer, einst ein Spitzenlangläufer des Deutschen Skiverbands, sprach sich dagegen aus, dass Dürr eine Plattform bekomme:»In meinen Augen war der Film ein bisschen unglücklich in der Form, dass immer nur diese Opferrolle gesehen wird. Ich bin gegen ihn gelaufen, er hat mich betrogen, ich kann mich an Rennen erinnern, da kam er aus dem Nichts, und ich bin froh, dass sie ihn im Nachhinein überführt haben.« Dürrs Aussage, man schaffe es nicht ohne Doping in die Weltspitze, sei »ein absolut katastrophales Zeichen«.

Wie das denn in der Sportwelt wahrgenommen werde, wenn einer wie Dürr sage, das Gerede von Einzeltätern stimme nicht, wurde Angerer daraufhin gefragt. Er antwortete:»Finde ich total schlimm. Also, es hat diese Fälle gegeben, mit Finnland. Russland wissen wir auch nicht ganz genau. Aber ich glaub schon, es sind mehr diese Einzeltäter gewesen.«

Von Russland wissen wir nicht genau? Hier sprach ein Mann, der schon als TV-Experte aufgetreten ist und als »Botschafter« der NADA wirkt. Auch hier sah ich die Sache etwas anders.

Die Staatsanwaltschaft würde ermitteln, viel mehr hatte sie nach unserem Film nicht verlauten lassen. Ermittlungen laufen gewöhnlich eher lautlos an. Klar war unterdessen, wo die Strafverfolger sich nun auch umschauen und umhören würden: in Thüringen. Dort, so hatte Dürr im Film berichtet, habe er ebenfalls mit Eigenblut gedopt. Wer ihm das Blut zuvor abgenommen, gekühlt aufbewahrt und dann wieder reinfundiert hatte, war in der ARD nicht zur Sprache gekommen.

Es widerspräche der Wahrheit, wenn ich sagen würde, wir gingen jetzt erst mal zur Tagesordnung über. Tatsächlich musste zwar in den nächsten Wochen ein Film für die »Sportschau« fertig werden, anderes Thema, anderer Ort des Geschehens. Aber natürlich verfolgten wir so gut wie möglich, was aus der Causa Dürr würde. Das begriffen wir als unsere Pflicht. Außerdem trieb uns unsere Neugierde.

Aus dem Umfeld von Ermittlern hatten wir die Information erhalten, dass bei der Polizei offenbar schon vor einigen Jahren Hinweise auf einen Arzt aus Thüringen eingegangen waren, der möglicherweise im Wintersport aktiv sei, vielleicht auch in Sachen Doping. Dieses Arztes würde man sich nun wohl erinnern. Ebenso offensichtlich war, dass die Staatsanwaltschaft mit Johannes Dürr sprechen wollte.

Dazu kam es, und zwar schneller, als Johannes Dürr sich das vorgestellt haben dürfte. Deutsche und österreichische Beamte befragten ihn fünf Tage nach der Ausstrahlung unseres Films in Innsbruck. Dürr begab sich ohne juristischen Beistand in die Vernehmung. Sein Rechtsanwalt war per Telefon zugeschaltet.

Die Ermittler sahen ihre Chance. Sie erweckten bei Dürr offenbar den Eindruck, dass er die Aussage als Zeuge nicht einfach so verweigern könne. Unter Druck sagte er dann wohl ausführlich aus – und gab auch die Namen von Hintermännern preis, die er vorher im Film nicht hatte nennen wollen. Später sagte Dürr mir in einem Interview, er habe die Namen dort deponiert, wo sie hingehörten.

Ob Dürr bewusst war, welche Konsequenzen seine Aussagen für ihn selbst haben konnten? Schwer zu sagen. Jedenfalls beflügelten seine Antworten die Arbeit der Ermittler. Die Doping-Staatsanwaltschaft in München und die Behörden in Österreich merkten jetzt, dass sie an einem Fall von größerer Dimension saßen.

Die Staatsanwälte in München, die sich zehn Jahre zuvor auf Doping spezialisiert hatten, mussten sich lange anhören, dass sie im Grunde doch nur Medikamentenmissbrauch im Freizeitsport nachgingen. Den Bodybuilder aus der Kraftbude im Keller würden sie stellen, das ja. Aber im Spitzensport brächten sie nichts zustande. So sahen es einige. Hier kam nun die Chance, es solchen Kritikern zu zeigen. Die Ermittler machten jedenfalls ernst, die deutschen und ebenso ihre Kollegen aus Österreich. Den aus ihrer Sicht Hauptverdächtigen, sein Umfeld und weitere Verdächtige überwachten sie zeitweise rund um die Uhr. Und erfuhren so, wie bestimmte Personen auf den Film reagierten und was sie für die nächsten Wochen planten. Derweil rückte die Weltmeisterschaft im Nordischen Skisport in Seefeld immer näher.

Am 25. Februar, einem Montag, die WM lief bereits seit einer knappen Woche, fuhr ich mit einigen meiner Kollegen nach Tirol. Ich traf dort auch Johannes Dürr. Er wirkte locker. Sein Buch »Der Weg zurück« war zur Kenntnis genommen worden. Sportlich hatte er abgeschlossen. Sein Weg zurück hatte ihn nicht bis zur WM geführt.

Eine Weltmeisterschaft versammelt naturgemäß die besten Athleten, zudem viele Funktionäre und Journalisten. Das alles geschah in Seefeld, das eine halbe Autostunde westlich von Innsbruck liegt, vor traumhaft schöner Alpenkulisse. Sportlich dominierten die Norweger, die bei zweiundzwanzig Mannschaftswettbewerben dreizehnmal Gold holten. Österreichs Ausbeute war bescheidener: Das Land holte mit seiner Mannschaft viermal Silber und fünfmal Bronze.

Wir hatten Zimmer in einem Nachbarort von Seefeld bezogen. In der Frühe des 27. Februar aber – der Kalender sah für den Mittag das Fünfzehn-Kilometer-Rennen der Langläufer vor – fuhren wir nach Seefeld. Wir hatten den Tipp bekommen, uns an diesem Mittwochmorgen doch mal im Zentrum des Ortes aufzuhalten, nicht weit vom Bahnhof. Präziser äußerte sich die Quelle nicht. Aber Seefeld ist auch nicht allzu groß. Alles mehr oder weniger fußläufig.

Nun wollten wir es natürlich genau wissen. Wir hatten Glück, dass ein Mitarbeiter unseres ARD-Teams früher mal bei der Bundespolizei gearbeitet hat. Ich hatte ihn zuvor gebeten, sich an dem Morgen mal dezent im Stadtzentrum umzusehen. Und er hatte tatsächlich alsbald Alarm geschlagen. Auf Parkplätzen in der Nähe des Bahnhofs hatte er Zivilpolizisten eintreffen sehen. Für ihn als Fachmann waren sie relativ leicht als solche zu erkennen: Die Ankömmlinge parkten nebeneinander in Pkws und Vans, ohne zunächst auszusteigen. Als einer den Wagen verließ, konnte mein Kollege einen Knopf in dessen Ohr erkennen.

Zu fünft waren wir, für alle Fälle zählte auch ein Kameramann mit kompletter Ausrüstung zum Team. Unser Auto, einen schwarzen Van, stellten wir auf einer unmittelbar angrenzenden Parkfläche ab. Ich verließ den Wagen, durchstreifte eine Fußgängerzone, die sich allmählich zu beleben begann. Hier schien alles normal zu sein, keine besonderen Auffälligkeiten. Ich ging zurück zum Auto. Wir warteten. Worauf, wussten wir nicht.

Plötzlich brach in den Fahrzeugen neben uns Hektik aus. Die Zivilpolizisten fuhren los. Wir folgten mit Abstand. Einige Wagen hielten schon wenige hundert Meter weiter an, diesmal auf einem kleineren Parkplatz, am Haus Innsbrucker Straße 116. Andere fuhren weiter. Wir warteten in einiger Entfernung, um nicht aufzufallen. Es ging offenkundig um ein Wohngebäude mit mehreren Balkonen und holzvertäfeltem Dachgeschoss. Das Haus war in zartem Rosa gestrichen. Seine Besitzer hatten es »Villa Seefeld Edeltraud zum See« genannt.

Wir verharrten im Auto, zwangen uns zu Geduld, was uns nicht leichtfiel. Es schien sich nichts zu tun bei Edeltraud zum See. Hatte man uns gar in die Irre geführt?

Journalismus heißt immer auch zu warten. In diesem Fall wenigstens in heller Wintersonne und mit der Villa im Blick. Das Haus habe sieben Ferienwohnungen, war im Internet zu erfahren.

Wir wollten dezent sein, verloren aber langsam die Geduld. Unser Kameramann verließ das Auto. Zufälligkeit vortäuschend und mit einer kleinen Kamera ausgerüstet, die auch ein Tourist hätte mitführen können, begab er sich in Richtung Villa. Als er zurückkam, sagte er, er sei fotografiert worden, mehrmals, von einer Person auf dem Grundstück der Villa. Und dann erfuhren wir im Umfeld des österreichischen Mannschaftshotels, dass es in der Villa und anscheinend auch noch an anderer Stelle in Seefeld Hausdurchsuchungen gegeben habe. Es seien wohl mehrere Athleten verhaftet worden, Österreicher und offenbar auch Sportler anderer Nationen. Die Informationen waren plausibel und glaubhaft.

Die Villa Edeltraud war auch von der Gartenseite aus einsehbar. Die Ermittler mussten so diskret vorgegangen sein, dass von draußen nichts von ihrem Einsatz mitzubekommen war.

Zudem meldete sich ein Hinweisgeber aus Deutschland. Er berichtete, ohne Namen zu nennen, von Zugriffen in Deutschland. Die Quelle war sicher. Wir entschieden deshalb, an die Öffentlichkeit gehen.

Im Fernsehen, online und zuallererst um zwölf Uhr sechs über das soziale Netzwerk Twitter vermeldeten wir: »BREAKING NEWS. ARD-Dopingredaktion: Doping-Razzia in Seefeld des österreichischen Bundeskriminalamts. Verdacht auf Doping am Rande der Nordischen WM. Zeitgleich polizeiliche Maßnahmen an verschiedenen Orten. Womöglich auch Beteiligung von Personen aus Deutschland.«

Der Mitteldeutsche Rundfunk, der die Wettbewerbe der WM übertrug, schickte eine Livekamera vorbei. So konnten wir mit den ersten Infos im »Mittagsmagazin« der ARD vor der Villa auf Sendung gehen. Wir berichteten an diesem Tag noch mehrfach, zuletzt am Abend in den »Tagesthemen«. Zu erzählen gab es einiges. Bald kam heraus, dass ebenso an mehreren Orten in Erfurt Polizeiaktionen an diesem Vormittag stattgefunden hatten, die mit der Razzia in Seefeld in Zusammenhang standen. Fünf Sportler und vier weitere Personen wurden in Untersuchungshaft genommen, das österreichische Bundeskriminalamt sprach von einem »weltweit agierenden Netzwerk«. Die in Seefeld abgeführten Athleten kämen aus Kasachstan und Estland, zwei von ihnen auch aus Österreich, teilten die Ermittler in Innsbruck mit.

Die Weltmeisterschaft in Österreich, in dem Land, das der Präsident des dortigen Skiverbands mehr als ein Jahrzehnt zuvor vollmundig als »too small to make good doping« bezeichnet hatte, als zu klein für gutes Doping: Diese WM stand nun für Blutdoping. Der Mann, der damals Österreich kein »good doping« zugetraut hatte, heißt Peter Schröcksnadel. Zum Zeitpunkt der WM amtierte er seit fast drei Jahrzehnten als Präsident des ÖSV. Er besaß zudem Dutzende Firmen sowie Skigebiete und Liftanlagen. Wohl kein Österreicher profitiert mehr vom Wintersport als der damals siebenundsiebzigjährige Schröcksnadel, der auch Werbeflächen in Skigebieten und Spitzenwintersportler vermarktet. »In einem Land, in dem das Geschäft mit dem Winter 2017 noch 13,3 Milliarden Euro Umsatz brachte, in dem die Besitzer von Skigebieten reich und einflussreich sind wie Oligarchen, ist Schröcksnadel der einflussreichste von allen«, schrieb die »Süddeutsche Zeitung« über den »Sonnenkönig der Skination«.

Mit einer Mischung aus Kaltschnäuzigkeit und Großspurigkeit hat Schröcksnadel manche Dopingaffäre überstanden, bei den Olympischen Spielen 2002 in Salt Lake City etwa und auch vier Jahre später in Turin. Jetzt, 2019, nach der Razzia bei der WM im eigenen Land, wiegelte er routiniert ab. »Ist das jetzt die Botschaft: Schon wieder Doping?«, fragte ihn ein Fernsehreporter. Schröcknadels Antwort, ins Hochdeutsche übersetzt: »Nein, ich glaube nicht. Nein. Die Weltmeisterschaft ist wirklich schön, das Wetter ist schön. Wir haben gute Resultate. Alle sind zufrieden.« Für das Nachbarland hatte Schröcksnadel in jenen Tagen auch noch eine Nachricht übrig: »Die Zentrale ist schon in Deutschland, aber auf die Österreicher wird jetzt hingehaut.«

Das erinnerte an Fußballfunktionäre wie den früheren FIFA-Präsidenten Sepp Blatter, der Hausdurchsuchungen und Korruptionsaffären beim Weltfußballverband im Zweifel weglächelte. Vor allem aber war die Reaktion des obersten WM-Gastgebers kompletter

Quatsch. Schönes Wetter konnte die Fakten ja nicht aus der Welt schaffen. Die verbreiteten sich blitzschnell in der ganzen Welt. Eine Razzia mitten in einer WM – schon der Zeitpunkt sorgte für hohe Aufmerksamkeit.

Und dann war da auch noch ein Filmchen, das ein Ermittler in der Villa Edeltraud zum See aufgenommen hatte. Durch ein Leck im Polizeiapparat landete es in einer WhatsApp-Gruppe, dann auf dem Videoportal YouTube und so auch in der Online-Berichterstattung etlicher Zeitungen. Das Filmchen zeigte, was die allermeisten Menschen vorher wohl noch nie gesehen hatten: einen Doper, der an der Nadel hing. Der Doper hieß Max Hauke.

Der österreichische Langläufer Hauke, damals sechsundzwanzig Jahre alt: Nach Ausstrahlung des Dürr-Films hatte er der ARD noch ein Statement gegeben. Am 18. Januar war das gewesen, bloß ein paar Wochen zuvor also. Hauke sagte damals zur Dopingkultur im Langlauf:»Für mich ist das völlig fern, also, ich kann da gar nichts dazu sagen. Also, ich glaube nicht, dass es so was gibt.« Auf die Nachfrage, ob Spitzensport ohne Doping nicht möglich sei, sagte Hauke:»Nein, das glaube ich nicht.«

Derselbe Max Hauke hielt sich nun am Morgen des 27. Februar in einer Wohnung im Dachgeschoss der Villa Edeltraud zum See auf. Als Ermittler sich Zugang verschafften und die Räume durchkämmten, saß Hauke auf einem senffarbenen Sofa, bekleidet mit schwarzer Hose, blauen Socken und einem weißen Skiunterhemd. Seinen linken Unterarm hatte er auf ein dickes Sofakissen gelegt. In einer Vene steckte eine Nadel. Hauke bekam Blut zugeführt, das er sich zuvor hatte abnehmen lassen. Ein Polizist filmte ihn zum Beweis mehrere Sekunden lang.

Der Österreicher Max Hauke gab dem Dopingskandal damit ein Gesicht oder besser gesagt: einen Oberkörper. In der Dopinggeschichte des internationalen Spitzensports dürfte das Bild seinen Platz sicher haben. Es passte zudem gespenstisch gut zu dem Namen, unter dem die Ermittlungen angelaufen waren: Operation Aderlass.

Uns interessierten unterdessen nicht nur die Entwicklungen in Österreich. Die Polizei in Deutschland hatte sich unter anderem eine größere Garage in Erfurt vorgenommen. Dort stießen die Beamten unter anderem auf rund vierzig Blutbeutel, die vermutlich nicht nur Wintersportlern zuzuordnen waren. Sie sicherten die Beweisstücke. Und verhafteten einen Arzt, der sich an diesem Wintertag nur noch hinter einer grün verspiegelten Sonnenbrille mit neongelben Bügeln verbergen konnte: den Deutschen Mark Schmidt.

Der Arzt

Was für ein Berufsleben, denke ich, wenn ich zusammenkrame, was man über Mark Schmidt weiß, der bei seiner Verhaftung Anfang vierzig war. Ein Jahrzehnt zuvor hatte ihn das Team Gerolsteiner als Arzt für die Radrennfahrer eingestellt. Überführte Doper wie der österreichische Fahrer Bernhard Kohl nannten Schmidt damals einen Helfer.

Kohl gab in der Zeit Ermittlern gegenüber an, im Mannschaftshotel des Gerolsteiner-Teams dreimal Blutdoping betrieben zu haben, einmal auch im Zimmer des Mannschaftsarztes Schmidt. Der Fahrer Kohl sagte in der Vernehmung über Schmidt, er sei sich sicher, dass dieser gewusst habe, »dass wir in dem Zimmer Blutdoping durchführen, wir haben sogar darüber gesprochen«. In einem anderen Hotel habe ein Helfer dem Arzt Schmidt ein Gerät übergeben, das Blutdoper benötigen. »Mark Schmidt sollte während der Tour damit meinen Wert messen«, sagte Kohl aus. Schmidt sei außerdem schon ein Jahr vorher in seine »Dopingpraktiken eingeweiht« gewesen. Schmidt sagte dazu, so zitierte ihn der »Spiegel«, die Vorwürfe Kohls seien »unrichtig« und »falsch«. Straf- und sportrechtliche Konsequenzen gegen Schmidt gab es keine.

Warum allerdings der geständige Doper Kohl einen unschuldigen Mannschaftsarzt in seinen Fall hineinziehen und sich Begebenheiten und wörtliche Zitate ausdenken sollte, erschloss sich damals, im Jahr 2008, nicht.

Jetzt, nachdem Mark Schmidt in der Causa Dürr als Verdächtiger in Untersuchungshaft saß, äußerte sich sein Vorgesetzter aus Radrennzeiten, Hans-Michael Holczer. Der frühere Chef des Teams Gerolsteiner sagte über Mark Schmidt einigermaßen erregt in unsere Kamera:»Wenn ich mir überlege, dass es 2008 mit diesen positiven Fällen im Team – da hat er mitgeholfen – eine Geschichte gab, wo ich ihn schon öffentlich angezählt habe. Und wenn man dann nach so etwas oder gleichzeitig beginnt, so ein Netzwerk aufzuziehen: Das spricht für eine gnadenlose Dreistigkeit und für eine Unbelehrbarkeit, die kann man eigentlich gar nicht einstufen.«

Ebenfalls im Zusammenhang mit Doping erinnerte sich der frühere österreichische Sportmanager Stefan Matschiner an seinen Bekannten Mark Schmidt. Matschiner hatte bis 2008 das Doping zahlreicher Athleten organisiert und dafür auch die notwendigen Gerätschaften zur Hand gehabt. Als er damals aufgeflogen war, sagte Matschiner nun, habe Schmidt ihn auf die»Gerätschaften und meine Kontakte« angesprochen.»Ich habe sie ihm gegeben, gesagt, mach damit, was du willst.«

In Erfurt kümmerte Mark Schmidt sich zuletzt um talentierte junge Sportler, die ihm der Thüringer Landessportbund in seine Praxis schickte. Für den früheren Gerolsteiner-Chef Hans-Michael Holczer passte das ins Bild:»Das gibt einen schönen großen Deckmantel, und dann dreht man sich um und tut ganz was anderes.«

Der Arzt arbeitete in familiären Strukturen. Die Praxis betrieb er gemeinsam mit seiner Mutter, die schon zu DDR-Zeiten Radsportler betreut hatte. Einer der Deutschen, die während der Razzia in Österreich verhaftet wurden, war sein Vater Ansgard Schmidt. Der Senior saß lange im Vorstand der Thüringer Sporthilfe und des Thüringer Skiverbands. Namensgeber der Kanzlei, in der er als Rechtsanwalt arbeitete, war ein westdeutscher Jurist namens Karl-Heinz Spilker. In der Dopingszene ist Spilker eine Art alter Bekannter. Vor der Wiedervereinigung dopte er als Trainer in Hamm/Westfalen junge Sprinterinnen. Spilker kann für sich in Anspruch nehmen, der erste verurteilte Dopingtrainer in Westdeutschland zu sein. Später wurde er Stellvertretender Präsident des Landessportbundes Thüringen.

Mark Schmidt saß nun im Gefängnis München-Stadelheim fest, in Untersuchungshaft, genauso wie sein Vater, den die österreichischen Behörden inzwischen nach Deutschland überstellt hatten. Gegenüber der Presse äußerte sich Mark Schmidts Anwalt: »Wir haben uns dazu entschlossen, vollumfänglich und rückhaltlos mit der Staatsanwaltschaft zu kooperieren.« Das klang anders als elf Jahre zuvor und auf keinen Fall so, als wiese Schmidt alle Vorwürfe zurück. In Österreich zeigten sich derweil zwei Radrennfahrer als weitere Schmidt-Kunden selbst an. Der Arzt aus Deutschland habe auch ihnen Blut entnommen.

In München wiederum trat der Leiter der Schwerpunktstaatsanwaltschaft Doping vor die Presse. Kai Gräber war anzumerken, dass er mit dem Verlauf der Ermittlungen zufrieden war. »Also, ich erwarte mir schon, dass es nicht bei dem Stand bleibt, den wir jetzt haben«, sagte er. Das abgezapfte Blut in der Erfurter Garage sei eingefroren gewesen, berichtete der Staatsanwalt, die Blutbeutel seien mit Kürzeln gekennzeichnet gewesen. Die entsprechenden Personen, denen das Blut gehörte, wahrscheinlich allesamt Leistungssportler, wollte Gräber jetzt ausfindig machen. Er nannte die Beweislage »tatsächlich sehr erdrückend für die Beteiligten« und ging auch, ohne es so zu benennen, auf die Überwachung der Telefone der Verdächtigen ein. »Allein die Informationen, die im Vorfeld durch die operativen Maßnahmen gewonnen werden konnten, sind sehr deutlich und geben eindeutige Hinweise auf das, was da passiert ist. Dann kommen die Erkenntnisse, die aus dem Zugriff gewonnen werden konnten, die Sicherstellungen, also Beweismittel in Hülle und Fülle, sodass ich eigentlich schon davon ausgehe, wenn sich die Beweislage weiter verdichtet, dass man hier auch anklagen wird und dementsprechend dann erhebliche Strafen wird erzielen können.«

Dopingnetzwerk. Bei einer Razzia im Februar 2019 fanden Ermittler in einem Eisschrank in Erfurt Blutbeutel wie diese. Der deutsche Arzt Mark Schmidt wurde festgenommen.

Die Ermittler hatten bei der Durchsuchung von insgesamt neun Objekten im Großraum Erfurt und zwei Objekten in Seefeld allerlei Handwerkszeug sichergestellt. Staatsanwalt Gräber zeigte Fotos von der Razzia. In einem Holzverschlag in einer größeren Garage in Erfurt stand ein Spezialkühlschrank, der auf bis zu achtzig Grad minus runterkühlen konnte. Im Eisfach lagerte in Beuteln gefrorenes Sportlerblut. Wie das Blut wieder aufgetaut wurde, sahen die Beamten in Seefeld. Im Wasserbad im Waschbecken der Ferienwohnung schwammen Beutel mit dunkelroter Füllung.

Das Dopingnetzwerk verfügte über eine Zentrifuge, über größere Vorräte an Kochsalzlösung und über einen Apparat, mit dem es medizinische Schläuche steril verschweißen konnte. Angewendet wurden all die Gerätschaften und Materialien bei – so der erste Ermittlungsstand – einundzwanzig Sportlern aus acht europäischen Ländern. Fünf Sportarten waren betroffen.

Die Zahl der Behandlungen mit Eigenblut liege voraussichtlich im dreistelligen Bereich, sagte Gräber. Pro Athlet und Saison erhielt Mark Schmidt demnach zwischen vier- und zwölftausend Euro und bezahlte damit auch einen kleinen Kreis von Helfern. Diese erhielten, wie die Ermittler erfuhren, neben Kost und Logis einen Tagessatz von zweihundert Euro.

Für eine Sitzung des Sportausschusses des Bundestags Anfang April hielt der Staatsanwalt Kai Gräber den aktuellen Sachstand schriftlich fest. »Die Ermittlungen haben einen Einblick in erschreckende Praktiken und besorgniserregende Umstände anlässlich der Blutentnahmen/-rückführungen gewährt«, schrieb Gräber und führte aus:

>»Mangelnde Sterilität (Couch in Seefeld, Blutbeutel im Waschbecken)
> – Nebenwirkungen (Athlet wirkt wie unter Drogen stehend und steckt erst einmal beide Arme in den Schnee)
> – Stechen auch durch unqualifiziertes Personal
> Anwenden von unbekannten Substanzen an ›Versuchskaninchen‹
> Zuführen von 1 Liter Blut vor längeren Flugreisen.«

Aus medizinischer und hygienischer Sicht hatte Schmidt damit nicht nur höchst fahrlässig agiert, sondern massiv gegen ethische Standards des Arztberufs verstoßen. Manche Beobachter bezeichneten das Vorgehen von Schmidt und seinen Assistenten als schlicht kriminell.

Ich hatte einige Wochen vorher einen Hinweis erhalten. Ein Wink, mehr war es nicht, die Quelle beantwortete auch keine Nachfragen und ließ offen, was genau sie wisse. Sie sagte nur, ich solle mal bedenken, ob ich Johannes Dürr vertrauen könne.

Journalisten geben sich meistens selbstgewiss, aber es ist durchaus möglich, uns zu verunsichern. Diesem Hinweisgeber gelang das. Ich hielt inne und rekapitulierte die Ereignisse der vergangenen Wochen und Monate. Gerade zuletzt hatte sich ja manches überstürzt.

Dass Dürr uns angelogen hatte, schloss ich weiterhin aus. Seine Aussagen hatten ja nicht nur zu Ermittlungen geführt, sondern auch zu Ermittlungserfolgen. Der Sportler hatte uns gegenüber zunächst einen wichtigen Teil seiner Geschichte unterschlagen. Wir hatten dann seinen Stimmungswechsel bemerkt und versucht, den Grund dafür zu erfahren. Bei dem Treffen am Münchner Flughafen hatte Dürr uns offenbart, dass er auch Blutdoping betrieben habe. Danach hatte er beinahe erleichtert gewirkt. Auch rund um den Sendetermin des Films erlebten wir Johannes Dürr heiter und mit sich im Reinen. Nun aber kam da der Hinweis, wir sollten vorsichtig sein mit ihm. Wenn Dürr uns nicht angelogen hatte – war da noch mehr? Verheimlichte er uns immer noch etwas aus seinem Leben als Leistungssportler? Was könnte da noch sein? Blutdoping in Thüringen und München hatte er ja schon eingeräumt.

Ich beruhigte mich dann mit dem Schluss unseres Films. »Wie viel Lüge, wie viel Ehrlichkeit verträgt ein Sportlerleben?«, hatten wir vor dem Abspann gefragt und damit ein Stück weit offengelassen, ob Dürr wirklich die komplette Wahrheit gesagt hatte. Was, wenn er das nicht getan hatte? Für den Moment war es müßig, darüber zu sinnieren.

In die Debatte, die Dürr angestoßen hatte, mischte sich derweil ein deutscher Leistungssportler ein. Der frühere Skilangläufer Tobias Angerer hatte sich ja schon über den erwischten Athleten empört und ihn als Einzeltäter abgetan. Nun äußerte sich der Thüringer Radprofi Marcel Kittel differenzierter.

Kittel, einunddreißig Jahre alt, war ein halb gebranntes Kind. Jahre zuvor hatte er sich in Erfurt selbst Blut abnehmen und mit UV-Licht bestrahlen lassen – als junger Athlet, einem Arzt am Olympiastützpunkt vertrauend und wohl nicht ahnend, dass er damit gegen WADA-Richtlinien verstoßen haben könnte. Jetzt verbarg Kittel seine Betroffenheit nicht. Der aktuelle Fall ging ihm nahe. Mit einem der beiden Radprofis, die sich selbst als Schmidt-Kunden angezeigt hatten, war er drei Jahre lang in einem Team gefahren. Thüringen sei immer noch seine Heimat, in Erfurt sei er zur

Schule gegangen, schrieb Kittel auf seiner Homepage. Als »besonders schlimm« stellte er heraus, dass die Praxis von Mark Schmidt auch ein offizieller Anlaufpunkt für viele junge Nachwuchssportler gewesen sei. Diese hätten sich untersuchen und gegen Krankheit behandeln lassen – und ständen jetzt auch in einem schlechten Licht. Er lobte das Anti-Doping-Gesetz und dessen »Härte«, schrieb von »krimineller Energie der Hintermänner und Sportler«. Mark Schmidt habe sicher keinen Anspruch mehr auf eine zweite Chance. »Er hat scheinbar vor zehn Jahren bereits Sportlern bei Manipulationen geholfen, ist mit einem blauen Auge davongekommen und hat direkt danach sein Blutdopingsystem weiter ausgebaut (...). Mehr Ignoranz und Dreistigkeit gehen nicht.«

Er sei »sehr froh, dass das Treiben jetzt ein Ende hat«, schrieb Kittel, »so schmerzhaft es auch ist. Ich finde es tragisch, wie eine Handvoll Personen das Image des deutschen Sports und meiner Heimatstadt so beschädigen konnten.«

Einige wenige Personen – das klang zuerst nach der Schwarze-Schafe-Theorie. Doch Kittel weitete den Fokus. Der Radprofi stellte nämlich noch eine andere Frage: Wie könne man Sportlern wie seinem ehemaligen Teamkollegen Georg Preidler helfen, die »scheinbar vom richtigen Weg abgekommen sind und dem Druck nicht mehr standgehalten haben«? Der Österreicher Preidler hatte gestanden, mithilfe von Mark Schmidt Blutdoping betrieben zu haben. Der Leistungssportler Kittel beschrieb die »Versuchung«, die natürlich da sei. Und er widersprach all jenen, die in diesen Tagen Dopern wieder »Charakterschwäche« vorwarfen. Er selbst, schrieb Kittel, sei von seinem Umfeld immer »schützend« durch seine sportliche Karriere begleitet worden. Nach mehr als einem Jahrzehnt im professionellen Radsport war Kittel aber klar, dass dieses Glück nicht jeder habe. Er forderte »Coaching und viel Aufklärung« gerade für junge Sportler, um später »stark zu bleiben«. Man dürfe »uns Sportler mit dieser Aufgabe nicht allein lassen«. Für einen Einzelnen könne es »auch zu viel werden und er zerbricht daran oder versucht, durch Doping eine Abkürzung zu nehmen«.

Ich las Marcel Kittels Gedanken und fand sie gut. Solche Beiträge bereichern die Diskussion. Der Verfehlung des dopenden Sportlers stellte Kittel dann noch entgegen, dass Sportfunktionäre oft moralisch nicht gerade vorneweg gehen und sogar Schmiergelder annehmen. Bei den Olympischen Spielen machte er einen »Werteverfall« aus. Man müsse sich dann auch »nicht wundern, wenn es immer wieder Athleten gibt, die auch betrügen«. Kittel versuchte, in den Kopf seiner dopenden Kollegen hineinzuschauen. Das hatten auch wir getan während unserer Zusammenarbeit mit Johannes Dürr. Dann aber, am 5. März 2019, mussten wir erfahren, dass mancher Sportler auch dann nicht zu durchschauen ist, wenn man ihn über Monate immer wieder trifft und mit ihm seine Karriere aufarbeitet. Ich hielt mich in Potsdam auf, da sickerte aus Österreich eine Nachricht durch, die mich trotz der Vorwarnung des Tippgebers schwer überraschte: Johannes Dürr sei in Innsbruck verhaftet worden. Es bestehe Verdacht auf Sportbetrug und/oder auf Verstoß gegen das österreichische Anti-Doping-Gesetz. Mehr war für den Moment nicht zu erfahren.

Dopingnetzwerk II
Wahrheit und Lüge

5. März 2019, Innsbruck, der Skilangläufer Johannes Dürr im Visier der Staatsanwaltschaft. Der Vorwurf: Sportbetrug. Für mich war diese Nachricht ein Hammer. Wenn das stimmte, musste Johannes Dürr selbst gedopt haben – und zwar mehr, als er zugegeben hatte. Dies war die zweite Wendung, die ich in diesem Fall erlebte.

Ich ging gedanklich noch einmal unsere Gespräche mit dem Skilangläufer aus dem Jahr 2018 durch und dachte an unseren ARD-Film »Die Gier nach Gold«. Würde ein neuer Dopingfall Dürr die Glaubwürdigkeit der Dokumentation infrage stellen? Ich flog sofort nach München, gemeinsam mit drei Kollegen. Per Mietwagen erreichten wir am Abend Innsbruck.

Man telefoniert in solchen Fällen seine Kontakte ab – hektisch, zuweilen auch etwas wirr, auf jeden Fall kreuz und quer. Und oft ist trotzdem nicht mehr herauszubekommen. So war es auch an diesem Tag. Die Frage, ob Dürr der ARD gegenüber nicht ehrlich gewesen war, konnten wir erst einmal nicht beantworten.

Am Tag darauf erfuhr ich, was dann später auch die Staatsanwaltschaft bestätigte: Johannes Dürr hatte bis Ende 2018 Blutdoping betrieben. In Deutschland. In Österreich. Und in der Schweiz.

Als der Film im Januar in der ARD gelaufen war, hatten viele Medien berichtet. Jetzt machte der Sportler noch mehr Schlagzeilen. Was ich kaum glauben konnte: Sein Comeback als Doper hatte er exakt zusammen mit unserem Filmprojekt gestartet. Kurz nachdem er in Berlin bei uns gewesen war, hatte Johannes Dürr sich die erste Transfusion legen lassen.

Wie viel hatten wir über Doping gesprochen, vor laufender und ohne Kamera. Über die Einstweilige Verfügung, die der Österreichische Skiverband gegen Dürr erwirkt hatte. Über die Heuchelei von Sportfunktionären. Dürr war dabei meistens völlig klar in seinen Aussagen gewesen. Absurd? Unverfroren? Völlig verrückt? So einen Fall hatte ich jedenfalls noch nicht erlebt. Während der Dreharbeiten war Johannes Dürr mit uns zur Autobahnraststätte Irschenberg gefahren, hatte uns im Motelzimmer gezeigt, wo er gesessen hatte, als ihm sein Helfer die Nadel setzte. Nur war das eben nicht fünf Jahre her gewesen, wie wir dachten. Es war gerade mal ein paar Wochen zuvor passiert.

Offenbar hatte Dürr sich selbst in den Fokus der Ermittler gebracht. Wie hatte er uns so schön gesagt? Er habe »die Namen dort deponiert, wo sie hingehören«. Polizei und Staatsanwaltschaft meinte er damit. Die Menschen, deren Namen Dürr vermutlich genannt hatte, mussten nun wohl ihrerseits bei der Polizei ausgesagt haben. Und vielleicht hatten sie dabei auch einen gewissen österreichischen Langläufer erwähnt, der sich offiziell gerade auf Anti-Doping-Mission befand und darüber ein ganzes Buch geschrieben hatte. Das war sogar wahrscheinlich. Warum sollten die Mitglieder des Dopingrings im Vernehmungsraum ausgerechnet die Person geschützt haben, in der sie den Ursprung der Ermittlungen vermuten mussten?

Johannes Dürr wurde nach ein paar Stunden aus dem Polizeigewahrsam entlassen. Das traf sich gut, denn wir hatten einige Fragen an ihn. Er stimmte einem Interview zu.

Wir führten das Gespräch noch am selben Tag in dem Schweizer Dörfchen Sins, das von Tirol aus nicht weit hinter der Grenze liegt. Dürrs Anwalt hatte dort eine Berghütte. Der Athlet nahm vor einer holzvertäfelten Wand Platz, auf einem Sofa, das mit einer weißen Tagesdecke überzogen war, ein rot besticktes Kissen hinter sich. Er hockte auf der Kante, blauer Kapuzenpulli, graue Jeans, die Ellbogen auf die Oberschenkel gestützt.

Wir bauten eine Kamera auf. Um die Aufzeichnung mit einer zweiten Einstellung lebendiger zu gestalten, nutzten wir ein Smartphone, das wir auf ein Stativ schraubten. Das war keine Ideallösung, aber es musste schnell gehen. In der Eile hatten wir keine weiteren Kameras auftreiben können. Johannes Dürr hörte sich unsere Fragen an und all das, was wir ihm vorhielten. Seine Antworten gab er ruhig, manchmal mit leiser Stimme. Er sah verweint aus, und sein Gesicht wirkte fahl an diesem Nachmittag. Seine Freundin war beim Interview dabei. Sie saß auf einer Eckbank und kämpfte ihrerseits gegen die Tränen.

Knapp zweiundfünfzig Minuten dauerte unser Gespräch, meine Kollegen Jörg Winterfeldt, Jörg Mebus, Josef Opfermann und ich erlebten es als intensiv, über Strecken auch als bedrückend. Dürr sprach zwischendurch von Erleichterung. Anzusehen war sie ihm nicht.

Dreimal, sagte Johannes Dürr uns, habe er 2018 Blutdoping betrieben. Im August habe Mark Schmidt ihn persönlich betreut, in einem Zimmer des Motels auf dem Autobahnrasthof Irschenberg. Schmidt habe das Zimmer gebucht und auch sonst alles geplant. Mitte Oktober fuhr Dürr nach eigener Darstellung während eines Trainingslagers nach Pichl bei Schladming. Dort, am Rande des österreichischen Bundeslandes Steiermark, habe ihm Diana S., eine Helferin Mark Schmidts, eine Infusion gelegt. Ein weiteres Mal habe er sich am 11. Dezember Blut rückführen lassen, von einem anderen Helfer, sagte Dürr.

Ich gebe das Interview mit Johannes Dürr hier in großen Teilen wieder. Es sagt, glaube ich, viel aus über Denken, Fühlen und Handeln eines Dopers, der ein Zeichen gegen Sportbetrug setzen wollte und dabei krachend scheiterte.

Hajo Seppelt: Herr Dürr, Sie haben eine Aussage vor der Staatsanwaltschaft gemacht. Was war der Kern der Aussage?
Johannes Dürr: Der Kern war, dass ich weiter gedopt habe.

Können Sie etwas mehr ins Detail gehen?
2014 bin ich durch den positiven Dopingtest kurz vor meiner Blütezeit aus dem Leistungssport herausgerissen worden. Damit konnte
ich nicht umgehen. Nach meiner Sperre wollte ich noch mal zeigen,
was in mir steckt. Deshalb habe ich mir nach 2014 wieder Blut abnehmen lassen.

Haben Sie damals geglaubt, dass es ohne Doping nicht funktioniert?
Ich war überzeugt davon, dass es ohne Doping nicht gehen kann.

Was haben Sie damals konkret gemacht?
Ich habe mir weiterhin von Mark Schmidt Blut abnehmen lassen,
als Vorrat für die Zeit nach der Dopingsperre. Das Blut lagerte in
einem Kühlschrank in Erfurt. Das ging so weit, dass Mark Schmidt
sich zurückziehen wollte und ich mit ihm diskutiert habe, es selbst
weiterzumachen, den Kühlschrank zu besorgen, der dann aber in
Erfurt gelandet ist.

Sie haben überlegt, das Geschäft selbst zu übernehmen?
Genau. Weil ich davon überzeugt war, dass es ohne Doping nicht
geht. Und wenn Mark es jetzt nicht an mich, sondern an jemand
anderen übergibt, habe ich keinen Zugang mehr.

Und das passierte 2015?
Der Punkt, wo ich dann für mich gesagt habe: »Aus! Schluss!«, der
war, als Harald Wurm seinen positiven Dopingtest hatte. Da war
die Angst zu groß. Ich wollte mit dem Ganzen nichts mehr zu tun
haben. Ich bin da bestimmt auch ein bisschen vom Leistungssport
weggekommen. Ich steckte nicht mehr bis zum Kopf im Sumpf,
sondern nur noch bis zur Hüfte. Ich wollte mich dann weiter Stück
für Stück herausziehen und den Leistungssport einfach bleiben lassen.

Der Fall Harald Wurm hat Sie zum Umdenken bewegt?
Da ist es mir wie Schuppen von den Augen gefallen, dass es so nicht weitergehen kann und weitergehen darf. Ich war ja in einer Phase, in der ich versucht habe, mein Leben neu aufzubauen. Und dann parallel dazu weiter dieses Lügenkonstrukt? Dieser Knall war da einfach zu groß, da habe ich gesagt, so kann es nicht weitergehen.

Sie sagen, 2015 war für Sie ein Knall. Aber die Ermittlungsergebnisse der österreichischen Polizei besagen, dass Sie 2016 mit den Langläufern Max Hauke und Dominik Baldauf Kontakt hatten. Da ging es um die Aussage, so der Vorwurf, dass Sie ihre beiden Kollegen nach Erfurt vermittelt haben. Wie passt das zusammen?
Das war für mich nicht »Buch zu, Kapitel zu, fertig«. Es war ein Prozess, den ich in Angriff genommen habe. Ob in diesen Gesprächen der Name Mark Schmidt gefallen ist, weiß ich nicht mehr, ich glaube eher nicht. Es waren eher Gespräche, in denen ich meine ganz ehrliche Meinung zum Leistungssport dargelegt habe.

(...)
Was war der Beweggrund dafür, dass Sie wieder zurück in den Sport wollten, wenn Sie eigentlich wissen, was da abläuft?
Ich wollte nicht zurück an die Weltspitze, wie es noch 2014 mein Ziel war. Ich wollte einen Startplatz in der österreichischen Staffel ergattern. Das war meiner Meinung nach auch ohne Doping möglich. Das wollte ich in meinem Projekt auch zeigen. Ich habe aber auch eine Stimme in mir gehört, der ich zu wenig vertraut habe, die mir schon gesagt hat, dass möglicherweise die Gefahr besteht, in alte Muster zurückzufallen.

2018 gab es das Projekt »Der Weg zurück«, das angesprochene Buchprojekt mit Ihrem Co-Autor Martin Prinz. Hat Herr Prinz eigentlich gewusst, dass Sie später wieder gedopt haben?
Der Martin hat nichts gewusst. Niemand hat etwas gewusst. Nachdem die Vernehmung beendet war, war für mich der erste Weg nach

Hause zu meiner Freundin, und ich habe ihr sagen müssen, was ich gemacht habe.

Sie wusste auch nichts?

Sie wusste genauso nichts wie irgendjemand sonst. Jetzt sind natürlich viele Trümmer da. Andererseits ist da aber auch eine große Erleichterung. Ich bin froh, dass ich raus bin. Ich war schon eigentlich froh, dass ich es gar nicht bis zur WM geschafft habe. Aber das war ja nur der halbe Schlussstrich, weil die Lüge nach wie vor da war. Als ich den Haftbefehl auf dem Tisch liegen sah, war ich tatsächlich froh.

Was ist im Jahr 2018 ganz konkret passiert?

Das Projekt mit dem Ziel WM-Teilnahme in Seefeld ist entstanden. Für mich war ganz klar, dass ich den Weg nur sauber machen möchte. Wir haben das Crowdfunding ins Leben gerufen, bei uns im Team ist eine große Euphorie ausgebrochen. Diese Welle ist weitergegangen. Ich war aber auch skeptisch, weil ich die Gefahr immer gespürt habe.

Wie ein Alkoholiker, der Angst hat, rückfällig zu werden?

Ja, es ist ja eine Art – ich weiß nicht, wie man es beschreiben soll: Krankheit? Sucht? Ich habe im Spitzensport die Wahrheit gesehen. Ich habe die Gefahr unterschätzt.

Wie viel Geld haben Sie in dem Crowdfunding-Projekt gesammelt?

Etwa neununddreißigtausend Euro.

Haben diese Leute nicht geglaubt, dass sie ein Projekt unterstützen, in dem es um sauberen Sport geht?

Ich weiß nicht, welche Intention die Leute hatten. Ich kann mir auch gut vorstellen, dass die Leute mich unterstützten, weil sie einfach Leistung sehen wollten. Meine Intention war zu diesem Zeitpunkt ganz klar, dass das Projekt sauber und ohne Doping abläuft.

Das war dann nicht der Fall. Was ist in Bezug auf Mark Schmidt in dieser Zeit dann passiert?
Mark Schmidt war 2015 nicht mehr in meinem Leben, keine Handynummern, keine Kontaktdaten, nichts mehr. Plötzlich, Mitte Juni, kommt ein Anruf, deutsche Nummer, da war es der Mark. Er sagte, Geld kann ich dir keines geben, aber ich unterstütze dich bei deinem Projekt auf meine Art und Weise.

Das heißt, er hat Ihnen wieder Blutbehandlungen angeboten?
Es war eine Art Erinnerung, dass das Depot von mir noch vorhanden ist. Ich habe dafür nichts bezahlen müssen. Trotzdem habe ich im ersten Moment nicht Ja sagen können. Ich hatte geglaubt, ich bin schon fast draußen aus dem Sumpf. Aber ich steckte noch bis zu den Knöcheln drin. Bei seinem nächsten Anruf, als er mich noch mal daran erinnert hat, da bin ich schwach geworden.

Das war auch die Zeit, in der wir zuerst Kontakt hatten. Da ging es um das Filmprojekt»Die Gier nach Gold«, eine Dokumentation, die die Zeit abbilden sollte von Johannes Dürr als Kind bis zu dem Dopingfall 2014 – wie man in diese Dopingfalle gerät. Sie sprechen mit uns über dieses Projekt, um auch vor den Gefahren des Dopings zu warnen. Zeitgleich gibt es diesen Anruf von Herrn Schmidt, und Sie tappen erneut in die Dopingfalle.
Ich habe das in diesem Moment ausgeblendet. Da waren zwei Persönlichkeiten in mir. Nicht schizophren, aber da waren der Leistungssportler Johannes und der Mensch Johannes. Und der Johannes als Mensch hat ganz klar gesagt, das ist ein Blödsinn, ein Scheiß, das darf man nicht machen, davor muss man andere warnen. Ich hab es am eigenen Leib erfahren, wie es an einem nagt, diese zweite Welt, die parallel im Dunklen verläuft, die sich mit der anderen nicht berühren darf. Auf der anderen Seite ist der Leistungssportler Johannes Dürr, der sagt: Das gehört dazu. Wenn du Leistungen bringen willst, dann musst du es machen.

Wir haben mit Ihnen stundenlang Interviews geführt und Sie gefragt: Sind Sie ein ehrlicher Mensch? Sie haben sinngemäß gesagt, Sie seien ein ehrlicher Mensch. Was ist da in Ihnen vorgegangen?
Die erste Behandlung mit einem Blutbeutel aus dem Depot hatte bereits stattgefunden.
Sie haben die Frage richtig formuliert: der Mensch. Als Mensch versuche ich, jeden Tag so ehrlich zu sein, wie ich nur sein kann. Auf der anderen Seite steht aber dieser Leistungssportler Johannes, der das einfach ausblendet.

Können Sie verstehen, dass es Menschen gibt, die sich, um es deutlich zu sagen, von Ihnen verarscht fühlen?
Natürlich verstehe ich's. Ich kann jeden verstehen. Da waren so viele Leute, die an mich geglaubt haben, und ich spreche da nicht nur von Familie und nicht nur von Freunden. Auch wildfremde Leute waren begeistert von einer guten Idee. Ich verstehe mich ja selbst nicht. Da kämpft der Mensch Johannes gegen den Leistungssportler, die kämpfen die ganze Zeit. Der eine sagt, das ist nicht richtig. Der andere sagt, das muss aber so sein. Es ist ein ständiges Reißen und Kämpfen darum, das Richtige zu tun. Leider habe ich diesen Kampf verloren.

Sportbetrug ist strafrechtlich relevant in Österreich, es gibt ein Gesetz. Wie sind die Fakten? Was ist konkret wo passiert 2018?
Es gab nur noch Blutrückführungen aus dem alten Depot von 2014, 2015. Die erste Rückführung gab es, ich weiß den Zeitpunkt nicht mehr genau, irgendwann im August in Irschenberg.

An der Autobahnraststätte?
Genau, an demselben Rasthof wie immer.

Wer war dabei?
Bei dieser Behandlung war Mark Schmidt anwesend.

Der kam dann mit dem Auto, oder wie lief das?
Genau. Er ist mit dem Auto gekommen, ich bin mit dem Auto gekommen. Dann war ein Hotelzimmer von ihm vorbereitet, da ist die Behandlung abgewickelt worden, und unsere Wege haben sich wieder getrennt. Die Idee dahinter war einfach, härter trainieren zu können.

Hat das geholfen?
Das kann ich nicht beurteilen. Was die Leistungen so gezeigt haben, das war ziemlich schlecht. Ich weiß nicht, ob es geholfen hat oder nicht, das spielt auch keine Rolle. Ich habe es gemacht, und das ist der Punkt.

Und danach?
Mitte Oktober gab es mit einer Kollegin von Mark eine Blutrückführung.

(...)
Und das war wie und wo?
Das war im Trainingslager in der Ramsau, auf einem Parkplatz in Pichl bei Schladming haben wir uns getroffen und im Auto das Blut zurückgeführt.

Sie sagen so etwa Mitte Oktober 2018.
Ja, genau.

Und dann gab es noch weitere Behandlungen?
Es gab noch eine weitere Behandlung bei einem Wettkampf in Campra in der Schweiz. Da ging das so, wie man es jetzt in Seefeld gesehen hat: Kurz vor dem Wettkampf das Blut rein und unmittelbar nach dem Wettkampf das Blut wieder raus.

Und wo war das?
Das war bei uns im Apartment im Hotel. Der Servicemann war be-

reits an der Strecke, hat die Ski getestet und gewachst, zu der Zeit waren wir im Apartment.

Und wer war da die Person, die das gemacht hat?
Die Person ist auch nur als »Kollege« bekannt. Ich kannte sie nicht.

(...)
Waren die Behandlungen der am Anfang von Schmidt angedeutete Freundschaftsdienst, oder haben sie im Endeffekt dann doch Geld gekostet?
Nein, ich habe für alle Behandlungen und die ganze Organisation keinen Cent bezahlt, gar nichts.

In dieser Zeit liefen das Buchprojekt und die Dreharbeiten für die ARD. Sie erinnern sich, dass es da Zweifel unsererseits gab, ob Sie uns ganz die Wahrheit gesagt haben, das war im Oktober. Sie hatten zudem eine Einstweilige Verfügung erhalten vom Österreichischen Skiverband, weil Sie öffentlich gesagt hatten, dass der ÖSV beim Dopen wegschauen würde und eigentlich Bescheid wissen müsste. Dann haben Sie in dieser Situation, in der Sie offenkundig unter Druck standen, irgendwann eingeräumt, dass Sie Blutdoping auch in Deutschland betrieben haben, in Irschenberg. Können Sie uns das erklären: Wir fahren nach Irschenberg und drehen dort mit Ihnen an der Autobahnraststätte, Sie zeigen uns alles – und haben es ein paar Wochen zuvor dort selbst noch gemacht. Wäre da nicht der Zeitpunkt gewesen zu sagen: Stopp, ich kann nicht mehr, ich kann das einfach nicht mehr mit mir vereinbaren?
Dieser Zeitpunkt wäre schon vor der ersten Behandlung gewesen, aber ich gebe Ihnen völlig recht: Das hätte ich in meinem Kopf realisieren müssen, dass der Leistungssportler Johannes diesen Kampf aufgibt und endgültig verliert. Und dieser Prozess, das alles steckte so tief in mir drin, da ging nichts von heute auf morgen. Ich habe diesen Prozess schon 2015 in Angriff genommen, aber ich hatte es noch nicht ganz geschafft.

Mark Schmidt war in diesem Prozess eine entscheidende Person. Wie würden Sie ihn charakterisieren?
Er ist ein umgänglicher, entspannter Kerl. Er war offen, vertrauenerweckend. Das war ein Punkt, der noch dazugekommen ist: Ich hatte nie das Gefühl, der will mir was Böses.

Wenn man das mit dem Fall des spanischen Dopingarztes Eufemiano Fuentes vor zwölf Jahren vergleicht, gibt es durchaus Parallelen. Beispielsweise trugen damals alle Blutbeutel Tarnnamen. Wie lautete Ihrer?
Mein Tarnname war Lucky Luke.

Warum?
Das war das Erstbeste, was mir eingefallen ist. Das hat keinen bestimmten Grund gehabt.

Als Sie 2015 die Diskussion hatten, das Geschäft von Mark Schmidt zu übernehmen, wie ist das damals abgelaufen? Was hat dazu geführt, dass Sie es nicht übernommen haben? Was hat dazu geführt, dass er letztlich doch weitergemacht hat? Und warum wollte er das Geschäft überhaupt abgeben?
Er hat gesagt, er ist müde und hat es lange genug gemacht. Er will sich quasi zurückziehen. Bei mir war das einfach ein letzter Strohhalm, um eine Chance auf Topleistungen im Hochleistungssport zu wahren. Denn wenn das ganze Depot weg ist, das wollte ich halt vermeiden.

All das, was Sie in der ARD-Dokumentation und später Staatsanwälten und Polizisten gesagt haben, hat ja zu dieser unglaublichen Welle der letzten Tage geführt: Ermittlungen, Razzien, Festnahmen von Leuten. All das basierte auf Ihren Aussagen, die ja offenkundig wahr gewesen sind. Aber einen Teil der Wahrheit haben Sie halt nicht erzählt. Wie ist das Gefühl für Sie, dass Sie diese Welle ausgelöst haben?

2014 habe ich den Tisch nicht reingemacht. Das habe ich jetzt machen können. Jetzt bin ich einfach froh über den Schlussstrich und darüber, dass ich mich ab heute in ein neues Leben begeben kann. Das wird sicherlich noch ganz lange Zeit schwer. Ich bin so vielen Leuten so wahnsinnig dankbar, dass sie nach wie vor zu mir stehen.

Es gibt aber natürlich auch sehr viel Kritik. Es wird Menschen geben, die sich von Ihnen abwenden, weil sie von Ihnen enttäuscht sind. Wie gehen Sie damit um?
Ich kann da jeden verstehen. Wenn meine Freundin gesagt hätte, mit dir will ich nichts mehr zu tun haben, ganz ehrlich: Ich hätte es verstehen können. Ich kann jeden verstehen. Ich stehe ja selber da und will nichts mit mir zu tun haben in diesem Moment, aber ich habe es einfach gemacht. Jetzt bin ich einfach froh, dass es raus ist, dass endlich die Wahrheit raus ist. Dass ich den Leistungssport zurücklassen kann und mich in die Zukunft begeben kann, wie auch immer die ausschaut. Aber ich kann mich endlich dorthin begeben, ohne dass mich meine Vergangenheit geißelt und mich in irgendeiner Gefangenschaft hält.

Können Sie garantieren, dass das, was Sie jetzt gesagt haben, auch wirklich die vollständige Wahrheit ist? Sie werden verstehen, dass manche Menschen jetzt sagen, möglicherweise kommt demnächst doch noch was raus, und dann hat er wieder nicht alles erzählt. Deshalb frage ich Sie jetzt noch mal: Ist das jetzt alles, was Ihre persönliche Beteiligung an strafrechtlich relevanten Dingen betrifft, was Doping betrifft, was Vermittlung an Dritte betrifft? Oder gibt es da noch was?
Das war jetzt wirklich alles. Ich habe gestern fünf Stunden in der Vernehmung gesessen, ich habe versucht, mich so detailgenau wie möglich zu erinnern, was passiert ist. Die Ereignisse hatten sich ja überschlagen, und ich wollte nicht, dass was durcheinanderkommt. Und jetzt bin ich einfach nur noch froh, dass alles raus ist.

Haben Sie jemals den Kontakt von Mark Schmidt an jemanden weitergegeben?
Nein, nie.

Der geständige Radprofi Georg Preidler hatte gesagt, er sei ausgesucht worden. Haben Sie so etwas mal mitbekommen, dass Sportler aktiv von Mark Schmidt und seinem Netzwerk angesprochen worden sind?
So direkt eigentlich nicht. In dem Umfeld, in dem ich mich bewegt habe, war das zwar täglich Thema, aber es war nicht Aussuchen in dem Sinn. Die letzte Entscheidung kommt immer vom Athleten. Auch ich habe mich selbst entschieden, mich hat niemand gezwungen. Aber Gespräche hat es zu meiner Zeit vor Sotschi 2014 schon gegeben.

Haben Sie gewusst, dass Max Hauke dopt?
Ja, das habe ich gewusst.

Seit wann?
Das kann ich nicht genau sagen.

Und wenn Sie sagen, Sie haben Max Hauke den Kontakt zu Mark Schmidt nicht verschafft, wie, denken Sie, ist er an Mark Schmidt geraten?
Es hat ja noch andere gegeben, die im Team waren, die Kontakt zu ihm hatten.

Hätten Sie weitergemacht mit dem Doping, wenn es den ARD-Film nicht gegeben hätte?
Ich kann die Frage nicht beantworten. Ich weiß es nicht. Es war sicher ein großer Teil, der mir in dem Prozess unterstützend zur Seite stand, weil mir auch klar war: Das geht in die richtige Richtung. Und deswegen war bei mir auch Mitte Dezember die Entscheidung da: Jetzt ist Schluss! Jetzt ist Schluss! Ich schaff das nicht mehr, ich

schaff das nicht mehr! Die zwei Welten nebeneinander, das geht sich nicht mehr aus. Das hat sicher einen großen Einfluss gehabt, die ganze Auseinandersetzung in dem Projekt, das hat mir alles viel klarer vor Augen geführt. Es hat sich immer mehr in den Vordergrund gedrängt, bis ich es endlich akzeptiert habe.

Glauben Sie, dass dieser Fall Seefeld/Erfurt das Potenzial hat, diesen Sumpf trockenzulegen?
Das glaube ich, ehrlich gesagt, nicht. Dazu ist der Bedarf viel zu hoch. Ich glaube nicht, dass wir die Einzigen waren, die das auf der Welt gemacht haben. So etwas wird es immer geben. Das war auch meine große Intention, mein großer Wunsch, mit dem Film auch Präventionsarbeit zu machen. Natürlich ist es ein Schritt, dass man da etwas aufdeckt und etwas stilllegt. Aber dem wirklich beizukommen, das gelingt nur, wenn es sich im Hirn der Athleten einpflanzt.

Was muss man denn machen, dass es sich da einpflanzt?
Reden, reden, reden. Ganz klar drüber reden. Bei mir hat das viel zu lange gedauert, viel zu lange.

Es gibt ja Leute, die behaupten, Sie seien ein Einzeltäter, ein schwarzes Schaf. Da gibt es den Begriff Täter und den Begriff Opfer. Wo würden Sie sich einordnen?
Ich bin ganz sicher nicht Opfer. Ich bin definitiv einfach Täter, von dem System, das mich nicht losgelassen hat. In dem ich noch zum Teil dringesteckt bin. Und ich konnte mich nicht rausziehen, noch nicht mal rausziehen lassen. Es waren ja so viele Leute, die mich darauf angesprochen haben. Ich habe mich aber einfach nicht rausziehen lassen, ich weiß nicht warum. Ich kann's nicht sagen. Ich habe das so von mir weggedrängt, dass, wenn ich diese Gedanken zugelassen hätte, dann wäre es viel früher zusammengebrochen, und ich hätte es bleiben lassen. Aber irgendwie war da immer der Leistungssportler, der Ergebnisse bringen wollte, der es allen zeigen

wollte, dass er doch ein gar nicht so schlechter Langläufer ist, und der hat fürs Erste gesiegt.

Sie haben gesagt, Sie hängen an dem Sport. Was machen Sie jetzt?
Zwischen Langlauf und Hochleistungssport ist ein riesiger Unterschied. Sport ist was ganz Tolles, ich würde das am liebsten täglich machen. Ich kann das nur jedem empfehlen. Ich bin jetzt nur noch ehrlich froh, dass es für mich mit dem Hochleistungssport zu Ende ist und ich ein normales Leben ohne die ganzen Doppelbödigkeiten, falschen Wahrheiten und Verstricktheiten führen kann. Ich bin einfach nur froh.

Das heißt, Ihre Karriere ist beendet?
Sportlich habe ich meinen Schlussstrich schon nach dem letzten Europacup zwei Wochen vor der WM gezogen, als feststand, dass die Leistungen nicht für eine WM-Teilnahme reichen. Da war ich froh, das war ein sportlicher Schlussstrich. Aber zu meinem früheren Leben hat leider auch das Doping dazugehört, und das hat mich nach wie vor begleitet. Und als das dann aufgeploppt ist [hier meinte Dürr die Razzia bei der WM in Seefeld 2019], war da einfach nur noch Angst, Angst, Angst. Zu dem Zeitpunkt ist Paranoia entstanden, Verfolgungswahn. Aber insgesamt habe ich nur darauf gewartet.

Was haben Sie noch gedacht?
Ich dachte, das kann einfach nicht wahr sein. Ich konnte es nicht glauben. Ich habe versucht, es einzuordnen, aber ich habe es nicht einordnen können. Es war dann so groß, es ist ständig irgendwas Neues rausgekommen. Das war einfach viel zu groß. Ich habe das nicht verarbeiten können, bis heute nicht. Dann ist noch dazugekommen, dass ich ja noch eine Leiche im Keller habe, und ich wusste nicht: Kommt es jetzt, oder kommt es nicht?

Wann haben Sie gemerkt, dass die Welle, die Sie selbst losgetreten haben, Sie wegspült?

Gemerkt habe ich es gar nicht. Ich habe den Gedanken gar nicht zugelassen. Ich habe versucht, ihn fernzuhalten. Ich habe aber schon gehofft, dass die Welle mich wegspült, denn ich habe es nicht mehr ausgehalten, einfach nicht mehr ausgehalten: nicht zu wissen, was jetzt passiert.

Max Hauke hat unmittelbar nach dem ARD-Film »Die Gier nach Gold« gesagt, das alles sei ganz weit von ihm weg. Er hat eiskalt in die Kamera gelogen. Ist das das Ausblenden, was Sie meinen?
Das ist ein Teil vom Ausblenden. Denken Sie einfach an unser gemeinsames Projekt, was ich da alles gesagt habe. Das sind zwei Persönlichkeiten in einer. Und wenn ich da sitze und das sage, dann kommt das aus tiefstem Herzen. Aber da gibt es halt auch noch einen anderen, der da sitzt.

Sie sind beim Zoll angestellt. Hat der Arbeitgeber schon Konsequenzen gezogen?
Ich bin erst mal freigestellt. Ich muss jetzt erst mal schauen. Es gibt viele Dinge, die bereinigt werden müssen. Aber das werde ich nicht alles an einem Tag schaffen. Ich muss Schritt für Schritt schauen. Es geht nach vorne. Das Leben geht weiter und hat hoffentlich noch viele schöne Dinge zu bieten. Aber jetzt muss ich mich erst mal mit den schlechten Dingen auseinandersetzen und sie vollständig abarbeiten.

Rechnen Sie damit, dass Ihr Arbeitgeber Sie entlassen wird?
Ich kann es nicht einschätzen. Ich habe noch mit niemandem gesprochen. Man muss schauen, ob wir eine Lösung finden können oder ob es keine gibt. In beiden Fällen geht das Leben weiter, und ich muss irgendwie in die Zukunft schauen.

Was machen Sie, wenn es keine Zukunft beim Zoll gibt? Haben Sie schon darüber nachgedacht?
Nicht wirklich konkret. Ich würde schon gerne bleiben, es gefällt

mir gut. Aber das muss man im Privaten klären, das ist jetzt nicht der Rahmen. Gestern um Mitternacht bin ich nach Hause gekommen, es ist nicht mal ein Tag vergangen. Ich habe erst mal so viele Menschen angerufen, wie ich konnte, von denen ich die Telefonnummer hatte, damit sie das alles nicht aus der Zeitung erfahren. Ich wollte mich bei allen entschuldigen, aus tiefstem Herzen, so fest ich nur kann. Das betrifft nicht nur Familie und Freunde, sondern alle, die so viel investiert haben an Energie, die sich eingebracht haben in Diskussionen, die für mich eingestanden sind, die sich gegen Vorwürfe gewehrt haben, oder die einfach da waren.

Was haben Ihre Eltern gesagt?
Meinen Papa habe ich jetzt noch nicht erreicht. Meine Mutter hat das wohl irgendwie gespürt, sie war recht gefasst.

Dürrs Co-Autor Martin Prinz hingegen war keineswegs gefasst.»Es gibt an diesem Tag keine Worte, die das Geschehene auch nur annähernd fassen«, schrieb der Schriftsteller in einer Stellungnahme an die österreichische Presseagentur APA. Die beiden Männer, die mich so tatendurstig in Berlin besucht und für die Dokumentation geworben hatten – sie waren nun komplett entzweit. Man konnte den Autor Prinz verstehen. Während die beiden an dem Buchprojekt über ein dopingfreies Comeback arbeiteten, dopte Dürr munter weiter.»In diesen Augenblicken ersuche ich darum, meine Traurigkeit als zuerst ganz Persönliches zu respektieren«, schrieb Prinz. Es werde»Zeit brauchen, bis ich in Worte fassen kann, was diesen Betrug und Vertrauensbruch über alles Persönliche hinaus womöglich so symptomatisch macht.«

Im April 2019 liefen sich die beiden Ex-Vertrauten am Rande einer Gerichtsverhandlung über den Weg. Mein Kollege Jörg Winterfeldt und ich spürten in Gesprächen mit ihnen, dass es lange dauern dürfte, bis die Wunden geheilt sind, wenn es dazu überhaupt je kommen kann.

Vergangenheit eines Trainers

Wir gingen unterdessen davon aus, dass mit der Zeit immer mehr Namen von der Kundenliste des Mediziners Mark Schmidt öffentlich würden. Der estnische Langläufer Karel Tammjärv hatte bereits berichtet, dass der deutsche Arzt ihm Blut in Berlin und Frankfurt abgenommen habe. Sein Trainer Mati Alaver gestand, am Dopingbetrug mitgewirkt zu haben, und sprach vom größten Fehler seines Lebens. Mitte März wurde der Fünfundsechzigjährige in einer Gemeinde im Süden Estlands festgenommen.

Am 24. März konnte die ARD-Dopingredaktion von dem Verdacht berichten, dass Schmidt auch einem deutschen Eisschnellläufer beim Blutdoping geholfen hatte. Der Athlet hatte an drei Olympischen Spielen teilgenommen. Besonders brisant war, dass er inzwischen als Nachwuchstrainer arbeitete. Wir erreichten ihn am Telefon, er wollte sich nicht zur Sache äußern. Seinen Namen nannten wir in dem Beitrag nicht. Dass es sich um den früheren Erfurter Robert Lehmann handelte, der jetzt am Olympiastützpunkt in Berlin arbeitete, wurde der breiten Öffentlichkeit erst Ende April bekannt. Da eröffnete die NADA ein Verfahren gegen ihn. Sein Arbeitgeber hatte Lehmann da schon suspendiert.

Die Ermittlungen der Strafverfolger schritten voran, und in München-Stadelheim saßen weiterhin Mark Schmidt und sein Vater in Untersuchungshaft. Der Junior, mit dem sich nun auch die Landesärztekammer Thüringen befasste, hatte offenbar umfangreich ausgesagt. Das hörten wir zumindest aus, wie man so schön sagt, gut unterrichteten Kreisen. Diese Quellen unterrichteten uns auch über weitere mutmaßliche Blutdoping-Kunden von Mark Schmidt.

Anfang Mai erfuhr ich, dass ein prominenter deutscher Radsportler darunter gewesen sei. Den Zeitpunkt der Zusammenarbeit nannte man mir nicht, gab mir aber einen Hinweis: Der Mann habe Verbindungen in die Schweiz, dort sei er jetzt auch beruflich tätig.

In der Schweiz arbeitete inzwischen als Nationaltrainer der frühere Telekom- und Gerolsteiner-Fahrer Danilo Hondo. Der Ex-Profi,

Jahrgang 1974, kam also infrage. Ich fragte ein paar Leute, die es wissen mussten, und mehrere von ihnen verneinten zumindest nicht. Nach weiteren Recherchen war klar, dass es sich nur um Hondo handeln konnte. Wir boten der »Sportschau«-Redaktion für den Sonntag darauf einen Beitrag an. Ob wir Hondos Namen dann würden nennen können, war wegen offener juristischer Fragen noch unklar. Am Samstag vor der Sendung mussten wir Hondo konfrontieren.

Ich rief ihn vom Büro in Potsdam aus an, sagte ihm zu Beginn des Gesprächs, dass ich das Telefon auf laut gestellt hätte und einige Kollegen mithören würden.

Danilo Hondo, aufgewachsen in Guben bei Cottbus, hatte 1994 einen WM-Titel im Bahnradsport in der Mannschaftsverfolgung gewonnen. 2002 wurde er Deutscher Straßenmeister. Beim Giro d'Italia gewann er mehrere Etappen. Nach einer mehr als zwei Jahrzehnte andauernden Karriere als Radprofi war er erfolgreich auf eine Trainerlaufbahn umgesattelt. Für Hondo stand deshalb viel auf dem Spiel. Als ich ihm sagte, dass es um Blutdoping bei dem Erfurter Arzt Mark Schmidt gehe, überlegte er nicht lange. Hondo stritt sofort alles ab.

Nach dieser Reaktion musste wiederum ich nicht lange nachdenken. Ich gab ihm zu verstehen, dass wir uns durchaus sicher seien und dass man natürlich erst einmal geschockt sei und reflexartig abstreite, wenn man plötzlich am Telefon mit so einer Sache konfrontiert werde. Ich sagte ihm auch, dass ich ihn nicht als Schwerverbrecher sähe und mir vorstellen könne, unter welchem Druck er jetzt stehe. So war es ja vermutlich auch. Die Lüge gehört zum Doping. Und wenn ein Sportler dann erwischt oder zu Recht bezichtigt wird, wankt das Lügengebäude und droht zusammenzustürzen.

Wir sprachen etwa zehn Minuten. Danilo Hondo blieb bei seiner Antwort. Als ich ihn fragte, ob wir sein Dementi im Film bringen dürften, willigte er ein.

Einige Stunden später war ich privat unterwegs und fuhr um 23.45 Uhr gerade aus einer Parklücke, als mein Handy klingelte. Es war der Anwalt von Danilo Hondo. Er sagte, ich solle Hondo doch gern noch einmal anrufen. Sein Mandant habe inzwischen noch mal nachgedacht.

Kurz nach Mitternacht klingelte ich den Ex-Profi an und hörte jetzt von ihm, dass es ja doch keinen Sinn habe abzustreiten. Hondo bestätigte, Kunde von Schmidt gewesen zu sein. Damit herrschte Gewissheit – und ich dachte sogleich an unseren Beitrag für die »Sportschau«. In rund achtzehn Stunden sollte er gesendet werden. Danilo Hondo erklärte sich aber auch bereit, ein umfassendes Interview zu geben. Er würde, sagte er, dafür nach Potsdam kommen. Am Sonntagmorgen um zehn Uhr holte ich ihn am Flughafen Berlin-Tegel ab. Über Nacht hatten wir einen Kameramann und einen Extra-Cutter organisiert. Kollegen standen bereit, das Gespräch, das etwas länger dauern sollte, umgehend zu verschriftlichen.

Als Hondo in meinen Wagen stieg, wirkte er aufgelöst. Aufgelöst ist ein großes Wort, doch genau so erlebte ich ihn. Er telefonierte mit Menschen in der Schweiz, setzte sie davon in Kenntnis, dass er heute eine Dopingbeichte ablegen werde. Ihm standen Tränen in den Augen. 2005 hatte man bei ihm einmal das Dopingmittel Carphedon nachgewiesen, die Causa war umstritten, Hondo hatte seine Unschuld beteuert, wurde dennoch gesperrt, kämpfte sich aber später zurück. Nun stand seine Karriere als Trainer auf dem Spiel.

In dem halbstündigen Interview, das wir bei uns in Potsdam führten, sprach Hondo zunächst über seine berufliche Zukunft. Seine Zeit als Nationaltrainer der Schweiz sei mit diesem Geständnis beendet. »Mir ist klar, dass es natürlich keine berufliche Zukunft, weder bei Swiss Cycling noch in irgendeiner anderen Form im Sport, im Radsport mehr für mich geben wird«, sagte er.

Den Anwalt des inhaftierten Dopingarztes Mark Schmidt hatten wir in den Wochen zuvor mehrmals um ein Gespräch gebeten. Wir hofften zu erfahren, wie sein Mandant als Hauptbeschuldigter die Dinge sah. Der Anwalt lehnte aber jeglichen Kontakt mit der ARD-Dopingredaktion ab. An diesem Sonntag sprach nun einer von

Schmidts Kunden. Danilo Hondo schilderte, wie ihn der Arzt geködert habe: mit Hartnäckigkeit, Überzeugungskraft und dem Verweis aufs liebe Geld.

Nach einem Radrennen, wohl in Frankfurt, sei Schmidt auf ihn zugekommen. Der Arzt sei damals mit einer Physiotherapeutin der Nationalmannschaft befreundet und »immer bei diesen Rennen dabei« gewesen. Schmidt habe ihm Blutdoping angeboten, berichtete Hondo, und seine eigene Reaktion darauf beschrieb er als eindeutig: »Dann war ich natürlich erst mal entsetzt und habe es abgelehnt.« Doch Schmidt sei später erneut auf ihn zugekommen, »hat ein längeres Gespräch mit mir geführt und hat dann schon vehement versucht, Druck auszuüben. Dass das schon eine Geschichte ist, die Sinn macht, die doch sehr weit verbreitet ist. Dass mir klar sein müsse, dass alle Sportler, wenn ihnen die Möglichkeiten offenstehen, das praktizieren.«

Der Arzt gab sich Hondos Schilderung nach als kompetent und vertrauenswürdig aus. Und er argumentierte auch finanziell, erinnerte den Fahrer an die Jahre, in denen er wegen des positiven Dopingtests gesperrt und innerhalb dieser Sperre ja ohne Einnahmen gewesen sei. »Mark Schmidt hat einfach unwahrscheinliche Überzeugungsarbeit geleistet, indem er mir erklärt hat, dass ich doch so viel verloren hätte in den Jahren zuvor, wo ich gesperrt war, wo ich nicht fahren konnte, wo ich kein Geld verdienen konnte.«

Durch Doping mehr Geld zu verdienen – das habe Schmidt ihm schmackhaft machen wollen, berichtete Danilo Hondo weiter. Für den Arzt selbst sei ebenfalls Geld die entscheidende Motivation gewesen, das Blutdoping-Business aufzuziehen.

»Ich denke, ganz klar und ohne Umschweife, es ging ihm ums Geld. Er wollte damit Geld verdienen. Ich weiß, dass Herr Schmidt damals ein Haus gebaut hat und er natürlich dafür viel Geld verdienen wollte, um sich das zu finanzieren. Er hat auch mal davon gesprochen, dass es relativ schwierig ist, als Arzt genügend Geld zu verdienen, weil man als Arzt auch lange auf seine Zahlungen warten müsse, bei den Kassen, bei den Abrechnungen.«

Von seinem Kunden Danilo Hondo erhielt Schmidt für rund ein Jahr Betreuung eine mittlere fünfstellige Summe, wie dieser in dem Interview erzählte. »Er hat am Anfang mal von einem Rahmenbetrag gesprochen, der sich, glaube ich, um die dreißigtausend Euro pro Jahr bewegt hat. Die Bezahlungen liefen eigentlich immer bar ab. Ich habe dann Bargeld mitgebracht, das ich vorher abgehoben habe vom Konto. Es war aber so, dass dann irgendwann im Laufe der Zeit nicht klar war, was jede Behandlung kostet. Und Herr Schmidt hat dann immer gesagt, du musst noch dies und jenes, das und das bezahlen. Und weil man sich natürlich eh schon komisch gefühlt hat, hat man dann auch nicht so genau mitgerechnet. Man hat das Geld mitgebracht und hat dann gedacht – okay, das stimmt so. Aber es waren auf jeden Fall mindestens dreißigtausend Euro für dieses Jahr.«

Am Ende gab es laut Hondo Streit, auch wegen der Bezahlung der Blutmanipulationen. Hondo sagte, er habe aussteigen wollen, als »weitere Geldforderungen kamen, die dann für mich nicht mehr so klar waren. Da gab es schon Diskussionen. Er hat versucht zu erklären, das kostet alles wahnsinnig viel Geld und so weiter, und es wäre normal und normalerweise noch viel teurer. Das heißt, wir sind nicht gut auseinandergegangen.«

Hondo gab sich vor der Kamera reuig, extrem reuig. Zwar hatte er mir gegenüber seine Verwicklung noch am Vortag bestritten. Nun aber war ihm wichtig, dass eine Lüge für ihn keine Alternative sei. »Da ich mittlerweile als Nationalcoach in der Schweiz tätig bin, mit vielen jungen Fahrern zu tun habe und mir in den letzten Jahren wirklich ganz aktiv, präventiv, Anti-Doping auf die Fahnen geschrieben habe, war dann relativ klar: Wenn ich in diesen Fall verwickelt bin, muss ich dazu stehen, um das, was ich in den letzten Jahren als nicht mehr aktiver Radprofi getan habe, fortzuführen. Es wäre für mich persönlich unglaubwürdig gewesen, wenn ich abgestritten hätte, dass ich auch Kunde von Herrn Schmidt gewesen wäre.« Dass er sich trotz anfänglicher Empörung auf Schmidts Angebot eingelassen habe, bezeichnete Hondo als »schwachen Moment«.

Das Blutdoping selbst sei dann unkompliziert abgelaufen. Mit Schmidt habe er über dessen ausländische Handynummer Kontakt gehalten, nach Hondos Erinnerung war es eine slowenische oder kroatische Nummer. Das Blut habe ihm der Arzt in einem Apartment in der Nähe von Frankfurt am Main entnommen. »Ich habe damals eine Freundin gehabt in Wiesbaden, von daher war es für mich nicht so kompliziert, obwohl ich selbst schon viele Jahre in der Schweiz gelebt habe. Dann ist Herr Schmidt auch mal zu mir nach Hause gekommen in die Schweiz. Die Rückführungen waren dann unterschiedlich mal in einem Camper, mit dem wir zu den Rennen gekommen sind, oder im Hotelzimmer.« Die Rennen, das waren Hondo zufolge Mailand-San Remo, die Klassiker in Belgien und die Tour de France.

Ich habe Danilo Hondo an diesem Sonntag auch gefragt, ob er sich auch noch auf andere Art und Weise gedopt habe oder auch vorher schon, als er für das Team Telekom oder für die Mannschaft von Gerolsteiner gefahren sei. Er verneinte das, blieb bei seinem »schwachen Moment« – Blutdoping mithilfe von Mark Schmidt. Wie das Dopingmittel Carphedon, das man bei ihm 2005 nachgewiesen hatte, in seinen Körper gelangt sei, wisse er bis heute nicht.

Hondos Schilderungen waren ausführlich. Aber ich bemerkte auch, dass er vor allem das zugab, was der in U-Haft sitzende Arzt Mark Schmidt ausgesagt haben konnte. Vielleicht war das ja das Wesentliche. Sicher war ich mir aber nicht. Oft ist es nämlich so, wenn Doper sich zu ihren Taten bekennen: Sie gestehen exakt das, was zu leugnen keinen Sinn mehr hat. Einige Tage nach dem Interview fragte ich Hondo in einem Telefonat erneut, ob da nicht noch mehr gewesen sei. Er verneinte mit Nachdruck.

Nachdem Teile des Interviews in der »Sportschau« gelaufen und die komplette Fassung online zu sehen war, meldeten sich mehrere Informanten aus der Radsportszene bei uns. Sie hinterfragten Hondos Aussagen, deuteten an, dass er doch noch viel mehr zu beichten hätte. Beweise dafür legte aber niemand vor.

Einschätzung eines Insiders

Vor eine ARD-Kamera trat dann Stefan Schumacher, der als Radprofi Hondos Kollege gewesen war und heute im Triathlon startet. Schumacher hat im Radsport viel erlebt. 2008 hat man ihn mit dem Dopingmittel CERA erwischt und gesperrt. 2013 gab er zu, über die Jahre EPO, Wachstumshormon und Kortikosteroide genommen zu haben. Heute komme Doping für ihn nicht mehr infrage, hatte er mir vorab gesagt. Er habe Coachings absolviert, lange mit Psychologen gearbeitet, habe Verantwortung für sein Handeln übernommen. Kein sportlicher Erfolg dieser Welt sei es wert, noch einmal den Weg in Richtung Doping einzuschlagen.

Weil ich so schnell nicht zu Schumacher nach Baden-Württemberg reisen konnte, schickten wir einen Kameramann, und ich stellte meine Fragen über Skype.

Als ich ihn fragte, was er zu Hondos Geständnis in der ARD sage, formulierte Stefan Schumacher erst einmal mit Empathie und Vorsicht. »Ich habe Mitgefühl mit ihm gehabt«, sagte Schumacher, »ein beklemmendes Gefühl hat sich breitgemacht.« Erinnerungen seien bei ihm hochgekommen. Er kenne »diese Drucksituation, mit dem Rücken so zur Wand zu stehen«. Er habe »damals auch den Fehler gemacht, einfach aus Aktionismus, aus dem Antrieb, (...) die Situation irgendwo zum Guten zu verändern, einfach was zu unternehmen. Ich bin damals ins ›Aktuelle Sportstudio‹ gegangen und hab Dinge gesagt, die ich bis heute bereue.«

Damit spielte Schumacher auf seinen in der Tat legendären Auftritt bei den Kollegen des ZDF an. An jenem Samstagabend 2009 sagte er im Studio in Mainz unter anderem den Satz: »Ich habe noch nie in meinem Leben gedopt.«

Es sei damals »grundsätzlich ein Riesenfehler gewesen, die Sache überhaupt zu leugnen, und das natürlich noch öffentlich«, bekannte er jetzt. »Das Schlimmste, was man machen kann, oder der größte Fehler, ist nachweislich in der Öffentlichkeit zu lügen.« Er könne davon nur jedem abraten, fügte Schumacher hinzu, denn:

»Wenn man nach außen geht, wenn man versucht, seine Geschichte zu erzählen, dann sollte die auch wirklich der Wahrheit entsprechen.«

Damit hatte Schumacher die Frage, ob er Hondos Dopinggeständnis für vollständig hielt, im Grunde schon beantwortet. Als ich ihn fragte, wie glaubwürdig es gewesen sei, dass Hondo jede Art von Doping während seiner Zeit beim Team Telekom und dem Team Gerolsteiner abstritt, sagte er: »Das war Blödsinn. Das war vollkommen unglaubwürdig. Ich bin selber in beiden Teams gefahren, ich weiß, was da los war. Dementsprechend absolut unglaubwürdig für mich.« Blutdoping bezeichnete Schumacher als »eher das Crystal Meth unter den Dopingpräparaten«. Das sei die Methode, die man ausprobiere, wenn man schon einiges zuvor gemacht habe. Er könne sich »absolut nicht vorstellen, dass jemand damit startet«.

Was ist wahr, und was stimmt nicht? Was soll man glauben? Diese Frage begleitet mich nun schon viele Jahre als Journalist mit dem Schwerpunkt Doping im Sport. Dass es schwerfällt, als Sportler Doping zuzugeben, wenn man erwischt wird, liegt auf der Hand. Man riskiert eine Sperre, finanzielle Verluste und mitunter eine Verfolgung durch die Polizei, was vor allem die Angst vor sozialer Ächtung verstärken dürfte. Der Sportler hält also an der Lüge fest, so lange es nur geht. Bei Stefan Schumacher war es auch so gewesen. Als er gesperrt wurde, rutschte er nach eigener Aussage in eine Depression und verfiel in tiefe Zweifel: »Wenn ich kein starkes Umfeld gehabt hätte und nicht die richtigen Leute an meiner Seite gehabt hätte, die hinter mir standen, dann weiß ich gar nicht, wo ich heute wäre. Oder ob es mich überhaupt noch geben würde.«

Schumacher beschrieb den Umgang mit der Wahrheit im Profiradsport so: »Es wird wenigen gedankt. Sagt einer nichts, wenn er überführt wurde, kriegt er den Gegenwind aus den Medien. Wenn man aber umfangreich auspackt und Hintermänner nennt und vielleicht auch Kollegen, von denen man weiß, was sie getrieben haben, dann hat man wiederum einen schweren Stand in der Szene. Auch wenn es die Radsportwelt selbst immer so darstellt, als würde sie es begrüßen.«Der ehemalige Radprofi sieht trotz aller Skandale der vergangenen Jahre immer noch ein Grundmuster:»Auch heutzutage ist es ganz einfach so, dass man prinzipiell nicht das Problem hat mit Leuten, die dopen, sondern vielmehr mit Leuten, die dabei erwischt werden.«

Noch ärgerlicher reagiert der Sport zuweilen, wenn der Erwischte umfangreich vom Doping und den Begleitumständen berichtet, so wie es Johannes Dürr getan hat: vor der ARD-Kamera, bei der Staatsanwaltschaft und auch auf jener Fuck-up-Night in Österreich. Damals hatte der Skilangläufer die Ansicht vertreten, der Österreichische Skiverband habe weggeschaut, als er, Dürr, sich gedopt habe. Der ÖSV hatte daraufhin eine Einstweilige Verfügung erwirkt. Ob diese Verfügung bestehen bleibt und Dürr nicht mehr behaupten darf, der ÖSV habe nichts von seinem Treiben wissen wollen, damit befasste sich 2019 das Landgericht Innsbruck. Ende Juni entschied es, dass Dürr auch künftig nicht sagen darf, der ÖSV dulde Doping stillschweigend, verschließe die Augen davor und nehme Doping hin, solange sich der Dopende nicht erwischen lässt.

Alles sauber also beim Österreichischem Skiverband, kein Mitwissen bei Funktionären und leitenden Angestellten? Ein langjähriger Trainer des ÖSV, der eng mit dem Skilangläufer zusammenarbeitete, hat laut Dürr sehr wohl von dessen Doping gewusst. Dürr sagt, dieser Trainer sei sogar an der Versorgung mit Dopingmitteln für ihn beteiligt gewesen. Der frühere Verbandstrainer bestreitet das, wurde aber im Mai 2019 festgenommen und kam in Untersuchungshaft. Der Vorwurf: Er habe Sportler beim Doping unterstützt.

Nach ein paar Wochen wurde der ehemalige Coach aus der U-Haft entlassen. Er habe, wie die Staatsanwaltschaft mitteilte, »umfangreiche Angaben gemacht«. So sei »der ursprüngliche Haftgrund der Verdunkelungsgefahr nicht mehr gegeben«. Umfangreiche Angaben – das heißt wohl auch, dass einige Personen aus dem österreichischen Sport womöglich weiter zittern müssen.

Ende Juli 2019 durchsuchten Beamte das Haus eines Arztes. Der Mediziner war lange Jahre für den ÖSV tätig, zuständig für die Skilangläufer. Er ist Deutscher und lebt in der Nähe von Rosenheim. Bei der Durchsuchung wurden unter anderem Datenträger des Mediziners sichergestellt. Die Ermittlungen dauern an.

Und auch der frühere Biathlet Daniel Taschler wurde im Sommer 2019 von seiner Vergangenheit eingeholt. Der ehemalige Schwager von Johannes Dürr hatte nach seiner Verurteilung in Bozen 2017 wegen Verstoßes gegen das Anti-Doping-Gesetz noch einmal Glück gehabt. Die höhere Gerichtsinstanz in Rom entschied nämlich später, dass die vorgelegten Beweismittel nicht anerkannt werden durften. Das brachte ihm einen Freispruch. Im Juni 2019 aber kam es zu einer weiteren Wende: Die ARD-Dopingredaktion konnte berichten, dass ausgerechnet Taschler Kunde des Erfurter Arztes Mark Schmidt gewesen sein soll. Ich erreichte Daniel Taschler dazu am Telefon. Er wollte sich nicht zur Sache äußern.

Johannes Dürr selbst hat nach all seinen Aussagen zum Doping seinen Arbeitsplatz beim Zoll verloren. Der langjährige Skilangläufer ist dorthin zurückgekehrt, wo seine Sportkarriere einst ihren Anfang genommen hat: in die Gemeinde Göstling an der Ybbs in Niederösterreich. Im Betrieb seines Vaters absolviert er eine Ausbildung zum Schmied.

Sport, Doping, Korruption

Was sich ändern muss

Eine bessere Heimat als die ARD kann sich ein Journalist nicht wünschen, wenn er die dunklen Seiten des Sports beleuchten will. Nur »Das Erste« beauftragt einen Reporter, mit einem Team ausschließlich im Dopingmilieu zu recherchieren. Der Zuschauer erhält so einen erweiterten Blick auf den Sport. Wir erhalten die Möglichkeit, für unsere Recherchen weit zu reisen. Wir bekommen genügend Zeit. Es knarzt und knallt auch mal im Arbeitsalltag, aber ich habe über die Jahre von vielen Kollegen große Unterstützung erfahren. Seit 2007 gibt es die ARD-Dopingredaktion. Es war damals die richtige Antwort auf die Kritik, dass im Fernsehen über Sport zu oberflächlich berichtet werde.

Die Sportorganisationen müssen lernen, auch mit dieser Art des Sportjournalismus umzugehen. Die Fernsehsender sind ihnen ja vertraglich oft verbunden durch den Kauf von Übertragungsrechten. Mancher Sportfunktionär empfindet die Sender deshalb als Partner. Bei Dopingrecherchen wird der vermeintliche Partner dann plötzlich unbequem.

Als Livereporter bei Olympischen Spielen und Weltmeisterschaften habe ich selbst lange Zeit eher als Verkäufer eines Produkts gewirkt denn als unabhängiger, kritischer Begleiter. Ich habe zum Beispiel die Idee unterstützt, das Schwimmen mit digitaler Zusatztechnik attraktiver für den Zuschauer zu machen. Dabei agierte ich wie ein Teil des Systems, würde ich heute sagen. Ich fand es gut und richtig, dass während des Wettkampfs eine virtuelle rote Linie auf dcm Bildschirm mitlief. Sie zeigt in der Kameratotalen an, welches

Tempo nötig ist, um den Weltrekord zu brechen. Diese rote Linie folgt dem Prinzip der Maximierung, des »immer mehr«. Der Blick geht zur Bestmarke. Ein Sieg verliert so aber gefühlt schnell an Wert, wenn er nur ein Sieg ist, aber kein Rekord erzielt wurde. Das Fernsehen kann einen Sport groß machen. In Deutschland geschah das mit dem Radsport, noch abrupter mit Biathlon. Die Leistung von Wasserspringern wäre ohne die Zeitlupenaufnahmen hochwertiger TV-Kameras bei Weitem nicht so gut zu vermitteln. Doch bei allen verständlichen Bemühungen um spektakuläre Bilder besteht die Gefahr, dass die journalistische Distanz auf der Strecke bleibt. Und auf die dürfen Sportreporter nicht verzichten. Ein Journalist recherchiert und berichtet, sollte aber nicht zum Teil der Inszenierung werden. Als Zuschauer brauche ich auch keinen Reporter, der den Trainer, Sportler oder Funktionär vor laufender Kamera duzt. Und noch weniger eine kleinlaute Entschuldigung, weil man einem Athleten eine kritische Frage stellt.

Ein Fernsehsender minimiert die Relevanz kritischer Berichterstattung, wenn der Moderator im Studio nach einem Dopingbeitrag zum nächsten Thema überleitet mit dem Satz »Damit wieder zurück zum Sport« – als gehöre Doping nicht zum Sport. Oder wenn das Publikum die Recherche fast schon entschuldigend präsentiert bekommt: »Und jetzt zu einem Thema, über das wir eigentlich nicht so gern berichten ...«

Wer das Publikum für anspruchslos hält, unterschätzt es. Die Zuschauer verschließen ja nicht kollektiv die Augen vor der Tatsache, dass auch die schönste Nebensache der Welt unschöne Seiten hat, Betrug etwa, Bestechung oder die maßlose Kommerzialisierung.

In den letzten Jahren ist in der Bevölkerung ein durchaus kritisches Bewusstsein entstanden. Es zeigte sich etwa bei Olympia-Bewerbungen. Städte wie Hamburg, München und Calgary oder der Schweizer Kanton Graubünden konnten ihre Bürger nicht dafür gewinnen, Gastgeber der Spiele sein zu wollen. Die Menschen, jedenfalls nicht wenige, sind durchaus aufgeklärt. Der Sport hat auf diese Mündigkeit noch keine Antwort gefunden. Nur zögerlich bemerken große Sportorganisationen, dass sie in immer mehr Ländern ihre Legitimation verlieren, wenn sie statt ihrer pseudodemokratischen nicht echte demokratische Strukturen entwickeln. Etliche ihrer Spitzenfunktionäre verhalten sich aber nach wie vor gierig und selbstherrlich, als stünden sie außerhalb jeder Rechenschaftspflichten.

Der Sport ist erstarrt und wich zuletzt mit seinen Großereignissen schon mal in Länder aus, wo der Staat Mündigkeit deckelt und Demokratie nach unserer Vorstellung nicht allzu ausgeprägt ist. 2014 fanden die Olympischen Winterspiele in Russland statt, 2022 geht es nach China. Die Fußball-WM 2018 richtete Russland aus, für 2022 bekam Katar den Zuschlag.

Bestechungsskandale bei der FIFA. Ermittlungen gegen Protagonisten sowie frühere Spitzenfunktionäre des Deutschen Fußball-Bundes. Der Stich ins Herz der Leichtathletik, als Funktionäre gedopten Athleten Startplätze bei Olympia für sechsstellige Summen verkauften und so aus Geldgier den Wettbewerb manipulierten. Enthüllungen wie diese verdrießen manche Fans nachhaltig. Sie sorgen sich – aus meiner Sicht zu Recht – um den Sport.

Der Sport ist ein Kulturgut. Bedroht wird er von jenen, die ihn nur mehr als Ware betrachten. Etliche Sportarten sind inzwischen durchökonomisiert, Funktionäre betreiben das Geschäft mit Freuden. Sogar beim Fußball, jener Sportart, der nicht einmal Skandale zu schaden schienen, wird das Publikum sensibler und kritischer. Zersplitterte Spieltage verärgern Fans. Und wenn irgendwann mal bei europäischen Klubwettbewerben die Spitzenvereine gesetzt sind, Überraschungsmannschaften systematisch verhindert und die nationalen Ligen immer bedeutungsloser gemacht werden, dann droht dieser Sport einen Teil seines Reizes einzubüßen: die Spannung durch Unvorhersehbarkeit, die Gewissheit, dass alles möglich ist.

Schwerreiche Dachorganisationen wie FIFA und IOC dürfen sich zwar weiterhin über das Privileg freuen, an ihrem Sitz in der Schweiz steuerrechtlich in mancher Hinsicht wie einfache gemeinnützige Vereine behandelt zu werden. In Wirklichkeit aber agieren sie in der

Regel wie globale Konzerne. Besonders absurd: Der Sport kontrolliert sich bei diesem Big Business de facto oft selbst. Häufig sind es ehrenamtliche Funktionäre, die ohne ausreichende Kenntnis darüber entscheiden, ob komplizierte Vorgänge unbedenklich gelaufen sind.

Dopingfälle bringen die Spitze eines Sportverbandes schnell in einen Interessenkonflikt. Es gibt immer zwei Möglichkeiten: Soll die unangenehme Sache ans Licht oder erst mal in die Schublade, so wie es etwa der Radsport-Weltverband 2010 nach der positiven Dopingprobe des Spaniers Alberto Contador über Wochen tat? Soll man sich mit der Frage beschäftigen, warum gerade Athleten aus der Weltspitze vergleichsweise oft unter Dopingverdacht stehen oder positiv getestet werden? Oder soll man den Doper als schwarzes Schaf abtun, der menschliche Schwäche gezeigt hat, was natürlich problematisch, aber doch nur ein Einzelfall ist?

Gute Folgen, schlechte Folgen

Wenn niemand auffliegt, ist Doping im Grunde das Beste, was einem Sportverband passieren kann, dem vor allem an der Erschließung von Finanzquellen gelegen ist. Doping hat zur Folge, dass sich die Leistung steigert. Und das kann eine Spirale in Gang setzen, in der Leichtathletik etwa oder beim Schwimmen. Hier mal im Schnelldurchlauf:

– Der Wettbewerb gewinnt an Attraktivität, ist spektakulärer.
– Höhere Leistungen werden besser honoriert, weshalb der Athlet mehr Geld verdienen kann.
– Der Manager des Athleten verdient auch mehr, weil er in der Regel an dessen Antrittsprämien, Preisgeldern und Sponsorengeldern beteiligt ist.
– Fernsehsender erzielen höhere Quoten, können die hohen Kosten der Übertragungsrechte eher rechtfertigen und Werbeblöcke teurer verkaufen.

- Der Veranstalter eines Wettkampfes kann mehr Zuschauer anlocken und mehr Eintrittskarten absetzen. Die Präsenz im Fernsehen steigert sich. Dadurch kann er Werbung im Stadion teurer verkaufen und dazu noch neue Sponsoren gewinnen.
- Der jeweilige Sportverband profitiert, weil er attraktiver für Werbepartner wird und eine höhere Förderung vom Staat erhält.
- Die Politik partizipiert ebenso an starken Leistungen im Sport. Die staatliche Förderung lässt sich so leichter begründen. Und man kann sich im Glanz erfolgreicher Athleten sonnen.
- Trainer, Ärzte und andere Betreuer profitieren von höheren Leistungen ebenfalls. Ihre Jobs werden sicherer und womöglich besser bezahlt.

Ziemlich viele Menschen, die im Spitzensport engagiert sind, profitieren also von immer stärkeren Leistungen der Sportler. Eine Win-win-Situation. Und in die platzt dann jäh ein Dopingfall hinein. Und noch einer. Und dann fliegt auch noch ein ganzes Netzwerk auf. Die Sportart, das wird jetzt deutlich, ist von Betrügern durchsetzt. Nun beginnt folgende Entwicklung:

- Spitzensportler werden gesperrt, fehlen beim Event, wo es ohne die bekannten Champions an spektakulären Wettbewerben mangelt.
- Für die Manager dieser Spitzensportler fallen Verdienstmöglichkeiten weg.
- Fernsehsender übertragen die Sportart in ihrem Programm nicht mehr so umfangreich. Der Veranstalter des Wettkampfs kann seine Werbeflächen deshalb nicht mehr so teuer verkaufen.
- Die Unternehmen steigen als Sponsoren aus. Ihre Logos und Produkte sind jetzt nicht mehr so oft auf dem Bildschirm zu sehen. Außerdem wollen sie nicht mit einer befleckten Sportart in Verbindung gebracht werden.
- Die Sportverbände bekommen weniger Sponsorengelder und staatliche Förderung, verlieren zudem an öffentlicher Aufmerksamkeit.

- Die Politik meidet die Sportart, die nun als dopingverseucht gilt, empört sich stattdessen über Betrug und unsportliches Verhalten.
- Ärzte und Trainer geraten ins Zwielicht.

Ziemlich viele Akteure im Spitzensport haben also etwas zu verlieren, wenn Doping enthüllt wird.

Dieser Erkenntnis kann ein Sportverband unterschiedlich begegnen. Reaktion eins: Er kann Doping mit aller Kraft bekämpfen. Das bringt den Sportverband aber in ein zusätzliches Dilemma. Lässt er Doper durch viele und effektive Tests reihenweise auffliegen, wird der Verband selbst in der Öffentlichkeit schnell als Problemfall betrachtet – und nicht so sehr als konsequenter Kämpfer gegen Manipulation. Der Verband bekommt dann vorgehalten, seine Sportart sei dopingverseucht. Wer will das schon?

Reaktion zwei ist angenehmer. Der Verband schaut nicht genau hin. Er setzt lasche Dopingkontrollen an. Dass tatsächlich etliche Testprogramme lückenhaft sind, ist ganz in seinem Sinne. Wer nicht richtig sucht, findet auch nicht viel. Die wenigen, die dann erwischt werden, gelten als schwarze Schafe. Eingestanden wird nur, was nicht mehr abzustreiten ist.

Im Spitzensport denken und handeln nach meiner Erfahrung ziemlich viele Akteure so: Sie reden das Dopingthema klein, geben sich bei überführten Athleten empört und überrascht, stellen die Fälle als bedauerliche Ausnahmen hin. Die große Mehrheit der Athleten sei schließlich sauber, erklären seit Jahrzehnten gebetsmühlenartig viele internationale Funktionäre.

»Spielt fair, bleibt sauber«, rief der IOC-Präsident Thomas Bach den Athleten bei der Eröffnungsfeier der Olympischen Winterspiele 2014 in Sotschi zu. Heute wissen wir, dass exakt in jenen Tagen ein staatlicher Apparat damit beschäftigt war, den Dopingbetrug eines ganzen Landes zu vertuschen. Trotzdem hat Bach knapp vier Jahre später russische Athleten zur nächsten Auflage der Winterspiele eingeladen. Athleten, die in einem Sportsystem zu Hause waren, das jegliche Regeln und Gesetze gebrochen hatte. Das die Gesundheit seiner Athleten durch gefährliche Dopingmittel riskierte und dies mit staatlicher Unterstützung vertuschte. Zwar war Russlands Olympisches Komitee bei den Winterspielen 2018 formal suspendiert. Viele seiner Athleten aber hieß man trotzdem herzlich willkommen. Das IOC fordert stets »null Toleranz« bei Doping. Toleranz bei Staatsdoping bringt es allerdings auf. Und auch sonst ist IOC-Thomas Bach nicht dafür bekannt, Doping mit allen juristischen Mitteln bekämpfen zu wollen. So hatte er schon in seiner Zeit als Präsident des Deutschen Olympischen Sportbundes bis 2013 versucht, den Kern des geplanten Anti-Doping-Gesetzes für Deutschland auszuhöhlen. Seiner Auffassung nach sollten Doper nicht mit den Mitteln des Strafrechts verfolgt werden. Der Sport selbst, argumentierte Bach, sei doch am besten in der Lage, Doper effektiv zu bestrafen. Es gebe ja einen sportrechtlichen Sanktionskatalog – Sperren, Disqualifikationen, Aberkennung von Titeln und Medaillen.

Ich habe es immer für einen Irrtum gehalten, dass der Sport sich selbst zu reinigen vermag – gerade auch hierzulande. Im Osten hat bis zum Mauerfall der Staat mit preußischer Akribie Doping organisiert. Im Westen waren Trainern, Funktionären und Politikern ebenfalls viele Mittel recht. Etliche Akteure schweigen bis heute. Selbstreinigungskräfte des Sports? Wenn es sie überhaupt gibt, haben sie wenig Wirkung gezeigt.

Und warum sollte sich der Staat eigentlich nicht einmischen in den Kampf gegen Doping? Er stellt ja auch jedes Jahr viele Millionen Euro bereit, unterstützt Athleten, baut Sportstätten und betreibt Leistungszentren.

Doping freigeben?

Es steckt einiges an Verlogenheit und Selbstbetrug in unserem Sportsystem, eine hohe Bereitschaft zum Wegschauen und Schönreden. Journalisten sollten dabei nicht mitmachen, im Gegenteil: Bei dreiunddreißig olympischen Sommer- und sieben olympischen Wintersportarten mit all ihren nationalen Föderationen und Weltverbänden erstreckt sich ihr Arbeitsgebiet bis zum Horizont. Wer nicht auch die andere Seite der Medaille zeigt, unterstützt letztlich, dass der Spitzensport bei Vergehen weiterhin von schwarzen Schafen spricht, anstatt die Systemfrage zu stellen. Er reiht sich ein. Natürlich ist nichts gegen Liveübertragungen einzuwenden und gegen Berichte, die Leistungen von Sportlern kompetent einschätzen. Im Gegenteil, das sind ja Kernaufgaben des Sportjournalismus im Fernsehen. Zugleich sollte dem Zuschauer aber nicht der Blick hinter die strahlende Fassade vorenthalten werden. Und bevor jetzt jemand einwirft, alles schön und gut, aber die Leute wollen nicht auch noch im Sport mit Problemen konfrontiert werden: Die Aufgabe von Journalismus ist nun mal, das zu zeigen, was ist, auch wenn er dabei auf manchen wie ein Spielverderber wirken mag. Der Zuschauer, Hörer oder Leser kann sich dann sein eigenes Bild machen.

Außerdem ist es nicht mehr als eine Behauptung, dass sich niemand für betrügerisches Treiben im Sport interessiere. Ich habe jedenfalls andere Erfahrungen gemacht. Das Zuschauerinteresse an unseren Filmen liegt im Schnitt der vergangenen zehn Jahre auf dem Niveau anderer Dokumentationen im Ersten, in der jüngsten Zeit sogar oft darüber. Nach meinem ersten Russland-Film im Dezember 2014 meldeten sich viele Zuschauer. Sie wirkten weder überfordert noch angewidert von zu viel Wirklichkeit. Manche schrieben, für solche Beiträge würden sie gern Rundfunkgebühren bezahlen.

Doping ist eine gewaltige Herausforderung für den Spitzensport. Wie viel brisanter das Thema noch werden kann, zeigt schon die Möglichkeit, genetische Manipulationen für den Sport zu nutzen. Für Experten ist dies das Doping des 21. Jahrhunderts. Mit den Mitteln der Gentherapie und vor allem des Genome Editing können Funktionsweisen im menschlichen Körper dauerhaft angepasst werden. Genome Editing umfasst alle molekularbiologischen Techniken, mit denen die DNA zielgerichtet verändert werden kann – ein Eingriff direkt in das Erbgut von Pflanzen, Tieren und Menschen. Wird es missbräuchlich im Sport zum Zwecke der Leistungssteigerung praktiziert, ist auch dies Doping.

Lange haben wir Doping in erster Linie als eine von außen herbeigeführte, zeitlich begrenzte Veränderung von Abläufen im Organismus verstanden, erzielt durch die Einnahme bestimmter Pharmaka. Wenn ein Körper aber in die Lage versetzt wird, sich nach gentherapeutischen Eingriffen oder Genome Editing quasi selbst zu dopen, indem etwa vermehrt rote Blutkörperchen entstehen oder die Muskeln wie von allein wachsen, dann stellt dies die Doping-Analytiker vor neue Herausforderungen. Insbesondere das Genome Editing ist nur schwer von natürlich auftretenden Mutationen abzugrenzen. Derartige Eingriffe können Athleten womöglich nur sehr schwer nachgewiesen werden.

Welche gesundheitlichen Langzeitfolgen der Missbrauch solcher Methoden für den Athleten hat, kann niemand wissen. Leute aus dem Dopingmilieu haben Wissenschaftlern allerdings schon kurz nach der Jahrtausendwende angeboten, entsprechende Mittel aus der Forschung zu testen, bevor sie überhaupt zugelassen sind. An Athleten. Das kann einem schon Angst machen.

Sportler sind selbst oft bereit, mit unerlaubten Mitteln nachzuhelfen – nicht alle, klar, aber auch nicht nur eine kleine Minderheit. Eine Erhebung im Auftrag der WADA und des Leichtathletik-Weltverbands IAAF ergab, dass 29 Prozent aller Teilnehmer der Leichtathletik-WM 2011 im Jahr vor den Wettkämpfen gedopt hatten. Bei den Teilnehmern der Panarabischen Spiele in Doha im selben Jahr lag der Anteil sogar bei 45 Prozent. Die befragten Sportler hatten den Fragebogen anonym ausfüllen dürfen. Die Erhebung, bei der die Forscher eine besondere Fragetechnik anwendeten, war durch strenge wissenschaftliche Standards abgesichert. Die Antworten der Athleten wurden deshalb als glaubwürdig eingestuft. Nur: Die IAAF verhinderte lange, dass die Untersuchung, die Wissenschaftler der Universität Tübingen und weitere Forscher durchgeführt hatten, veröffentlicht wurde. Erst 2017, drei Jahre nach ihrem Abschluss, konnte die Studie publiziert werden. Dopinganalysen im Labor haben keine hohen Trefferquoten.

Allzu häufig werden Labore von den Sportorganisationen ja gar nicht beauftragt, in den Urin- und Blutuntersuchungen nach allen Substanzen zu suchen, die sie finden könnten. Das hat auch Kostengründe. Bei jener Leichtathletik-WM 2011 wurden gerade mal 0,5 Prozent der Sportler erwischt. Noch mal zum Vergleich: 29 Prozent hatten zugegeben, vor der WM gedopt zu haben. Bei den Panarabischen Spielen war der Gegensatz ebenfalls groß. Die Dunkelziffer ist also gewaltig, das hat die Studie gezeigt.

Manche fordern deshalb: Schluss mit der Heuchelei! Gebt Doping frei! Sie sagen, es gehe ihnen um Gerechtigkeit. Wenn doch ohnehin so viele dopten, warum dürften es nicht alle? Derzeit gehe es unfair zu. Manche könnten sich den perfekten Betrug leisten, würden niemals auffliegen. Andere hätten keinen Zugang zu Dopingmitteln oder müssten auf Substanzen zurückgreifen, die leicht nachweisbar sind.

Die Verfechter der Dopingfreigabe liegen aus zwei Gründen falsch. Zum einen werden sie nicht jenen Athleten gerecht, die tatsächlich dopingfrei trainieren und sauber an den Start gehen. Zum anderen hätte es schlimme Folgen, den Gebrauch aller Mittel und Methoden zu gestatten.

Doping im Sport ist bisher in den allermeisten Fällen nichts anderes als Medikamentenmissbrauch: Mittel aus dem medizinischen Alltag werden von Sportlern zweckentfremdet. Substanzen eigens für Sportler zu entwickeln, wird sich im Normalfall nicht lohnen – der Markt ist für die Pharmaindustrie zu klein. Nur hin und wieder wurden Präparate allein zum Zwecke des Dopings hergestellt. Die einzige Besonderheit im Vergleich zu herkömmlichen Mitteln bestand dann in der Regel darin, dass die molekulare Struktur der Substanzen geringfügig abgewandelt worden war. Bei Dopinganalysen konnte man sie daher nur schwer oder zunächst sogar gar nicht nachweisen.

Wäre allerdings jedes pharmakologische Mittel zur Leistungssteigerung erlaubt, schaffte das schnell einen interessanten Markt für kleine und große Anbieter: Jeder Sportler auf der Welt wäre nach der Dopingfreigabe ein möglicher Abnehmer. Pharmaforscher könnten loslegen und versuchen, ultimative Substanzen herzustellen. Bestimmte Länder könnten die Entwicklung neuer Mittel auch mit staatlicher Unterstützung vorantreiben.

Denken wir eine solche Entwicklung einmal weiter. Ein staatliches oder womöglich gar supranationales Zulassungsverfahren könnte die Reinheit der Dopingmittel garantieren. Mediziner könnten die Verabreichung besser überwachen. Bei akuten Zwischenfällen wäre kompetente Hilfe garantiert, weil man ja wüsste, welche Substanzen der Athlet genommen hat.

Gleichzeitig aber würde ein freier Dopingmittelmarkt wohl schwere Opfer fordern. Wenn es kein Verbot mehr gäbe, dürfte alles genommen werden – ohne Limit und von immer mehr Sportlern. Wohl nahezu jeder, der im Wettbewerb eine echte Chance haben will, würde dopen – weil er sonst vermutlich keine Aussicht auf Erfolg besäße. Hätte man dann aber auch die möglichen Nebenwirkungen im Blick? Die Wechselwirkungen der Substanzen untereinander? Die potenziellen gesundheitlichen Langzeitfolgen? Und wie würde sich ein unbegrenzter Konsum von Dopingmitteln auf die Psyche des Sportlers auswirken? Würde man schließlich Ärzte bei Eingriffen in das Erbgut von strenger Reglementierung entbinden? Ihre Rolle wäre bei einer Dopingfreigabe ganz neu zu definieren: Eigentlich haben sie sich dem Wohlergehen des Menschen verschrieben und dürfen diesem – nach dem ärztlichen Grundsatz »Primum non nocere« – nicht schaden.

Die Wirkkraft der Pharmaforschung ist zudem ja nicht in allen Ländern gleich groß. Die einen könnten in Hightech-Doping investieren. Den anderen fehlte dafür das Budget. Und: Manches Land wäre bei Forschung und Anwendung wohl auch bereit, Gesetze sowie medizinethische Grenzen zu überschreiten.

Brächte die Freigabe aber wenigstens jene Fairness und Chancengleichheit, von der ihre Befürworter ausgehen? Wohl kaum. Sportler mit guten finanziellen Möglichkeiten könnten sich die teuren und effektiven Mittel leisten. Sportler aus ärmeren Ländern müssten auf preiswerte Substanzen von Dopingdiscountern zurückgreifen. Es ginge wohl noch ungerechter zu als häufig jetzt schon.

Hochgezüchtete Mensch-Maschinen gingen an den Start, gehalten von finanzstarken Investoren. Diese Sportler aus der Dopingwerkstatt würden zu Gladiatoren der Gegenwart. Schwertkämpfer im alten Rom riskierten ihr Leben. Wenn heute bei den Spitzenathleten jede Art von Körper-Tuning erlaubt wäre, würde an ihnen gewerkelt wie am Motor eines Formel-1-Fahrzeugs. Unfälle bis hin zum Totalschaden wären dabei möglich. Manche werden einwenden, all das sei doch gar kein fiktives Szenario, sondern längst Realität. Und Todesfälle durch Doping habe es ja auch schon zuhauf gegeben. Man müsse nur an die plötzlich verstorbenen Athleten etwa im Radsport oder beim Boxen denken oder an jene, die durch mutmaßliches Doping in Jugendjahren Jahrzehnte danach an den Spätfolgen starben. Wir können aber davon ausgehen, dass eine Dopingfreigabe die gesundheitlichen Risiken im Hochleistungssport noch erheblich steigern würde.

Hinzu kommt die Frage, was für eine Botschaft ein solcher Spitzensport an unsere Kinder senden würde? Der Begriff Körpereinsatz bekäme eine ganz neue Bedeutung. Wie würden die Eltern entscheiden? Dürfte ihr Nachwuchs sich schon mit sechzehn Jahren physisch tunen? Oder erst mit achtzehn? Und was, wenn die Konkurrenz, sagen wir in China, die körperliche Modifikation schon bei vierzehnjährigen Athleten begönne?

Es wäre das endgültige Aus für das Kulturgut Sport, die Kapitulation vor dem ungezügelten Profitstreben.

Wollen wir das? Ich habe noch keinen Befürworter der Dopingfreigabe getroffen, der die Sache wirklich zu Ende gedacht hat.

Der kleine letzte Schritt

Wenn Athleten ihr Ziel nicht erreichen, dann stehen sie in vielen Sportarten irgendwann vor der Dopingfrage. Sie stellt sich vor allem in den ausdauer- und kraftintensiven Sportarten, im Radsport etwa und in der Leichtathletik, beim Schwimmen, im Gewichtheben, beim Skilaufen und beim Biathlon, im Boxen, beim Triathlon, im Ruder- und Kanusport und nicht zuletzt beim Fußball. Bei vielen Sportarten sind die Effekte unerlaubter Hilfsmittel nachhaltig. Gemessen an der Gesamtleistung eines Athleten bringt Doping zwar nur eine kleine Steigerung. Doch diese macht die entscheidenden Zentimeter, Sekunden oder gar Bruchteile von Sekunden aus, kann den Unterschied zwischen Platz eins und Platz fünfzig bedeuten, zwischen üppiger Siegprämie und einem Taschengeld.

Manche Sportler haben mir erzählt, was ihnen durch den Kopf ging, als sie im Begriff waren, zum ersten Mal zu dopen. Sie fragten sich, warum sie sich all die Jahre dermaßen angestrengt hätten, wenn sie sich ihren Traum am Ende doch nicht erfüllen könnten. Warum plötzlich Kollegen an ihnen vorbeigezogen seien, die vorher niemand auf der Rechnung gehabt hatte. Warum andere Athleten in wenigen Wochen in kaum erklärlichem Ausmaß an Muskeln zugelegt hätten. Schließlich fragten sie sich, ob Doping nicht ohnehin dazugehöre, wenn man die Nummer eins werden wolle.

Ein Radprofi hat mir diese Grundsatzentscheidung im Leben eines Leistungssportlers mal mit dem Bild einer Weggabelung erklärt. »Links geht es ohne EPO weiter, auch ohne Blutdoping«, sagte er. »Bei der Tour de France bin ich dann weiter dabei. Ich helfe als Wasserträger Kollegen, eine Etappe zu gewinnen. Reich werde ich nicht. Aber ich komme gut durch. Ein Anschlussvertrag im Team ist möglich. Auch ein paar regionale Sponsoren sind wohl zu gewinnen. Die zahlen allerdings nicht so viel.«

Er selbst, sagte mir der Sportler, sei an der Weggabelung nach rechts abgebogen. Er dopte. »Dieser Weg führt zu EPO-Kuren, zu Blutdoping, zu Asthmamitteln, zu Wachstumshormon, man nimmt da alles mit, was geht. Und plötzlich steigt die Chance, dauerhaft vorne zu fahren. Du kannst Teamkapitän werden. Da wirst du dann selbst von Wasserträgern unterstützt. Du kriegst viel mehr Geld, und der nächste Vertrag ist dir sicher. Der ist dann sogar höher dotiert. Es melden sich Unternehmen, die mit deinem Namen werben wollen. Du kannst dir eines aussuchen oder mehrere. Es ist der Weg in eine gesicherte Zukunft. Finanziellen Druck wird es nicht mehr geben für dich und deine Familie.«

Ob man ihn wirklich verdammen könne dafür, dass er nach rechts abgebogen sei, fragte mich der Radprofi. »Ich habe mich letztlich für das entschieden, was das Beste für meine sportliche Leistung war.«

Einige Sportler tun sich leicht mit dem letzten Schritt zum Doping, andere grübeln lange. Die Gefahr aufzufliegen schreckt sie erst mal ab. Aber der Glaube, es ohne unerlaubte Hilfsmittel nicht bis ganz nach oben zu schaffen, kann ein ziemlich starkes Motiv sein.

»Na klar, wenn du auffliegst, bist du alles los und als Betrüger gebrandmarkt«, erzählte mir mal ein anderer Athlet, ebenfalls ein Ausdauersportler. »Du hast deine Freunde und deine Familie belogen. Das ist ein Stempel, der bleibt. Dein Name wird immer mit Doping verbunden sein. Und andere Sportler distanzieren sich von dir. Aber wenn du dafür vorher gewonnen hast, dann hast du wenigstens deinen Erfolg gehabt. Du hast erfahren, wie es ist, Sieger zu sein. Du hast es auch genossen. Und du hast Geld, mehr Geld, als du ohne den großen Erfolg verdient hättest. Es ist nicht schön, wenn dein Name auf immer mit Doping verbunden ist. Aber du bist verdammt nicht der Einzige. Das kannst du dir schon auch schönreden.«

Das gesundheitliche Risiko reden sich die allermeisten Doper offensichtlich klein. Manche von ihnen sind, das wissen wir seit den Forschungen des amerikanischen Arztes Bob Goldman, zu fast allem bereit. Goldman hatte zwischen 1982 und 1995 immer wieder Spitzenathleten befragt. Er wollte wissen, ob sie auch ein Mittel nehmen würden, an dem sie innerhalb der nächsten fünf Jahre sterben würden, das ihnen vorher aber eine olympische Goldmedaille garantierte. Das Ergebnis war immer gleich: Rund fünfzig Prozent der Befragten sagten dem Arzt, sie wären dazu bereit. In der Sportwissenschaft spricht man bis heute vom Goldman-Dilemma.

Jeder Mensch hat das Recht, sich selbst zu schädigen. Er kann es mit dem Alkohol übertreiben, kann Kette rauchen, kann sich absichtlich Verletzungen zufügen und sich sogar umbringen. Lasst die Sportler doch dopen, ließe sich also sagen. Dieser Argumentation könnte man folgen. Nur: Dann träte man zugleich für eine Regellosigkeit ein.

Ich glaube, das Dopingverbot ist für den Spitzensport, was die Straßenverkehrsordnung für Fußgänger, Auto- und Radfahrer bedeutet: eine unverzichtbare Regelung des Miteinanders. Hier geht es um die gemeinsame Nutzung von Straßen, dort um einen gemeinsam ausgeübten Wettbewerb. Fällt hier die Vorfahrtsregel weg, das Alkoholverbot, die Geschwindigkeitsbegrenzung, gibt es Tote. Darf dort jeder dopen, gibt es auch Tote.

Die Straßenverkehrsordnung nützt wenig, wenn Fehlverhalten nicht verfolgt und bestraft wird. So ist es auch beim Dopingverbot. Wer dessen Missachtung toleriert, bewegt sich in die Richtung derer, die Doping aktiv unterstützen. Deshalb steht meiner Meinung nach der Bundesrepublik Deutschland kein abschätziger Blick auf das Sportsystem der DDR zu. Im Osten hat der Staat Doping betrieben. Aber hat der Staat im Westen Doping verhindert?

Reformen für den Spitzensport

Alle zwei Jahre inszeniert sich Thomas Bach als erdverbunden. Der Mann, der First Class um die Welt fliegt und alltäglich großzügige Räumlichkeiten in Fünfsternehotels bewohnt, quartiert sich dann für kurze Zeit im Olympischen Dorf ein. Bach bringt Fotoreporter mit, die für nette Bilder sorgen: der IOC-Präsident in einer spartanischen Athletenunterkunft. Bett, Schrank, Küche, Bad, hier verbringt der Herr der olympischen Ringe die Nacht. Und berichtet dann, was für eine wunderbare Erfahrung es doch sei, unter Athleten zu sein.

Die Athleten. Ohne sie gäbe es Olympia nicht. Sie haben einen langen Weg hinter sich, zu dem sie niemand gezwungen hat. Doch jetzt sind sie die Hauptdarsteller auf der großen Bühne des Leistungssports. Nur werden sie im System nicht so behandelt. Die Sportler dürfen bei Weitem nicht überall mit abstimmen. Ihr Einfluss ist im Gegensatz zu dem der meist altgedienten Funktionäre in der Regel nicht sehr groß. Sie haben sich an die politische Linie ihrer Organisation zu halten. Sie bekommen nicht viel ab von den Milliarden, die der Spitzensport dank ihrer Leistungen erwirtschaftet, und wenn sie ein größeres Stück vom Kuchen fordern, werden sie abgewiesen. Sie leben nicht selten von kärglicher Sportförderung und müssen auf Sponsoren hoffen. Über Jahre müssen sie ihre Berufsausbildung vernachlässigen. Engagieren sie sich in unabhängigen Athletenvertretungen, werden sie ausgegrenzt. Allenfalls in verbandseigenen Gremien sollen sie ihre Meinung kundtun. Wer in diesem System nicht mitzieht, steht schnell ganz allein da. Wer streiken würde, um die Verhältnisse zu ändern, würde viel riskieren. Eigentlich ist es kaum zu glauben: Ausgerechnet der Athlet selbst hat in den derzeitigen Strukturen des Spitzensports oft am wenigsten zu melden.

Sportler sind de facto Arbeitnehmer – nur ohne Gewerkschaft. Ihre Interessen, heißt es, würden doch am besten durch die Sportverbände vertreten, also durch die Quasi-Arbeitgeber. Doch der Athlet hat oft ganz andere Interessen als seine Dachorganisation. Als etwa bei Olympia 2016 in Rio de Janeiro die Schwimmer bis nach Mitternacht ins Wasser springen mussten, damit die Wettkämpfe in den USA zur werbeträchtigen Primetime über den Bildschirm laufen konnten, hatten erst mal nur der Verband, das IOC und der mit ihm im Boot sitzende TV-Sender etwas davon, nicht aber der Sportler selbst. Den Marathon bei der Leichtathletik-WM in Katar

2019 müssen die Läufer wegen der Hitze mitten in der Nacht bestreiten – weil der Leichtathletik-Weltverband seine Titelkämpfe an einen Wüstenstaat mit sprudelnden Ölquellen vergab, der sich dem Verband als spendabler Gastgeber aufdrängte. Auch hier fragte keiner die Athleten.

Solche Beispiele zeigen, dass die Sportler nicht wirklich mitbestimmen dürfen. Es ist der Anschein von Partizipation, Kritikern soll er den Wind aus den Segeln nehmen. De facto werden Athleten, die versuchen, wirklich etwas mitzubestimmen, oft als aufmüpfig abgestempelt, als Störenfriede. Echte Reformen? Unerwünscht. Das Ziel vieler Funktionäre ist weiterhin, zu beharren und möglichst wenig zu verändern. Sie sprechen gern von Realpolitik, ohne die es nicht gehe in der Welt des Sports.

Realpolitik bedeutet, dass man sich mit den Machthabern in China gutstellt, auch wenn diese massiv Menschenrechte verletzen und die Pressefreiheit einschränken. Die Olympischen Winterspiele 2022 finden in Peking statt. Realpolitik ist auch, wenn sich das IOC gegenüber Bewerberstädten aus den USA besonders aufgeschlossen zeigt, weil das Land Heimat wichtiger Sponsoren ist und der Fernsehsender NBC viel Geld für die Übertragungsrechte zahlt. Realpolitik ist, wenn WADA-Präsident Craig Reedie mitten im russischen Dopingskandal dem Sportministerium in Moskau versichert, die guten Beziehungen unbedingt erhalten zu wollen. Und wenn das IOC vor Russland einknickt und ein Staatsdoping-System, das den Grundgedanken von Fairness und damit die Legitimation Olympias verhöhnt, mit Pseudostrafen davonkommen lässt.

Zu diesem Beispiel für Realpolitik: Ich bin davon überzeugt, dass jahrelanges Doping vieler Leistungssportler den Generalverdacht gegen ein Sportsystem rechtfertigt. Es ist absurd anzunehmen, dass in solch einem System von heute auf morgen alles sauber ist. Scharfe Sanktionen gegen eine nationale Sportorganisation würden die Athleten aus dieser Organisation nicht verschonen. Nur dann haben die Sanktionen eine spürbare Wirkung.

Wer einwendet, kollektive Strafen würden womöglich auch Unschuldige treffen, hat recht. Das ist jedoch die zwangsläufige Folge von Sanktionspolitik. Wenn etwa die EU ihre wirtschaftliche Zusammenarbeit mit Russland einschränkt, will sie Wladimir Putins Politik treffen. Putin persönlich sitzt weiterhin warm im Kreml und bekommt dort regelmäßig seine Mahlzeiten serviert. Leiden wird hingegen womöglich der Arbeiter in Wolgograd, sollte er entlassen werden, weil seiner Firma die Aufträge aus dem Westen fehlen. Die Idee hinter einer Sanktion ist stets, dass die Verantwortlichen ihre Strategie überdenken, weil sie nun in ihrem eigenen politischen Einflussbereich unter Druck geraten. Sie haben als Einzige die Hebel in der Hand, die Zustände zu ändern. Beschweren müssen sich die russischen Sportler nicht bei den Verfechtern einer konsequenten Linie im Anti-Doping-Kampf, sondern bei ihren eigenen Funktionären, die Staatsdoping unterstützten und die Athleten erst in diese Lage gebracht haben.

Um es künftig gar nicht mehr so weit kommen zu lassen wie etwa in Russland, muss der Spitzensport sich im Kampf gegen Doping anders aufstellen. Meiner Ansicht nach würden diese Reformen helfen:

1. Die Korruptions- und Anti-Doping-Gesetze müssten weltweit verschärft werden. Doping ist Betrug, das muss die Botschaft sein. Und muss stets angemessen sanktioniert werden.
2. Die Anti-Doping-Agenturen sollten sich personell und strukturell noch viel stärker von den Sportverbänden abkoppeln. Nehmen wir hier nur das Beispiel des WADA-Präsidenten Craig Reedie. Lange saß der Schotte im IOC und dessen Exekutivkomitee, stand zudem an der Spitze eines Fachsportverbands. Für einen wie Reedie ist es um ein Vielfaches schwieriger, unvoreingenommen gegen Doping zu kämpfen und dabei auch Maßnahmen zu treffen, mit denen er langjährige Weggefährten vor den Kopf stößt.
3. Hohe finanzielle Strafen und drastische Sanktionen bis hin zum Olympia-Ausschluss sollten die automatische Konsequenz sein, wenn Sportverbände, nationale Olympische Komitees oder An-

ti-Doping-Organisationen Sportbetrug vertuschen oder Betrüger und Netzwerke decken. In den vergangenen fünfzehn Jahren fielen der Internationale Radsportverband UCI und der Leichtathletik-Weltverband IAAF genau mit solchen Praktiken auf.

4. Der Anti-Doping-Kampf braucht erheblich mehr Geld. Thomas Bach hat schon Anfang der Neunzigerjahre gefordert, der Sport müsse der Wirtschaft gegenüber selbstbewusster auftreten. Jetzt steht er an der Spitze des IOC. Warum scheitert der Sport heute noch immer daran, dauerhaft Sponsoren für Anti-Doping-Maßnahmen zu gewinnen? Kein Unternehmen investiert zum Beispiel auch nur einen Cent in die Arbeit der Nationalen Anti-Doping-Agentur Deutschland, obwohl die hohe Bedeutung der NADA für einen sauberen Sport von der Wirtschaft immer wieder betont wird. Derlei Verweigerung sagt viel darüber aus, wie Unternehmen den Sport vor allem sehen: als Hebel, um Profit zu machen. Dabei fehlt es der Wirtschaft gar nicht an Finanzmitteln – im weltweiten Sportsponsoring werden Jahr für Jahr Milliarden umgesetzt. Die Lösung könnte sein, dass sich die Sportorganisationen eine Selbstverpflichtung auferlegen. Dass sie einen bestimmten Prozentanteil aller hereinkommenden Sponsorengelder – sagen wir zehn Prozent – automatisch abführen in einen Topf für die Bekämpfung von Doping, Wettbetrug und Korruption. Wofür genau die Gelder dann eingesetzt werden, wäre von externen Stellen zu überwachen.

5. Dopingkontrolleure arbeiten in vielen Ländern angebunden an Sportorganisationen ihrer Heimatländer oder in Abhängigkeit von ihnen. Das provoziert Interessenkonflikte. Wer kontrolliert die Kontrolleure? Sie sollten künftig viel stärker länderübergreifend arbeiten. Kontrolleur A testet Sportler in Land B, der Kontrolleur aus dem Land B führt die Tests in Land A durch, C testet in D, und all das wechselt regelmäßig oder unregelmäßig. Wenn Länder sich gegenseitig überwachen, schauen sie genauer hin.

Vertrauen ist gut, Kontrolle ist besser. Und das gilt nicht nur für die Dopingproblematik, wie die Aufdeckung etlicher Korruptionsskandale im Weltsport allein in den letzten Jahren zeigt. Seitdem Polizei, Staatsanwaltschaften und Journalisten immer wieder öffentlich machen, was hinter den Kulissen des Sportbusiness passiert, ist die Aufmerksamkeit des Publikums gewachsen. Bei vielen stellt sich ein grundsätzlich unschönes Gefühl ein, wenn sie an Sportverbände wie FIFA oder IOC denken. Über Jahrzehnte haben deren Funktionäre viel getan für ihr Image, einen privilegierten Kreis vorwiegend älterer Herren zu bilden, der finanziell gepäppelt und mit allerlei Annehmlichkeiten versehen wird und dabei offen ist für Hinterzimmerdeals und lukrative Nebengeschäfte.

Sicher, sie präsentieren sich auch als Wohltäter und Entwicklungshelfer. 2018 begann Thomas Bach mit viel öffentlichem Tamtam eine IOC-Initiative, mit der die verfeindeten Staaten Nord- und Südkorea dazu bewegt werden sollen, die Olympischen Spiele 2032 gemeinsam auszurichten. Völkerverständigung, powered by Olympia. Immer wieder träumten einige im IOC davon, den Friedensnobelpreis zu bekommen. Und stets wird im Olympia-Komitee hervorgehoben, wie großzügig man doch sei. Neunzig Prozent der IOC-Einnahmen flössen in den weltweiten Sport und somit in großem Maße in Sport-Entwicklungshilfe in ärmeren Ländern.

Was kaum einer sagt: Diese Finanzspritzen, die vor allem die mächtige Unterorganisation »Olympic Solidarity« verteilt, sind ein Hebel für die Funktionäre, sich bei Wahlen Zustimmung zu sichern und eine vernehmbare Kritik am IOC in vielen Ländern gar nicht erst aufkommen zu lassen. Wer beißt schon die Hand, die einen füttert? Für das IOC selbst bleibt übrigens auch nicht nur ein kleines Sümmchen, wenn es sich mit zehn Prozent der Einnahmen zufriedengibt. Allein von 2013 bis 2016 nahm es 5,5 Milliarden Dollar ein.

Es wäre schön, wenn sich die Mitglieder des IOC dann wenigstens mehr mit den Konsequenzen ihres Tuns auseinandersetzten. Sie entscheiden ja nicht nur über irgendwelche Kleinigkeiten. Die

Folgen ihres Abstimmungsverhaltens scheinen viele von ihnen dabei nicht immer wirklich zu überblicken. Das zeigt etwa die Bestimmung des Austragungsortes der Olympischen Spiele.

Diese Entscheidung kann gut ausgehen wie 1992 mit Barcelona, wo die Sommerspiele zur passenden Zeit kamen und bei allen Problemen, die es dort gab, die Stadtentwicklung anschoben. In vielen Fällen steht eine Stadt aber nach Ende der Olympischen Spiele als Verlierer da. Die Mieten haben sich spürbar erhöht. Bewohner wurden aus ihren angestammten Quartieren vertrieben. Sportstätten verrotten. Und der Stadt fehlen im Haushalt Millionen. Der Platz im olympischen Geschichtsbuch ist dann teuer erkauft. Die Winterspiele in Sotschi gelten als bisher größte Geldverbrennung. Sie sollen weit mehr als vierzig Milliarden Euro gekostet haben.

Das IOC ist personell üppig ausgestattet und hat es leichter als die meisten internationalen Fachverbände, sich solchen und anderen wichtigen Fragen zu stellen. Am neuen Hauptquartier in Lausanne sind knapp sechshundert Personen beschäftigt, aufgeteilt in siebenundzwanzig Kommissionen, Abteilungen, Direktorate. Und doch bestimmen bei den zentralen Fragen meist allein Ehrenamtler, wohin die Reise geht, bei der Ausrichtung der Olympischen Spiele etwa, bei der Besetzung von Funktionärsposten und nicht zuletzt im Kampf gegen Doping. Die Fachverbände, deren Sportarten bei Sommer- und Winterspielen ihre große Bühne bekommen, sind personell weit schlechter aufgestellt als das IOC. Dort setzen Ehrenamtler noch viel mehr wichtige Prozesse allein in Gang. Die Strukturen des globalen Sportsystems sind in weiten Teilen unzeitgemäß, als hätte sich die Welt seit den Zeiten des Baron Pierre de Coubertin kaum mehr gedreht.

In Organisation und Führung des Spitzensports bedarf es grundlegender Veränderungen. Nötig sind aus meiner Sicht

1. der Ausbau des hauptamtlichen Managements in Sportverbänden, größere Entscheidungsbefugnisse und Kompetenzen für diejenigen, die professionell und regelmäßig Projekte steuern und Arbeitsprozesse regeln;

2. eine Befristung der Amtsperioden ehrenamtlicher Führungskräfte;

3. eine Beschränkung der Entscheidungsbefugnisse ehrenamtlicher Funktionäre;

4. striktere Transparenz- und Compliance-Regeln, deren Einhaltung auch regelmäßig und bei Verdacht auf einen Verstoß umgehend von externen unabhängigen Einrichtungen überprüft werden;

5. mehr Transparenz bei der Finanzierung. Woher kommen die Gelder, wohin fließen sie und bei wem kommen sie tatsächlich an?

6. mehr Druck durch die Politik. Den erzielte man schon durch die konsequente Nutzung der Möglichkeit, bei Missmanagement oder Compliance-Verstößen die finanzielle Förderung zu reduzieren oder ganz zu streichen;

7. mehr Einbindung verbandsunabhängiger Athletenvertretungen. Sportlerinteressen sind zentral, ohne die Athleten gäbe es keine Wettbewerbe, ohne sie hätte ein Verband keine Strahlkraft. Sie sollten viel stärker an den elementaren Entscheidungen der Verbände beteiligt werden. Das Handeln der jeweiligen Organisation muss sich viel stärker an den Bedürfnissen von Athleten orientieren;

8. strengere ökologische und finanzielle Vorgaben für Olympische Spiele und andere Großveranstaltungen des Sports.

9. schließlich eine erheblich größere finanzielle Entlastung der Ausrichterstädte bzw. -länder. Dazu gehört auch, dass Organisationen wie dem IOC oder der FIFA keine Steuerbefreiung mehr gewährt wird.

Der organisierte Sport befindet sich in einer glänzenden Ausgangsposition, die Verhältnisse zu ändern. Das Produkt, das er bei Großveranstaltungen vermarktet, hat seinen Glanz trotz etlicher Skandale noch nicht verloren. Der Spitzensport bewegt und fasziniert die Menschen. Die Wirtschaft nutzt ihn für viel Geld als Werbefläche. Die Sender zahlen hohe Summen, um die Wettkämpfe zu übertragen.

Doch bei aller Freude über die scheinbar grenzenlosen Möglichkeiten der Vermarktung: Sportfunktionäre stehen moralisch mehr denn je in der Pflicht, den Sport auch als Kulturgut zu erhalten. Es braucht dafür bei Weitem nicht so viel Mut, wie ihn Julia Stepanowa und ihr Mann Witali aufbrachten und viele andere Whistleblower, denen es ein Anliegen war, die Welt des Sports ein Stückchen besser zu machen und die Feinde des Sports zu bekämpfen. Viele Funktionäre im globalen Sportbusiness müssen sich darauf zurückbesinnen, wem ihr Handeln zu gelten hat. Sie sind nicht den Sponsoren verpflichtet. Loyalität schulden sie zuallererst den Athleten. Schon allein deshalb müssen sie der Gefahr des Dopings und der Korruption entschiedener begegnen. Sie haben es in der Hand.

Haben Sie Hinweise, Anregungen, Kritik?
Sie erreichen Hajo Seppelt im Internet unter
www.hajoseppelt.de/kontakt

Dank

Ich danke all den Informanten und Whistleblowern, die oft unter großen Risiken ihre Geschichten erzählt und die nötigen Fakten und Belege beigesteuert haben. Ihr Vertrauen hat unsere investigativen Recherchen möglich gemacht. Ohne sie würde es dieses Buch nicht geben.

In meinen fast fünfunddreißig Jahren als Journalist für die ARD haben mich viele Kollegen unterstützt. Sie haben dabei geholfen, Recherchen fürs Fernsehen umzusetzen. Sie haben sich dafür stark gemacht, dass unsere Beiträge Sendeplätze bekamen, manchmal auch gegen Widerstände. Gab es Gegenwehr von außen, von Leuten, die unsere Berichterstattung verhindern wollten, haben sie meinen Kollegen und mir den Rücken gestärkt.

Ich möchte mich bedanken bei der WDR-Sportredaktion Fernsehen, in der 2007 die ARD-Dopingredaktion gegründet wurde, und bei der Redaktion der WDR-Sendung »Sport inside«. Ebenso bei der Sportredaktion des rbb (bis 2003 SFB) in Berlin, für die ich 1985 meine ersten Beiträge als Radioreporter machte und bis 2006 als Reporter, Redakteur, Autor und Moderator in Radio und Fernsehen gearbeitet habe. Vielen Dank den Verantwortlichen in den Gemeinschaftseinrichtungen der ARD sowie in den Häusern WDR und rbb, die die Ressourcen für die Arbeit der ARD-Dopingredaktion bereitstellen, sowie der Sportredaktion des Deutschlandfunks und den Sportredaktionen des MDR und des NDR, mit denen wir immer wieder Sonderprojekte realisieren.

Etliche Helfer und Kollegen müssen aus Schutzgründen ungenannt bleiben, oft arbeiteten sie für uns unter schwierigen Bedingungen. Sie leben in Russland, China, Mexiko, Brasilien, Kenia, Marokko, Äthiopien, Großbritannien, Deutschland, Österreich, Schweiz, Frankreich, Belgien, Schweden, Norwegen, Dänemark, Finnland, Estland, Spanien, Portugal, Italien, Polen, Weißrussland, Malaysia, Jamaika, Neuseeland, Australien, Kanada und in den USA. Andere Kollegen und Mitstreiter kann ich namentlich erwähnen.

Ich danke Robert Kempe, Jörg Winterfeldt, Holger Schück(†), Karin Helmstaedt, Jörg Mebus, Nick Butler, Edmund Willison, Olga Sviridenko, Grit Hartmann, Wolfgang Bausch, Sebastian Münster, Sabrina Freese, Julia Kleinen, Moritz Radecke, Shea Westhoff, Florian Riesewieck, Jürgen Kleinschnitger, Thilo Neumann, Marco Knippen, Jo Goll, Ulf Ullrich, Kuno Haberbusch, Patricia Schlesinger, Andrea Schültke, Astrid Rawohl, Herbert Fischer-Solms, Uli Loke, Thomas Purschke, Sebastian Krause, Jessica Sturmberg, Tom Mustroph, Udo Lielischkies, Thomas Roth, Jochen Leufgens, Jochen Tassler, Markus Zeidler, Wolfgang Fandrich, Manfred Pelz, Hans-Jürgen Büsch, Frank Gutsche, Johannes Krause, Ralf Paniczek, Yann Bouchez, Clément Guilloux, George Arbuthnott, David Collins, Mathieu Blanchet, Kaj Beuter, Jürgen Kalwa, Jost Bösenberg, Rolf-Günther Schulze, Ulrike Unfug, Sandra Schmidt, Tina Naber, Thomas Kistner, Craig Lord, Jonathan Sachse, Jens Weinreich, Michael Reinsch, Christoph Becker, Johannes Aumüller, Johannes Knuth, Thomas Hahn, Andreas Spinrath, Felix Becker, Marcus Bark, Heinz-Peter Kreuzer, Han Park, Stanley Schmidt, Jochen Sprentzel, Martin Zimmermann, Andreas Witte, Roland Jahn, Steffen Simon, Raiko Richter, Oliver Castendyk, Karl-Günther Wollscheid, Malte Roschinski, Anthony Nguyen, Henning Caje, Frank Müller, Marius Kley. Herzlichen Dank auch an Sabine Schmidt, die alle Kapitel kritisch durchleuchtet hat, und an Silvie Horch, Jürgen Diessl und das ganze Team von Econ.

Vor allem danke ich meiner Mutter Katharina Seppelt. Sie ist 2015 gestorben. Mit ihrer großen Liebe hat sie mir das Fundament für mein Leben gegeben.

Zitatnachweis